PECHER + BÖCKMANN / ESSEN
KLARTEXT-VERLAGSGESELLSCHAFT

MYTHOS EIGNUNGSPRÜFUNG

STUDENTEN DOKUMENTIEREN IHRE ZULASSUNG ZUM DESIGNSTUDIUM

VOLKER PECHER, ULI BÖCKMANN

Zu sich kommen, bei sich bleiben.

Da hat man nun endlich den Weg zu seiner Mappe gefunden und ist ihn dann mehr oder weniger mühsam auch gegangen, hat schließlich die erhoffte Anerkennung erreicht und wird belohnt mit ... – dem Aufbau einer weiteren Hürde.

Scheint vor dem Beginn des Aufnahmeverfahrens dieses zweite Hindernis aus der Ferne betrachtet – und mit der vermeintlich höheren Hürde „Mappe" noch dazwischen – das deutlich kleinere zu sein, so steht es dennoch plötzlich im Weg, hoch, breit und herausfordernd: die Eignungsprüfung.

Nicht so sehr mit Mythen beladen wie die Bewerbungsmappe, markiert diese neuerliche Bewährungsprobe dennoch ein weiteres deutliches Fragezeichen auf dem Weg zum ersehnten Studienplatz. Man kann an ihr scheitern – egal, was vorher war. Und man wird an ihr scheitern, wenn man sie auf die leichte Schulter nimmt.

Dieses Buch dokumentiert mehr als 70 Eignungsprüfungen aus den verschiedensten Fachbereichen in Wort und Bild. Der Bildanteil hätte nach unserem Geschmack ein wenig höher sein dürfen und wir haben so manches versucht, ihn zu erhöhen. Doch stießen wir oftmals an Grenzen, wenn es darum ging, Prüfungsarbeiten zur Veröffentlichung zu erhalten. In den weitaus meisten Fällen verbleiben die Arbeiten nach der Prüfung in der Schule, wie dann im Weiteren mit ihnen umgegangen wird, folgt keiner einheitlichen Linie. Was in diesem Buch nun zu sehen und zu lesen ist, verdanken wir vor allem der Kooperationsbereitschaft und dem Engagement zahlreicher Lehrender und Lernender, wofür ihnen an dieser Stelle gedankt sei.

Wo sich sowohl Prüfung als auch Hausaufgabe in Bildern dokumentieren ließen, haben wir zudem auch einige Auszüge aus der Mappe des jeweiligen Bewerbers gezeigt (Kapitel „Eignungsprüfungen"), wo keine oder nur sehr wenige Arbeiten aus der Prüfung gezeigt werden konnten, haben wir es bei den Textbeiträgen belassen und dazu das vorhandene Bildmaterial gezeigt (Kapitel „Die Redaktion: Prüflinge berichten").

Wie schon bei der Arbeit an „Mythos Mappe" waren die Mitglieder unserer Redaktion erneut zutiefst beeindruckt von dem Willen und Durchhaltevermögen vieler Bewerber, die sich auch durch mehrmalige Ablehnungen nicht von ihrem Weg abbringen, geschweige denn beirren ließen. Sie alle finden weitere Bestärkung in diesem Buch, denn es belegt eindrucksvoll, dass der Erfolg im ersten Anlauf eher die Ausnahme ist.

Im Namen unserer User möchten wir auch all jenen Dozenten und Studenten danken, die sich in schöner Regelmäßigkeit in das Forum auf unserer Internetseite „www.mythos-mappe.de" einbringen und den zahlreichen Fragestellern dort mit wertvollen Ratschlägen und Hinweisen zur Seite stehen.

Wir haben oft gehört, dass der Weg zur erfolgreichen Mappe nur dann wirklich zum Ziel führen kann, wenn man zu sich selbst gefunden hat. Wer das geschafft hat, tut gut daran, auch während der Eignungsprüfung bei sich zu bleiben. Dann stehen die Chancen recht gut.

Wie schon in „Mythos Mappe" an der gleichen Stelle wünschen wir auch hier allen Aspiranten mindestens eine Erleuchtung bei der Lektüre und viel Erfolg bei der Bewerbung.

① Die Redaktion: Dozenten und Designer zum Thema Eignungsprüfung

② Die Eignungsprüfungen: Deutschland

Legende

GD Grafikdesign / **PD** Produktdesign
ID Industriedesign / **FD** Fotodesign
KD Kommunikationsdesign / **MG** Mediengestaltung
MD Mediendesign / **VK** Visuelle Kommunikation

Die Redaktion: Dozenten und Designer zum Thema Eignungsprüfung

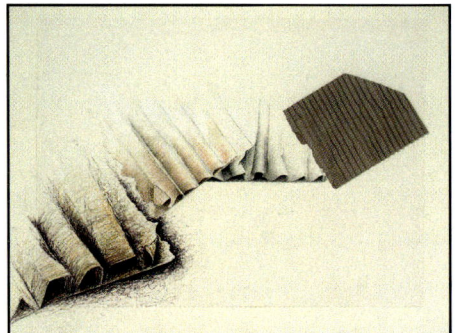

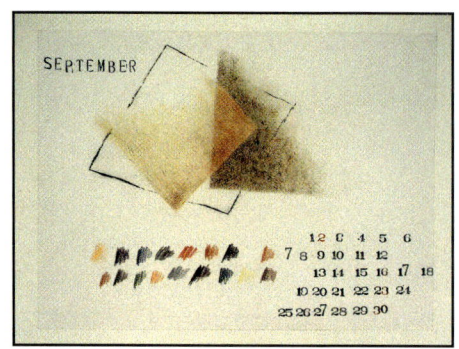

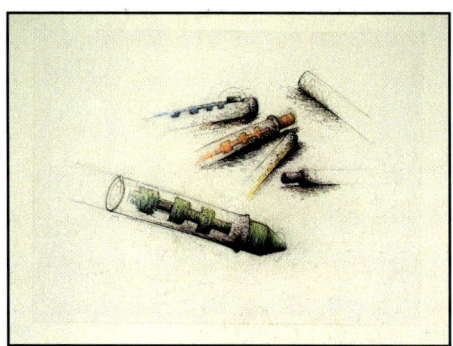

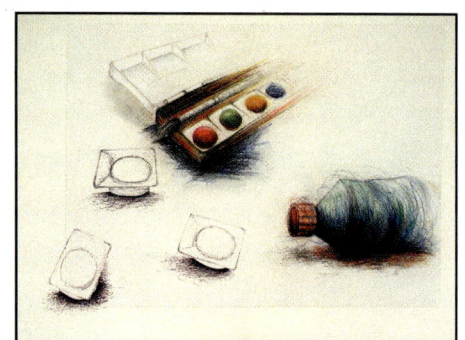

Erstens kommt es anders ...

Wir beginnen dieses Buch mit der berühmten
Ausnahme von der Regel. Auf den ersten Seiten
zeigen wir die komplette Bewerbungsmappe von
Ariane Spielvogel, die sie der Prüfungskommission der FH Dortmund vorlegte – natürlich in der
Hoffnung, damit zur Eignungsprüfung zugelassen zu werden. Nun, ihre Hoffnungen wurden
übertroffen, denn die Kommission befand diese
Mappe nicht nur für gut, sondern hielt es nach
Ansicht der Arbeiten sogar für nicht mehr erforderlich, eine weitere Prüfung anzuhängen.
Ariane Spielvogel erhielt ihren Studienplatz also
ohne Eignungsprüfung, obwohl das Aufnahmeverfahren an der FH Dortmund einen solchen
Test vorsieht.

In einem kurzen Statement auf Seite 15 erläutert Prof. Dieter Hilbig, Vorsitzender der Prüfungskommission, warum in diesem Fall auf eine
Eignungsprüfung verzichtet wurde.

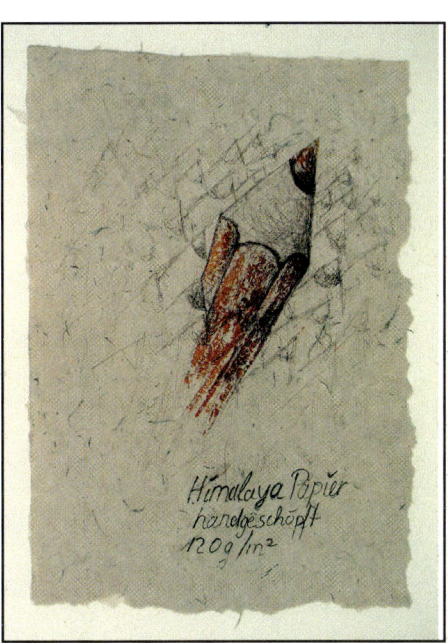

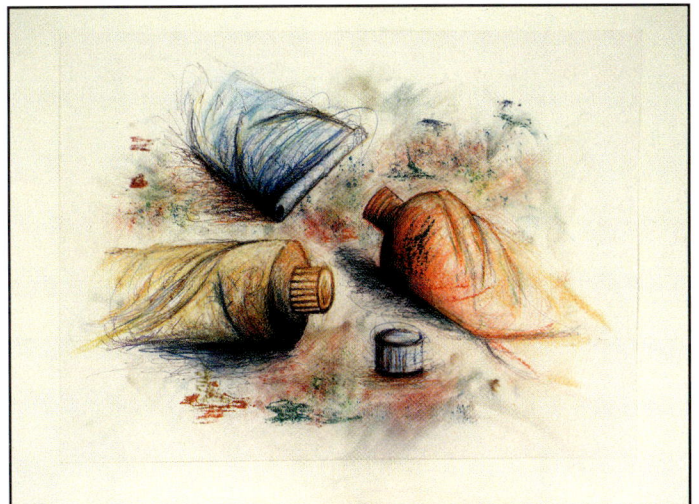

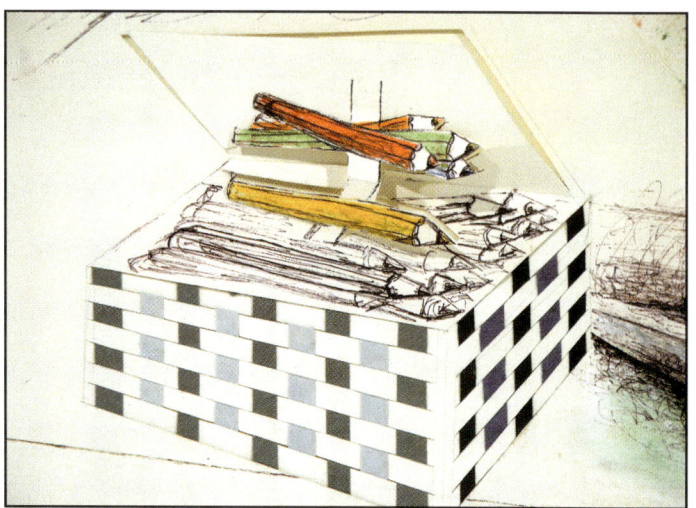

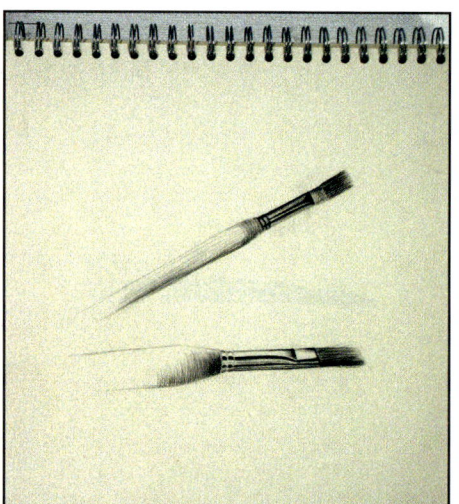

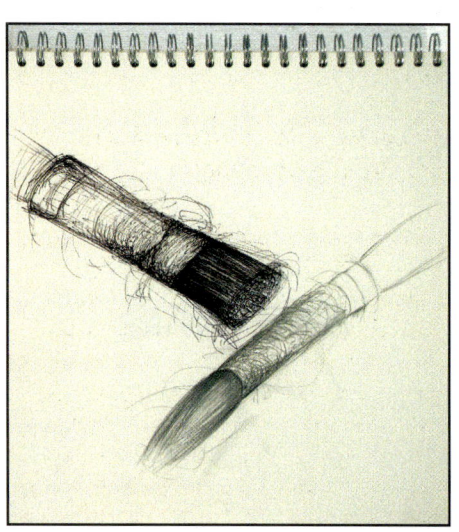

PROF. DIETER HILBIG,
VORSITZENDER
DER PRÜFUNGSKOMMISSION,
FH DORTMUND

Bewertung der Arbeitsproben von Ariane Spielvogel

In der Mappe spiegelt sich Lebendigkeit und Intensität der Bewerberin gleichermaßen wider. Obwohl sich Frau Spielvogel in ihrer Themenwahl ausschließlich auf den überschaubaren Bereich ihres Arbeitsplatzes beschränkt, hat sie die Prüfungskommission von ihrer bemerkenswerten Beobachtungsgabe und der Freude an Entdeckungen innerhalb des eingeschränkten Themas überzeugt. Die scheinbar leicht skizzierten Blätter zeichnen sich durch einen sicheren Aufbau der Gesamtkomposition aus und sind bei näherer Betrachtung mit sehr viel Fleiß und großer Genauigkeit ausgeführt. Bei diesem eindeutig positiven Gesamteindruck der Mappe konnte die Prüfungskommission auf die Teilnahme der Bewerberin am zweiten Teil des Prüfungsverfahrens verzichten.

PROF. DIETHER MÜNZBERG,
SYMMEDIA AKADEMIE, BIELEFELD

Prüfungslotto?

Wären Sie alle Jünger des künstlerischen Genius Joseph Beuys, hätten Sie keine Probleme, denn: Nach Beuys sind alle Menschen Künstler und haben das Recht dieses Fach an allen Akademien und Fachhochschulen zu studieren - ausnahmslos und ohne Studiengebühr.

Nun, diese Vorstellung ist politisch korrekt, aber aus unterschiedlichen Gründen nicht praktikabel. Sie alle kommen nicht an dem so genannten Auswahlverfahren zur Feststellung künstlerischer Eignung vorbei. Die Mappe - sie signalisiert im Kern schon so etwas wie Fantasie, Kreativität oder gar Genie - stellt dabei aber nur eine Hürde zur Erlangung eines Studienplatzes dar. Vergleichbar Ihrer Abiturnote, die Ihren allgemeinen Wissensstand spiegelt, signalisiert diese Ansammlung von Beweismaterial in Sachen Grafik, Malerei, Fotografie, Bastelei und ähnlich kunstvollem Tun in bewertbarer Art und Weise den momentanen Stand Ihrer gestalterischen Qualifikation. Bei Ihrer Abiturnote setzt der Numerus Clausus die Grenze, Ihre Kreativität hingegen bemisst sich an den zuweilen diffusen, meist aber nachvollziehbaren Bewertungskriterien kritischer Professoren. Werden Sie an dieser ersten Station Ihrer Karriereleiter zurückgewiesen, so bleibt Ihnen zumindest der zweite Teil des Bewerbungsstresses erspart. Ein Glück? Natürlich nicht, denn Sie haben sich gründlich vorbereitet und wollen endlich Ihr Traumstudium beginnen ...

Annahme:
Ihre Mappe gefällt dem Auswahlkomitee und Sie wähnen sich am Ziel Ihrer Wünsche.

Seien Sie nicht zu sicher, denn nun werden Ihnen in der anschließenden Eignungsprüfung Dinge abverlangt, die Sie - je nach Studienort und Hochschule - sehr unterschiedlich fordern werden. Von der Befragung durch das Prüfungsgremium bis hin zur mehrtägigen, praktischen Prüfung bleibt Ihnen nichts erspart. Wenn die Mappe auch Kernstück der Entscheidung für oder gegen Ihr Talent ist, so bestimmt die Eignungsprüfung im Zweifelsfall darüber, ob Ihre künstlerische Persönlichkeit die Nachhaltigkeit zeigt, die Ihre Mappe vorab signalisiert. Über Ihre technischen Fähigkeiten hinaus sollten Sie in der Lage sein, Ihr vorhandenes Repertoire an Ideen und kreativer Begabung mit Biss und Leidenschaft in die Waagschale zu legen. Voraussetzung hierfür ist eine ausgeprägte Kennt-

nis der gängigen Darstellungstechniken und Besonderheiten der jeweils benutzten Medien. Mit anderen Worten: Das, was Sie können, müssen Sie unter nicht unerheblichem Zeitdruck in bewertbare Prüfungsware umsetzen.

Annahme:
Wenn Sie Fotografie studieren wollen, werden Sie es in der Prüfung auch nur mit fotografischen Aufgabenstellungen zu tun haben.

Weit gefehlt! An manchen Hochschulen werden Sie zeichnen, Collagen produzieren oder mehr oder weniger fantasievolle Objekte basteln müssen. Das kann Spaß machen, muss aber nicht - um es mit den Worten eines Komikers zu sagen. Denn gerade die Fotografen liefern sich Ihrem Medium meist konkurrenzlos aus und halten andere Darstellungsformen für ziemlich überflüssig. „Zeichnen Sie einen Stuhl" oder „Fertigen Sie eine Collage aus vorhandenem Illustrentenmaterial zum Thema Weiß an" sind die Sätze, die den Puls zu einseitig gebildeter Kreativer in ungeahnte Höhen schnellen lassen. Die Folge: kreative Blockade und vorbei ist der Traum vom angestrebten Studienplatz. Das hört sich nun so an, als läge den Professoren daran, Sie aufs Kreuz zu legen. Keine Angst, so schlimm ist es natürlich nicht. Wenn Sie in Ihrem „Fach" begabt sind, wird es Ihnen in der Regel auch nicht schwer fallen, die erwähnten Aufgaben mit ein wenig Fantasie zu bewältigen. Vertrauen Sie Ihren Fähigkeiten, zeigen Sie sich selbstbewusst und glauben Sie an sich.

Annahme:
Ich lasse die Dinge in Ruhe auf mich zu kommen und gehe davon aus, dass die Mappe alleine ausreicht um die Prüfer zu überzeugen. Alles andere wird sich zeigen.

Das wäre ein wenig zu einfach. Natürlich können Sie sich nicht auf unbekannte Erwartungen einstellen, zumindest nicht punktgenau. Aber man sollte nicht alles dem Zufall überlassen. Durch ein geeignetes Crash-Training sollten Sie Ideenfindung unter Zeitdruck üben und den Aufstand gegen die eigene Nervosität proben. Versuchen Sie bereits vor der Prüfung, bestimmte Themen und Aufgaben, die Sie sich selbst stellen, im Zeitlimit zu bearbeiten und holen Sie sich dabei Feedback bei Personen, die als Hinterfrager Ihr Vertrauen genießen. Stellen Sie sich Aufgaben, die nicht zu schwierig sind, die Sie garantiert bewältigen können und Sie somit sicher machen für die Prüfungsphase und die Ihre

Fähigkeit zur kritischen Selbstreflexion stärken. Hinterfragen Sie immer wieder die Qualität Ihrer Arbeit und handeln Sie nach der Prämisse, dass Gestaltung in erster Linie etwas mit Denken zu tun hat und nicht mit der Fähigkeit, die Dinge technisch sauber umzusetzen.

Annahme:
An den unterschiedlichen Fachhochschulen kommt es immer wieder zu gleichen Aufgabenstellungen.

Es ist richtig, dass das Procedere sich nur wenig ändert. Bisweilen aber gestalten sich die Umstände am Prüfungstag anders als angenommen. Stellen Sie sich vor, Sie nehmen im Vorfeld der Prüfung Kontakt mit einem bestimmten Professor auf, der Sie eingehend berät und positiv in Ihrer Arbeit bestärkt, Sie auf Besonderheiten im Prüfungsablauf hinweist - und dann muss gerade dieser Professor Ihrer Wahl am Prüfungstag ersetzt werden. Ihre Mappe reiht sich dann automatisch in das weite Feld anonymer Prüfungsware ein, wodurch es zu einer völlig anderen Bewertung Ihrer Arbeit kommen kann. Oder bestimmte Tagesereignisse beeinflussen die Aufgabenstellung der Eignungsprüfung oder Ihre Fähigkeit, dazu gute Lösungen zu finden. Alles ist möglich! Es gibt eine Menge Faktoren, die die Eignungsprüfung inklusive Mappensicht zum Glücksspiel werden lassen können. Die Kollegen Professoren mögen das nicht gerne hören, denn Sie gehen in der Regel von einer vorurteilsfreien, sozusagen absolut bestehenden Bewertungsfähigkeit aus, die auch gewisse Tages-formen substituiert. Meine Botschaft: Bereiten Sie sich strukturell gut vor, eignen Sie sich theoretisches Wissen an, informieren Sie sich über aktuelle Tendenzen im Design- und Kunstbereich, versuchen Sie Ihre eigene Arbeit in Worte zu fassen, Sie zu beschreiben. Gehen Sie nicht davon aus, dass Ihre Botschaft immer gleich verstanden wird, vermeiden Sie Mainstream und verquaste, komplizierte Ansätze, wecken Sie das Interesse der Prüfer durch pfiffige Lösungen der gestellten Aufgabe! Mit anderen Worten: Seien Sie selbstbewusst, robust und entflammen Sie ihren künstlerischen Charakter. Vermeiden Sie Halbherzigkeiten!

Annahme:
Mappenvorbereitungskurse führen zu gestalterischen Einheitslösungen ohne persönliche Differenzierung.

Ein Vorurteil, das ich nicht bestätigen kann. Sicher, es gibt Kurse, die den oben erwähnten Einheitsbrei in Kauf nehmen, eine gewisse Toolkompetenz vermitteln und dabei leider eine emanzipatorische Entwicklung der Persönlichkeit außer Acht lassen. Es sollte nicht nur um das Üben von Darstellungstechniken gehen. Nur das eigentlich wichtige – die sorgfältige und gründliche Vermittlung von breit gefächertem Basiswissen – führt dazu, dass Sie im Prüfungsstress nicht untergehen.

Das braucht Zeit und verlangt vom Dozenten ein hohes Maß an Einfühlungsvermögen. Jeder Schüler sollte individuell betreut werden um genau das zu verhindern, was Professoren immer wieder leichtfertig behaupten: „Die Mappen aus solchen Kursen sehen alle gleich aus ..." Haben Sie nur ein- bis zweimal in der Woche kurzen Kontakt zu Ihrem Lehrer, erfüllen Sie lediglich die gestellten Aufgaben im Rahmen Ihrer Möglichkeiten und vermittelt man Ihnen nicht, dass Gestaltung ein intensiver Prozess ist, der in der Lernphase wichtiger ist als das Ergebnis, dann können sie in der Tat in Prüfungssituationen leicht scheitern.

Um diesen Prozess intensiv zu erleben und zu verinnerlichen braucht es Zeit. Eine einjährige Vollzeitausbildung mit täglicher Präsenz wäre wünschenswert. Sie erstellen in dieser Zeit nicht nur die Mappe, vielmehr lernen Sie, Ihre künstlerische Persönlichkeit unter Anleitung der Dozenten vielfältig zu entwickeln. Praktische gestalterische Arbeit, theoretischer Unterricht, Präsentations- und Kommunikationstechniken nebst intensiver Computerschulung sollten Bestandteile des Vorstudiums sein. Workshops, Museumsbesuche und Gespräche mit namhaften Gestaltern runden die Ausbildung ab. Auf ein solches Lehrprofil sollten zukünftige Studierende unbedingt achten. Ein gutes Beispiel findet man unter „www.designstart.de".

Der Vorteil für Sie? Sie können dem Beginn des Studiums gelassen entgegensehen, Ihre erworbenen Kenntnisse in die Waagschale werfen und erleben sich selbst als emanzipierten Partner der Hochschullehrer. Der Vorteil für die Hochschule? Sie hat es mit einem kompetenten Partner zu tun, der verstanden hat, worum es geht. Denken Sie einmal darüber nach: Würde ein Musikprofessor Sie zum Studium annehmen, wenn Sie kein Instrument beherrschten?

e-Mail: muenzberg@symmedia-afg.de

PROF. ANJA WIESE,
FACHHOCHSCHULE BIELEFELD

„When too perfect – lieber Gott böse"
(Nam June Paik)

Ende der 1960er Jahre entzündete sich an der Kunstakademie Düsseldorf der sogenannte „Akademiestreit" unter anderem an der Verfahrensweise der jährlichen Aufnahmeprüfung. Joseph Beuys nahm als Mitglied der Entscheidungskommission grundsätzlich alle diejenigen Bewerberinnen und Bewerber auf, die von den anderen Kommissionsmitgliedern abgelehnt wurden. Anstatt dass also – wie vormals – ein großer Anteil an Bewerbern negativ beschieden wurde, bekamen alle die es begehrten, einen Studienplatz an der Kunstakademie Düsseldorf. Die Studentenzahlen nahmen zu, Beuys hatte zeitweise mehr als 200 Studenten in seiner Klasse. In der Akademie, insbesondere in der Professorenschaft rumorte es, hatte doch Beuys die übliche Form der Lehre an dieser Institution angegriffen. Nach der Besetzung des Sekretariats durch Beuys und seine Studenten zur Erzwingung von Einschreibungen („Demokratie ist lustig") endete der Akademiestreit 1972 schließlich mit der Entlassung von Joseph Beuys als Professor durch den damaligen Wissenschaftsminister des Landes NRW, Johannes Rau. Ein angestrebtes Gerichtsverfahren gegen diese Entlassung schloss mit dem Vergleich, dass Beuys zu Lebzeiten seinen Atelierraum in der Akademie behalten konnte. Er stellte den Raum 03 später der Freien Internationalen Universität (FIU) zur Verfügung. Auf Initiative des Rektors der Akademie Markus Lüpertz wurde nach Beuys Tod in diesem Raum ein „Professorencasino" mit Brieffächern und einer Kochnische eingerichtet.

Im Akademiestreit vertrat Beuys die Position, mit der Aufnahme von Studierwilligen auf ein legitimes gesellschaftliches Bedürfnis, nach Bildung nämlich, zu reagieren. Er war der Ansicht, dass die Akademie wie jede Hochschule und insbesondere die Professorenschaft für die Studenten da sei – und nicht umgekehrt. Eine Hochschule mit all ihren Lehrenden legitimiere sich durch die Dienstleistung am Lernwilligen und nicht durch ihre bloße Existenz, quasi für und durch sich selbst. Das Recht auf Bildung stehe so hoch, dass es keine Begründung für eine selektive Aufnahme – weder in Form einer Eignungsprüfung noch des Numerus Clausus – gebe. Da Beuys aufgrund seines erweiterten Kunstbegriffs keine eindeutige Trennung zwischen der eigenen künstlerischen Forschung und seiner Lehre zog, war er zu einem Lehreinsatz bereit, der über sein

tatsächliches Lehrdeputat hinaus ging. (1)

Diejenigen, die Beuys aufgenommen hatte, waren aufgefordert ihm ihre künstlerischen Arbeiten zu zeigen. Er wollte wissen, welche Bedürfnisse und welche Interessen die Studenten hatten, warum sie an der Akademie studieren, was sie dort für sich entwickeln und gewinnen, was sie beitragen wollten. Seine Gespräche mit Einzelnen waren für die anderen Studierenden öffentlich, seine Kriterien waren streng. Er regte stets zum Naturstudium an, aber er gab anders als andere Professoren gerade für die Studienanfänger/innen keine Themen und Materialien vor. Er war der Ansicht, dass auch ein oder zwei Semester an einer Kunsthochschule in Sinne eines „Studium Fundamentale" für einen Menschen von Bedeutung sein können, möglicherweise auch für einen Menschen der dann feststellt: „Die Kunst ist doch nichts für mich, ich werde lieber Ingenieurin" - oder Sozialpädagoge oder, oder, oder. Die Wirkung einer kreativen, ganzheitlich gebildeten Persönlichkeit ist in jedem Gesellschaftbereich, in jedem Beruf wertvoll.

Interesse:

Geistige Anteilnahme, Aufmerksamkeit, Vorliebe, Neigung, etwas woran einem sehr gelegen ist, Bestrebung, Absicht.

Aus dem hier beschriebenen (2) kann man heraus hören, dass die individuelle Lehre und Studienberatung bei Beuys eine sehr große Rolle spielte. Er lehrte das eigentliche künstlerische Arbeiten - aber entsprechend seines umfassenden, erweiterten Kunstbegriffs war darin eine individuelle „Lebens- und Bildungsberatung" eingeschlossen. Da die Akademie keine Beratung für Bewerber/innen anbot, nahm Beuys einfach alle auf, um ihnen nach der Aufnahme und fortlaufend seine Beratung und Lehre zukommen zu lassen. Dies konnte auch so aussehen, dass er von einem weiteren Studium der Freien Kunst abriet und empfahl, den bisherigen Weg z. B. als Jurist oder Schlosser weiterzugehen.

Am Fachbereich Gestaltung der FH Bielefeld versuchen wir eine Beratung bereits vor der Aufnahme des Studiums zu gewährleisten. An einem sogenannten Infotag kann jeder/jede allgemeine und individuelle Information und Beratung zum Studium persönlich vor Ort einholen. An diesem Tag legen Studierende des Fachbereichs ihre Mappen aus. Sie zeigen ihre Arbeitsproben und berichten von der Eignungsprüfung. Professoren aus verschiedenen Studienbereichen stehen für die Beratung zur Verfügung. Je nach Anzahl der Besucher können einzelne Bewerberinnen und Bewerber ihre Mappen vorlegen und erhalten eine Korrektur, in der sie erfahren, welche Arbeiten sie noch wie vertiefen können, was in ihrer Mappe fehlt, was vielleicht auch nicht hinein gehört und was bereits sehr interessant aussieht. Auch außerhalb des Infotages kann eine solche Beratung vereinbart werden, sie findet dann meist innerhalb der regulären Sprechzeiten der Dozenten statt.

Die Mappenberatung ist unbedingt zu empfehlen. Unsere Erfahrung: Je konkreter die Bewerberinnen und Bewerber sich informieren und vorbereitet sind, desto besser sind ihre Chancen in der Eignungsprüfung.

**Wahrnehmungsfähigkeit.
Vorstellungsfähigkeit.
Darstellungsfähigkeit.**

Die Prüfungen zur „Feststellung der studienrichtungsbezogenen künstlerisch-gestalterischen Eignung und der besonderen künstlerisch-gestalterischen Begabung" (3) finden für den Studiengang „Gestaltung" im Fachbereich Gestaltung der Fachhochschule Bielefeld zweimal jährlich statt, jeweils im Januar und Juni eines Jahres. Anmeldeschluss für die Prüfung im Januar ist der 1. Dezember des vorherigen Jahres, für die Prüfungen im Juni der 1. Mai desselben Jahres. Wird die Eignung festgestellt, so gilt diese für die gewählte Studienrichtung. In Bielefeld haben wir die drei Studienrichtungen „Fotografie und Medien", „Grafik und Kommunikationsdesign" und „Mode". Die festgestellte Eignung ist in der Regel für drei der Feststellung folgende Einschreibungstermine gültig, das heißt also drei Jahre, da der Studienbeginn für Erstsemester nur im Wintersemester möglich ist. In unserem Fachbereich werden erfolgreich absolvierte Eignungsprüfungen gleicher Studienrichtungen an anderen Fachhochschulen, Universitäten und Gesamthochschulen im Geltungsbereich des Hochschulrahmengesetzes anerkannt. Eignungsprüfungen von anderen Hochschulen und anderen Studienrichtungen werden zur Einschreibung anerkannt, sofern unser Dekan ihre Gleichwertigkeit bestätigt.

Nachdem die Bewerberinnen und Bewerber schriftlich ihr Interesse an einem Studienplatz im Fachbereich Gestaltung bekundet haben, erhalten sie die Aufforderung, verschiedene Unterlagen vorzulegen. Neben auszufüllenden Formblättern und dem Nachweis der Qualifikation in Form von Zeugniskopien (normalerweise Fachhochschulreife oder Abitur) ist eine Mappe mit eigenständigen künstlerisch-gestalterischen Arbeitsproben einzureichen. Ausserdem wird die künstlerisch-gestalterische Lösung einer auf 14 Tage befristeten Hausaufgabe nach einer vom Fachbereich vorgegebenen Aufgabenstellung verlangt. Diese Aufgabenstellung wird den Bewerberinnen und Bewerbern zeitgerecht zugesandt. Es stehen jeweils zwei Aufgaben zur Wahl:

Sommer 2000:
„DIN - oder wie gehe ich richtig auf dem Plattenweg?"
oder
„Wer´s sieht ..." - Visuelle Sensationen im Alltag.

Winter 2001:
„Freier Fall"
oder
„Leidkultur" (Wortspiel zum seinerzeit aktuell diskutierten Begriff der „Leitkultur")

Sommer 2001:
Visualisieren Sie das Thema
„Heftige Auseinandersetzung"
oder
„Rasender Stillstand" (nach einem Buchtitel von Paul Virilio)

Winter 2002:
„Terror"
oder
„Beziehungen"

Eine Hausaufgabe wird gestellt weil wir sehen wollen, ob und wie zukünftige Studierende sich auf einen Auftrag einstellen und welche eigenen Vorstellungen sie zu einem Thema einbringen, wie sie auf eine Aufgabenstellung innerhalb eines vorgegebenen Zeitrahmens eingehen.

Bei der Bewertung der Ergebnisse ist zu unterscheiden zwischen der kreativen Idee eines Bewerbers/einer Bewerberin und der formalen Gestaltung, also der Art und Weise der künstlerischen und technischen Ausführung der Idee. Denn es kann ja sein, das jemand sehr ausgefallene, seltsame und sinnvolle Ideen hat („Vorstellungsfähigkeit"), dass es aber vielleicht technisch gesehen an der Darstellungsfähigkeit hapert. Andererseits kann vielleicht jemand gestalterisch schon sehr gut und gelungen agieren - aber das, was uns gezeigt wird, die Idee hinter dem Bild, ist eher platt und langweilig. Wir versuchen bei der Beurteilung der Aufgaben wie auch der Mappe dieser Zweiteilung Rechnung zu tragen, indem tendenziell eine Schwäche in der technisch formalen Gestaltung durch die Brillanz der gestalterischen Idee ausgeglichen werden kann und umgekehrt. Schließlich stehen die Bewerberinnen und Bewerber am Anfang eines Studiums und sie bewerben sich, weil sie bei uns etwas lernen wollen und nicht, weil sie schon alles können.

Wir erwarten keine Perfektion, weder in den Mappen und der Hausaufgabe noch im praktischen Teil der Eignungsprüfung. Wir versuchen denjenigen jungen Menschen einen Studienplatz anzubieten, die anhand ihrer Arbeitsproben erkennen lassen, dass sie das Studienziel voraussichtlich erreichen werden. Wichtig ist, dass die Bewerber/innen mehr mitbringen als das, was über konkrete Aufgabenstellungen z. B. in der Schule erlernt werden kann. In eine Mappe gehören deshalb auch nicht bloß die in der Schule gelösten Aufgaben aus dem Kunstunterricht, sondern eigenständig initiierte und realisierte Werke.

Die Konstruktion der Hausaufgabe entspricht eingeschränkt einer möglichen Auftragslage im angestrebten Beruf. Eine Fotografin, eine Videoproduzentin, ein Kommunikationsdesigner, ein Webprogrammierer, ein Grafiker muss genau wie eine Modedesignerin Ideen zu einem Thema unter zeitlicher Vorgabe realisieren, präsentieren und in der Konkurrenz anderer Vorschläge bestehen.

Die Art der Lösung der Aufgabe ist weitestgehend freigestellt und es ist deshalb interessant zu sehen, ob diese schwierige Freiheit – die ja im Beruf später nicht immer gegeben sein wird – mit Interesse und unter Einsatz der persönlichen Kreativität ausgeschöpft wird oder eben nicht. Sind die Ideen zum Thema der Aufgabe originell, ungewöhnlich, seltsam; lassen sich ihre Vorschläge sinnvoll, vielleicht humorvoll begründen und herleiten? Oder bleiben die vorgelegten Ideen im Rahmen konventioneller Vorstellungen und sind eher etwas langweilig? Sehen wir einen gut ausgeführten, einen klassischen gestalterischen Vorschlag, durchdacht, mit Hand und Fuß und eindeutig thematisch angebracht?

Die Mappe mit den Arbeitsproben inklusive der gelösten Hausaufgabe sind an einem festgelegten Tag im Fachbereich abzugeben, wo sie dann von einer Kommission gesichtet wird. Die Kommission entscheidet anhand der Mappen mit Hausaufgabe, welche Personen zum zweiten Teil der Prüfung zugelassen werden und gibt dies am selben Tag mündlich bekannt. Meist wird gegen 16 Uhr des Tages eine Liste der Namen vorgelesen, die zum zweiten Teil der Prüfung eingeladen sind. Diejenigen, die nicht genannt werden, haben die Vorauswahl nicht bestanden und können ihre Mappen direkt wieder mitnehmen. Der Vorteil dieses Verfahrens ist, dass abgelehnte Bewerber/innen ihre Mappe noch einmal überarbeiten können und zu terminnahen Bewerbungsverfahren anderer Hochschulen einreichen können.

Der zweite Teil der Eignungsprüfung besteht aus einer vierstündigen praktischen Gestaltungsarbeit, einer „Klausurarbeit mit künstlerisch-gestalterischer Aufgabenstellung". Sie findet am nächsten Morgen in der Hochschule statt. Die Bewerber und Bewerberinnen bringen dazu ihre eigenen Arbeitsmaterialien mit. Manchmal werden bestimmte Materialien gefordert, z. B. für

die Eignungsprüfung der Studienrichtung Fotografie und Medien eine Polaroidkamera oder für Grafik und Kommunikationsdesign alte Zeitschriften als Collage-Material. Solche Bitten erfolgen rechtzeitig – außerdem ist es natürlich auch möglich, dass Bewerber/innen sich gegenseitig Material ausleihen. Generell gilt, dass man die üblichen Arbeitsmaterialien wie Kleber, Schere, Zeichenstifte, Farben und Pinsel – eben das, womit man normalerweise und gerne arbeitet – mitbringen sollte. Es sind eigentlich keine üblichen malerischen, grafischen oder fotografischen Arbeitsmaterialien „verboten", denn die praktische Prüfung ist ja keine Klausur im Sinne einer Vokabelprüfung, zu der man natürlich kein Wörterbuch mitbringen dürfte.

„Zeichne die Tasche die du heute dabei hast."
„Barock – Rokoko – Harley Davidson; entwerfe etwas, das zu einem dieser Begriffe passt."
„Gestalte einen Schuh"

Oder eine schriftliche Aufgabe:
„Verfasse einen kurzen Text zum Thema: Wie sieht mein Traumberuf aus."

Wenn wir in der Studienrichtung Mode nach der Vorstellung vom Traumberuf fragen, interessieren wir uns dafür, welche neuen Ideen die Studierenden mitbringen, wie der Beruf „Modedesigner/in" vielleicht in Zukunft aussehen wird. Kann jemand konzeptuell denken und etwas begründen? Bei der Antwort zeigt sich, ob jemand Fantasie hat, Ironie und einen perspektivischen Blick in die Zukunft. Außerdem wollen wir wissen, wie jemand mit Farbe umgeht, ob er oder sie etwas darstellen kann, zeichnerisch wie plastisch.

„Stelle dar, wie du die letzte Nacht verbracht hast."
Es wird ein fotografisches Bild vorgelegt und die Aufgabe gestellt:
„Schaffe ein ‚Nachbild' zu diesem ‚Vorbild'".

Oder eine schriftliche Aufgabe:
„Suche aus Zeitschriften ein Beispiel für ein ‚gutes Bild' und ein ‚schlechtes Bild' heraus und gib jeweils eine kurze schriftliche Begründung für Deine Wahl."

In der Studienrichtung Fotografie und Medien wollen wir erfahren, ob jemand mit Text/Sprache und Bild umgehen kann. Wie wird begründet, werden Merkmale von Bildern erkannt und wird das Erkannte transferiert, verändert und umgesetzt?

„Zeichnen Sie einen Blick aus dem Fenster."
„Zeichnen Sie das Haus in dem Sie leben möchten."
„Zeichnen Sie ein Gesicht."
„Skizzieren sie aus dem Gedächtnis ein Fahrrad."
„Entwerfen Sie ein Signet mit Ihrem Namen."
„Füllen Sie die Sprechblasen des (vorgegebenen) Comics."
„Entwerfen Sie eine Kampagne für die Vorteile der Familienplanung. Zielgruppe sind Menschen, die nicht lesen können."

In der Studienrichtung Grafik und Kommunikationsdesign sind die Aufgaben teilweise an Kurztests von Agenturen angelehnt. Es handelt sich um klassische Zeichen- und Gestaltungsübungen und

es wird die Fähigkeit getestet, sich in Zielgruppen und Auftragslagen hinein zu denken. Die Kriterien zur Beurteilung der gestalterischen Lösungen sind: Wahrnehmungsfähigkeit, Vorstellungsfähigkeit, Darstellungsfähigkeit. Diese drei Fähigkeiten sollten schon zu Beginn eines Studiums der Gestaltung im überdurchschnittlichen Maß vorhanden sein.

Mit Wahrnehmungsfähigkeit sind die Aufmerksamkeit, die Genauigkeit, die Sensibilität und das Interesse gemeint, mit der ein kreativer Mensch seine Umgebung, sich selbst, die Menschen, die Gesellschaft, die Dinge und den Raum wahrnimmt.

Mit Vorstellungsfähigkeit ist gemeint, dass ein Mensch jenseits des faktisch Realen eigene, andere, ergänzende Vorstellungen entwickelt, dass er kreativ im Sinne einer schöpferischen Erfindungs- und Kombinationsgabe ist, also dass er aus bereits existierenden Dingen und Gedanken etwas Neues zu bilden versteht, dass er die Fähigkeit hat, unabsichtlich und gezielt innere Bilder zu erzeugen und Ideen zu entwickeln, die sich von durchschnittlich üblichen Einfällen unterscheiden und die darüber hinaus eine motivierende Kraft hinsichtlich ihrer Realisierung entwickeln.

Darstellungsfähigkeit ist das gestalterisch-praktische Vermögen, Bilder, Gegenstände, Werke mit den Händen und unter Zuhilfenahme geeigneter Werkzeuge und Medien so zu bilden und zu formen, dass eine Übereinstimmung besteht zwischen dem gestalterischen Inhalt und der gestalterischen Form. Darstellen, Hinstellen bedeutet den eigentlich technischen Akt der Gestaltung, das Tun, den Prozess der Anwendung und Ausführung - eine Gestalt, eine Form zu geben, die mit ihren nicht sprachlichen Mitteln dennoch etwas mitteilt. Darstellungsfähigkeit bezeichnet den gekonnten Einsatz von Gestaltungsmitteln, die Fähigkeit zu zeichnen, zu malen, zu kombinieren, zu komponieren, das eigene Empfinden von Harmonie oder Dissonanz von Formen, Farben, Linienführungen, Schrift etc. als Gestaltungsmittel praktisch einzusetzen. Darstellungsfähigkeit ist gegeben, wenn ein Ausdruck allein über die bildnerische Gestalt, mit dem Medium des Bildes oder der Gestalt - ohne zusätzliche Worte - gelingt.

Nach dem praktischen Teil der Eignungsprüfung entscheidet die Kommission über die Bewerbungen, indem sie die Klausurarbeit anhand der oben genannten Kriterien bewertet. In Zweifelsfällen wird nochmals die Mappe zu Rate gezogen oder ein Gespräch mit der betreffenden Person geführt. Es kommt vor, das jemand unter dem Einfluss von Prüfungsangst nicht zu seiner vollen Leistung gekommen ist und das Ergebnis der praktischen Prüfung im Widerspruch zu sei-

ner Mappe steht. Es kann aber auch sein, dass jemand, auch wenn es wenig hilfreich und darüber hinaus nicht rechtmäßig ist, in der Mappe keine eigenen Arbeiten eingereicht hat. Natürlich gibt es auch den Fall, dass jemand mit den Aufgaben nicht umzugehen verstand - wobei das Verständnis „offener Aufgaben" natürlich geprüft werden soll. Oder es kann sein, dass ein von der Mappe her knapp positiv bewerteter Kandidat plötzlich unter dem Eindruck der Prüfung stark beflügelt wird und über sich selbst hinaus wächst. Aber natürlich gibt es auch immer diejenigen, die durchfallen. Für sie gibt es in dieser Situation zunächst einmal keinen Trost - hat man doch etwas gewünscht, das nicht in Erfüllung ging. Das „Versagen" vor den Augen der anderen, der Eltern, der Freunde ist außerdem auch nicht gerade besonders angenehm. Andererseits gibt es genug Beispiele für „Abgelehnte", die entweder autodidaktisch erfolgreich wurden oder die doch noch den Weg an die Institution geschafft haben, eben beim zweiten, dritten oder vierten Anlauf. Manchmal zählen vor allem Durchhaltevermögen und Disziplin.

Und, um schliesslich am Ende wieder auf Beuys zurückzukommen: Kreative Persönlichkeiten brauchen wir in jeden Gesellschaftsbereich und Beruf. Vielleicht zeigt sich sogar für manche/n, dass es ein Glück war, nicht zum Studium der Gestaltung zugelassen worden zu sein.

Ein bisschen Schicksal ist es in jedem Fall.

Anhang:

(1) Die Gründe, die Beuys zu seinem provokativen Lehrverhalten veranlassten, wurzelten in seinem von Rudolf Steiner beeinflussten Menschenbild und daraus resultierenden Vorstellungen von Bildung und Lehre - welche wiederum, bei Steiner wie bei Beuys, in den Entwurf eines von staatlichen Regularien freien Bildunsgwesens mündeten. Rudolf Steiner entwickelte 1924 sein Konzept einer „Hochschule für Freie Geisteswissenschaft". Joseph Beuys gründete 1974 zusammen mit Heinrich Böll die „Freie Hochschule" in Düsseldorf. 1977 entstand die „Free international University" in Belfast und Dublin. Im selben Jahr wurde der Verein „Freie internationale Hochschule für Kreativität und interdisziplinäre Forschung e.V." gegründet und Beuys realisierte seine Ideen zur Lehre im Zusammenhang mit seinem Beitrag „Honigpumpe am Arbeitsplatz" auf der Dokumenta VI in Kassel. Zu Beuys siehe auch die Literatur am Ende dieses Aufsatzes.

(2) Vielen Dank an Felix und Irmel Droese für die persönlichen Berichte aus dieser Zeit!

(3) Ordnung zur Feststellung der studienrichtungsbezogenen künstlerisch-gestalterischen

Eignung und der besonderen künstlerisch-gestalterischen Begabung für den Studiengang Gestaltung mit den Studienrichtungen Fotografie und Medien, Grafik und Kommunikationsdesign und Mode des Fachbereiches Gestaltung an der Fachhochschule Bielefeld vom 2. Dezember 1999.

Empfohlene Literatur:
John Cage: „Silence", Frankfurt a.M., 1999
Robert Filliou: „Lehren und Lernen als Aufführungskünste", Köln, New York, 1970
Gerhard Theewen: „Gespräche und Texte über Lehren und Lernen an Kunstakademien und Hochschulen", Köln, 1996
Peter Jenny: „Bildkonzepte. Das wohlgeordnete Durcheinander", Mainz, 2000
Peter Jenny: „Das Wort, das Spiel, das Bild: Unterrichtsmethoden für die Gestaltung von Wahrnehmungsprozessen", Zürich, Stuttgart, 1996
Nam June Paik: „Niederschriften eines Kulturnomaden. Aphorismen-Briefe-Texte", Köln, 1992
Rainer Maria Rilke: „Briefe an einen jungen Dichter", Frankfurt a.M., 2000

e-Mail: anja.wiese@fh-bielefeld.de

RAINER BAUER,
DAS ZEICHENPROJEKT, TRIER

„Der Versuch ist alles, wie wunderbar"

(Alberto Giacometti)

Jeder hat die Chance, zu einem Designstudium an einer Hochschule oder Fachhochschule zugelassen zu werden. Es sind auf dem Weg dahin allerdings Hindernisse aufgebaut, für deren Überwindung es eines gewissen Maßes an Engagement, Übung und auch Geduld bedarf. Das eine Hindernis ist die „Mappe", das andere die „Eignungsprüfung". Diese beiden Teile des Zulassungsverfahrens unterscheiden sich wesentlich in ihrer Zielsetzung. Dies zu erkennen ist wichtig für die Vorbereitung der zukünftigen Studenten und Studentinnen und entscheidend für deren Prüfungserfolg.

Die Mappe - Beleg für persönliche und künstlerische Ausdrucksfähigkeit

Die Mappe ist eine Sammlung von Arbeiten, die zeigen, dass der Studienbewerber persönliche und künstlerische Ausdrucksfähigkeit besitzt. Das Künstlerische in einem Menschen kann sich nur in einem Raum entwickeln, in dem er nicht andauernder Bewertung ausgesetzt ist - der Bewertung des Lehrers wie auch der eigenen. Es gibt kein Gut, kein Schlecht, kein Richtig oder Falsch. Alle Bewertung führt im Künstlerischen zu einer Gleichmacherei, zur Einebnung von Persönlichkeit. Es gibt interessante Zeichnungen, ungewöhnliche, witzige, anrührende, naive, gefühlvolle, aggressive, spannende, ruhige, lustvolle, etc. - aber keine schlechten.

Wenn das dem Schüler klar geworden ist, hat er Freude am Zeichnen, auch Entdeckerfreude, und er kann sich dann bedenkenlos und ohne Erfolgsdruck auf Beobachtung und handwerkliche Übung einlassen. Entwicklung ist für den Lernenden an der Stelle möglich, wo er ein gutes Gefühl zu seiner Arbeit hat und darin bestätigt wird. Beim Erarbeiten der Mappe sollte die Mappe selbst vergessen werden. Das Ziel ist nicht die „Mappe" sondern der Weg dorthin - das Zeichnen, Malen und Gestalten. Man kann, wie Picasso sagt, „sich vom Ziel ziehen lassen", aber nicht „beschränkt und eingeengt das Ziel bestimmen".

Die Arbeiten für eine Mappe entstehen über einen längeren Zeitraum hinweg. In Kursen können viele neue Impulse aufgenommen werden, von den Kursleitern, wie auch von der ganzen Teilnehmergruppe. Das was in den Kursen angeregt wurde, sollte zu Hause vertieft werden. Täglich 30 Minuten zeichnen oder malen reichen dafür schon aus. Am Ende werden aus den vielen Arbeiten, die entstanden sind, diejenigen ausgewählt, die die Persönlichkeit der Schülerin am deutlichsten zeigen.

Die Eignungsprüfung - Mobilisierung der kreativen Kräfte

Bei den Eignungsprüfungen der meisten Hochschulen spielen ganz andere Fähigkeiten der Prüfungsteilnehmer - und die Art und Weise eine Aufgabe anzugehen - eine Rolle. Müssen in der Prüfung kleine Erfindungen gemacht werden, (z. B. eine „Aufweckmaschine") nützt das ganze zeichnerische oder malerische Können wenig, wenn in diesem Augenblick die eigenen kreativen Kräfte nicht mobilisiert werden können.

Spontaneität, Zutrauen, Witz und Mut und die Fähigkeit, eigene Ideen zu entwickeln, sind Eigenschaften, die vorher herausgebildet und geübt werden sollten. Zu einer Aufgabenstellung gibt es oft eine „naheliegende" Lösung. Aber erst

wenn man über diese hinaus denkt, beginnt es interessant zu werden. Einer unserer Schüler bekam in der Eignungsprüfung die Aufgabe: Zeichnen Sie eine Wiese. Seine Tischnachbarn begannen, Gräser in den unterschiedlichsten Perspektiven und in aufwendigen Techniken darzustellen. Er selber war in zwei Minuten fertig, denn er malte sein Blatt grün an und schrieb das Wort „Wiese" darauf - und war erfolgreich damit. Auch wenn es darum geht, etwas zu entwerfen, zum Beispiel Schmuck oder Kleidung oder grafische Zeichen, gilt im Grunde dasselbe. Die ungewöhnliche, unerwartete, überraschende Lösung ist die bessere. Mut zu ungewöhnlichen Ideen ist eigentlich immer und überall gefragt.

Bei manchen Aufgaben ist Vorstellungskraft und Imagination gefordert („Zeichnen sie einen geöffneten Kühlschrank samt Inhalt aus der Erinnerung"). Auch das kann natürlich trainiert werden. Wichtig ist hier vor allem, dass der Prüfling seine Stärken und Schwächen in den Darstellungstechniken kennt und richtig einschätzen kann. So wird er sich in der Eignungsprüfung nicht mehr auf Experimente einlassen müssen.

Oft gibt es eine Liste von Materialien, die bei der Prüfung verwendet werden dürfen (Farbstifte, Aquarell, Papier und Schere, etc.) Mit diesen Materialien sollte man sich eingehend beschäftigt haben, bis man sie sicher anwenden kann. Auch die Beschäftigung mit der Kunst- und Designgeschichte kann nicht schaden, damit zumindest ein rudimentäres Wissen auf diesen Gebieten abrufbar ist. Nicht nur für die eventuelle mündliche Prüfung, sondern auch um Aufgabenstellungen richtig zu interpretieren, die sich auf theoretisches Wissen beziehen.

In den Prüfungen werden Aufgaben gestellt, die in einer sehr beschränkten Zeit bewältigt werden müssen. So sind Zeitdruck und der damit verbundene Stress der häufigste Grund für eine verpatzte Prüfung. Es gibt hilfreiche Übungen, die den Stress mindern können. Dieses Thema sollte man bei der Vorbereitung zum Eignungstest nicht außer Acht lassen.

Abschließend kann man sagen: Die Vorbereitung auf die Mappe sollte hauptsächlich eine künstlerische sein, die auf die Eignungsprüfung - darauf aufbauend - eher ein Kreativitätstraining. Niemand sollte sich von all dem abschrecken lassen, sich um einen Designstudienplatz zu bewerben. Denn der ernsthafte Versuch wird meistens belohnt.

Wie wunderbar.

e-Mail: info@zeichenprojekt.de

STEPHAN SCHNEIDER,
FREIE KUNSTAKADEMIE AG, ESSEN

Eignungsprüfungen zur Aufnahme eines Design- oder Kunststudiums - sinnvoll oder überflüssig?

Die im Titel gestellte Frage kann man stellen. Man kann sie aber auch als unnötig ablehnen, wie man ja auch nicht hinterfragen muss, ob es die Notwendigkeit einer Führerscheinprüfung gibt - die Fakten lassen hier keine Wahl. Unabhängig davon, ob man diese Frage für zulässig hält oder nicht, wird sie tausendfach junge Leute bewegen, die sich gerade mit einer solchen Aufnahme- und Eignungsprüfung zu einem Studium konfrontiert sehen. Und es schließen sich weitere Fragen an: Was wird von mir erwartet? (Wie) Kann ich mich vorbereiten? Wird meine Arbeit wirklich gesehen und gewürdigt, oder wird nur gesiebt? Wie gehe ich mit meiner Prüfungsangst um?

In unserem Vorstudium und während der Mappenvorbereitung werden diese und ähnliche Fragen immer wieder an meine Kollegen und mich gerichtet, weshalb hier der Versuch unternommen werden soll, einige grundsätzliche, aber nicht allgemeingültige Antworten zu formulieren.

Fragen Sie nicht nach dem Sinn von Eignungsprüfungen, denn Sie haben keinen Einfluss auf das Verfahren. Geben Sie der Eignungsprüfung persönlich einen Sinn. Das bedeutet: machen Sie die Prüfung zu einem wichtigen Test für sich selbst und begrüßen Sie die Prüfungssituation als Gelegenheit, die eigene Arbeit und Motivation zu überprüfen!

Öffnen Sie sich für ungewöhnliche, vielleicht zunächst unverständliche Aufgabenstellungen. Es kommt z. B. nicht selten vor, dass angehende FotografInnen in einer Prüfung etwas zeichnen sollen, oder dass Bewerber für den Fachbereich Malerei/Grafik eine Aufgabe für eine plastische Gestaltung bekommen. Gehen Sie dabei nicht davon aus, dass Ihnen Steine in den Weg gelegt werden sollen, sondern dass hier Ihre Intuition, Beweglichkeit, Ihr gestalterisches Ideenpotential, vielleicht auch Ihr Humor gefordert ist! Während Sie sich bei der Erstellung Ihrer Mappe im besten Fall auf Ihre absoluten Stärken und Ihre eigensten Qualitäten konzentriert haben, sollte Ihre „Prüfungsvorbereitung" also eher aus der Einübung größtmöglicher Unvoreingenommenheit, Offenheit und Flexibilität bestehen - vielleicht entdecken Sie ja so auch noch Qualitäten an sich, die Ihnen sonst verborgen geblieben wären.

Die Prüfungsausschüsse sind mit kompetenten Fachleuten besetzt, die aber, wie andere Menschen auch, mal eine schlechte Tagesform, oder nach der zwanzigsten Prüfung, eine schwache Stunde haben können. Versuchen Sie also nicht sich auf unbekannte Erwartungen einzustellen, das kann nicht gelingen sondern verstärkt nur Ihre Unsicherheit!

Besinnen Sie sich auf Ihre Qualitäten und Ziele, versuchen Sie, Ihre Prüfer mit Offenheit, Durchsetzungswillen und Motivation im Prüfungsgespräch zu überzeugen. Lernen Sie im Vorfeld einer Bewerbung Ihre zukünftige Uni und ihre Lehrer kennen und versuchen Sie sämtliche Beratungsangebote wahrzunehmen.

Nach einer missglückten Aufnahmeprüfung sollten Sie nicht gleich aufgeben. Fragen Sie sich erneut, wie wichtig Ihnen Ihr Berufswunsch ist und hinterfragen Sie Ihre Fähigkeiten, Ihre Motivation und Ihre Selbsteinschätzung. Wenn trotz aller Zweifel ihr Ziel feststeht, bewerben Sie sich erneut, auch mehrfach!

Obwohl es sicher ernstzunehmende Vorbehalte gegen das Instrumentarium (oder die Handhabung) der Eignungs- und Aufnahmeprüfung gibt, muss ich einen solchen „Filter" als notwendig ansehen. Die freie kunstakademie kann sich

(noch) den zeitlichen „Luxus" erlauben, die Mappendurchsicht mit einem individuellen Beratungs- und Bewerbungsgespräch zu verknüpfen und an Stelle einer Eignungsprüfung ein Vorstudium zu setzen, was eine relativ genaue Einschätzung der Studierfähigkeit erlaubt - Filter sind dies jedoch auch!

Grundsätzlich ist zu begrüßen, dass sich Hochschulen ihre Studenten wählen können, denn richtig gehandhabt nützt eine Überprüfung der Eignung eben auch den Bewerbern. Die spätere Berufswirklichkeit ist mit Sicherheit härter als jede Eignungsprüfung. Wem eine spätere Arbeit in einem gestalterischen Beruf mehr bedeutet als ein „Job", den wird eine Eignungsprüfung nicht daran hindern, sein Ziel zu erreichen. Manchmal braucht es dazu vielleicht mehr als einen Anlauf.

e-Mail: schneider@freie-kunstakademie.com

DIPL. DES. NORBERT HERRMANN,
SCHÖNBRUNN/SCHWANHEIM

Was würde Joseph Beuys dazu sagen?

Im Vorgängerbuch „Mythos Mappe" ließen einige DesignprofessorInnen deutlich ihre Abneigung gegen „Mappenkurse" und ähnliche Vorbereitungsveranstaltungen für junge Leute erkennen. Was spricht hier: Weltfremdheit? Gekränkte Eitelkeit? Konkurrenzneid? Bessere Einsicht? Wohl etwas von allem. Ich veranstalte ab und an, neben meiner freiberuflichen Tätigkeit als Maler und Grafik-Designer, Vorbereitungskurse für potenzielle Kunst- oder Designstudierende (www.herrmannkunst.de), mit meist beiderseitigem Vergnügen und oft recht gutem Erfolg für meine nicht selten außerordentlich begabten Schützlinge. Doch vielleicht haben die Künstlerprofessorinnen recht? Vielleicht sind sie nur besorgt? Sollte man nicht eher junge Leute davon abhalten, ins Künstler- oder Designer-Haifischbecken zu springen? Dafür spricht einiges. Weit über 80 Prozent der in künstlerischen Berufen tätigen Menschen können in unserer Gesellschaft nicht oder nur schlecht von ihrem Beruf leben, sagen Statistiken der Künstlersozialkasse. Daran wird sich absehbar auch nichts ändern. Warum also jungen Leuten Illusionen machen? Das sehe ich auch so. Und so verhalte ich mich praktisch eher als kritische Instanz, die dem einen oder anderen durchaus rät, Kunst oder Design bleiben zu lassen.

Andererseits weiß ich aus - nicht zuletzt der eigenen - Erfahrung, wie sprunghaft ästhetische und künstlerische Prozesse ablaufen können, wie eng Flop und Top benachbart sind. Und warum sollte man jungen Leuten nicht behilflich sein, wenn sie sich ihren Traum erfüllen möchten? Wann sollten sie es denn versuchen, wenn nicht am Anfang ihres jungen Erwachsenenlebens? Was im Berufsleben daraus wird, ist in Zeiten der sprichwörtlichen Patchwork-Biografie eine völlig andere Frage und betrifft nahezu jede Berufsgruppe. Lebenslanges Lernen. Lautet so nicht die allseits geforderte Devise nach der Pisa-Studie? Schon zu meiner künstlerischen Ausbildungszeit 1971 bis 1974 wurde von vier Bewerbungen nur eine zugelassen. Was haben die drei abgelehnten BewerberInnen gemacht? Wahrscheinlich machten sie Werbeagenturen auf, um ihre studierten Kreativen als CheffInnen zu ärgern. So sehen auch heute noch die Plakate an den Litfaßsäulen deutscher Städte aus. Spaß beiseite, und im Folgenden ein schmunzelnder Blick zurück:

Es gab bekanntlich nur einen, der in den 1960/70er Jahren alle Bewerbungen im Fach Kunst angenommen hat: Joseph Beuys! (Weswegen er auch u. a. als Hochschullehrer hinaus flog.) Selbstredend war er unsere heilige Ikone und verehrte Berufungsinstanz, als wir in unserer Eigenschaft als Studentenvertreter in den Gremien meiner Ausbildungsinstitution prinzipiell für die Aufnahme jeder Bewerbung stimmten. So felsenfest überzeugt wir von der eigenen Berufung als Künstler oder Designer waren, so überzeugt waren wir damals ebenfalls, dass jeder Mensch im Grunde Künstler sei, wie Beuys nicht müde wurde zu predigen. Also, schlossen wir messerscharf, sollten auch alle eine künstlerische Ausbildung absolvieren dürfen, die das wünschten. Ein Volk von Künstlern, nicht eines von Ausgebeuteten, sollte das Volk der Dichter und Denker werden dürfen.

Doch leider überstimmten uns unsere „reaktionären" Professoren bei strittigen Entscheidungen fast immer, weil sie die Mehrheit und Macht hatten. Und so ergab sich bald die Gelegenheit zur privat-empirischen Nagelprobe und revolutionären Rache: Jemandem, der aus eigenem Vermögen niemals die Chance gehabt hätte angenommen zu werden an einer der zahllosen „Heiligen Hallen der Kunst", aber Lust auf eine Designausbildung hatte, gaben wir frühere Arbeiten von uns, die unsere Professoren nicht kannten, für seine Bewerbungsmappe. Die mündliche Aufnahmeprüfung konnten wir relativ gut beeinflussen. Einzige Bedingung unsererseits: Nach der Aufnahme musste er im Studium selbst zurecht kommen! Wie dem Ikarus schnallten wir ihm die Flügel an, fliegen musste er dann selber. Er stimmte freudig zu – die Freude wird ihm bald vergangen sein.

Es kam aber trotzdem so, wie wir vermuteten und wie ich nach Abschluss meines Studiums aus zuverlässiger Quelle erfuhr: Besagter Mensch wurde aufgenommen, durchlief die administrativ gestraffte, achtsemestrige Ausbildung mit allem Pipapo, Zwischenprüfung und Praktikum, mit nicht unbedingt überragenden, aber durchaus sehr guten Ergebnissen völlig regelgerecht – und hatte somit einen qualifizierten Fachhochschulabschluss! Mit allen Möglichkeiten, die sich in unserer Gesellschaft um 1980 hieraus ergeben konnten. Beuys hatte recht! Wir lachten uns ins Fäustchen ...

Diese wahre Begebenheit – nach über 25 Jahren darf man das ja berichten – kann, jenseits aller theoretischer Erwägung, deutlich machen, auf welchem schwankenden Grund sich Prognosen und Tests zur „künstlerischen Eignung" sicher auch heute noch befinden, so raffiniert sie auch immer gestaltet sein mögen. Vor Jahren schon berichteten Medien über absurde Bewerbungspraktiken an einschlägigen Ausbildungsinstitutionen von Kunst und Design.

In einigen Beiträgen der ProfessorInnen klang dieser Befund in dem besagten Buch „Mythos Mappe" auch indirekt selbstkritisch an. Das ist gut so. Ebenso wenig wie man präzise definieren kann was gute Kunst oder optimales Design ist, kann man exakt die Spreu vom Weizen trennen in der Bewertung von individueller „künstlerischer Eignung". Aber es gibt im Buch auch eher lustige, jedenfalls aber trotzdem bezeichnende logische Widersprüche, die einen schon nervös machen können: So kanzelt beispielsweise Prof. Klaus Hesse eine (noch) abgelehnte Bewerberin ab, in dem er ihr polemisch und mit unverhohlenem Spott vorwirft, ihr „jungfräuliches Lebenswerk abzuzählen und zu katalogisieren", während Prof. Claudius Lazzeroni im Interview in allgemeiner Form neben anderen Mängeln genau das Fehlen eines Inhaltsverzeichnisses rügt, ohne das keine Dramaturgie der Mappengestaltung auskomme. Ja, was nun? So wird man als junger Mensch in den Wahnsinn getrieben.

Sicher, kann man vom Standpunkt der Professoren aus sagen: „Junge Leute, wir brauchen nur die Superbegabten, also spart euch (teure) Vorbereitungskurse. Seht die Exerzitien, die wir euch abverlangen, als Gottesurteil. Vertraut uns! Wir haben auch kein Coaching gemacht am Anfang unserer Laufbahn." Wohl wahr, auch ich nicht! Doch die Zeiten sind auch völlig andere. Selbst Führungskräfte der Wirtschaft wagen es mittlerweile in Deutschland zuzugeben, dass sie sich für viel Geld beraten lassen, um ihre persönlichen und geschäftlichen Ziele besser erreichen zu können. Professionelle OpernsängerInnen nehmen, wie man hört, ebenso regelmäßig

Gesangsunterricht, wie Schauspieler Schauspielunterricht, um nicht einzurosten. Designverbände leben nicht schlecht davon, ihre Mitglieder und Interessierte durch ein wahres Eldorado von teuren Beratungsangeboten zu jagen. Alles darf, ja sollte professionell gecoacht werden, hört man von Verhaltenstrainern und Lebensberatern, die uns einreden, dass man alles erreichen kann, wenn man nur will (und ihre teuren Kurse bucht). So etwas gibt es natürlich auch im Kunstund Designbereich. Das ist nicht mein Ding. Doch überall soll Coaching gut und richtig sein, nur nicht beim Zugang zum Kunst- oder Designstudium? Das ist Unsinn. Und auch unhistorisch.

Nur zur geschichtlichen Erinnerung: Schwabing ist nicht zuletzt deshalb so berühmt, weil sich Anno dazumal um die Kunstakademie ein Ring von Künstlerateliers bildete, in denen sich viele angehende Künstler fleißig abrackerten. Gabriele Münter und Wassily Kandinsky tummelten sich dort, um nur die bekanntesten Namen zu nennen. Viele der Protagonisten wollten die strengen Aufnahmerituale der Kunstakademie schaffen. Und so gab es in engen Ateliers oft ein großes Gedränge, woher auch der sinnige Spruch stammt: Wer zuerst kommt, malt zuerst!

Also: Coaching gab es in der Kunst nahezu immer! Nachhilfeunterricht hat es auch schon immer gegeben, auf allen Stufen unseres vielgliedrigen Ausbildungssystems. Das ist auch völlig legitim. Ich rate meinen Schützlingen, sich genauestens zu informieren und so viele Veranstaltungen der einschlägigen Ausbildungsinstitutionen zu nutzen, wie es geht. Ich werde mich überdies hüten, ihnen einen bestimmten Stil anzutrainieren.

Allerdings sollte man bedenken, dass ein junger Mensch von vielleicht 20 Jahren, wenn er seit dem 12. Lebensjahr fleißig zeichnete und malte, wahrscheinlich in der Schülerzeitung Zeichner, Redakteur, Layouter und vielleicht auch Drucker war, schon von allein einen eigenen Stil mitbringt. Es wäre sicher fatal, wenn so ein Talent wegen eines „zu festgelegten Stils" abgelehnt würde. Was natürlich vorkommen kann. Deshalb rate ich, die Mappe thematisch möglichst vielfältig anzulegen, sich bei Ablehnungen nicht entmutigen zu lassen, sondern umgekehrt einen Schuh daraus zu machen: Sich bei möglichst vielen Institutionen bewerben – und dann selber auswählen!

Die konkreten Lebensumstände sind manchmal verwickelt, also nicht linear, wie es der scheinbar ideale Weg vom ewigen Klassenprimus zum erfolgreichen Nobelpreisträger verspricht. So mancher Lebenslauf eines Kunst- oder Designprofessors könnte darüber Auskunft geben. Und so mancher emotionale Hirnknoten löst sich erst in einer Atmosphäre gesteigerter Konzentration, die eine fundierte Heranführung an ästhetische und künstlerisch/handwerkliche Fragestellungen relativ stressfrei ermöglichen kann. Das wird ein kompetenter Atelierunterricht sehr wohl leisten können, der oft auch in ein anerkanntes Praktikum übergeht. Was bleibt, ist die Schärfung des ästhetischen und künstlerischen Bewußtseins junger Leute, die dann auch meist wissen, was sie wollen. Das bleibt und zeigt sich in Form praktischer Arbeiten einer Mappe. Und das werden die Betreffenden in praktischen Prüfungen der Institutionen auch meist beweisen müssen.

Dagegen sollten auch ProfessorInnen aus den Sparten Kunst und Design nichts einzuwenden haben. Sie prüfen schließlich und selektieren letztendlich ihr studentisches Volk. Und Joseph Beuys darf sich dann mal wieder im Grabe herumdrehen.

e-Mail: herrmann.kunst@t-online.de

INA HOLITZKA, KÜNSTLERIN,
FEIN ART, OFFENBACH

Seinem Vermögen trauen – Offenheit und Fähigkeit zum eigenen Standpunkt

- Darf man das?
- Kann man das?
- Wie geht das?

Seit 16 Jahren höre ich vernehmlich, oder mit gekräuselter Stirn diese Fragen. Junge, durchaus künstlerisch talentierte Schulabgänger haben den Wunsch, Design oder Kunst zu studieren. Sie wollen kreieren, gestalten und etwas bewegen. Nur leider fehlt oft der Mut – etwas zu wagen und seinem kreativen Vermögen zu trauen.

Sehen wir, was wir sehen? Oder meinen wir, es bereits zu wissen?

Künstlerische Blickwinkel führen zu neuen Wahrnehmungen. Eine bestimmte Sicht, was „wirklich" ist, wird aufgebrochen und hinterfragt. Kreativität entsteht da, wo Neues ausprobiert wird, neue Wahr-Nehmungen zugelassen, unerwartete Zugänge und Lösungsmöglichkeiten eröffnet werden. Sie entsteht, wenn man sich neugierig und spielerisch auf neue Wege traut und einlässt.

Meistens steht eine schulische Altlast im Weg – ordentlich, angepasst und nur keinen Fehler machen, es geht ja um die Note. Doch Technik und Fleiß allein tun es nicht. Der Mut, eine Sache von einem anderen Standpunkt oder aus einer anderen Sichtweise zu betrachten, ist selten.

Schade eigentlich, denn so verpassen junge Menschen eine wichtige Entdeckung und Entwicklung: ihr „anschauliches Denken", das Fundament für kreatives Arbeiten, kennen zu lernen, auszubauen und wertzuschätzen.

Dem üblichen, konvergenten Denken, welches geradlinig auf eine Lösung hinzielt, steht ein divergentes Denken gegenüber, welches auf vielfältige Weise zu meist ungewöhnlichen Lösungsmöglichkeiten führt – was nicht nur der kreativen, gestalterischen Arbeit zugute kommt! Die Kenntnis beider Denkstrategien schafft Freiraum, Vielfalt und Zutrauen für die eigene kreative Arbeit.

Die Zeit der Mappenentwicklung ist Herausforderung und Chance, seinem kreativen Potenzial auf die Spur zu kommen. Sein Wahrnehmungsvermögen kennen zu lernen, zu erweitern und auszukosten:

- Wie nehme ich wahr?
- Wie bemerke und erkenne ich Zusammenhänge?
- Wie sind meine Empfindungen und Erfahrungen?
- Was berührt mich?

In meiner langjährigen Praxis als Künstlerin und Dozentin begleite und fördere ich junge, ambitionierte Menschen in ihrem künstlerischen Prozess (www.fein-art.de). Um seinen Blickpunkt und die eigene Bildsprache (wieder) zu entdecken und (weiter) zu entwickeln braucht es Zeit und Raum:

- Zum Erforschen und Probieren, Analysieren und Erkennen, Erfahren und Umsetzen.
- Für Austausch und Reflexion mit sich und anderen.
- Seinen Standpunkt richtig einzuschätzen, Stärken und Schwächen zu erkennen.

Auf der Basis elementarer Gestaltungsgrundlagen wird beim Mappen-Coaching eine eigene visuelle Sprache gefördert. Je vielschichtiger dieser Prozess erlebt wird, um so flexibler kann man auf die vorgegebenen Aufgaben in der Eignungsprüfung zugehen, denn es geht um Neugier, Flexibilität und Originalität.

Sein Wahrnehmungs-, Darstellungs-, Vorstellungvermögen „anschaulich" sichtbar werden zu lassen heißt, seinem Vermögen zu vertrauen und es wertzuschätzen.

e-Mail: holitzka@fein-art.de

DR. DIETER C. SCHÜTZ,
AKADEMIE FÜR KOMMUNIKATIONSDESIGN,
DÜSSELDORF

Auf Abruf

Neben dem Einreichen einer Mappe oder der Anfertigung einer Hausarbeit wird im Rahmen des Bewerbungsverfahrens oft ein Eignungstest durchgeführt. Der berufliche Kontext, von dem wir hier sprechen, spricht in aller Regel von sogenannter künstlerischer Eignung. Im Gegensatz zu eingereichten Arbeiten muß innerhalb kurzer Zeit - sozusagen auf Abruf - gestalterisch gearbeitet werden, jede Hilfe Dritter entfällt.

Die Erstellung einer praktischen Arbeit, ein schriftlicher Test und/oder ein Kolloquium schließen nunmehr das Bewerbungsverfahren ab. Ich habe als Lehrender in den letzten zehn Jahren regelmäßig in verschiedenen Gremien solche Tests erlebt. Sie variieren zwar, es gibt aber durchaus Konstanten und sich wiederholende Kritik, aus denen ich im folgenden ein paar hoffentlich hilfreiche Gedanken und Ratschläge ableiten möchte.

Man sollte in den letzten Tagen vor dem Test die aktuellen Nachrichten aus Politik, Wirtschaft und Kultur verfolgt haben - am besten in der Zeitung. Es gibt immer wieder Fragen danach oder Anspielungen, denen man dann nicht unwissend begegnen sollte. Diese Kenntnisse geben einem auch die Sicherheit, informiert zu sein. Wer sich im Bereich Design bewirbt, muss natürlich Designer kennen, Architekten und Künstler. Ich spreche, wie gesagt, aus Erfahrung und kann berichten, daß Behrens, Gropius, Wagenfeld, Aicher, Bill, Loewy oder Starck oft schlichtweg nicht gekannt werden. Dass mein Bürostuhl von Egon Eiermann nicht selten sogar Kollegen unbekannt ist, daran habe ich mich gewöhnt - das verlangt schon Spezialkenntnisse, und im übrigen ist er mittlerweile eine Antiquität. Aber Gegenstände, die im Schaufenster eines jeden besseren Einrichtungshauses oder bei ebay (Stichwort Design) zu sehen sind, also Vitra-, Panton- oder Rietveld-Stühle, die Glasvase von Aalto, die Teekanne von Gropius, diejenige von Magnussen, die Fruchtpresse von Starck, Alessi-Produkte, das Arad-Regal, um nur ein paar Beispiele zu nennen, die muss ein(e) Interessierte(r) einfach kennen.

Was sonst, wenn nicht gut oder vernünftig gestaltete Objekte, hat jemanden dazu veranlaßt, sich beruflich mit Design zu beschäftigen? Nur eine Note 1 in Kunst ist mir schlechterdings zu wenig - zumal Kunst ja (inzwischen hoffentlich bekanntlich) nicht Design ist. Apropos: Eine ausgiebige, nachvollziehbare Reflexion darüber, was den Unterschied ausmacht, wäre auch eine geeignete Vorbereitung. Sie dokumentiert das Vermögen Fragen zu stellen. Ich bin mir durchaus bewusst darüber, dass die Berechtigung solcher Forderungen - weitere nenne ich noch - häufig von Bewerberinnen und Bewerbern bezweifelt wird, die uns vorwerfen, dies alles wolle man im Studium doch erst lernen und das habe einem ja niemand vorher gesagt.

Tatsache ist aber, dass wir hier von Studiengängen reden, bei denen Studienplätze rar sind, und Irrläufer oder Falschparker, anders als zum Beispiel bei Jura, einen Studienplatz tatsächlich blockieren. Tatsache ist ferner, daß wir von Fächern reden, bei denen ein Engagement und eine Begeisterung für die Sache spürbar sein muss. Bei allem Respekt für die Fächer Tropentechnologie, Pflegewissenschaften oder auch VWL: Man kann dort mit allen Kommilitonen bei null anfangen. Bei Design, Film, Musik, o.ä. muss das Studium dagegen ein sachnahes Vorleben haben.

Wieso, fragen wir an unserer Akademie in Düsseldorf (www.akd-online.de) häufig, wollen Sie Design studieren, was erwarten Sie, was bringen Sie mit? Bei der Beantwortung dieser Fragen erfährt man etwas über die Motivation der Bewerber und über deren Lebensplanung. Auch die Auswahl einer Mappe oder eine präsentierte Arbeit sollte, wenn sie diskutiert wird, erörtert und begründet werden können. Bemerkungen wie „Habe ich mir eigentlich nicht so genau überlegt" oder „Irgendwo fand ich die Sachen gut" provozieren eine Prüfungskommission. Auch wenn auf die Fragen „Hätte das auch anders gemacht werden können", oder „Was wäre, wenn Sie Holz statt Kunststoff, rot statt blau gewählt hätten?" die müde Antwort „Weiß ich nicht" folgt und somit kein spannender Dialog möglich ist, keine Position bezogen wird, dann nimmt man das Gremium nicht für sich ein.

In gestalterischen Berufen sollte eine verstärkte Aufmerksamkeit und Wahrnehmungskompetenz schon mitgebracht werden. Ich frage immer gern - oft irritierend für die Bewerber - woher der Name der Straße stammt, in der sie leben oder woher der Name ihrer ehemaligen Schule rührt, ob einem am Bahnhofsvorplatz oder im Treppenhaus etwas aufgefallen ist, u.s.w. Neben Kommunikationsfähigkeit - die läßt sich bei solchen Fragen auch gut prüfen - sind schließlich noch ein paar Grundregeln der Rhetorik (Blickkontakt, Ausreden lassen, mit Namen ansprechen, keine Langatmigkeit), gelegentlich auch Höflichkeit (spürbare, nicht aufdringliche) äußerst sinnvoll. Man wirbt ja immerhin für sich. Daß man Stress erträgt, geduldig, diskursorientiert und teamfähig ist, sollte man zumindest vorgeben. Wenn man es ernst mit der Entscheidung meint, sollte man sich diese Eigenschaften, wenn es zum Zeitpunkt des Eignungstests de facto noch daran mangelt, mit Blick auf ein erfolgreiches Studium bald angewöhnen.

e-Mail: dc@akd-online.de

PROF. UTE HELMBOLD /
PROF. ULRIKE STOLTZ,
HOCHSCHULE FÜR BILDENDE KÜNSTE
BRAUNSCHWEIG

Am Anfang

Anm. d. Red.: Das Grundgerüst des folgenden Textes entstand in einer e-Mail-Korrespondenz zwischen Prof. Ute Helmbold und Prof. Ulrike Stoltz im Mai 2001. Daher sprechen beide sehr offen und persönlich. Das Gespräch wurde selbstverständlich redigiert, zum Teil auch aktualisiert. Dennoch haben sich beide entschlossen, auch die zum Teil polemischen Statements nicht zu streichen. Sie spiegeln etwas von dem ganz alltäglichen Frust, den es (neben vielen Highlights!) eben auch gibt.

Der Text von Ute Helmbold ist fett gesetzt, der von Ulrike Stoltz normal. Beide Professorinnen lehren an der Hochschule für Bildende Künste in Braunschweig. Ulrike Stoltz unterrichtet Typografie und Buchgestaltung, Ute Helmbold Zeichnerische Darstellung und Illustration.

Die erste Hürde ist doch die Bewerbungsmappe: Was soll rein? Was muss rein? Wie viel? Alle tun wir uns schwer, hier etwas zu formulieren. Man sieht, was gut ist. Man sieht, was schlecht ist. Wer sieht? Nur wir? Ich bin sicher, auch andere sehen es. Das Problem liegt in der Mitte.

Es gibt so wenig wirklich objektive Beurteilungskriterien für eine Bewerbungsmappe wie es überhaupt metrisch belegbare Kriterien für die Qualität von Gestaltung und Darstellung gibt. Zwar hat jede Aufnahmekommission Bewertungskriterien für sich definiert, die geben aber auch immer wieder Anlass für Diskussionen. Da gibt es Begrifflichkeiten wie Wahrnehmungsvermögen, Vorstellungsvermögen und Darstellungsvermögen. Wahrnehmungsvermögen soll stehen für die Fähigkeit, mit offenen Augen durch die Welt zu gehen, kritikfähig und auch distanziert, sich mit einer gesunden Portion Neugier die Welt anzuschauen, unabhängig von modischen Strömungen ein Bild unserer Welt zu formulieren. Vorstellungsvermögen könnte auch mit Fantasie umschrieben werden, meint aber weitaus

mehr. Die Frage, „Was wäre wenn?" sollte ein zukünftiger Designer strukturiert und mit Argumenten beantworten können. Fantasie zu haben ist keine Fähigkeit, die genetisch vererbt wird oder die je nach Willfährigkeit einer höheren Macht vom Himmel fällt. Fantasie ist das Ergebnis eines guten Wahrnehmungsvermögens (s.o.) und einer angebrachten, aber auch durchaus überraschenden Beurteilung des Wahrgenommenen. Die Beurteilung darf durchaus aus einer sehr individuellen Sichtweise heraus entstanden sein und in ihrer Darstellung überraschend auf den Betrachter wirken. Darstellungsvermögen meint also, die Fähigkeit, das, was Wahrnehmung und Fantasie im Kopf hervorgebracht haben, nun auch wirklich sichtbar machen zu können. Und zwar in, im weitesten Sinne, bildhafter Form. Visuelle Kommunikation ist die Aufgabe des Kommunikationsdesigners, und die Mappe soll zeigen, dass das Talent und die Anlagen und der Wille vorhanden ist, diese Herausforderung anzunehmen. Neugierige, wissensdurstige, mutige und selbst reflektierte Studenten sind uns die Liebsten. Mehr kann man wirklich nicht sagen.

Es geht nicht darum, dass wir uns drücken vor präziser Formulierung. Vielmehr steht dahinter das Wissen, dass der Schuss nach hinten losgehen kann. Jede allzu präzise Äußerung würde als Rezept missverstanden und so das Gegenteil des Gewünschten **(nämlich Uniformität und Klischees)** bewirken. Die Mappenvorbereitungskurse sind da leider oft ein Beispiel.

Nicht nur die, auch unsere Mappenberatungen und die Tipps, die Studierende geben. Ich habe auf dem Studieninformationstag beobachtet, dass die Studierenden wirklich sehr konkrete Auskunft geben.

In diesen Mappenvorbereitungskursen wird vermittelt, was vermeintlich gebraucht wird. Als ich einmal in einer Mappenprüfung zum x-ten Mal eine Bleistiftzeichnung des gleichen Kristallglases mit Goldrand sah, war ich in Versuchung, in die betreffenden Mappen einen Zettel zu legen: „Sagt doch mal eurem Mappenvorbereitungskursleiter, er soll sich wenigstens eine Auswahl verschiedener Gläser zulegen!"

Cola-Dosen, Paprika, Bananen, Turnschuhe nicht zu vergessen. Die tauchen mit tödlicher Sicherheit und regelmäßig wieder auf.

Wir üben uns derweil darin, für die Studieninformationsblätter und -handreichungen, die es nun mal geben muss, möglichst präzise Formulierungen für Individualität und Eigenständigkeit zu finden. In einer konsumorientierten, konformistischen Gesellschaft sind das nicht unbedingt wichtige, zu fördernde Eigenschaften.

Warum sollte es also für uns eigentlich wichtig sein?

Weil das die einzige Versicherung ist gegen Arbeitslosigkeit! Nur wenn ich meine eigenen Stärken und Schwächen genau kenne, habe ich eine kleine Sicherheit: dass ich später auch die Auftrag- und Arbeitgeber finde, die mit mir und meinem Stil etwas anfangen können und für die ich die richtige bin. Zeichnen als Abbilden ist eine Form von Weltaneignung. Ich kann nur zeichnen, was ich verstanden habe (das gilt immer!). In einem bestimmten Alter ist das absolut wichtig (Entwicklung der Kinderzeichnung), wird aber nicht genug geübt und ermutigt. Meine These: Dass die StudentInnen auf diesem Niveau „zurückgeblieben" sind, zeigt, dass da noch was unbearbeitet liegen geblieben ist. Andererseits:

Wieso andererseits? ALSO!

Die Vorbildung der Studieninteressierten ist im allgemeinen katastrophal. Wer heute KD/VK studieren will, beginnt als visueller Analphabet. (Ausnahmen bestätigen die Regel!). Jeder Mathematikprofessor, der mit StudentInnen arbeiten müsste, die kaum addieren und subtrahieren können, würde sich weigern. Mit gutem Grund und zu Recht. Elementares, wie z. B. Farbenlehre und Komposition, fehlt. Zeichnen wird völlig oberflächlich nur als Abbilden verstanden –

Einschub: Je „fotografisch" genauer umso besser, da kann man doch gleich den Fotoapparat nehmen, was macht das für einen Sinn? Warum meinen die BewerberInnen, dass sie ein möglichst perfektes Bild abgeben müssen? Sie meinen, dass ein möglichst perfekter Eindruck am besten über Präzision oder technische Finessen zu vermitteln sei. Was hat technische Perfektion eigentlich mit einer künstlerischen Eignung zu tun? Und diese vermeintlich künstlerischen Mittel, wie Pastell oder Aquarell, sind wunderbar geeignet, um dann doch, im Gegenteil, die Präzision der zeichnerischen Auseinandersetzung zu kaschieren. Ich will in einer Zeichnung ablesen können, mit welchem Blick der Zeichner auf das Dargestellte schaut und nicht, was für tolle Zeichenmittel er ausprobiert hat.

– und nicht mal das Abbilden ist richtig geübt. Der Umgang mit Satzschriften, heute dank PC für jeden zugänglich, ist vollkommen unreflektiert. Schreiben mit der Hand wird als lästig empfunden, ist aber dennoch leider nicht immer zu vermeiden. Dass und warum man es üben könnte, ist ein Gesichtspunkt jenseits des Horizonts. Raumerfahrung scheint ein Fremdwort zu sein, insofern es anderes meinen könnte, als mit unbeschränkter Geschwindigkeit über Autobahnen zu rasen. Fotografieren ist weit gehend identisch mit „knipsen".

Und notfalls kann man sich immer noch einen Ausschnitt suchen, wenn das Bild nicht stimmt. Aber dann gibt es auch noch die anderen. Die Genialen. Die, die mit der Mappe zeigen: schaut her, ich kann schon alles, ich habe einen „Stil", zeig mal, ob du mir noch etwas beibringen darfst und kannst. Als ob „Stil" etwas mit Können zu tun hätte. Diesen BewerberInnen kann man doch nichts mehr beibringen. Sie sind nicht mehr offen und neugierig. Ich will das Eigene, die Vorstellung und die Idee des eigenen Tuns und Wollens lesen können. Selbstbewusstsein – bei aller gesunden Distanz zur eigenen Leistung – des Originären, nicht zu verwechseln mit Originalität im Sinne von Albernheit, sondern verstanden als Ausdruck von Neugier und eigener Interpretation. Fantasie im weitesten Sinne und nicht missverstanden als Phantasy. Dieses Genres bedienen sich ja vor allem die männlichen Bewerber. Da kommen doch nur wieder Bilder von Welten, die wir alle schon mal gesehen haben und nicht mehr sehen wollen, weil sie nichts Eigenes sind.

Aber gut, die glücklichen „GewinnerInnen" sind da. Sie haben eine vage Vorstellung von dem, was ein Kommunikationsdesigner macht und dass man damit irgendwie auf ziemlich lockere Art schnell reich und berühmt werden kann. In unserer Welt voller glücklicher Familien, die im ewigen Sonnenschein vor einer Kulisse von lila Kühen und glücklichen Hühnern beim Rama-Frühstück sitzen, ist das natürlich kein Wunder und nicht ausschließlich den frisch gebackenen StudentInnen anzulasten. Da sind sie nun, Aufnahmeprüfung bestanden, voller Enthusiasmus, los geht's.

Voller verschrobener Erwartungen, in schulischer Haltung, Bringschuld einklagend. Und manchmal mit einer Überheblichkeit, doch schon alles mit der Prüfung gezeigt und bestanden zu haben!

Und was machen wir? Anfänger brauchen was Einfaches. Also: einfache Formen (z. B. Kreis, Quadrat, Dreieck); einfache Farben (z. B. rot, blau, gelb); einfache Gestaltungsprinzipien (z. B. Kontraste wie hell/dunkel, groß/klein, viel/wenig, etc.). Das Ganze verpackt in kleine Übungen, die wir für motivierend halten. Dann heißt es: Augen zu und durch. Im Hauptstudium dürfen die StudentInnen dann an „richtige" Projekte. Und was liefern sie: Klischeelösungen, Computerkopfgeburten. Dass aus einer der Schnipsel-Klebe-Übungen des Grundstudiums mal ein Buchumschlag, ein Plakat werden könnte, ist völlig unvorstellbar.

Viele wollen keine Übungen, sondern fertige Produkte in der Hand halten, mit denen sie

sich gleichzeitig auch bewerben können. Das „Einfach" kann dann sehr schnell heißen: wir machen ein Buch. Das können die als Aufgabenstellung besser verstehen, als wenn wir sagen: Nun schaut doch mal genau hin! Unsere Übungen scheinen die Erwartungen zu unterfordern. Oder zu überfordern? Der Transfer zu anderen Fächern, die ja mit den eigenen Mitteln genau die selben Grundlagen einüben wollen, wird nicht erkannt. Übrig bleiben tausend Bausteine, die sie nicht zusammenbekommen. Und dann gaukelt der Computer auch noch vor, dass, wenn man ihn bedienen kann, man eigentlich auch schon gestaltet hat. Er wird nicht als Werkzeug verstanden, sondern als Erfüllungsgehilfe missverstanden.

Und wie sich die im Grundstudium gewonnenen Erkenntnisse (welche eigentlich?) auf eine Web-Seiten-Gestaltung übertragen lassen, weiß ja auch keiner wirklich so recht. Macht nix. Man kann ja schließlich abkupfern, wie es die richtigen Gestalter draußen im wirklichen Leben auch machen.

langt, wenn sie Gewinn bringend sein soll, einen gewissen Stand der Fähigkeiten und Kenntnisse sowie fortgeschrittenes Verständnis fürs Metier. Das ist bei Erstsemestern aus den oben beschriebenen Gründen aber nicht vorhanden. Ich behaupte auch: Das interessiert heute niemanden, jedenfalls nicht am Anfang des Studiums. Das Thema liegt nicht in der Luft (so wie es der Fall war, als das Bauhaus seine Grundlehre entwickelte, von der wir heute noch zehren). Und die aktuellen Fragen sind heute ganz andere. Sie ergeben sich aus der Situation, immer wieder zuerst unvermittelt vor oder in sehr komplexen Zusammenhängen zu stehen und schnell handeln und entscheiden zu müssen. Was kann ich tun, um mich zurechtzufinden?

Du meinst hier sicherlich die Stehgreifübungen, über die wir letztens sprachen.

Ich plädiere daher für einen ganz anderen Ansatz: Schmeißt die Anfänger ins kalte Wasser! Aber: Lasst sie nicht ertrinken. Macht mit den Anfängern schon konkrete Projekte. Vielleicht keine ganz riesigen, sondern überschaubare, und sicher

sie entstehen aus und in einem anderen Zusammenhang.

Ist schon klar, trotzdem muss man zwischen Grundlagenvermittlung und Grundlagenforschung unterscheiden. Ich kann keine biologische Grundlagenforschung betreiben, ohne zu wissen, was die Photosynthese ist. Ich kann versuchen, die Grundlagen erfahren zu lassen. Wie gesagt ist „Erfahrung erzählen" ja ganz sinnlos. In Mathe, erinnere ich mich, versuchte man mal über die Mengenlehre Addition zu visualisieren und damit auf einer anderen Wahrnehmungsebene erfahren zu lassen. Und so was ähnliches willst Du auch. Grundlagen nicht vorerzählen und pauken zu lassen, sondern über kleine Projekte direkt erfahrbar oder erlebbar machen. Alles Weitere, wie Du es unten beschreibst, ist nun wirklich die höhere Disziplin. Mit anderen Worten, mir ist die Differenzierung zwischen Grundlagen und Grundlagen noch zu diffus.

Ab einem gewissen Abstraktionsgrad gehört die Frage nach den Grundlagen, dem Fundamen-

---

Freie Kunst und Projektstudium
Kurse
Workshops
Symposien
Sommerakademie
Oster- und Herbstakademie
Austauschprogramme
Vorträge und Ausstellungen

Freie Akademie für Kunst Berlin
Lottumstrasse 9/10
D 10119 Berlin
Tel. 004930 4490057
Fax 004930 4497084
e-mail: info@freieakademiekunst.de
Internet: www.freieakademiekunst.de

Das ist nicht immer so, natürlich, ich weiß. Schule kann nicht verhindern, dass einzelne doch was lernen. Dieser Spruch stammt noch aus meiner Zeit als Lehramts-Referendarin. Geändert hat sich seitdem in Schule UND Hochschule nicht viel. Andererseits, möchte ich aktuell und nach „Pisa" hinzufügen, gilt doch vielleicht das Gegenteil: Schule verhindert das Lernen, führt zum Abbau von Neugier und Interesse.

Oder sich über die Schule hinaus interessieren, oder gar Talent mitbringen.

Die Klage, dass „die heutige Jugend" den Transfer von den ach so einfachen Grundlagen zu den komplexen Anwendungen nicht (mehr?) schafft, ist weit verbreitet.

Wie gesagt, die schaffen es schon nicht von Fach zu Fach die Zusammenhänge der Grundlagen zu erkennen.

Haben wir vergessen, dass es uns ähnlich ging? Oder gehörten wir zufällig zu den Ausnahmen? Vielleicht ist es aber noch anders. Grundsätzlich gilt: Das Einfache ist nicht einfach. Denn die Reduzierung des Blickes auf Grundlegendes ver-

nicht unter „praxisnahem" Zeitdruck. Schön wäre, wenn am Ende jeder etwas in der Hand hat. Es gibt vieles, was sich in Kleinstauflagen produzieren lässt. Im Verlauf der Arbeit werden eine Menge Probleme entstehen, an denen jede/r auf seine/ihre Art scheitern kann. Jetzt ist es Zeit für die Rettungsringe. Das jeweilige Problem wird sozusagen unters Vergrößerungsglas gelegt und von allen Seiten beleuchtet. Und vor allem: Wir müssen die Zeit extrem verlangsamen. Im Gegensatz zu Stress und Hektik der Arbeit „draußen" leisten wir uns in der Hochschule den Luxus der Zeitlupe. Nur in diesem Modus werden Zusammenhänge sichtbar. Entwerfen hat etwas von Mikado: wir greifen an einer Stelle hinein, und es wackelt an allen möglichen, für Anfänger zunächst unvorhersehbaren Stellen. Hier lassen sich Versuchsreihen entwickeln, die den Zusammenhang einzelner Phänomene untersuchen und sichtbar machen. Das wird nicht im streng wissenschaftlichen Sinn betrieben und durchgezogen, und das ist auch nicht nötig. Natürlich sind das jetzt die guten alten Grundlagen. Aber

talen, meines Erachtens ins Hauptstudium. Dafür wird und muss sich auch nicht mehr jeder interessieren. Grundkurse sind aber (durchaus sinnvollerweise) Pflichtkurse für alle. Wir sollten ihnen die Möglichkeit geben, so viele verschiedene Erfahrungen wie möglich zu machen, damit sie nach dem Vordiplom eine gute Entscheidung treffen können, wo hinein sie sich so vertiefen möchten, dass sie bis zu einem wirklichen Verständnis vordringen können. Dann können sie mit der Untersuchung der Grundlagen anfangen und unser Wissen um diese vertiefen.

Ich behaupte mal, dass der Unterschied zwischen Grundlagenvermittlung und Grundlagen-vermittlung in der FRAGESTELLUNG liegen sollte. Und nicht in der Tatsachenvermittlung. Fragen müssen beantwortet werden.

Nein! Fragen müssen eben nicht (gleich) beantwortet werden! Zuerst muss man lernen, Fragen überhaupt zu stellen, und zwar die, die einen weiter bringen! Die StudentInnen kommen in die Besprechungen mit einem Zwischenstand ihrer Projektbearbeitung, mit dem sie selbst nicht zufrieden sind. Sie wissen aber nicht, wie es jetzt weiter gehen soll, wie sie weiter machen sollen/können/wollen. Sie wissen nicht, welche Fragen sie an ihre eigenen Arbeiten stellen müssen, um am Ende eine von vielen möglichen (und im Prinzip gleichwertigen!) Antworten auf die Ausgangsfrage (also das Projektthema) sich erarbeitet zu haben.

Das machen wir doch. Wir stellen die Fragen an die Studierenden. So lange, bis wir nicht mehr fragen müssen, weil die Antworten immer deutlicher (zum Diplom hin) auf dem Tisch liegen. Die Studierenden lernen also, sich die Fragen selbst zu stellen und sich auch die Antwort selbst zu geben. Das ist natürlich besonders schwierig, weil es keine

präzisen Fragen und Antworten geben kann. (Da sind wir wieder beim Teamteaching, denn hier können Studenten erfahren, dass in der Summe wenigstens ein Konsens entstehen kann). Es geht also nicht um die Antworten, die die Lehrenden geben sollen, sondern um die Antworten auf unsere Fragen, die sich die Studenten erarbeiten müssen. Und da fängt es doch an, spannend zu werden: Es ist doch toll, wie viele individuelle Antworten es geben kann, die trotzdem auf ihre Art richtig sind oder zutreffend oder stimmig oder einleuchtend. Also Studenten sollen die Antworten ERARBEITEN, das ist anstrengend, mühsam, gar nicht selbstverständlich einfach und schon gar nicht zu kupfern. Unsere Aufgabe

ist es, diesen Prozess zu moderieren, Schützenhilfe zu leisten, durch Anregung, Provokation und Aufmerksamkeit auch für jede einzelne Individualität. Unsere Aufgabe ist es sicher nicht, konkrete Arbeitsanweisungen und Gebrauchsvorschriften zu geben!

Und dennoch, ich erzählte ja davon, muss es manchmal doch so sein: Dann, wenn Studenten unsere Absichten durch Unbeweglichkeit, Abwartehaltung und Lethargie sprengen. Siehe mein letztes erstes Semester. Die Studierenden an eigenen Projekten arbeiten zu lassen, ist gänzlich gescheitert. Erstens hatten plötzlich alle die selben Interessen (alle wollten Porträts zeichnen). Zweitens waren die Bewertungskriterien, nämlich die korrekte Abbildhaftigkeit, so wie sie es gelernt hatten, die wichtigsten. Für meine Fragen und Anregungen konnten sie überhaupt keine Aufmerksamkeit entwickeln, es war einfach viel wichtiger, der eigenen Eitelkeit zuzuarbeiten.

Das ist ihr gutes Recht! Es ist ein Spiegel für uns, dass erstmal wir etwas falsch machen, dass wir nicht den Nerv treffen, nicht die richtige Sprache sprechen, nicht in Kontakt sind. Die StudentInnen sind in der Rolle der Lernenden, d.h. sie müssen nicht alles wissen, sie müssen also auch nicht wissen, was mit ihnen los ist, oder was sie wollen. Sie haben eine vage Idee von all dem, was ich ganz normal finde, und sie brauchen auch eine Reibungsfläche, an der sie sich abarbeiten können, und die wir ihnen bieten müssen. Wir stellen uns diese Reibungsfläche immer vor als Widerspruch (wahrscheinlich, weil wir das selbst so gemacht haben). Aber ganz offensichtlich ist es so, dass auch Verweigerung eine Art von Widerspruch ist, und es ist die Form, die diese Generation gewählt hat, um sich von der vorangehenden Generation (also von uns) abzusetzen. Es ist, und das spüren sie genau, das einzige, womit sie uns richtig verwirren können! Und sie machen es auf allen Ebenen. Und sie erreichen damit genau das, was sie damit erreichen wollen und müssen: die Alten regen sich über die Jungen auf. „Früher war alles besser!" – dieser Song ist so alt wie die Menschheit! Und von wegen Überforderung: Ich finde, das sind erwachsene Leute. Wer das aktive und passive (!) Wahlrecht hat, den kann ich nicht mehr überfordern! Der kann nur noch anhand von Aufgabenstellungen merken, ob eine Sache etwas für ihn ist oder nicht. Das sind Erstsemester, nicht Erstklässler!

e-Mail:
u.helmbold@hbk.bs.de
u.stoltz@hbk.bs.de

PROF. DR. PHIL. REINHOLD HAPPEL,
FACHHOCHSCHULE MÜNSTER

Suche nach schwer Definierbarem

Die Eignungsprüfung am FB Design der FH Münster besteht formal aus zwei Abschnitten, die in zwei aufeinander folgenden Tagen absolviert werden. Zunächst sichtet und begutachtet die Prüfungskommission die eingereichten Mappen mit Arbeitsproben der Bewerber. Wer diese Hürde erfolgreich genommen hat, nimmt am folgenden Tag an einer Klausur teil, in der vormittags und nachmittags zwei Aufgabenstellungen innerhalb von zweieinhalb bzw. zwei Zeitstunden zu bewältigen sind.

Die erste Aufgabe ist eine gestalterische Darstellungsübung, bei der Technik und Material – das sind in der Regel Bleistift, Zeichenstifte oder Tusche und Papier – festgelegt sind und Objekte bzw. Gegenstände darzustellen sind. Die Ergebnisse werden noch am gleichen Tag von mehreren Prüfungskommissionen begutachtet. Sie interessieren sich dafür, ob die Bewerber in der Lage sind, das Gesehene in eine ansatzweise angemessene Darstellung zu übersetzen, ob sie dabei ein Gefühl für Formen erkennen lassen, ob sie in der Art der Zeichnung eine Sensibilität für grafische und räumlich-illusionistische Strukturen zeigen und wie sie mit der Fläche eines Blattes umgehen, d. h., in welcher Art und Weise intuitiv oder bewusst die Skizzen und Darstellungen auf der Blattfläche verteilt sind.

Die zweite Aufgabe ist eine konzeptionell-gestalterische Übung. Die Bewerber können hier weitgehend selbst die Darstellungsmöglichkeiten bestimmen und dazu auch schriftlich, wenn sie das für wichtig halten, stichwortartig kommentierende Überlegungen anstellen. Konzeptionell-gestalterisch meint, dass es nicht um die Reproduktion eines Gegenstandes geht, sondern um die Visualisierung eines abstrakten Sachverhaltes, z. B. „Nähe und Ferne", „Schwere und Leichtigkeit". Hier ist also Erfindungsgabe gefordert, bei der es nicht so sehr auf eine fertiggestellte Darstellung ankommt, sondern auf die Idee, in welchen Formen die Sachverhalte anschaulich gemacht werden sollen. Das kann eine kleine Geschichte sein, das kann aber auch eine abstrakt geometrische Darstellung oder die gestalterische Nutzung unterschiedlicher Materialien sein. Wichtig ist, dass die wie auch immer skizzenhaften Darstellungen diese Idee nachvollziehbar vermitteln.

Die Prüfungskommissionen wollen bei den Klausurprüfungen herausbekommen, ob die Bewerber eine entwicklungsfähige, offene und engagierte kreative Intelligenz erkennen lassen.

Zwar gibt schon die Bewerbungsmappe und die dafür geforderte Bearbeitung einer selbst gewählten Themenstellung erste Auskunft, doch ist dabei nicht immer nachprüfbar, wie diese Ergebnisse zustande gekommen sind. Bei der Beurteilung der Arbeiten, die die Bewerberinnen in den Klausurprüfungen angefertigt haben, werden bei Bedarf noch einmal die eingereichten Mappen zum Vergleich herangezogen. Wenn die Kommission auch dann noch keine eindeutige Entscheidung treffen kann, werden die betroffenen Bewerber noch am gleichen Tag zu einem Gespräch gebeten.

Von Interesse ist bei der Beurteilung der Klausurarbeiten weniger eine technisch perfekte Umsetzung oder die Demonstration allumfassender Kenntnisse einschlägiger Gestaltungssoftware. Es geht vielmehr um die Art und Weise, wie die Bewerberinnen konzeptionell, formal und technisch an Gestaltungsaufgaben herangehen, wie sie von der Ideenfindung zu gestalterischen Lösungsansätzen gelangen.

Gesucht wird bei jeder Bewerbung nach dem schwer definierbaren kreativen Gestaltungstalent, bei dem verschiedene Veranlagungen und Fähigkeiten zum Tragen kommen. Dazu gehören vor allem ein waches Problembewußtsein, intelligentes Denkvermögen, sensible Beobachtungsgabe, Formgefühl und experimentelle Gestaltungslust. Dieses komplexe Bündel wird gemeinhin als kreatives Gestaltungstalent bezeichnet. Nur wer diese Begabungen und Fähigkeiten mitbringt – und seien sie bisher auch nur rudimentär entwickelt – kann das Designstudium erfolgreich absolvieren.

Nun ist es das Problem jeder gestalterischen Eignungsprüfung, dass die Kriterien der Bewertung nicht absoluten objektiven Standards unterworfen sind. Sie sind abhängig von den Maßstäben, die die Lehrenden durch ihr spezifisches Lehrangebot und die damit verbundene Ausrichtung des Studiums setzen. Deswegen hier ein paar kurze Informationen zum Designstudium in Münster: Der Fachbereich Design der Fachhochschule Münster hat in den letzten Jahren sehr erfolgreich die Grenzen der traditionellen Studiengänge Illustration, Grafikdesign, Mediendesign und Produktdesign aufgehoben zugunsten eines offenen Studiengangs Design. Nach einem gemeinsamen Grundstudium vertiefen die Studierenden im Hauptstudium in häufig fachübergreifenden Projekten ihre Entwurfs- und Planungskompetenzen. Die Studierenden können dabei ganz individuell die Schwerpunkte der eigenen Ausbildung bestimmen, sie sind nicht gezwungen, sich auf eine Studienrichtung festzulegen.

Die Auflösung der eigenständigen Studienrichtungen in Arbeitsfelder trägt den veränderten beruflichen Anforderungen an die Designer Rechnung. Bei zunehmender Verzahnung der verschiedenen Fachdisziplinen und einer hohen Flexibilitätserwartung ist für eine erfolgreiche Behauptung im Berufsleben der intelligente „Allrounddesigner" gefragt, der seine gestalterische Kompetenz vor allem im Bereich Konzeption, Entwurf und Organisation des Designprozesses ausspielen kann. Die Basis der gestalterischen Kompetenz, die analytisch-systematische, technische, organisatorische und künstlerisch-ästhetische Fähigkeiten vereint, ist und bleibt das gestalterische Talent.

Genau das filtern bei der Aufnahmeprüfung die Kommissionen in den Bewerbungsmappen und Klausurprüfungen heraus. Bei positiver Beurteilung steht einem erfolgreichen Studium nichts mehr im Wege. Damit die Arbeit der Prüfungskommission nicht als geheimnisumwitterter Schiedsspruch begriffen wird, hat der Fachbereich Design festgeschrieben, dass auch Studierende beratend an der Eignungsprüfung teilnehmen können, wenn auch ohne Stimmrecht.

e-Mail: wm07@fh-muenster.de

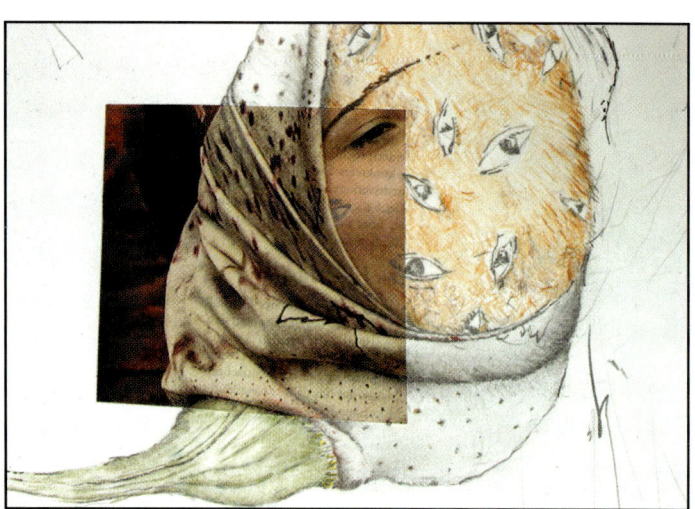

Arbeiten aus der Eignungsprüfung an der FHTW Berlin

Aufgabenstellung:
- Eine Vorgabe ergänzen
- Auf eine Vorgabe reagieren

Prof. T. Born: „Eine Vorgabe auch anders zu interpretieren oder eine andere Perspektive einzunehmen, etwas Neues zu entwickeln, sich vom Abbild zu lösen, ist gut geeignet, das Assoziationsvermögen und die Kreativität der Bewerberinnen und Bewerber zu testen."

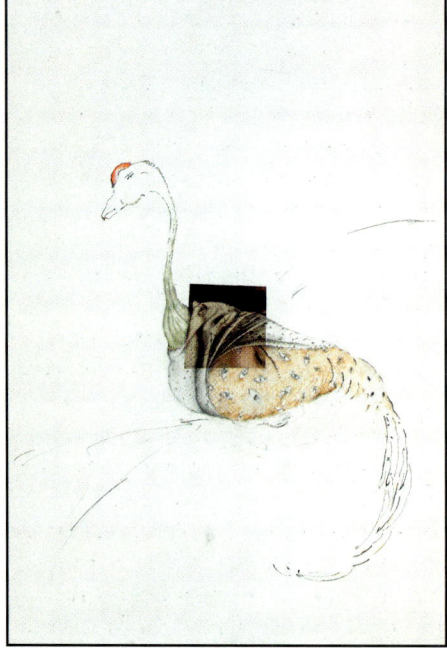

PROF. THOMAS BORN,
FHTW BERLIN

Design als Konstruktion von Wirklichkeit

Wie in allen Lebensbereichen hat sich der Computer auch im Gestaltungsbereich weitgehend etabliert. Fast alle Gestaltungsaufgaben werden heute digital gelöst. So wie der Computer unsere Lebens- und Arbeitsweise beeinflusst und verändert hat, so verändert er auch die Gestaltungsmethoden und deren Erscheinungsformen.

Digitale Medien und Kommunikation haben nicht nur die soziokulturellen Strukturen unserer Gesellschaft verändert, sondern auch die Art und Weise, wie wir kommunizieren und Kommunikation gestalten. Da Kommunikationsdesign nichts anderes meint als die Gestaltung von Kommunikationsprozessen, kommt dem Studium des KD in diesem Zusammenhang eine besondere Bedeutung zu. Es geht also in erster Linie um die Konzeption und Gestaltung von umfassenden Kommunikationsprozessen in allen gesellschaftlichen Bezügen. So betrachtet ist der Gegenstand (der Kommunikationsprozess) der gestalterischen Entwicklung im Gegensatz zum klassischen Grafikdesign eher von immaterieller Struktur.

Der zu gestaltende Gegenstand im Informationszeitalter hat sich im Wesen von den einzelnen materiellen Produkten wie Plakat, Flyer, etc. hin zum Immateriellen, den Kommunikationsprozessen gewandelt. Die einzelnen medialen Produkte sind Bestandteile dieses Prozesses. Durch die Digitalisierung der verschiedensten Zeichensys-teme wie Bild, Text, Ton wurden diese von ihrer Bindung an haptische Oberflächen befreit, sie werden zur immateriellen Information. Informationen erscheinen nicht nur traditionell auf Plakatwänden und in Heften und Büchern, sondern zunehmend als Daten auf entsprechend großen Displays, Monitoren und vor allem in einem digitalen Informationsnetzwerk. Visuelle Erzählformen sind durch Hyperlinks von ihrer Linearität befreit. Inhalte und Informationen können in vielfältigster Weise in zeitbasierender Gestaltung (Flash, HTML, Macromedia Director, etc.) miteinander vernetzt werden. Verbunden mit anderen Computern werden Informationen so zu räumlich und zeitlich strukturierten Hypertextsystemen. Sie können Hyperräume simulieren, die vollkommen unabhängig vom physikalischen Raum und der chronologischen Zeit konstruiert werden und somit spezifischen gestalterischen und dramaturgischen Eigenheiten unterliegen. Der Bildschirm wird zum virtuellen Treffpunkt der Sender und Empfänger, aller Informationen.

Das Design von Kommunikationsprozessen schließt heute also besonders die Empfängerrückmeldung bewusst, zwingend mit ein. Besser noch: Sender und Empfänger stehen in einer interaktiven und wechselseitigen Beziehung zueinander. Kommunikationsdesigner konstruieren diese Beziehungen und denken die Interaktionswege, wie und wann etwas passieren soll, als Modelle voraus. Völlig unabhängig davon, welche einzelnen Produkte in diesem Kommunikationsprozess eingesetzt werden sollen.

Ein so verstandenes, zeitgemäßes Kommunikationsdesign setzt neben gestalterischem Vermögen räumliches Denken und Vorstellungskraft, auch technisches Abstraktionsvermögen voraus. In einer Zeit, in der Kultur und Technologie nicht mehr voneinander trennbare Größen sind, in der sich Kommunikation in virtuellen Räumen abspielt, ist es notwendig geworden, die Fähigkeiten miteinander zu verbinden, die sich traditionellerweise diametral gegenüber stehen: Gestaltung und technische Abstraktion.

Zeichnerische und andere musische Begabungen sind zwar grundlegend, treten aber als ausdifferenzierte Formen künstlerischen Ausdrucks im Kommunikationsdesign mehr und mehr in den Hintergrund. Wichtiger werden zunehmend die Fähigkeiten zur Lösung medialer Gestaltungsprobleme mit bildgebenden Technologien. Dazu gehören neben den kognitiven Fähigkeiten zum kreativen und wissenschaftlichen Arbeiten vor allem Fantasie, kreatives Reflektionsvermögen, Teamgeist, interdisziplinäres Denken und technisches Know-how.

Den Studienbewerberinnen ist zu empfehlen, sich mehr gestalterisch und konzeptionell mit den eigenständigen Möglichkeiten der analogen und/oder der digitalen Fotografie, der digitalen Ästhetik und Kommunikation zu befassen. Die inhaltliche Auseinandersetzung mit den medialen Ausdrucksmöglichkeiten des Digitalen ist wichtig, das Erlernen von Programmen eher eine notwendige Selbstverständlichkeit.

Die Aufnahmeprüfung entspricht diesen Bedingungen des zeitgemäßen Kommunikationsdesign. Analog zum Anforderungsprofil für das Studium werden Aufgaben entwickelt, die mehr das räumliche Vorstellungsvermögen, die Imaginationsfähigkeit, die Kreativität, aber auch das technische Verständnis untersuchen. Aufgaben, die ausgefeilte handwerklich-zeichnerische Fähigkeiten ermitteln, sind weniger von Bedeutung als Aufgaben, die sich z. B. mit den Gestaltungsmöglichkeiten der Fotografie befassen. Die schnelle Ideenskizze und die Collage aus vorhandenen Fragmenten werden den modernen, an Medien orientierten Gestaltungsformen eher gerecht als z.B. das Aktzeichnen. Die inhaltliche

Auseinandersetzung ist ohnehin dem bloßen Abbilden vorzuziehen.

Eine meiner Aufgaben „eine Vorgabe zu ergänzen bzw. auf diese Vorgabe zu reagieren" (siehe Seite 30), also eine Vorgabe auch anders zu interpretieren oder eine andere Perspektive einzunehmen, etwas Neues zu entwickeln, sich vom Abbild zu lösen, ist gut geeignet, das Assoziationsvermögen und die Kreativität der Bewerberinnen zu testen. Sich auf diese und ähnliche Aufgabenstellungen vorzubereiten, erfordert einerseits Aufmerksamkeit und Offenheit für die oben beschriebenen Kommunikationsprozesse und andererseits erste Ideen zur eigenen Positionierung in diesem Kontext. Vorbereitungskurse können in dieser Perspektive eine Bereicherung sein, wenn sie über das Aufzeigen von Techniken zur „Verdoppelung" der Wirklichkeit hinausgehen. An der FHTW Berlin existiert seit einigen Semestern ein diesbezügliches Bildungsangebot mit dem Namen „VISU L". Aber auch entsprechende Kurse an Volkshochschulen oder in Künstlerateliers (Einzelbetreuung) können sinnvoll sein.

e-Mail: tborn@fhtw-berlin

PROF. WILFRIED KORFMACHER, DEKAN
DES FACHBEREICHS DESIGN,
FACHHOCHSCHULE DÜSSELDORF

Zeichenlust
Das Düsseldorfer Designstudium

Konzeption und Entwurf, Farbe und Form, Bild und Wort: Zeichen und Lust

Gestalter, Grafiker, Web-Designer, Schmuck-Designer, Art-Director, Werbefotograf, Magazinlayouter – so lauten einige der facettenreichen Berufswünsche, mit denen sich Jahr für Jahr immer mehr junge Menschen zum Studium am Fachbereich Design der Fachhochschule Düsseldorf bewerben. 905 Kandidaten nahmen im Sommersemester am Eignungstest für das Wintersemester 2002 teil. Thema der Hausaufgabe: Zeichenlust.

115 Erstsemester (68 weiblich, 47 männlich) wurden in den Studiengang Kommunikationsdesign aufgenommen, 17 (16 weiblich, 1 männlich) in den Studiengang Produktdesign. 117 (68 weiblich, 49 männlich) legten ihr Examen ab. Und womit beschäftigen sie sich in durchschnittlich elf Studiensemestern? Konzeption und Entwurf, Bild und Wort, visuelle und verbale Kommunikation, Farbe und Form, Fläche und Raum, Typografie und Fotografie, Illustration und Installation, Satz und Druck, Metall- und Holzbearbeitung, Glas- und Emailtechnik, DTP und CAD, Vorstellung und Darstellung, Präsentation und Produktion, Kunst- und Medienwissenschaft, Natur- und Geisteswissenschaft, Unikat und Serie, Schmuck und Gerät, Werbung und Verlag, Anzeige und Plakat, Messe und Museum, Buch und Magazin, Film und Fernsehen, Multimedia und Internet, Corporate Identity und Corporate Design, Zeichen und Lust, und, und, und. Das alles parallel zu den das Studium begleitenden Praktika und Nebentätigkeiten in den vielen Branchenbetrieben der Werbehochburg und Medienmetropole, Kunst-, Mode-, Messe- und Landeshauptstadt Düsseldorf.

Keine schlechte Basis, um später in Grafikstudios Erscheinungsbilder zu entwickeln, in Werbeagenturen Kampagnen zu konzipieren, in Zeitungsredaktionen Layouts zu entwerfen, in Schmuckateliers Kollektionen zu gestalten oder in Internetstudios Websites zu programmieren. Zum Beispiel ...

Medial und Menschlich: Ästhetischer Mehrwert

Gestaltung wird an der Fachhochschule Düsseldorf mit einem ganzheitlichem Anspruch gelehrt. Auch wenn das Studium an einem so genannten „Fachbereich" stattfindet, Fachfanatiker sind hier nicht zu finden. Design in Düsseldorf – das ist ein „studium integrale". Das heißt, das Berufsbild des Gestalters wird umfassend und interdisziplinär in den Blick genommen.

Statt die Studierenden frühzeitig zu spezialisieren, sieht der Ausbildungsplan vor, möglichst viele Aspekte abzudecken und Neugier über die fachlichen Grenzen hinaus zu entwickeln. Denn ganz gleich, in welchem Bereich die angehenden Gestalter später tätig sind: Sie werden Zeichen konstruieren, kommunizieren, konsumieren, rezipieren, interpretieren. Sie müssen Lust daran haben und Lust darauf machen. Das ist das Wesen von Design. Form, Funktion und Fantasie so zu verbinden, dass Sinnhaftigkeit und Sinnlichkeit sich verbünden, macht die Qualität gelungener Gestaltung aus – sei es zu Kommunikations- oder zu Produktzwecken. Bei einem Ring beispielsweise macht man mit dem Material bereits eine Aussage. Bei einem Plakat spricht nicht nur die Schlagzeile, sondern auch die Typographie ein Wörtchen mit. Und bei einer Homepage kommuniziert neben dem „Content", dem eigentlichen Inhalt, auch die Art und Weise der Navigation.

Künstlerisches Talent und künstliche Intelligenz mögen beitragen zu ästhetisch anspruchsvollen Effekten. Eine ethische Qualität erreicht Gestaltung jedoch erst, wenn sie, neben der medialen, auch die menschliche Seite in Betracht zieht. Dann ist Design human, dann ist Ästhetik mehr wert. Und nicht zuletzt dieser Aspekt hat dazu geführt, den Düsseldorfer Eignungstest für Studienbewerber seit 2001 in Form einer persönlichen Präsentation zu gestalten. Etwas mehr dazu am Ende.

Intuition und Innovation: Design-Studium als Signs-Fiction

Die Gestaltung der Beziehung zwischen Objekt und Subjekt kann man als das Gemeinsame im breiten Spektrum der Düsseldorfer Design-Disziplinen bezeichnen. Das hat eine grundsätzliche Bedeutung und ein langfristiges Ausbildungsziel: die Studierenden zu Flexibilität anzuleiten und zu Selbständigkeit zu erziehen.

Designer, die kein analoges Denken entwickeln, lassen sich leicht zu Sklaven digitaler Technologien machen. Designer, die über keine konzeptionelle Basis verfügen, verlieren in beschleunigten Entwurfsprozessen schnell den Boden unter den Füßen. Designer, die wissenschaftliche Anschauung nicht systematisch trainieren, werden absehbar nicht mehr weiter wissen.

Der Mensch ist das Tier, das Sinn sucht. Diesen Trieb nach dem Zeichenhaften der Welt und der Dinge zu befriedigen, bedienen Designer. Darum denken sie manchmal mit dem Bauch und fühlen mit dem Kopf, empfinden mit ihrem Hirn und handeln mit ihrem Herzen. Was sie umtreibt ist die Neugier nach immer wieder anderen Mitteln, immer wieder anderen Medien. Intuition und Innovation sind die Kardinaltugenden engagierter Gestalter. Design, eine Wissenschaft? Design, eine Leidenschaft! Am besten könnte man den Ansatz des Düsseldorfer Studiums vielleicht als „Signs-Fiction" bezeichnen.

Peter Behrens: Pate des Düsseldorfer Design

Das in Düsseldorf gepflegte generalistische Modell des Design-Studiums hat eine gewachsene Tradition, die sich auf eine große Gründerfigur zurückführen lässt: Peter Behrens, der von 1903 bis 1907 die Kunstgewerbeschule Düsseldorf leitete – eine Vorgängerinstitution der Werkkunstschule Düsseldorf, die 1971 als Fachbereich Design in die neugegründete Fachhochschule Düsseldorf integriert wurde.

Von Haus aus Architekt, beeinflusste Peter Behrens die wichtigsten deutschen Baumeister des 20. Jahrhunderts und entwickelte als einer der ersten moderne Corporate Design Strategien. Mit seinem ganzheitlichen gestalterischen Ansatz schuf er für die AEG ein ästhetisches Erscheinungsbild, das von der Industriearchitektur über die Produktgestaltung bis zur Geschäftsausstattung und zum Design des Markenzeichens eine einheitliche Unternehmensidentität verkörperte.

Die guten nachbarschaftlichen Beziehungen zu den Fachbereichen Architektur, Medien und Wirtschaft an der FH Düsseldorf kommen also nicht von ungefähr, sondern sind durchaus die konsequente Fortsetzung einer langen historischen Linie.

Qualität der Quantität: Design State-Of-The-Art

Mit der zunehmenden Medialisierung unserer Wirklichkeit hat Design als gestalterische Disziplin zunehmend an Bedeutung gewonnen. Das Düsseldorfer Studienmodell folgt dabei den ästhetischen, technischen und gesellschaftlichen Trends, um eine zeitgemäße und zukunftsorientierte Ausbildung sicherzustellen. Möglich macht das die relativ große Zahl an hauptamtlich oder nebenberuflich Lehrenden.

Mit derzeit 25 Professuren stellt der Fachbereich Design eines der größten Kollegien im deutschsprachigen Raum. Dazu kommen drei weitere hauptamtlich Lehrende und regelmäßig weit über 40 Lehrbeauftragte. Hier ist die Quantität der Garant der Qualität. Denn die Streuung der Kompetenzen schafft eine breite Basis für ein stets aktuelles State-of-the-Art-Studium.

Dadurch sind an der FH Düsseldorf alle Gestaltungstendenzen relativ gleichmäßig gewichtet.

Im Angebot befinden sich die klassischen künstlerischen Verfahren ebenso wie das Repertoire moderner Medien. Die Ausstattung mit Werkstätten für Satz, Druck, Siebdruck, Holz, Kunststoff, Metall, Glas und Email schafft die Voraussetzung für das Erarbeiten traditioneller Techniken. DTP-, CAD-, Foto-, Film-, AV- und Web-Design-Studios machen vertraut mit den Methoden digitaler Technologien.

Komplette Palette: Kommunikationsdesign in Düsseldorf

Entwickelt hat sich der Studiengang Kommunikationsdesign aus den traditionellen Fächern Visuelle Kommunikation und Grafik-Design. Die Hervorhebung des grundsätzlichen Themenfeldes der Kommunikation erweitert das Spektrum der gestalterischen Verantwortung. Während klassische Grafik-Designer sich im wesentlichen für das optische Erscheinungsbild ihrer Arbeiten interessieren, haben Kommunikationsdesigner die gesamte Botschaft im Blick. Was macht den Unterschied? Sie gestalten visuelle Kommunikation und verbale. In fast allen Anwendungsbereichen kommt es auf das Zusammenspiel von Wort und Bild an. Jedes gute Plakat lebt von der Spannung zwischen der „Headline" und dem „Key Visual". Jeder gute Film bezieht seine Qualität aus der Differenz zwischen dem, was man sieht, und dem, was man hört. Jede gute Corporate Identity besteht aus einer wohl kalkulierten Kombination von visuellen und verbalen Komponenten. Diese ganzheitliche Auffassung von Kommunikation bildet einen Grundwert des Design-Studiums in Düsseldorf. Ein weiterer ist das konzeptionelle Herangehen an die jeweilige Aufgabenstellung.

Natürlich müssen die Studierenden ihre individuellen Talente nicht vernachlässigen. Schon in der Eignungsprüfung ist leicht zu erkennen, dass manche sich vielleicht lieber mit Ordnung, Raster, Typographie und Layout beschäftigen, während andere ein größeres Faible für Fotografie oder Film, Illustration oder Text mitbringen. Natürliche Neigungen und persönliche Interessen können sie auf Grund des modularen Studienschemas von Anfang an pflegen und weiter ausbauen. Bei aller Freiheit ist allerdings sichergestellt, dass die perspektivische Breite nicht aus den Augen verloren wird und niemand die Chance hat, sich in die Nische eines gestalterischen Schmalspurstudiums zurückzuziehen. Auf der Palette des Kommunikationsdesign-Studiums in Düsseldorfer fehlt gewissermaßen keine Farbe, und für bunte Mischungen sorgt das modulare

Modell einer sehr flexiblen Studienordnung.

Solitär in NRW: Schmuck- und Produktdesin in Düsseldorf

Das Produktdesign-Studium in Düsseldorf ist einzigartig. Die spezielle Ausrichtung auf Schmuck wird an keiner anderen Hochschule in Nordrhein-Westfalen angeboten. Bemerkenswert ist der Studiengang auf Grund der engen interdisziplinären Verzahnung mit dem Kommunikationsdesign aber auch im überregionalen und internationalen Vergleich. Der Standort trägt das seinige zum besonderen Profil der Düsseldorfer Schmuckgestaltung bei, die hier weniger an der industriellen Massenfabrikation ausgerichtet ist als an der künstlerischen Manufaktur und dem anspruchsvollen Design-Markt. Eine rege Szene von Werkstätten und Galerien zeugt von der engen Einbindung der Design-Ausbildung in den Kunsthandel und dem merkantilen Erfolg in der geschäftlichen Selbständigkeit.

Im Gegensatz zu den Studierenden im Kommunikationsdesign kommen die meisten „Schmuckler" bereits mit einer Ausbildung als Gold- und Silberschmied nach Düsseldorf. Fast alle Studierenden sind weiblich, die Frauenquote des Studiengangs beträgt über 95 Prozent. Obwohl die Auseinandersetzung mit edlen Metallen und Steinen zum Repertoire der Studierenden zählt, ist die Offenheit für unkonventionelle Materialien bemerkenswert. Indem sie auch die Dingwelt zeichenhaft betrachten, stellen die Düsseldorfer Schmuckdesigner die Aspekte Körper, Kunst und Kommunikation ins Zentrum ihrer gestalterischen Auseinandersetzung. Neben Ringen und Reifen, Ketten, Colliers und Clips beschäftigen sie sich außerdem mit Gerät, Objekt und Raum. Dabei werden die Strategien der Serienproduktion ebenso behandelt wie die Entwurfsmethoden von Unikaten. Unikate? Einzelstücke! Solitäre eben.

Figur auf Grund: Die Gestaltunng des Designstudiums in Düsseldorf

Um eine solide Basis aufzubauen, dominieren am Anfang des Studiums natürlich Kurse, die grundlegende Kenntnisse und technische Fertigkeiten vermitteln: künstlerisch-gestalterische Methoden gehören dazu, die Farben- und Formenlehre, konstruierendes Zeichnen und illustrative Grafik, der kreative Umgang mit Sprache und Text, aber auch Satz-, Druck-, Computer- und Herstellungstechniken. Begleitend werden die Studierenden eingewiesen in das wissenschaftliche Arbeiten und vertraut gemacht mit kunst- und medienwissenschaftlichen Theorien.

Außerdem gibt es ein umfangreiches Angebot an designrelevanten Zusatzfächern wie Psychologie und Soziologie, Philosophie und Ethik, Recht und Wirtschaft. Dazu zählen auch integrative Kurse, die an anderen Fachbereichen belegt werden können.

Im Laufe des Studiums werden die Themen komplexer, das heißt einerseits praxisnäher, andererseits freier. Eigene Forschungsinteressen verfolgen die Studierenden im Sinne einer Grundlagenvertiefung. In Projektkursen arbeiten sie an realistischen Aufgabenstellungen, zum Teil auch an realen. Kooperationen mit Unter-

nehmen und Organisationen füllen die Lehre mit praktischen Inhalten, die Teilnahme an Wettbewerben bietet ebenfalls Anreize, die über ein Semester hinausreichen. Apropos Praxis: Neben der gestalterischen Eignungsprüfung gehört der Nachweis eines Praktikums zu den Aufnahmebedingungen. Ein weiteres Praktikum ist während des Studiums zu absolvieren. Praktischerweise arbeiten viele Studierende aber auch auf eigene Initiative schon vor ihrem Abschluß in einem der zahlreichen Unternehmen aus der Design-Branche in Düsseldorf und Umgebung. Das Ende des Studiums stellt sich dadurch oft als ein sanfter Übergang ins Berufsleben dar.

Standort Düsseldorf: Training on the job

Dass man in Düsseldorf ein gut ausgereiftes Angebot im Design-Studium offerieren kann, hängt nicht zuletzt mit förderlichen Standortfaktoren zusammen. Die Werbehochburg (Nr. 1 in Deutschland), Medienmetropole (Neuer Hafen), Kunststadt (Museen, Galerien, Akademie) und Modestadt (Messe, Königsallee) bietet eine vitale Szene für Designer und solche, die es werden wollen. So ist es hier einfacher als in anderen Städten, kompetente Gestalter für eine anspruchsvolle, aber recht bescheiden dotierte Lehrtätigkeit am Fachbereich Design zu gewinnen. Doch zum Glück sind Designer ja kommunikationsfreudig und wer von Haus aus über Zeichen- und Zeigelust verfügt, gibt sein Wissen gern an den Nachwuchs weiter. Die zahlreichen Lehrbeauftragten sorgen für einen spannenden Mix aus festen und freien Dozenten. Denn sie bringen immer wieder frischen Wind in die Hochschule und können mit ihren speziellen Kenntnissen auch exotische und neuartige Facetten des Fachs abdecken. Indem sie ihre praktischen Erfahrungen vermitteln, stellen sie auch Kontakte her. So werden die Studierenden über aktuelle Design-Tendenzen sozusagen „frisch vom Markt" informiert. Klar, dass sie dadurch leicht Zugang zu passenden Praktikums- und Arbeitsplätzen finden.

Im Schnitt dauert das Design-Studium in Düsseldorf zehn bis elf Semester, etwas länger also als die Regelstudienzeit von acht Semestern. Düsseldorfer Designer bummeln nicht; jedenfalls nicht länger als andere. Viele Studierende verlängern vielmehr ihr Praktikum und arbeiten bereits nebenberuflich, bevor sie ihr Examen ablegen. Das trägt durchaus zur Bereicherung des Studiums bei und sorgt oft für einen nahtlosen Einstieg ins Arbeitsleben. Manche werden dadurch im wahrsten Sinne des Wortes so selbständig, dass sie tatsächlich während des Studiums den Schritt in die Selbständigkeit wagen.

Übrigens: Es ist ja hier im Rheinland sehr beliebt, die kulturelle Klippe zwischen Düsseldorf und Köln höherzuspielen, als sie tatsächlich ist. Aber was sich liebt, das neckt sich ja auch gern. Tatsächlich hat sich im Zeitalter des kommerziellen Fernsehens eine fruchtbare Beziehung zwischen dem Düsseldorfer Designstudium und dem Kölner Medienmarkt entwickelt. So wohnen etliche der Studierenden in Köln und jobben dort im Umfeld der Sendeanstalten. Mit dem Studienschwerpunkt audiovisuelle Kommunikation konnte sich dadurch in Düsseldorf eine Ausbildung zum TV-Designer etablieren, die in ihrer Art quasi konkurrenzlos ist.

Internationale Anerkennung: Weltweite Beziehungen

Die universal ausgebildeten Düsseldorfer Gestalter genießen bundesweit und in aller Welt einen guten Ruf: Der Fachbereich Design der FH Düsseldorf ist, unter anderem laut einer Umfrage der Gesellschaft Werbeagenturen, Spitze, was die Qualität seiner Ausbildung betrifft. Belegt wird dieses Expertenvotum außerdem durch zahlreiche Auszeichnungen der Art- und Type-Directors-Clubs. Besonders hervorgetan haben sich Designer aus Düsseldorf auch mit vielen „Roten Punkten", die ihnen im Design-Zentrum Nordrhein-Westfalen verliehen wurden. Regelmäßige Empfänger der Medaillen und Meriten sind sowohl Lehrende als auch Studierende. Oft werden Wettbewerbe auch im Rahmen von Kursen in die Lehre eingebunden. Es werden Ausstellungen vom Fachbereich Design durchgeführt. Und sehr gefragt sind Düsseldorfer Professoren immer wieder als Experten in Jurys.

Partnerschaftliche Beziehungen werden auch zu ausländischen Hochschulen gepflegt. Eine lange Freundschaft verbindet den Fachbereich Design in Düsseldorf mit den Gestaltern an der Hochschule in Besançon, Frankreich. Relativ jung, aber bereits etabliert ist der Austausch mit der Partnerhochschule in Swinburne, Australien. Exkursionen führen darüber hinaus in alle Welt. So lernen die Studierenden in Griechenland und Zypern die Kunstgeschichte der Antike kennen, Reisen nach Kuba, Jugoslawien oder Syrien werden verbunden mit archäologischen oder soziologischen Projekten, in Japan wird die asiatische Ästhetik studiert – und in Form von Büchern, Filmen oder DVDs werden die Erlebnisse dokumentiert. Nicht weniger spannend sind auch Workshops in der Eifel zur Sammlung künstlerischer Grundlagenerfahrung, Projektkurse im Sauerland in Zusammenarbeit mit der mittelständischen Wirtschaft oder Fotostudien während der Landesgartenschau im Park von Schloß Dyck.

Integriert studieren: Medien, Kommunikation, Informationstechnologie

Design, Design, nur Du allein? Mitnichten! Den besonderen Kick kann man sich im Düsseldorfer Designstudium holen, wenn man über den Tellerrand hinaus schaut. Dazu braucht man nicht weit zu gehen. Gleich nebenan befindet sich der Fachbereich Architektur; Peter Behrens lässt grüßen. Dabei wird die Nähe der beiden gestalterischen Disziplinen besonders dadurch gefördert, dass Interior Design eine Domäne des Düsseldorfer Architektur-Studiums darstellt. Mit der Modularisierung der Lehre und der Einführung von Bachelor- und Master-Studiengängen werden sich die guten Beziehungen noch weiter entwickeln.

Ebenso sinnvoll wie die natürliche Verbindung von zwei- und dreidimensionaler Gestaltung ist der Austausch mit anderen Fachbereichen: Die Wirtschaft bietet logische Schnittstellen zu Marketing-Kommunikation und Design-Management, die sozialen Wissenschaften zu kommunikationspsychologischen und -pädagogischen und die Ingenieurswissenschaften zu produktions- und medientechnischen Themen. Vorprogrammiert sind die interdisziplinären Kontakte durch das perspektivische Profil der FH Düsseldorf. Als Leitmotiv für die zunehmende Verzahnung aller Fachbereiche gilt die Parole: Learning by Doing - Doing by Learning. Im Rahmen des integrierten Studiums werden die zentralen Kompetenzen Medien, Kommunikation und Informationstechnologie fokussiert. Das gleichnamige MKI-Institut dient als Relais zur Vernetzung der Aktivitäten in Forschung und Lehre. Der Fachbereich Design engagiert sich hier maßgeblich und stellt den Studierenden damit eine breite interdisziplinäre Wissensbasis und eine moderne medientechnologische Plattform zur Verfügung.

Kontakte zu anderen Wissenschaften gibt es in Düsseldorf auch über Hochschulgrenzen hinweg. Durch die freundschaftlichen Beziehungen zur Philosophischen Fakultät der Heinrich-Heine-Universität lassen sich germanistische sowie kultur- und medienwissenschaftliche Interessen vertiefen. Vor allem für die Weiterentwicklung der verbalen Kommunikation ergeben sich damit interessante Aussichten.

Der Weisheit letzter Schluss: Dipl., B.A., M.A., Dr. etc.

„Zwischen Himmel und Erde". So lautet das aktuelle Thema der Hausaufgabe für den Eignungstest im Sommersemester 2003. Irgendwo dort befindet sich auch die Weiterentwicklung der Studienordnung. Das Design-Diplom ist definitiv ein Auslaufmodell. Nicht, weil es sich in über 30 Jahren nicht bewährt hätte, sondern weil das Bessere der Feind des Guten ist. Im Rahmen internationaler Angleichung der Abschlüsse wird auch in Düsseldorf das konsekutive Modell des Bachelor- und Master-Studiums eingeführt. Das ist beschlossene Sache.

Nach dem neuen modularisierten Konzept können die Studierenden in kurzer Zeit den Bachelor machen, um danach entweder hier oder genauso gut an einer anderen Hochschule im In- oder Ausland mit dem Master abzuschließen. Und auswärtige Bachelors können ihren Design-Master dann an der FH Düsseldorf machen. Als Master aus Düsseldorf wird man nach wie vor ein Examen mit Prädikat vorweisen können. Wer aber kein „Meister-Designer" werden will, hat als Bachelor, und das ist neu, immerhin ein berufsqualifizierendes Examen in der Tasche.

Mit Master-Examen werden Absolventen promovieren können, sofern sie eine wissenschaftliche Karriere als Design-Doktor im Blick haben oder ihre Ausgangsbasis für eine hochqualifizierte Laufbahn in der Wirtschaft weiter verbessern wollen. Wem das nicht genügt, dem steht selbstverständlich offen, sich um eine Professur zu bewerben - was etliche Absolventen aus Düsseldorf in der Vergangenheit bereits mit Erfolg getan haben. Das Netz der Design-Professoren aus Düsseldorf reicht von Köln, Essen, Wuppertal, Mainz bis nach Wien, Ivrea - und zurück in die heimatliche Hochschule. Man kann also mit Fug und Recht von einer Kaderschmiede sprechen, wenn vom FB 2 der FH Düsseldorf die Rede ist.

Von Anfang an: Talentprobe und Startchancen

Aber egal, ob Diplomand oder Doktorand, Bachelor oder Master - am Anfang steht der gestalterische Eignungstest. Das Düsseldorfer Designstudium beginnt also fast genau so, wie es endet: mit einer persönlichen Präsentation eigener Arbeitsbeispiele. Um kreativen Talenten eine gerechte Einschätzung ihrer Aussichten zu geben, müssen Bewerber eine Auswahl mit freien Entwürfen vorlegen und eine konzeptionelle Aufgabe nach gegebenem Thema entwickeln. Der Anmeldeschluß zum Start im Wintersemester ist zu Anfang jeden Jahres. Dann bekommen die Bewerber das Thema ihrer Hausaufgabe. Etwa vier Wochen haben sie Zeit zur Ausarbeitung und eine Viertelstunde, um ihre Lösung in der ersten Woche des Sommersemesters vorzustellen. Eine Kommission aus Lehrenden und Studierenden beurteilt dabei die gestalterischen und kommunikativen Qualitäten.

Die persönliche Vorstellung ist eine relativ neue Einrichtung zur Selektion der Studierenden. Vor der Einführung im Kollegium durchaus kontrovers diskutiert, hat sich das Verfahren in kurzer Zeit jedoch grundsätzlich bewährt. Die Mappe allein ist schließlich eine eher wirklichkeitsferne Form der Selbstdarstellung, liefert sie doch im Endeffekt lediglich eine Repräsentation - und damit im Vergleich zur persönlichen Präsentation eben nur einen mittelbaren Eindruck von den Kandidaten.

Auch wenn das Screening der Bewerber ein Marathon für alle Beteiligten ist, das Urteil nach den Kolloquien vermittelt ein besseres Gefühl für die Entscheidung als die anonyme Durchsicht der Mappen allein. Schließlich wird man dabei nicht nur mit mehr oder weniger ausgereiften Arbeiten konfrontiert, sondern lernt die Persönlichkeit dahinter kennen. Aus Sicht der Lehrer ist und bleibt das Medium eines jeden Studiums der Mensch. Übrigens: „Lautsprecher" sind hier durchaus nicht unbedingt im Vorteil gegenüber „stillen Wassern". Augenblicklich, im wahrsten Sinne des Wortes, gewinnt man oft ein Urteil, mit dem sich manches Vorurteil revidieren lässt, das die Mappe womöglich vermittelt.

Menschlicher als früher geht so ein Test in jedem Fall vor sich. Auge in Auge tauschen sich die Prüfer mit den Aspiranten aus - und können so Stärken und Schwächen konkret relativieren. Hier und da gibt es durchaus den einen oder anderen Tipp für Verbesserungen, wenn auch noch nicht das endgültige Ergebnis. Top oder Flop? Die Auswertung wird sofort ins Netz gestellt, damit die Spannung nicht allzu groß bleibt und der weitere Lebensweg sinnvoll geplant werden kann.

Bei einem Eignungstest werden noch vor Beginn des Studiums lebensnahe Fähigkeiten abverlangt, die auf das spätere Berufsleben verweisen. Eine hohe Hürde? Natürlich legen die Lehrenden bei der Feststellung der Eignung andere Maßstäbe an als in Zwischenprüfungen oder im Examen, aber eine gestalterische Begabung sollte ebenso spürbar werden wie die grundsätzliche kommunikative Leidenschaft. Beides wird dann während des Studiums fein geschliffen und poliert.

Und was lernen die Studierenden über die Jahre? Den kleinen, aber feinen Unterschied - nichts anderes besagt das altgriechische Wort Kritik. Aus der kritischen Urteilskraft heraus entwickeln sich dann die ästhetische Individualität und die gestalterische Persönlichkeit. Und last but not least: die Lust am Zeichen.

Zu guter Letzt: Schaulauf zum Examen

Und wenn, immer am Ende eines jeden Semesters, die frischgebackenen Designer ihre Arbeiten im Rahmen der „Tage der offenen Tür" ausstellen, sind nicht nur die Kommilitonen gespannt auf tolle Konzepte und frische Entwürfe. Neben Freunden und Familien reisen auch Kreativ-Direktoren und Agentur-Chefs, Art-Buyerinnen und Headhunter aus der ganzen Republik an, um talentierten Nachwuchs zu sichten. Nicht zu vergessen natürlich die kommenden Kandidaten. Nach der Show gibt es den Preis für Fleiß und Schweiß, und ganz zum Schluß wird feste gefeiert. Wer sich selbst einmal ein Bild machen will - bitte schön: Interessenten wenden sich bitte an das Sekretariat des Fachbereichs und melden sich hier am besten einfach mit dem Kennwort D: wie D-SIGN. Wir laden alle Interessenten gerne ein. Herzlich willkommen in D-DORF am Rhein.

e-Mail: design@fh-duesseldorf.de

Anm. d. Red.:

Am Fachbereich Design der Fachhochschule Düsseldorf wurde eine umfangreiche Publikationsreihe zur Selbstdarstellung entwickelt. Dazu gehört ein Handbuch, das weitgehend textidentisch mit diesem Beitrag ist, sowie ein Faltblatt mit aktuellen Zahlen, Daten, Fakten. Außerdem liegt eine kostenlose Kurzfassung vor. Und als ausführliche Ergänzung gibt ein dickes Buch mit zahlreichen Bildbeiträgen Auskunft über Vergangenheit, Gegenwart und Zukunft des Düsseldorfer Designstudiums. Weitere Informationen liefert das jährlich erscheinende Vorlesungsverzeichnis, erhältlich im Düsseldorfer Buchhandel, sowie die Studien- und Prüfungsordnung und Broschüren für Studienbewerber, Studierende und Lehrende, die über den Fachbereich Design zu beziehen sind.

Die vollständige Adresse der FH Düsseldorf findet sich auf Seite 218.

PROF. MANFRED VOGEL,
UNIVERSITÄT DUISBURG-ESSEN,
STANDORT ESSEN

Test the best

Aufnahmetest und Mappenbewertung bilden im Kommunikationsdesign an der Universität Essen eine Einheit. Der Test ist die zweite Etappe im „Eingangsverfahren zum Nachweis studiengangsbezogener künstlerisch-gestalterischer Eignung."

Zu ihm werden jene Bewerber(innen) eingeladen, deren Mappe „positiv" (im Sinne der o. a. Eignung) bewertet wurden. An zwei aufeinander folgenden Tagen werden sowohl unterschiedliche fotografische als auch zeichnerisch-gestalterische Themen gestellt.

Anhand dieser konkreten Vorgaben müssen die Bewertungskriterien

- **Wahrnehmungsvermögen**
- **Darstellungsvermögen**
- **Vorstellungsvermögen**

ausreichend nachgewiesen werden.

Der dritte Tag ist der Auswertung des Tests sowie Gesprächen mit den Bewerber(innen) vorbehalten. Die Ergebnisse des Tests ergänzen und erweitern die Eindrücke über die jeweiligen Bewerbungsmappen. Sie belegen die Fähigkeiten zum spontanen, zeitlich begrenzten Arbeiten unter Themenvorgabe. Sie bestätigen oder relativieren gewonnene Erkenntnisse und erlauben etwaige Ungereimtheiten und/oder Defizite auszusprechen und womöglich auszuräumen. In jedem Fall sind alle Beteiligten danach besser informiert.

e-Mail: fb4.dekan@uni-essen.de

DIPL. DES. ELKE HEBER,
DRESDEN

Versuch einer Zusammenfassung zur Mythologie Eignungsprüfung

Nach meiner Erfahrung gliedert sich die Eignungsprüfung in drei Teile:

- **1. Mappe**
- **2. Prüfungsaufgaben**
- **3. Gespräch und persönliches Auftreten**

Besonders der dritte Teil wird von den meisten Prüfungsanwärtern unterschätzt und doch ist er meist das Zünglein an der Waage. Zur Mappe ist bereits ein Band in dieser Reihe erschienen, an dieser Stelle nur soviel: Mit entsprechender Vorbereitung ist die Bewerbungsmappe eine reine Fleißaktion und somit machbar; ich finde es eigentlich verwunderlich, warum immer noch so viele Aspiranten bereits an dieser Hürde scheitern. Der Punktestand vieler Bewerber liegt nach den absolvierten Prüfungsaufgaben allein aufgrund der hohen Anzahl an Bewerbern doch sehr eng beieinander, und trotzdem reicht es am Ende nicht – warum? Glück oder kein Glück gehabt? Wo habe ich den einen Punkt liegengelassen, der da fehlt?

Die letzte Entscheidung der Kommission wird nach dem persönlichen Auftreten im abschließenden Gespräch gefällt. Man will den Prüfling kennen lernen, seine persönlichen Vorlieben, seinen Charakter, sein Engagement für die Dinge des Lebens und die momentane Zeit. Hat er Augen um zu sehen, um wahrzunehmen, um zu verändern, zu gestalten? Oder hat er nur Augen, die zwar himmelblau sind aber sonst auch nichts? Mit Antworten wie „Mir ist nichts besseres eingefallen" oder „Ich wollte es nach vielen anderen Fehlversuchen einmal mit Design probieren" ist das vorzeitige Aus schon vorprogrammiert. Es sind also nicht nur kreativ-technische und phantasievolle Hintergründe gefragt, son-

dern auch das absolute Bekenntnis zur angestrebten Studienrichtung.

Interessant sind natürlich auch die Randglossen der Professoren zu jedem Prüfling – man sollte sie nicht unterschätzen, die persönlichen Herzchen und Pluspunkte. Und was ist mit weiblichem Charme, gar List? Ich glaube, dass man das Herz auf der Zunge tragen sollte und ganz frei von der Leber weg reden und natürlich auftreten sollte, auch hinsichtlich der Kleidung. Erstaunlich, wie viele bunte Vögel zu einer Prüfung antreten, im positiven wie im negativen Sinne. Selbstbewusstsein und Selbständigkeit sind angesagt, ein selbstbewusstes Auftreten mit dem Ziel, unbedingt Design zu studieren. Das Ganze ohne Überheblichkeit – man will ja erst studieren und steht mit den eigenen Arbeiten noch ganz am Anfang.

Die Prüfungsaufgaben werden von den Hochschulen zwar in unterschiedlicher Art und Weise gestellt, verfolgen aber ähnliche Ziele. Meist sind die Prüfungsabläufe in zwei oder drei Teile gegliedert. Der erste Teil beinhaltet allgemeine zeichnerische und gestalterische Aufgaben, hier eine Auswahl von einigen Beispielen:

- Zeichnen nach der Vorstellung
- Zeichnen nach Vorgabe
- Zeichnen nach eigenen Empfindungen
- Beherrschen von Abstraktionsgraden
- Fantasie- und Ideenfindung nach unterschiedlichster Methodik
- Überprüfung von flächigen und räumlichen Empfindungen und Denkweisen
- Kompositionsstudien
- Objektaufgaben zur Überprüfung des Zusammenhangs von Form und Funktion
- Tests zu farblichen Empfindungen und Umsetzungen

Im zweiten Teil geht es meist fachspezifisch zu. Die Produktdesigner entwerfen und konzipieren Objekte einschließlich Anfertigung kleiner Vormodelle; Kommunikationsdesigner erhalten Aufgaben zu Typografie, Gestaltung von Flyern; Innenarchitekten konzipieren „Baumhäuser". Oder es werden auch hier allgemeine Aufgaben zu Phantasie und Ideenfindung gestellt.

Viele Schulen vergeben auch Hausaufgaben, die dann in die Prüfungen einfließen und weiter bearbeitet werden, gerne werden hier Aufgaben gestellt, die in der Zukunft liegen („ein UFO im Jahr 2050"). Und immer wieder das „Gestalten" aller Arbeiten, man will ja schließlich Design/Gestaltung studieren.

Die Denkweise, „Ich kann perfekt zeichnen und habe deshalb eine gute Chance, mit der Mappe und in der Prüfung zu bestehen" ist ein Trugschluss, denn das bildnerische spielt eine andere Rolle als im reinen Kunststudium. Als Künstler kann ich emotional tun und lassen was ich will, ich bin Verfasser meiner Unikate und muss niemandem Rechenschaft ablegen. Als Designer steht die Gestaltung der Dinge im Vordergrund, konzeptionell bin ich Verfasser meiner Entwürfe meist in mehreren Varianten. Deshalb ist eine Perfektion im zeichnerischen nicht vordergründig gefragt, vielmehr kommt es auf die Ideen, die fantasievolle eigene Umsetzung und das Gestalten nach Wahrnehmung und Empfindung an. Zeichnen hingegen ist beinahe für jeden und immer erlernbar.

„Less is more" ist nicht nur ein Leitspruch der Bauhausklassikern, sondern sollte auch in der Prüfung Beachtung finden. Die Prüfungsaufgaben sind meist so angelegt, das sie mit einfachen Mitteln und mit eigenen pfiffigen Ideen, meist abstrahiert, zum Ziel führen. Ob im Gespräch oder als schriftliche Arbeit, es werden immer Fragen zum täglichen Geschehen eine Rolle spie-

len, egal ob zu Politik oder Wirtschaft oder Fragen zu Designklassikern, Designgeschichte, bekannten Designprodukten, Designern, Designzeitschriften und anderen Publikationen. Man sollte sich auf diese Dinge vorbereiten.

e-Mail: eheber@t-online.de

PROF. DR. PETER ZEC,
DESIGN ZENTRUM
NORDRHEIN-WESTFALEN, ESSEN

Ausprobieren, testen, verwerfen, neu denken

Professor Dr. Peter Zec ist geschäftsführender Vorstand des Design Zentrums Nordrhein-Westfalen und seit vielen Jahren als Kommunikations- und Designberater zahlreicher in- und ausländischer Unternehmen tätig. Er ist ein exzellenter Kenner der deutschen und internationalen Designszene sowie Autor und Herausgeber zahlreicher Publikationen.

Redaktion:

Welchen Zweck erfüllt für Sie Design?

Prof. Dr. Zec:

Schon längst geht es im Design nicht mehr um bloße Formgebung, das heißt um die materielle und formale Definition eines Produktes. Design bedeutet heute weitaus mehr, spannt sich über mehrere Wissensgebiete, erfordert eine neue Herangehensweise. Moderne Formgebung mischt sich ein in gesellschaftliche Entwicklungen, entsteht aus ihnen, spiegelt Kultur und Zeitgeist wieder: Die Grenzen zwischen den einzelnen Designdisziplinen verschwimmen.

Hinzu kommt, dass in zahlreichen Branchen die Unternehmen in der Produktentwicklung an der Innovationsgrenze angelangt sind. Darüber hinaus ist es für viele Unternehmen aufgrund der Kostensituation nicht mehr sinnvoll, in einen Preiswettbewerb einzutreten. Für den Erfolg der Produkte ist langfristig ein qualitativer Anspruch notwendig. Diese qualitativen Besonderheiten

des Produktes gilt es auf den ersten Blick erkenntlich zu machen. Dies zu ermöglichen ist in der Regel die Aufgabe von Design.

Doch sollte Design nicht als Produktkosmetik missverstanden werden. Erfolgreich kann ein Design nur sein, wenn es von vornherein beim Prozess der Produktentwicklung eine angemessene Rolle spielt.

Redaktion:

Welche Eigenschaften erwarten Sie von einem angehenden Designer?

Prof. Dr. Zec:

Mittelmaß reicht nicht aus, um als angehender Designer vordere Positionen einzunehmen und innovative Impulse zu geben. Ausprobieren, testen, verwerfen, neu denken – keine Angst vor dem Unbekannten zu haben, sollte der Leitsatz sein.

Zudem erwarte ich von Studenten, dass sie nicht schon im ersten Jahr ihrer Ausbildung ein eigenes Büro eröffnen. Die Professionalisierung kann nur über eine sehr konsequent betriebene Ausbildung erreicht werden. Wenn aber ein Designer im zweiten Semester ein eigenes Design-

büro eröffnet, dann gibt er damit indirekt zu verstehen, dass er ein Studium oder einen Abschluss gar nicht braucht. Problematisch daran ist, dass Design auf diese Weise nicht als hochqualifizierte Tätigkeit verkauft werden kann. Stattdessen wird der Eindruck erweckt, Design sei einfach eine Art künstlerisches Talent, etwas, das jeder irgendwie kann. Man braucht jedoch fundierte Kenntnisse, um für führende Unternehmen arbeiten zu können. Damit will ich aber nicht sagen, dass Studenten während der gesamten Studienzeit nicht als Praktikanten oder Assistenten in guten Designbüros arbeiten können, um zu lernen, wie der Alltag eines Designers aussieht.

Redaktion:

Würden Sie jungen Menschen heute noch empfehlen, Design zu studieren?

Prof. Dr. Zec:

Natürlich. Die Konkurrenz ist zwar hart – aber das ist sie zur Zeit auch in vielen anderen Bran-

chen. Wer den Traum hat, Designer zu werden und dazu mit einer guten Portion Talent, Ehrgeiz und Durchsetzungskraft ausgestattet ist, der sollte es ruhig versuchen. Allerdings sollte sich auch jeder Studienanfänger darüber im Klaren sein, dass es heute kaum mehr möglich ist, ein „Star-Designer" zu werden. Spezialisten sind gefragt, die sich in ihrem kleinen Bereich bestens auskennen und dort innovativ sind.

Redaktion:

Wie erklären Sie sich den außerordentlich großen Andrang auf Designstudienplätze?

Prof. Dr. Zec:

Designern haftet eine Aura großer Kreativität an. Trotzdem ist der Beruf, anders als beispielsweise der des Bildenden Künstlers, gesellschaftlich anerkannt und man kann Geld damit verdienen. Das übt wahrscheinlich einen großen Reiz auf viele aus. Hinzu kommt, dass die Designbranche immer noch ein Wachstumsmarkt ist. Allein in Nordrhein-Westfalen ist die Zahl der selbständigen Industriedesigner von 201 im Jahr 1996 auf 444 im Jahr 2000 gestiegen, das entspricht

einem Zuwachs um rund 121 Prozent. Die Anzahl der Büros für Werbegestaltung stieg im gleichen Zeitraum von 1.864 auf 3.939 ebenfalls um mehr als das Doppelte. Die Chancen für Jungdesigner stehen also nicht schlecht, sofern sie das Studium nicht mit überhöhten Vorstellungen angehen.

Redaktion:

Wie sehen Sie die Ausbildung von Designern in Deutschland im internationalen Vergleich?

Prof. Dr. Zec:

Ich mache immer wieder die Erfahrung, dass deutsche Nachwuchsdesigner im Ausland sehr begehrt sind. Dies kann nur auf die relativ gute Ausbildung in Deutschland zurückgeführt werden. Allerdings vermisse ich bei uns in der Ausbildung ein wenig das Visionäre und Unkonventionelle. Auf diesem Gebiet können wir von Briten und Amerikanern noch etwas lernen. Im Allgemeinen ist die Ausbildung in Deutschland aber sehr gut und international konkurrenzfähig.

Redaktion:

Welchen Nutzen haben angehende Designer vom Design Zentrum Nordrhein Westfalen?

Prof. Dr. Zec:

Durch unsere renommierten Wettbewerbe und unser „red dot design museum" bieten wir angehenden Designern Orientierungshilfen, was die neuesten Entwicklungen in Industrie- und Kommunikationsdesign anbelangt.

Innerhalb unseres „red dot design award" vergeben wir in der Kategorie communication design außerdem den „red dot: junior prize" für die beste studentische Arbeit. Studentische Arbeiten im Kommunikationsdesign sind professionellen Auftritten an Kreativität und Originalität häufig überlegen, da Nachwuchsdesigner oft unvoreingenommen und frech an Themen herangehen. Die Branche lebt von innovativen Ideen und muss daher den Nachwuchs fördern.

Darüber hinaus veranstalten wir regelmäßig Workshops, Seminare und Talkrunden mit renommierten Designern, Designunternehmern und Designförderern, bei denen sich auch Studierende Anregungen holen können.

Redaktion:

Haben Sie einen Lieblingsdesigner?

Prof. Dr. Zec:

Nein, ich bewundere alle Designer, die es schaffen, gute Produkte zu entwerfen, um unser Leben komfortabler und angenehmer zu machen.

Internet: www.dznrw.de

ELKE MUDDEMANN-PULLA /
BERND GÖHING,
STUDIENBERATER/IN, UNIVERSITÄT
DUISBURG-ESSEN / STANDORT ESSEN

Keine Angst vor dem Eignungstest

Wie geht es Ihnen? Sie haben Ihre Mappe bereits zur Bewerbung eingereicht, und sie wurde akzeptiert? Sie haben eine Einladung zum Eignungstest bekommen? Herzlichen Glückwunsch! Oder doch nicht?

Vielleicht spüren Sie auch schon ein wenig Aufregung oder gar Panik, denn es wird jetzt ernst: der gewünschte Studienplatz scheint zum Greifen nah. Ihre ganze Zukunft könnte davon abhängen, ob Sie diesen Eignungstest bestehen oder nicht. Ob Sie es schaffen, sich an diesem Tag als kreative, aufgeschlossene Person zu präsentieren, die es wirklich wert ist, einen Studienplatz zu erhalten. Sie würden sich gern auf die Eignungsprüfung vorbereiten, aber wissen nicht wie. So oder ähnlich geht es vielen BewerberInnen. Vor einem Eignungstest zu stehen, ist schon eine ganz besondere Situation:

Sie wissen nicht, worauf Sie sich einstellen müssen: Die Kriterien, nach denen Sie beurteilt werden, und die Aufgaben, die man Ihnen stellen wird, sind unbekannt. Ihre Fantasie kommt in Bewegung: Sie beginnen, sich die verschiedensten Situationen auszumalen - das verursacht zunehmende Unsicherheit.

Sie kennen die Prüfer nicht und können deren Reaktionen nicht einschätzen. Manchmal zeigen sich psychosomatische Symptome wie Nervosität, Schlafstörungen oder Angstvorstellungen, die sich bis zum Tag der Eignungsprüfung steigern und Ihre Selbstzweifel verstärken können.

Es geht um Sie ganz persönlich: Ihre Person, Ihre Kreativität, Ihre Ideen. Fachliches Können oder Wissen ist erst in zweiter Linie gefragt.

Dabei können bei verschiedenen Menschen ganz unterschiedliche Reaktionen auftreten. Diese individuellen Unterschiede zeigen:

Die Prüfung hat für Sie (nur) die Bedeutung, die Sie ihr zumessen!

Die einen sehen sie als Chance, einen besseren Einblick in ihre Fähigkeiten zu bekommen und ihre Entscheidung zu überprüfen: „Passen meine Person und dieser Studiengang wirklich zusammen?" Falls sie nicht genommen werden, schlagen sie einfach einen

anderen Weg ein. Diese Menschen haben meist ein gesundes Selbstwertgefühl, das so schnell nicht zu erschüttern ist.

Die anderen haben das Gefühl vor der wichtigsten Entscheidung ihres Lebens zu stehen. Sie können und wollen durchaus etwas leisten - und merken dann, dass sie auf das Ergebnis der Prüfung nur wenig Einfluss haben! Diese Menschen sind gewohnt, ihr Selbstwertgefühl an das Erbringen von Leistung zu koppeln. Sie glauben nur dann eine Chance zu haben, wenn sie eine bestimmte Leistung erbringen, und fühlen sich als Person abgelehnt, wenn sie eine Prüfung nicht schaffen. Das beeinträchtigt sie bei ihrer Suche nach Alternativen.

Wie Sie sich denken können, wird es der zweiten Gruppe wesentlich schwerer fallen, die Situation zu meistern. Sie erinnern sich: Je mehr Bedeutung Sie der Prüfung im Hinblick auf das Selbstwertgefühl zuschreiben, desto höher erscheint die Hürde! Gut, wenn Sie dann Hilfe finden und auch annehmen können. Keiner muss mit seiner Unsicherheit und Angst vor einem Test allein zurechtkommen!

Was ist Angst bzw. Prüfungsangst?

Sie wird häufig in ihren psychosomatischen Auswirkungen, also anhand der mehr oder weniger vorhandenen Symptome (Schwitzen, Zittern, Herzklopfen, Blass werden, Erröten, Sprechversagen, etc.) beschrieben oder gar als - unangemessenes - Erbe urzeitlichen Fluchtverhaltens bei tatsächlichen oder vermeintlich gefährlichen Situationen bewertet.

Diese Sichtweise fördert ein Gegenverhalten, bei dem versucht wird, sich die Angst im klassischen schulmedizinischen Sinne mit einem Rezept gegen Symptome vom Leib zu halten, beispielsweise durch die Einnahme von Beruhigungsmitteln oder dem Besuch eines Entspannungstrainings. Damit soll nichts gegen diese Maßnahmen gesagt sein, im Einzelfall können sie durchaus auch helfen (dazu später mehr), doch tragen sie nicht wirklich zum Verständnis der Angst und ihrer Überwindung bei.

Angst-Gestalten

Angst ist mehr als eine psychosomatische Symptomatik oder ein Fluchtreflex. Im Moment des Erlebens stellt sie ein komplexes Handlungsangebot des Körpers, eine „Angst-Gestalt", dar, die Ihnen, wenn Sie wollen, zum Umgang mit der Situation oder sogar zur kompletten Flucht verhilft. Solche Angst-Gestalten gibt es viele. Was können Sie bei sich selbst wiederfinden?:

- **Sie möchten sofort weglaufen.**
- **Sie wollen vor Angst im Boden versinken.**
- **Sie möchten sich vor Angst in Luft auflösen.**
- **Sie würden am liebsten vor Angst den Kopf in den Sand stecken.**
- **Sie werden blass vor Angst.**
- **Sie erröten vor Angst.**
- **Sie werden starr vor Angst.**

Die Übersicht ist nicht vollständig. Vielleicht fallen Ihnen ja noch andere Angst-Gestalten ein.

Was nützt mir das Wissen um die Angst-Gestalten?

Was Sie im Moment der Angst erleben, ist nicht unspezifisch, sondern individuell. Jeder Mensch kann herausfinden, zu welcher Angst-Gestalt oder zu welchen Angst-Gestalten er tendiert. Versinken Sie im Boden, lösen Sie sich lieber im Nichts auf oder laufen Sie gleich ganz weg? Das Verhaltensmuster – also Ihre ganz persönliche Angst-Gestalt – zu erkennen und zu benennen, ist meist schon hilfreich und führt zur Angstreduktion. Ein erwünschter Effekt also! Angst, die Sie erkennen, können Sie annehmen und in Ihre Person integrieren. Weil Sie ihre Gestalt erkannt haben, ist sie leichter zu ertragen als ein vages Gefühl mit bedrohlich erscheinenden Symptomen. Billigen Sie sich also ruhig Ihre Angst zu!

Angst gestalten

Sie haben erkannt: Angst ist ein individuelles Geschehen bzw. ein körperliches Konzept um einer Situation zu entkommen, und es ist hilfreich, Ihre eigene Angst-Gestalt kennen zu lernen und zu benennen. Das mindert die Angst. Allerdings ist es wichtig, die eigene Gestalt bereits vor der Prüfung kennen zu lernen, denn in der Prüfung ist es dafür zu spät. Dann sind Sie mit dem Prüfungsinhalt beschäftigt und können sich nicht noch gleichzeitig mit Ihrem eigenen Körper beschäftigen. Idealerweise finden Sie Ihren Angsttypus vorher in einer Gruppen- oder Einzelberatung oder auch allein (hilfreich hier: Gespräch mit einer vertrauten Person) heraus.

Übrigens: Manchmal berät Sie die Angst auch richtig. Sind Sie definitiv zu schlecht vorbereitet oder sind Sie krank – folgen Sie Ihrem Fluchtgefühl.

Die Macht Ihrer Einstellung zur Angst

Ebenso wichtig wie das Kennenlernen Ihrer Angst-Gestalt ist es herauszufinden, welche Einstellung Sie gegenüber der kommenden Prüfung hegen, denn diese beeinflusst Ihr Angstbarometer maßgeblich. Die Einstellung basiert auf – zumeist unbewussten – Bewertungen der Prüfungssituation und der an ihr beteiligten Personen und Umstände. Die Angstskala bewegt sich dabei zwischen wenig und sehr viel Angst. Gar keine Angst in einer Prüfung zu haben ist eher selten. Beantworten Sie sich doch einmal folgende Fragen ehrlich:

- **Sind Sie übermotiviert?**
- **Sind Leistung und Selbstwertgefühl bei Ihnen eng verknüpft?**
- **Können Sie schlecht verlieren?**
- **Nehmen Sie eine Niederlage eher persönlich?**
- **Fühlen Sie sich bei Niederlagen leicht als Versager?**
- **Haben Sie es gelernt, es eher anderen recht zu machen als Ihnen selbst treu zu bleiben?**
- **Passen Sie sich unhinterfragt so genannten gesellschaftlichen Erwartungen an?**
- **Haben Sie Autoritätsangst?**

- **Wurden bei Ihnen früher Anerkennung und Lob häufig mit Leistungserbringung verknüpft, mangelte es aber an unbedingter Zuwendung**
- **Fühlten Sie sich in der Schule ausschließlich über Leistung anerkannt?**
- **etc.**

Sie merken vielleicht, je mehr dieser Fragen Sie mit ja beantworten oder auf einer Skala einem „viel" oder „sehr viel" zuordnen, desto größer ist die Wahrscheinlichkeit für Sie, sich für klein und/oder ohnmächtig zu halten und an Prüfungsangst zu leiden. Überwinden Sie besonders bei großer Betroffenheit Ihre Hemmschwelle und nehmen Sie psychologische Hilfe in Anspruch.

Vorsicht, Falle

Ihre Einstellung betrifft auch den vielleicht größten Stolperstein im Hinblick auf einen erfolgreichen Umgang mit der eigenen Angst. Viele denken und haben gelernt, sie dürften, wenn sie schon Angst haben, diese in der Prüfungssituation auf keinen Fall zeigen.

Was passiert dann? Während Sie versuchen, sich auf die eigentliche Prüfung zu konzentrieren, versuchen Sie gleichzeitig, Ihre Angst zu verbergen und zu vertuschen. Ein fast unmögliches Vorhaben! Die meisten Blackouts sind Folge diesen unsinnigen Unterfangens: Das, was Sie mehr oder weniger erfolgreich unternehmen um die Angst zu verbergen, wird Ihnen zum Verhängnis: Körper und Geist sind hilflos überfordert und schenken Ihnen ein (eigentlich befreiendes) Aus, Ihr „Blackout", das aber für das Ergebnis der Prüfung gar nicht hilfreich ist.

Wenn Sie lernen, Ihre Angst zu akzeptieren, kann deren Gesicht ein ganz anderes sein. Wahrnehmbar z. B. als ein Kribbeln im Bauch, das positive Energien für das erfolgreiche Bestehen einer für Sie bedeutungsvollen (Prüfungs-) Situation freisetzt. Im Erkennen und Annehmen der Angst liegt also das Geheimnis ihres Wandels von der Bedrohung zur angemessenen, sogar unterstützenden Funktion. Ein möglicher Weg dahin ist das Herausfinden Ihrer Angst-Gestalt, denn damit wird klar, dass Sie kein Rezept gegen die Prüfungsangst benötigen. Sie müssen sich auch nicht damit herumquälen, deren Symptome zu verbergen oder zu erschlagen - Sie überfordern sich im Zweifelsfall nur.

Wie wollen Sie mit Ihrer Prüfungsangst umgehen?

Es gibt keinen Königsweg; auch dieser Vorschlag ist keiner. Ein Weg kann so gut wie der andere sein. Vielleicht reichen Ihnen ein Entspannungstraining oder eine Atemübung. Vielleicht stehen Sie eher auf Baldrian oder Johanniskraut. Aber suchen Sie nicht nach dem Rezept des Auslöschens. Ihre Angst ist nicht Ihr Feind. Es kann Ihre Einstellung sein, also was und wie Sie über Prüfungen und „Angst haben dürfen" denken. Und es können schlimme, unverdaute Erinnerungen an vergangenes Geschehen sein, die Ihre Angst beflügeln. Aber auch dann ist sie nicht negativ, sondern ein Zeichen, dass Sie etwas aufzuarbeiten haben und Hilfestellung von außen bemühen sollten.

Einem, der gerne wegläuft vor Angst, schadet ein „Ich bin ganz ruhig"-Suggerieren vor der Prüfung wahrscheinlich eher. Besser ist es dann, die Bewegungsenergie zu nutzen und auf dem Flur auf und ab zu gehen. Wenn Sie sich „gerne" in Nichts oder in Luft auflösen, können Atemübungen Sie unterstützen, und statt eines Entspannungstrainings benötigen Sie vielleicht eher ein Körpertraining wie Aikido oder Kung-Fu, das Ihnen hilft, sich zu erden und die Herausforderung anzunehmen.

Alles - Bewusstmachen der Angst, Körperarbeit, Entspannungstraining, Beratung oder Psychotherapie - erfordert aber Zeit. Deshalb: Nehmen Sie rechtzeitig Hilfsangebote in Anspruch, wenn Sie merken an einem Zuviel an Prüfungsangst zu leiden.

Und ein letzter Rat noch: Machen Sie sich, bevor Sie in eine Prüfung gehen, klar, dass Sie ein wertvoller Mensch sind und bleiben, egal, wie das Prüfungsergebnis ausfällt.

Wo können Sie Rat und Hilfe finden?

Sie können sich bei den Studienberatungsstellen der Universitäten und Fachhochschulen sowie den Beratungsstellen der Studentenwerke nach Angeboten oder Therapeutenadressen erkundigen. Die Hochschul-Adressen finden Sie z. B. in dem Buch „Studien- und Berufswahl" oder per Internet unter „www.studienwahl.de" bzw. „www.hochschulkompass.de". Außerdem können Sie sich an die psychologischen Beratungsstellen auf regionaler Ebene wenden; möglicherweise müssen Sie je nach Andrang dort mit teilweise erheblichen Wartezeiten rechnen. Manchmal kann aber auch schon ein Gespräch mit der Fachschaft (Studierende des Faches) an der von Ihnen ausgewählten Hochschule Klarheit bringen, welche Anforderungen auf Sie zukommen - schließlich haben Sie es dort mit Leuten zu tun, die den Test geschafft haben!

e-Mail: elke.muddemannpulla@uni-essen.de

PROF. FONS M. HICKMANN,
UNIVERSITÄT FÜR ANGEWANDTE KUNST
WIEN

Mythos Eignungsprüfung

e-Mail: hickmann@fonshickmann.de

NOCH IST NICHTS VERLOREN +

WWW.11DESIGNER.DE

Elf Designer für Deutschland
Offensive für die Fußball Weltmeisterschaft 2006

büro uebele

Die Gestalten

Uwe Loesch

Factor Design

cyan

Integral Ruedi Baur

nowakteufelknyrim

Fons Hickmann m23

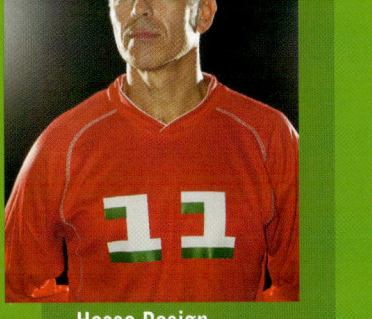

Hesse Design

ade hauser lacour

moniteurs

Die Eignungsprüfungen: Deutschland

ANNETTE AUS DER FÜNTEN

**Universität Duisburg-Essen,
Standort Essen,
Industriedesign**

ALTER

27

E-MAIL

anadf@gmx.net

ANZAHL DER ARBEITEN

25

HAUSARBEIT

keine

AUFNAHMEVERFAHREN

Dreitägige Prüfung (Umgang mit Farben, Formen und Flächen; Entwurfsaufgabe; Intelligenztests)

VORBEREITUNG

Praktikum bei „Brain-Affairs" in Essen, Architekturstudium, Gespräche mit Professoren, wissenschaftlichen Mitarbeitern, Studenten. etc.. Mappenberatung, Korrektur und Begleitung während der Erstellung der Mappe durch ein Designbüro. Und immer wieder zeichnen, zeichnen, zeichnen.

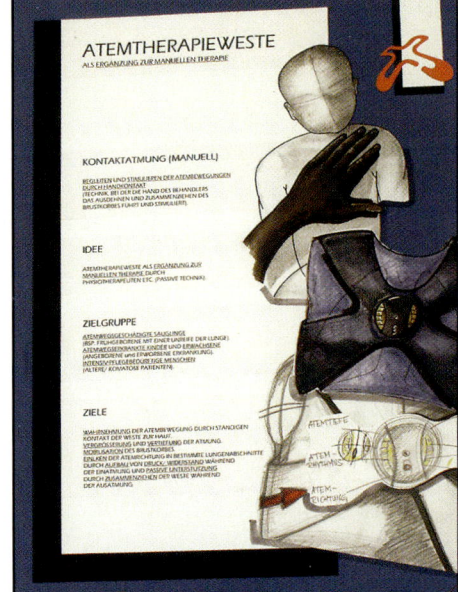

Arbeit 1

Arbeit 2

Die Mappe:

1	Atemweste
2	Lampen
3	Uhren
4	Mäuse in neuer Form
5	Tragesystem
6	Relax

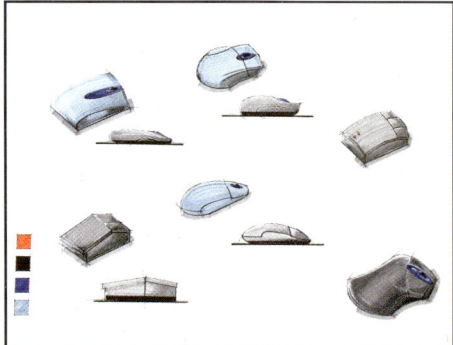

Arbeit 4

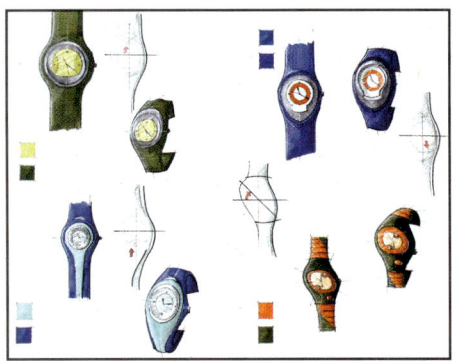

Arbeit 3

Arbeit 5

Arbeit 6

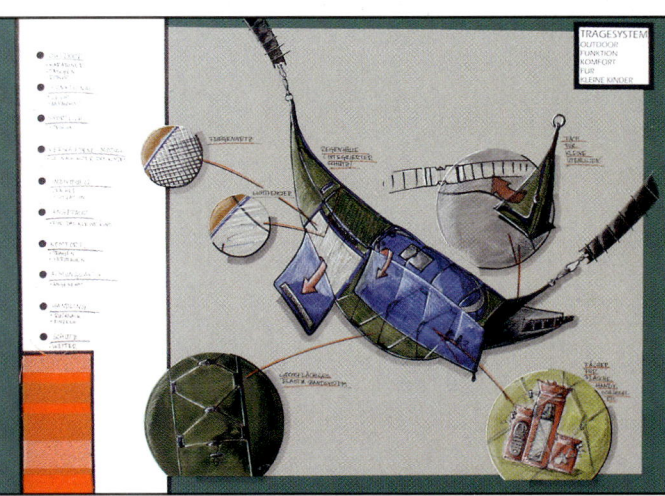

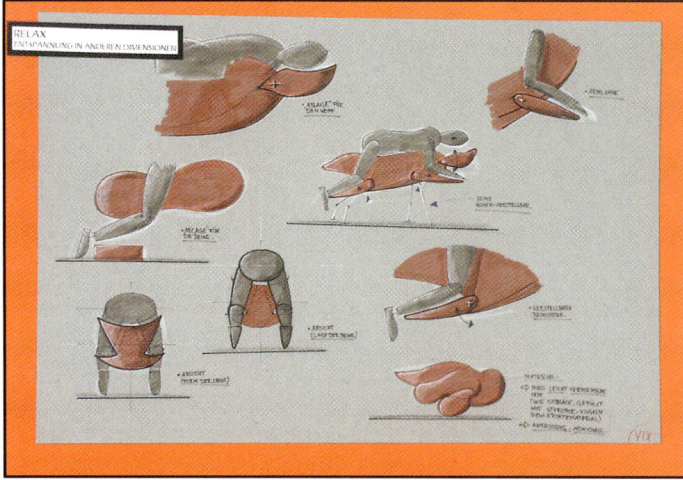

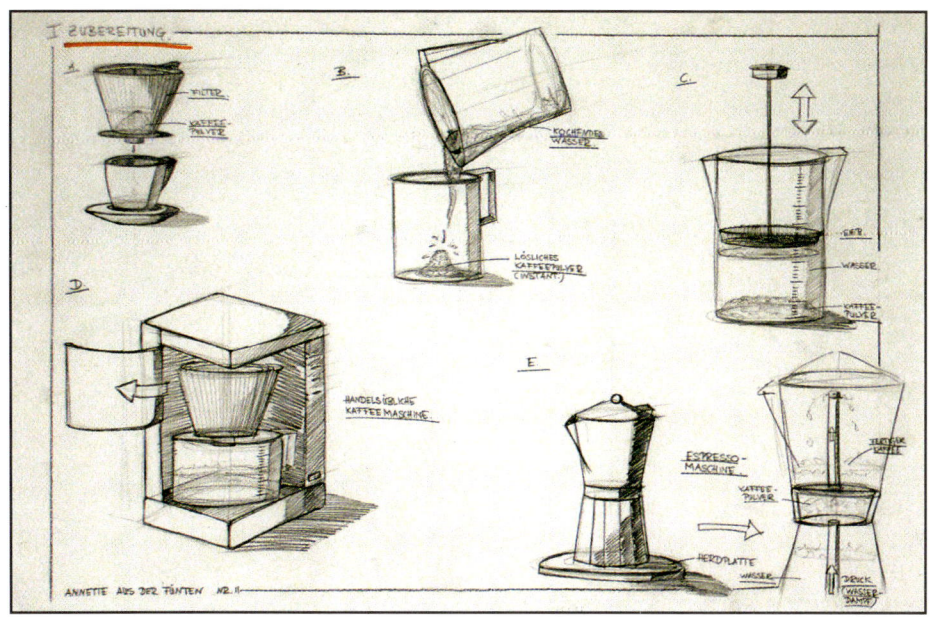

Zubereitung

ANNETTE AUS DER FÜNTEN,
UNIVERSITÄT DUISBURG-ESSEN,
STANDORT ESSEN

Die Prüfung:

Das Eingangsverfahren für das Wintersemester 02/03 begann an einem Montagmorgen um 9.00 Uhr, zunächst mit der Einführung und der Begrüßung. Die eigentliche Prüfung sah dann zunächst das Zeichnen von Gegenständen (Möbel, Zahlungsmittel, etc.) vor, darauf folgten das Zeichnen nach zeitlich begrenzter Vorlage (Gebrauchsgegenstände), die Erstellung von Farbkombinationen (Farbenlehre) und der Entwurf eines ästhetischen Körpers aus zwei unterschiedlichen Materialien.

Meine Vorbereitung darauf: Zeichnen, zeichnen und immer wieder zeichnen! Man sollte hierzu einige Kataloge und Fachzeitschriften durchblättern (z.B. Manufactum, Design Report, etc.), die abgebildeten Gegenstände abzeichnen und darauf achten, wie die einzelnen Produkte aufgebaut sind. Dabei vor allem auf die Details gucken (Anschlüsse) und die Form und Funktion erfassen. Die jeweiligen Abbildungen (aus dem Katalog oder vom Dia) nur Sekunden ansehen und anschließend innerhalb weniger Minuten aufs Papier bringen (wichtig: Perspektive, Details). Werkzeuge, Schreibwaren- und Haushaltsartikel – wie z.B. Hammer, Locher, Wäscheklammer, etc. – in die Hand nehmen und anschließend skizzieren. Also Zeichenbücher durcharbeiten (entwerfen und skizzieren), mit Perspektiven vertraut machen, das schnelle

Erfassen von Form, Funktion und anderen Details üben und so auch Wahrnehmung und Vorstellungsvermögen schulen. Der erste Tag war geschafft: Der wichtigste Tag kam morgen!

Am Dienstagmorgen um 8.45 Uhr wurden wir mit der Aufgabe zum Thema „Entwurf und Konstruktion" konfrontiert: Entwerfen Sie ... eine Kaffeemaschine, einen Locher, etc.!). Vorbereitung auf diesen Tag: Ruhe bewahren! Spontane Ideen aufzeichnen und überlegen, welche Produkte zu diesem Thema schon auf dem Markt sind (Recherche betreiben). Vor- und Nachteile dieser Gegenstände überdenken und Engpässe aufweisen. Anschließend eigene Überlegungen/Ideen anstellen und nach Lösungsansätzen suchen; im Anschluss die eigenen Gedanken strukturieren und ein Konzept überlegen, mit Hilfe dessen man die gestellte Aufgabe löst. Wichtig bei diesem Entwurf ist ein erkennbarer roter Faden, also eine klare Gliederung und Bearbeitung der Aufgabe bis hin zur eigenen Lösungsfindung.

Hilfreich im Vorfeld ist, wenn man Fachbücher zum Thema „Darstellungsmethodik oder Produkt-Design" zur Hand nimmt und sich dort anschaut, wie man Ideen, Produkte, etc. überhaupt zeichnerisch umsetzen kann. Der zweite Tag war geschafft: Das Schlimmste hatte ich hinter mir.

Am Mittwoch ging es ab 9.30 Uhr weiter. Am Tag drei kam es auf technisches Verständnis und auf die Vorstellung von Körpern an (Aufbau und Abwicklung, räumliches Vorstellungsvermögen). Vorbereitung: Konzentrieren und wach sein!

Mit dem Aufbau und den Abwicklungen von Körpern vertraut machen (Würfel, Häuser, etc.), und – wenn man möchte – Bücher zum Thema „Testaufgaben und Übungsprogramme" besorgen. Anhand von Beispielen die eigene Konzentration fördern, das technische Verständnis schulen und Intelligenz-Testaufgaben lösen. Der dritte Tag war geschafft: Ich hatte es überlebt! Warten auf Antwort und Ergebnisse ...

Worauf es vor allem ankommt: Man muss den Kopf absolut frei haben, möglichst alle Probleme auf größtmöglichem Abstand halten und ausgeschlafen zum Test antreten. Außerdem sollte man sich vorher Sicherheit verschaffen: Was kommt auf einen zu? Worauf kommt es an? Was wird verlangt?

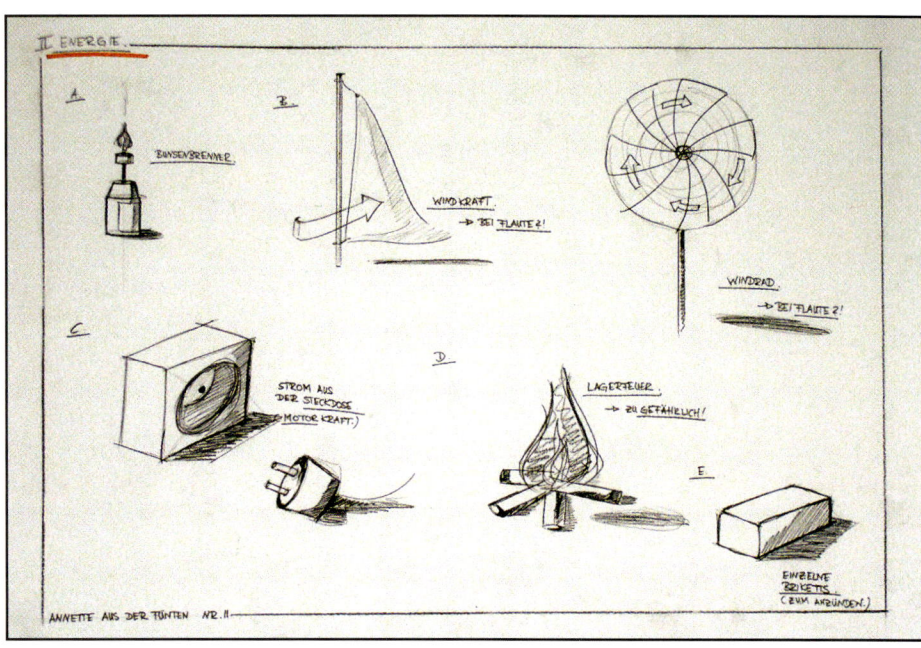

Energie

Sehr wichtig und äußerst hilfreich ist es, schon im Vorfeld an der Uni bereits Mappenberatungen in Anspruch nehmen (mindestens 6 Monate vorher), um sich einen Überblick zu verschaffen, einen eigenen Eindruck von den Professoren zu machen, den Schwerpunkt der Uni zu erfahren, erste mitgebrachte Zeichnungen auszu-sortieren und vor allem um das Angebot einer Korrektur der Mappe zu nutzen. Außerdem bekommt man gezielte Tipps zum Aufnahmeverfahren. Des weiteren sind auch Gespräche mit wissenschaftlichen Mitarbeitern eine große Hilfe.

Man sollte unbedingt Infos sammeln: im Internet surfen, die Homepage der jeweiligen Universitäten unter die Lupe nehmen, Ausstellungen (vor allem Semesterabschluss-/Diplomarbeiten) besuchen, Design-Fachzeitschriften oder Kataloge besorgen (das Jahrbuch „Industrial Design Studium in Essen" ist empfehlenswert), das Info-Heft über Industrial Design zuschicken lassen. Des weiteren: wach sein und mit offenen Augen durch die Welt gehen, sich mit branchennahen Leuten austauschen, zur Uni gehen und mit Studenten des Fachbereiches sprechen, Praktika absolvieren, Designbüros, Agenturen, etc. aufsuchen um dadurch evtl. auch eine Begleitung und Korrektur während der Erstellung der Mappe zu haben - sehr

empfehlenswert und eine große Hilfe! Mit Farben, Formen, Funktionen und Perspektiven vertraut machen (z.B. mit Hilfe von Büchern) und ansonsten: Zeichnen, zeichnen, zeichnen.

Aber keine Sorge - vor allem für die Eignungsprüfung an der Universität Essen kann man sich wirklich sehr gut und gezielt vorbereiten und vor allem beraten lassen. Man wird nicht einfach ins kalte Wasser geworfen und ist anschließend auf sich allein gestellt. Selbst während dieser drei Tage wird man neben den jeweiligen Professoren noch zusätzlich von Studenten höherer Semester „betreut", die einem hilfreich, motivierend und beruhigend zu Seite stehen.

Am Ende zählen alle drei Tage. Wenn eine Aufgabe nicht ganz so leicht „von der Hand gegangen" ist, kann man die verlorenen Punkte durch andere Teilbereiche ausgleichen, wobei der zweite Tag mit dem Entwurf bzw. der Konstruktion höher bewertet wird als die anderen Tage.

Und wer es braucht: Nimm deinen Arm, winkle ihn an und räume mit deinem Unterarm das

gesamte Regalfach leer, in dem du jede einzelne Errungenschaft aus dem Schreib- und Zeichenartikelfachladen deines Vertrauens akribisch gesammelt und deponiert hast, pack' das Zeug ein und breite es genussvoll unter den angsterfüllten Augen deiner Mitstreiter auf deinem Tisch aus.

Ist das erste Werk vollbracht - du hattest noch Kraftreserven über und einen Arm frei - setz dein mitgebrachtes Zeichenbrett fachmännisch auf die vordere Kante deines neuen Arbeitsplatzes auf und ziehe locker Striche, Kreise und Ellipsen aufs Papier, als hättest du noch nie etwas anderes getan. Bist du warmgelaufen, warte stehend ab und genieße ...

Zu guter Letzt: Ich möchte mich bedanken - bei meinen Eltern und meiner Schwester für ihre Unterstützung und ihr Vertrauen, bei Marcus Wiluda, bei Sebastian für seine Geduld und Hilfe u.a. in den letzten Stunden vor der Abgabe, bei Niko für seine Anregungen und Aufmunterungen und bei Peter Golz und Markus Lösing von „flöz industrie design" für ihre Zeit und ihre Korrekturen.

Danke!

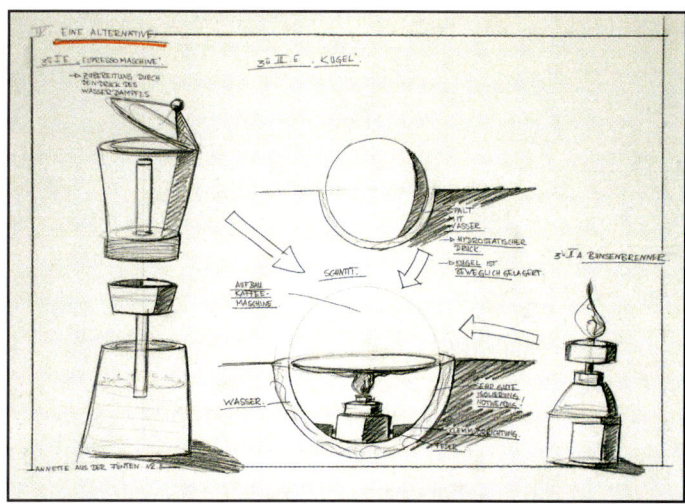

Alternative

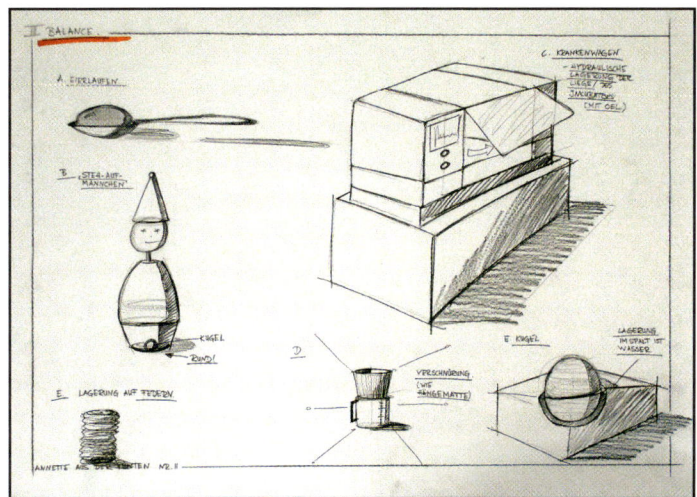

Balance

Produkt

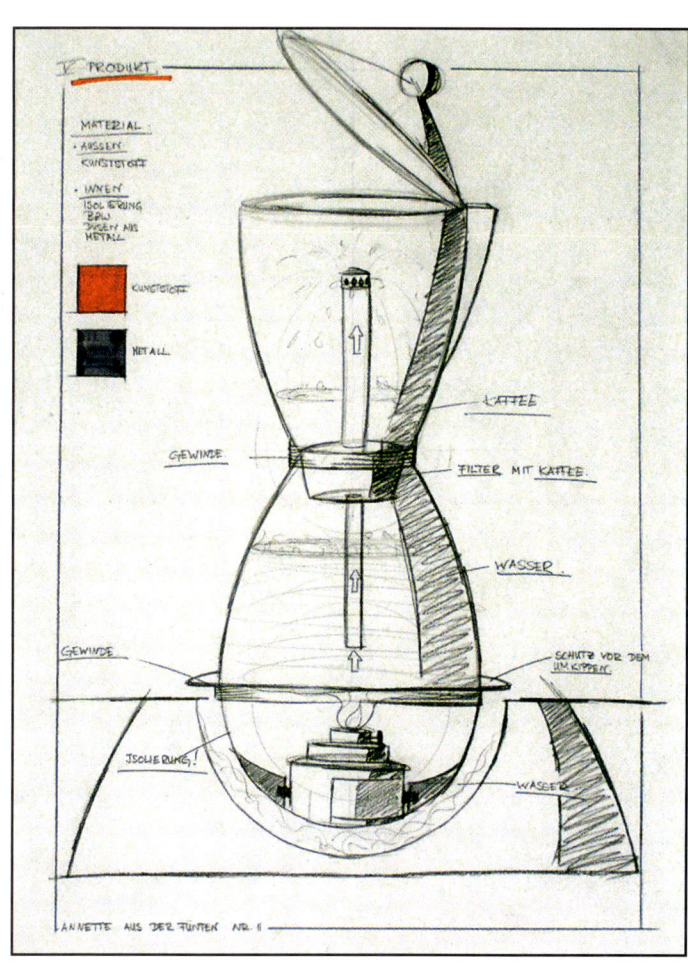

FELIX H. BECK
**Universität der Künste Berlin,
Visuelle Kommunikation**

ALTER
24

E-MAIL
22uhr30@felix-beck.de

ANZAHL DER ARBEITEN
14

HAUSARBEIT
Thema: Revolution

AUFNAHMEVERFAHREN
Bewerbung mit Abizeugnis und der Begründung, warum man ausgerechnet an der UDK
studieren will. Dann kommt ein Brief mit der
Aufgabe (siehe folgende Seiten). Nun hat
man etwa vier Wochen Zeit, an einer Lösung
zu arbeiten. Das Ergebnis schickt man mit
der Mappe (10-20 Arbeiten) zur UDK. Mit
etwas Glück gehört man dann zu den etwa
80 Leuten, die zu Test und einem Gespräch
über Mappe und Aufgabenlösung eingeladen
werden.

VORBEREITUNG
Mappenkurse; Beratungsgespräche; Praktika
in Werbeagentur, Internetagentur, Fotostudio, Softwarefirma, Bayer AG (Bereich: Intranet), Studium an der „Akademie für Kommunikationsdesign in Düsseldorf"

Arbeit 1

Arbeit 2

Arbeit 3

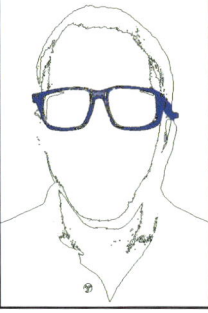

Arbeit 4

Arbeit 5

Die Mappe:

1	Zeichenlust
2	Flaschen
3	Porsche
4	Selbstportrait
5	Typo

FELIX H. BECK,
UNIVERSITÄT DER KÜNSTE BERLIN

Die Prüfung:

Ich habe mich über vier Jahre hinweg immer wieder an unterschiedlichen FH's und Universitäten beworben: Abgelehnt! Trotz Mappenkursen und Beratungsgesprächen war der Grund anfangs in mangelnden Fähigkeiten zu suchen. Nach verschiedenen Praktika in Werbeagentur, Internetagentur, Fotostudio, Softwarefirma, Bayer AG (Bereich: Intranet) und Studium an der „Akademie für Kommunikationsdesign" in Düsseldorf hieß es dann auf einmal, ich sei zu gut für gewisse FH's, so dass ich mich an der UDK bewarb:

14 Pappen mit Zeichnungen und Skizzen (Kohle, Bleistift und Marker), sowie freien typografischen Arbeiten. Ausserdem eine dreidimensionale, freie Arbeit aus einer ehemaligen Bewerbung an der FH Düsseldorf.

Das Problem war unter anderem, dass die Mappe nicht mehr als zehn Kilo wiegen durfte, da diese ansonsten nicht angenommen werden würde. Also stieg ich mehr als einmal mit meiner Mappe auf die Einpersonenwaage, um hinterher mein Körpergewicht vom Gesamtgewicht abzuziehen. Ich mußte schließlich einige Arbeiten wieder von den Pappen abziehen und sie auf leichtere kleben. Glücklicherweise ging das noch ganz gut, da ich nicht - wie in anderen Mappen, mit denen ich mich in der Vergangenheit beworben hatte - doppelseitiges Klebeband, sondern ablösbaren X-Film verwendet habe.

Die Mappe selber besteht aus sehr festem Karton. Sie kann an drei offenen Seiten mit Schnüren zugeknotet werden.

Meine Pappen mit den aufgezogenen Arbeiten habe ich dann in einen uralten, total abgefuckten Umzugskarton gepackt, den ich flach geknickt und mit Paketklebeband und Teppichmesser in die richtige Form gebracht hatte. „Oben" und „Unten" markierte ich mit einem Edding, ebenso eine gestrichelte Linie, an der man am leichtesten die Verpackung mit einem Messer aufschneiden konnte. Das ganze sah aus wie ein Paket, das schon dreimal um die Welt gewandert und dabei vier Mal verloren gegangen war.

Das Aufnahmeverfahren lief wie folgt ab: Bewerbung mit Abiturzeugnis und der Begründung, warum man ausgerechnet an der UDK und nirgends sonst studieren will. Irgendwan bekommt man dann einen Brief, in dem ein Aufgabenthema genannt wird.

Nun hat man etwa vier Wochen Zeit an einer Lösung zu arbeiten. Das Ergebnis schickt man samt seiner Mappe mit 10-20 eigenen Arbeiten an die UDK.

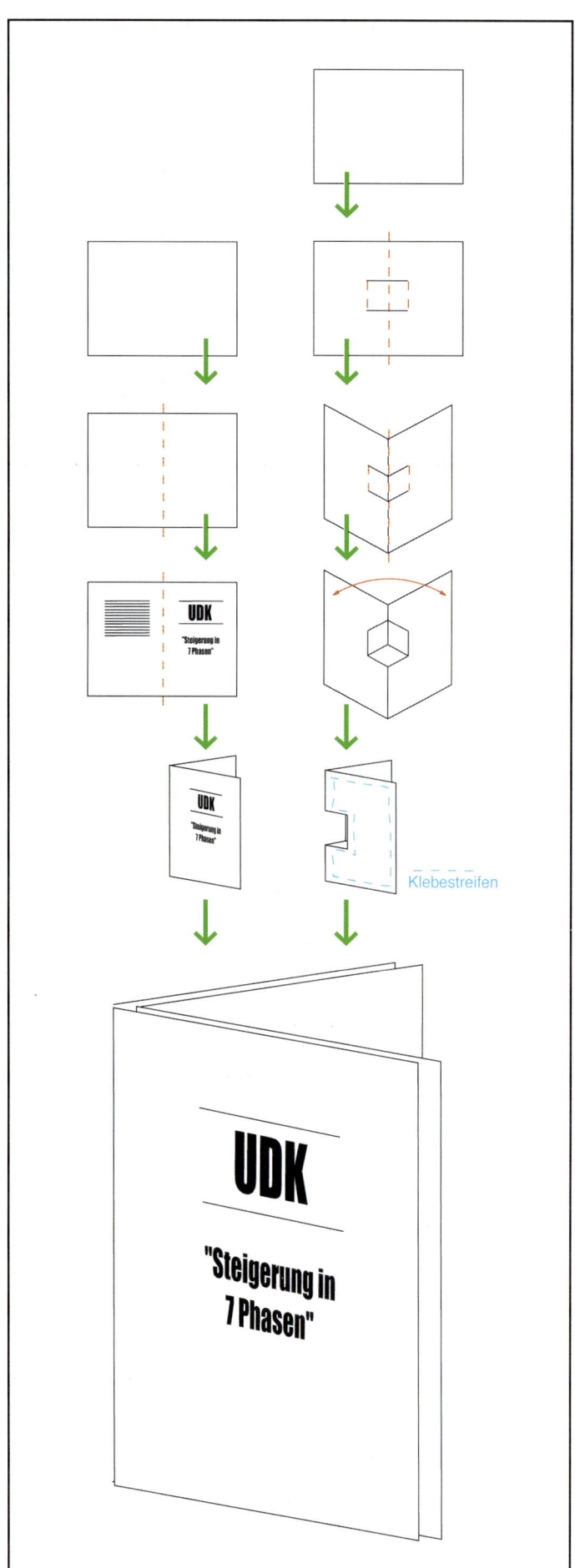

Klebestreifen

Mit etwas Glück gehört man zu den etwa 80 von ca. 600 Bewerbern, die zu einem „schriftlichen" Test und einem abschließenden Gespräch über die Mappe und die Lösung der im Test gestellten Aufgabe eingeladen werden.

Der Test verlangte, innerhalb von 60 Minuten (zeichnerisch, basteltechnisch oder was einem so einfiel) etwas zu folgendem Thema zu machen:

„Steigerung in sieben Phasen"

Während einige mathematisch Kästchen ausmalten, bastelte ich eine Stunde lang an einem „Aufklapper". Öffnete man diesen, kam - ähnlich den Aufklapp-Kinderbüchern - dem Betrachter eine Papiertreppenstufe entgegen. Bei dem anschliessendem Gespräch argumentierte ich dann, es sei doch viel spannender, wenn man seine sieben Phasen auf diese Art und Weise selber „erleben" kann und sie nicht vorgeschrieben bekommt.

Das Ganze mußte noch beschrieben und erklärt werden. Meine Erklärung schrieb ich mit Bleistift auf die Rückseite des zusammen geklebten Heftchens. Auf die Vorderseite zeichnete ich typografisch den Titel.

Bei dem Abschlußgespräch wurde man von sechs Professoren und zwei Studenten ins Kreuzverhör genommen: Warum willst Du hier studieren? Was versprichst Du Dir davon? Welche ist in Deiner Mappe die beste Arbeit? Was hast Du Dir dabei gedacht? Was hat Dich auf dem Weg hierhin gestört? Was magst Du? Was hast Du Dir hierbei gedacht? Was ist Dein Lieblingsbuch? u.s.w.

Alles wurde kreuz und quer gefragt. Zeit auf alle Fragen komplett zu antworten hatte man nicht. Die Mimik der Prüfer blieb unverändert und man erfuhr auch nicht, ob man nun endlich angenommen ist, oder nicht: „Sie hören in zwei Wochen per Post von uns. Vielen Dank. Auf Wiedersehen."

Und tatsächlich: Vierzehn Tage später flatterte dann bei mir der Zettel mit der Aufnahmebestätigung in den Briefkasten. Insgesamt wurden etwa 50 Studenten aufgenommen. Beantworte weitere Fragen gerne per Mail.

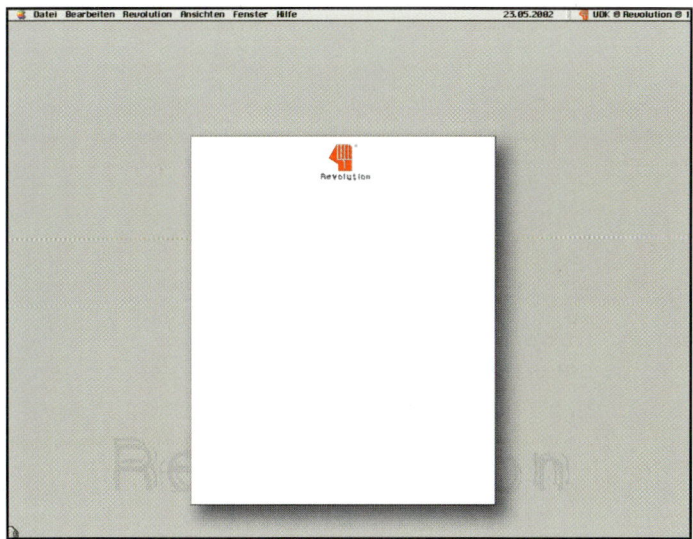
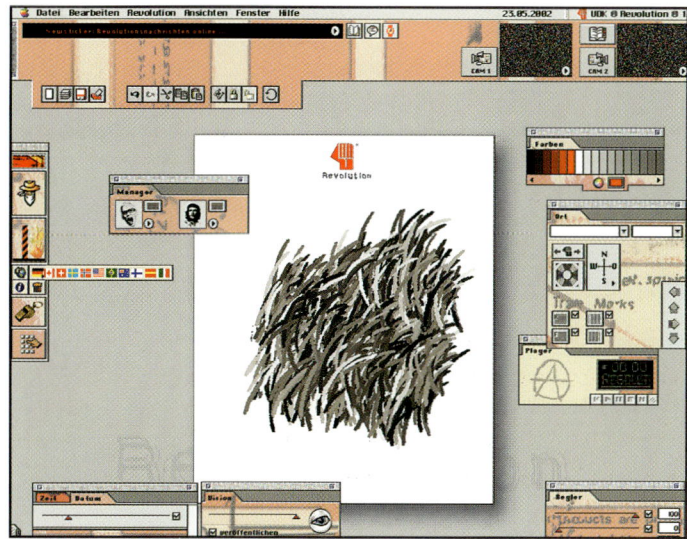

Screenshots

Die Hausarbeit:

Zusammen mit der Mappe sollte eine Hausarbeit eingereicht werden, für die man etwa vier Wochen Zeit hatte. Das Thema lautete:

„Revolution"

Ratlos recherchierte ich etwa zwei Wochen lang in unterschiedliche Richtungen, bis ich auf die Idee kam, eine revolutionäre Revolutionssoftware zu entwickeln, mit der man von zu Hause aus seine eigene kleine Revolution planen kann.

Meine Lösung in Form des Programm-Benutzerhandbuches, ausgedruckten Screenshots und einem weiteren Booklet, welches die Herleitung zu meiner Arbeit und die Rechercheergebnisse zeigte, legte ich in einen A3-Pappumschlag, der an den Deckel der Mappe geklebt war. Die oberste Pappe wies auf die Arbeit am Deckel hin. Der Umschlag selber war wie meine Revolutionssoftware-Arbeit gestaltet.

Das Lustige ist, dass ich das Programm in Photoshop gefaked habe – es also nicht in Wirklichkeit existiert. In dem Gespräch mit den Professoren sagte ich, dass man ja keine CD's einsenden durfte und ich deshalb nur Screenshots gemacht habe.

Auf die Frage, was denn bei der Anwendung dieses Revolutions-Programmes entstehen würde und wie denn so eine Revolution aussehen würde, zückte ich einen weiteren Screenshot, auf dem dann Chaos in Form von Krickelkrackel zu sehen war.

Die Werkzeugleiste

Die Werkzeugpalette befindet sich bei Rechtshändern nach Programmstart am linken Bildschirmrand; bei Linkshändern am rechten.

1. Durch Klick auf das Feld des 1. Bereiches wird automatisch ein Internetbrowser geöffnet und die „UDK Revolutions"-Internetseite geöffnet.
2. Ein Klick in das Fenster des 2. Bereiches öffnet das persönliche Revolutionsmenü.
3. Durch Klick auf das Feld des 3. Bereiches zeigen sich die Begrenzungslinien in Ihrem Dokument.
4. Ein Klick in den 4. Bereich gibt Einblick in die Orte der Weltrevolutionen und stellt einen Bezug zum persönlichen Dokument dar.
5. Durch Klick auf das Informations-Icon öffnet sich die Revolutionsinformation.
6. Der 6. Bereich ist ein Warn-Icon. Durch seine Aktivierung wird der Sicherheitsstandard des aktuell geöffneten Objektes höher gesetzt.
7. Icon Nummer 7 gibt eine sofortige Einwahlhilfe für Nummern des Revolutionscodexes.
8. Eine Länderauswahl bekommt man durch Klick auf die Flagge des Landes, in der die Revolution stattfinden soll.
9. Durch Anwählen eines Revolutionsobjektes und Ziehen auf das Mülleimer-Icon wird dieses gelöscht.

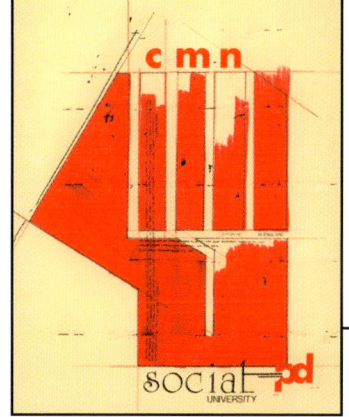

Faust

Verpackung

ROBERTA BERGMANN

**HBK Braunschweig,
Kommunikationsdesign**

ALTER

23

E-MAIL

robertaberg@gmx.de

ANZAHL DER ARBEITEN

20

HAUSARBEIT

Thema „Balance", fünf Wochen Zeit

AUFNAHMEVERFAHREN

**Eintägige Prüfung, Dauer etwa sechs
Stunden**

VORBEREITUNG

**Ausbildung zur gestaltungstechnischen
Assistentin für Grafik und Design. Während
der schulischen Lehre viele Möglichkeiten
zur Vorbereitung durch Fächer wie Akt- und
Naturzeichnen, Druck- und Schriftgrafik,
Grafikdesign, Werbelehre und Fotografie.
Druckgrafik- und Bildhauerkurse bei einem
Künstler.**

Arbeit 1

Arbeit 2

Arbeit 3

Arbeit 4

Die Mappe:

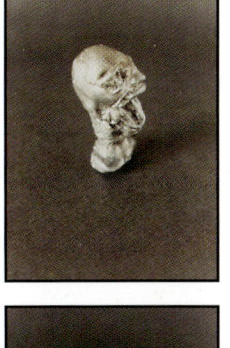

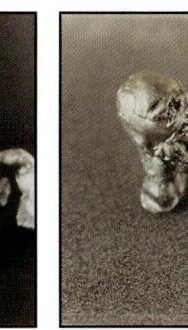
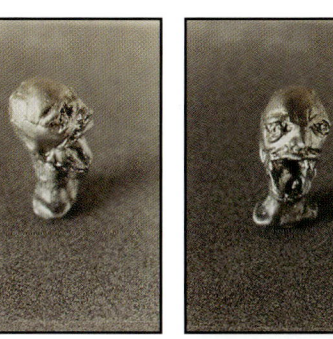

Arbeit 5

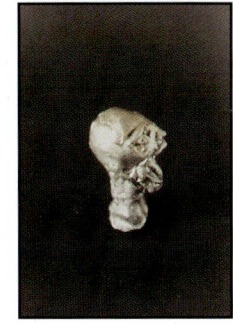

Arbeit 6

ROBERTA BERGMANN,
HBK BRAUNSCHWEIG

Die Prüfung:

Früh übt sich ...

1997 habe ich mich an diversen Hochschulen und Fachhochschulen in Deutschland für den Studiengang Grafikdesign / Visuelle Kommunikation / Kommunikationsdesign beworben. Bereits ein Jahr vor meinem Abitur (1998) bewarb ich mich zum ersten Mal um einen Studienplatz in Potsdam. Dort musste eine Mappe mit 20 Arbeiten und eine Hausaufgabe vorgezeigt werden. Man konnte aus drei Hausaufgaben-Themen eines auswählen:

1. „Wie die Zeit vergeht" – Faltblatt und Poster zu einer Ausstellungseröffnung über Zeit,
2. „Mars Attacks" – Erklären Sie einem Außerirdischen visuell das Leben auf der Erde,
3. „Einkaufshilfe" – Entwickeln Sie einen Entwurf für ein Einkaufshilfegerät, welches das Einkaufen erleichtert.

Aufgabe 3

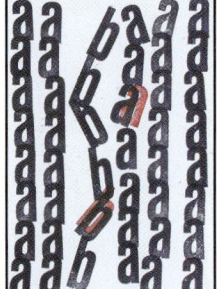
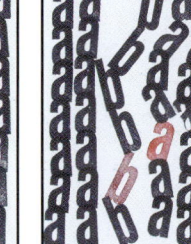

Aufgabe 2

Aufgabe 4

Ich wählte das zweite Thema und machte dazu mehrere Collagen. Unnötig zu sagen, dass ich mit meinen damals 17 Jahren, dem fehlenden Abitur und meiner bescheidenen Erfahrung nicht genommen wurde. Doch die dortigen Professoren waren sehr freundlich und gingen während des Prüfungsgespräches mit mir meine Hausaufgabe und Mappe durch. Sie gaben mir auf meine Fragen hin wichtige Tipps, was ich besser machen könnte und wo ich noch an mir arbeiten müsste. Es war ein Mut machendes Gespräch, welches mich darin bestärkte, es weiter zu versuchen.

Nach dem Abitur bewarb ich mich in Kassel, ebenfalls mit Mappe und eintägiger Aufnahmeprüfung. Ich hatte etwa sechs Stunden Zeit, das Thema „Ein Haus, ein Baum, ein Horizont" zu bearbeiten. An diesem Tag entstanden zwei Reinzeichnungen und diverse Ideenskizzen. Am selben Tag gab es ein Prüfungsgespräch, in dem meine Mappe mit mir zusammen durchgesehen wurde und ich sie kommentieren konnte und sollte. Am Ende des Tages wurden die angenommenen Kandidaten verkündet. Ich gehörte wieder nicht dazu.

Außerdem habe ich mich zwei Mal an der Burg Giebichenstein in Halle/Saale beworben. 1998 und 1999 reichte ich dort meine Mappe ein. Einmal bekam ich zwei, das nächste Mal drei Punkte darauf – vier hätte ich benötigt, um in die nächste Prüfungsphase zu rutschen. So nahm ich beide Male nur am ersten von drei Prüfungstagen teil, an dem ich mit rund 1.000 anderen Bewerbern drei Stunden Zeit hatte, ein Porträt nach lebendem Modell zu zeichnen (Bleistift, Kohle, Farbe, etc.). Das war sehr entmutigend, denn wenn es für nur 20 Plätze so viele Bewerber gibt, ist ein Durchkommen sehr unwahrscheinlich.

1998 fing ich dann eine Ausbildung zum gestaltungstechnischen Assistenten für Grafik und Design an der Berufsbildenden Schule VII in Halle/Saale an. Dort sammelte ich in Fächern wie Aktzeichnen, Naturzeichnen, Grafikdesign, Werbelehre, Schriftgrafik und Druckgrafik viel Erfahrung, um im darauf folgenden Jahr eine gute Mappe zusammenzustellen. 1999 bewarb ich mich damit in Dessau und Braunschweig.

Die Aufnahmeprüfung in Braunschweig bestand aus fünf Aufgaben, für die man etwa sechs Stunden Zeit hatte:

1. „Zeichnen Sie eine Stuhlskulptur ab", die in der Mitte des Raumes aufgestellt worden war,
2. „Ausbalanciert mit kritischem Moment", eine Stempelaufgabe mit Buchstabenstempeln,
3. „Was verstehen Sie unter Balance? Was ist Ihnen daran wichtig?", visuell und schriftlich darzustellen,
4. „Bringen Sie (einen Teil) ihrer Hausaufgabe aus dem Gleichgewicht",
5. „Erfinden Sie ein Balanciergerät für einen Einbeinigen".

Hausaufgabe, Linolschnitt

Die Hausaufgabe:

Ich war während dieser Prüfung wenig aufgeregt, konzentrierte mich auf die Aufgaben und teilte mir die Zeit gut ein. Es gefiel mir, dass die Aufgabenstellungen so vielfältig waren und teilweise auch nicht so bitter ernst genommen werden mussten. Nach der Prüfung hatte ich ein gutes Gefühl, musste aber noch drei Wochen auf das Ergebnis warten. Als die Zusage für Braunschweig kam, war mir klar, daß ich mich dafür und somit gegen Dessau entscheiden würde, weil Dessau nur den Status einer FH hat. Im Wintersemester 1999/2000 nahm ich in Braunschweig mein Kommunikationsdesign-Studium auf.

Inzwischen komme ich ins 8. Semester und mir sind die alten Mappenarbeiten, die Hausaufgaben und die Aufnahmeprüfungsarbeiten beinahe etwas peinlich. Aber ich denke, dass ist normal, denn man entwickelt sich unentwegt weiter und vier Jahre sind eine sehr lange Zeit.

In Dessau (Bauhaus FH) lautete die Hausaufgabe: „Aller Anfang ist schwer" - eine Bildserie in maximal sechs Bildern. Diese brachte ich am Prüfungstag mit. Die Prüfung selber bestand aus drei Aufgaben:

1. „Zeichnen Sie aus dem Gedächtnis ein Fahrrad",
2. „Zeichnen Sie einen Quader und dessen Schattenwurf bei Sonnenaufgang, Sonnenhöchststand und Sonnenuntergang",
3. „Basteln Sie aus einem DIN A4-Bogen ein Behältnis / eine Verpackung für einen Tischtennisball."

Diese drei Aufgaben und die Hausaufgabe sowie die Mappe wurden dann bei einem Prüfungsgespräch besprochen. Ich wurde angenommen.

In Braunschweig kam ich auch mit der Mappe eine Runde weiter und musste ebenfalls eine Hausaufgabe zum Thema „Balance" anfertigen, die am Prüfungstag mitzubringen war. Sie bestand bei mir aus einer Linolschnitt-Serie, die ich auch in Dessau als Hausaufgabe abgegeben hatte („Kreativer Einsatz - mehrfache Verwendung"), einer Fotoserie (Schachspiel szenisch gestaltet und szenische Darstellung zweier Schachspieler im Park) und einer Plastik aus Ytong und Blei.

MAGDALENA ANNA CZERNECKA
**Universität Duisburg-Essen,
Standort Essen,
Kommunikationsdesign**

ALTER
25

E-MAIL
magdalena7@gmx.de

ANZAHL DER ARBEITEN
33

HAUSARBEIT
**Erstellung eines visuellen Tagebuches
(Zeit ca. vier Monate)**

AUFNAHMEVERFAHREN
**Dreitägige Prüfung (gewertet wird Wahr-
nehmungs-, Vorstellungs- und Darstellungsvermögen)
1. Tag: fotografische Umsetzung zweier
Themen (1 Pflichtthema)
2. Tag: zeichnerisch-gestalterische Lösung
gestellter Aufgaben (insg. vier; u.a. aus dem
Gedächtnis bei unterschiedlicher Zeitbegrenzung)
3. Tag: Fachgespräch mit Professoren**

VORBEREITUNG
**ca. zwei Jahre Zeichenkurs an der VHS,
Mappenkurs**

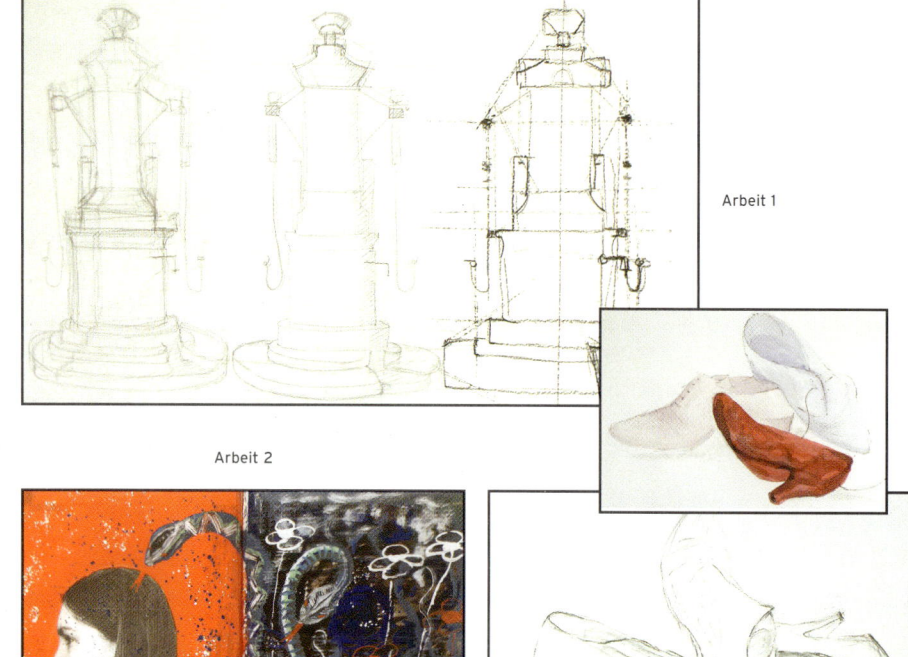

Arbeit 1

Arbeit 2

Arbeit 3

Die Mappe:

1	Brunnen
2	Ikeakatalog, Auszüge
3	Schuhe
4	Staffelei
5	Industrielandschaft Essen
6	Fische

Arbeit 4

Arbeit 5

Arbeit 6

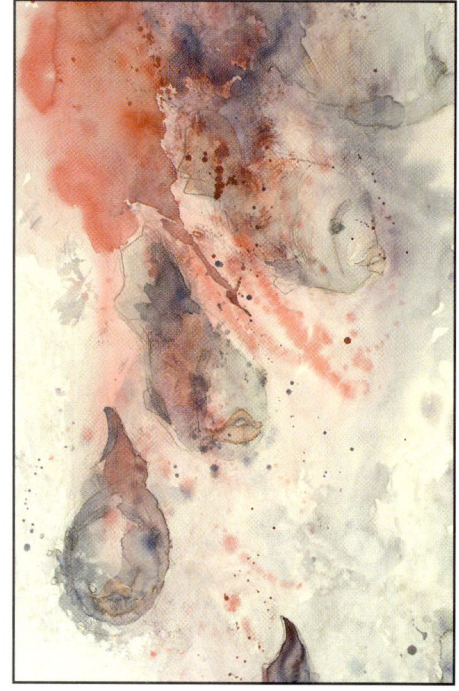

Zwischenräume

MAGDALENA ANNA CZERNECKA,
UNIVERSITÄT DUISBURG-ESSEN,
STANDORT ESSEN

Die Prüfung:

Alles begann mit der Einreichung der besagten Bewerbungsmappe. Nur anhand der erfolgreichen Mappenvorauswahl wurde man zur dreitägigen Aufnahmeprüfung zugelassen. Die Mappe sollte individuelle, kreative Eigenschaften besitzen. Nicht die Vielseitigkeit der angehenden Studierenden ist gefragt, sondern ihre eigene Sichtweise, ihre Persönlichkeit, die sich in der Mappe widerspiegelt. Zusammengewürfelte Mappen, die schnell nach dem Abi abgegeben werden, die Routine und Wiederholungen bereits bestehender Werke zeigen oder aus „Schularbeiten" bestehen, haben in der Regel keinen Erfolg.

Nachdem also die Mappenhürde geschafft war, wurde im zweiten Teil das Wahrnehmungs-, Vorstellungs- und Darstellungsvermögen anhand fotografischer und grafischer Aufgaben in vorgegebener Zeit getestet. Je näher die Zeit zum besagten Termin rückte, desto mulmiger fühlte ich mich. Es war meine erste Bewerbung, und ich wußte nicht, was auf mich zukommen würde. Ich hatte panische Angst vor dem fotografischen Part, da ich noch nie „richtig" fotografiert und mich mit der Fototechnik vertraut gemacht hatte. Ich hoffte, meine Lücke mit dem grafischen Teil kompensieren zu können. Meine Stimmung schwankte ständig. Einerseits wollte ich so schnell wie möglich alles hinter mich bringen, andererseits war ich doch im Vorfeld sehr nervös.

Aufgabe 2

Der erste Prüfungstag begann in einem überfüllten Raum (ca. 100 Bewerber bei etwa 50 Sitzplätzen) mit einer Begrüßung und Besprechung des Organisatorischen. Anschließend folgte die Verteilung aller Aufgabenzettel.

Testaufgaben Fotografie:
1. mögliches Thema: „Summer in the city"
2. mögliches Thema: „Zwischenräume"
3. Pflichtthema: Einen oder mehrere Gegenstände stellvertretend für unsere Zeit in unmittelbarer Umgebung fotografieren und wesenseigene Merkmale aufzeigen
Zeit: ca. 5 Stunden

Gewertet wurden Wahrnehmungs-, Darstellungsvermögen und Originalität. Ich habe sofort das zweite Thema gewählt, da mir dazu spontan mehr einfiel. Fast alle Bewerber begaben sich mit Kameras in die Essener Innenstadt. Ich bin dagegen nach Düsseldorf gefahren, da mir diese Stadt vertrauter war. Allerdings hatte ich mir bei der Motivsuche anfangs viel Zeit gelassen, und meinen Film auf die letzte Minute abgegeben. Nicht empfehlenswert!

Als „Gegenstand unserer Zeit" wollte ich zuerst eine Armbanduhr fotografieren, wählte dann aber als Motiv das Auto.

Am zweiten Prüfungstag bekamen wir vier Aufgaben, die zeichnerisch/gestalterisch gelöst werden sollten.

1. Aufgabe:
Einen oder mehrere zur Verfügung stehende Gegenstände zeichnen. Gewertet wurden Wahrnehmungs- und Darstellungsvermögen.
Zeit: 45 Min

Ich zeichnete meinen kleinen mitgebrachten Plastikfisch aus verschiedenen Perspektiven (Bleistift/Kohle/Kreide).

2. Aufgabe
Eine uns vorgestellte Person aus der Erinnerung zeichnen und beschreiben. Gewertet wurden Wahrnehmungs-, Vorstellungs- und Darstellungsvermögen.
Zeit: 45 Min

Es handelte sich um die Vertreterin des Prüfungsamtes der Uni Essen. Charakteristik: bekleidet mit schwarzer Bluse, orange-rotem Kleid, orangefarbene Haare/Sandalen, roter Lippenstift. Ich notierte schnell alle wesentlichen Merkmale, während sie im Raum noch auf und ablief. Ich skizzierte sie aus verschiedenen Perspektiven, deutete mit Kreide (bunt) ihre für

mich markanten Merkmale an, versuchte Haltung/Gang anhand einer anatomischen Zeichnung zu verdeutlichen, ließ aus ihren stoppeligen roten Haaren Hörner wachsen und verwandelte sie in ein Springteufelchen. Dann zeichnete ich deutlich ihr Gesicht in Frontalansicht und versuchte darin die charakteristischen Merkmale aufzuzeigen (Bleistift/Kreide).

3. Aufgabe
Aus ca. 15 Begriffen fünf illustrieren (z.B. Naseweis, Hemmschuh, Nebenbuhler, Hitzkopf, Schweinehund, Überflieger, Querulant, Angsthase, Hochstapler, Glückspilz). Gewertet wurden Qualität der Deutung (Phantasie/Ideenreichtum, Originalität, Gestaltungsvermögen).
Zeit: 60 Min

Meine gewählten Begriffe:
1. Geizkragen: Habe sofort an Dagobert Duck gedacht und ihn mit einem Geldstück in der Hand gezeichnet (Bleistift/Aquarell).
2. Vorbild: Ich dachte spontan an einen Stierkämpfer, der für viele Spanier als Vorbild gilt und zeichnete ihn mit einem Stier in einer Arena (Bleistift/Kohle/Kreide).
3. Hoffnungsträger: Diesen Begriff verband ich zeichnerisch mit der Figur des „Spiderman" (Bleistift/Kreide).

Aufgabe 3

Aufgabe 3

4. Traumtänzer: Meinen ersten Gedanken an einen schwebenden Tänzer setzte ich schnell in die Tat um und zeichnete einen Seiltänzer im Circus (Bleistift/Kohle).
5. Leider kann ich mich an diese Ausführung des fünften Begriffs nicht mehr genau erinnern. Nach einer Pause folgte die

4. Aufgabe
Wir sollten aus der Phantasie eine Nacht in einer fremden Stadt illustrieren. Gewertet wurden Originalität/Phantasie, Vorstellungs-, Wahrnehmungs- und Darstellungsvermögen.
Zeit: 90 Min

Eine Collage erschien mir zunächst geeignet, allerdings fand ich in den mitgebrachten Zeitschriften nichts Brauchbares und verlor beim Blättern zu viel Zeit. Mir blieben nur noch 45 Minuten. Ich wählte meine Lieblingstechnik (Bleistift/Aquarell/Kohle) und malte eine Phantasienacht: Vorne ein Gehsteig mit Mauer, links und rechts zwei baumähnliche Gebilde, mittig ein Weg, der ins Bildinnere führt und irgendwo verschwindet, beleuchtet am Rand mit einer Laterne, umgeben von Wasser, im Hintergrund Gebirge, eine klare Nacht, die zur Gewitternacht wird, zwei dunkle Gestalten auf dem Weg, allgemein eine surreale Stimmung (habe fast nur

blaue, schwarze, braune, grüne Farbe verwendet, gelbe für Laternen/Sterne).

Am dritten Prüfungstag fand das 15minütige persönliche Gespräch statt (mit Bewerbungsmappe). Ich habe allerdings freiwillig diesen Termin auf den zweiten Tag vorverlegt, da ich sowieso schon in „Prüfungsstimmung" war.
Sämtliche Lösungen aus der Eingangsprüfung wurden besprochen. Das Komitee (zwei Professoren, zwei studentische Hilfskräfte) empfand ich als sympathisch und interessiert. Mir wurden viele Fragen zu meiner Person und meinem Werdegang gestellt (z.B. warum ich mich nur in Essen beworben hatte und warum ich ausgerechnet dort studieren möchte, warum ich mein damaliges Studium der Kunsttherapie abbrechen würde, ob ich irgendwo zeichnen gelernt hätte, wie ich mir mein Studium vorstelle, u.s.w.).
Die Zeit ging sehr schnell vorüber, und ich war richtig erschöpft, aber auch froh, als ich endlich nach Hause fahren konnte. Nun hoffte ich nur noch auf ein positives Ergebnis, welches sich eine Woche später im Briefkasten befand!

Abschließend vielleicht noch ein kleiner Tipp: Ich würde allen Bewerbern raten, sich rechtzeitig um Infos bezüglich des gewählten Studiums zu kümmern, sei es durch Mappenberatungstermine in den Uni's/FH's, Austausch mit Studierenden/Professoren oder z.B. durch das Belegen bestimmter Kurse (Mappenkurse, Zeichenkurse, etc.).
Ich hatte vor meiner Bewerbung an der Uni ca. zwei Jahre lang einen Zeichenkurs an der VHS in Essen besucht. Dort wurden nicht nur Gestaltungstechniken gelehrt, sondern es fand eine individuelle Förderung der eigenen Kreativität statt. Das Wahrnehmungs-, Vorstellungs- und Darstellungsvermögen wurde geschult, eigene Arbeiten analysiert und besprochen. Im Mappenkurs, den ich ebenfalls besuchte, konnte ich mich verstärkt mit Gleichgesinnten austauschen und wichtige Termine erfahren.
Man sollte sich nicht durch bereits gesehene Mappen entmutigen lassen, und scheinen sie noch so genial zu sein. Besonders wichtig ist es, die eigenen Ideen konsequent umzusetzen und zu versuchen, sie den anderen kreativ mitzuteilen.
Der Einsatz lohnt sich!

SYLVIA DABROWSKI
**Hochschule für Gestaltung Offenbach,
Produktdesign**

ALTER
20

E-MAIL
punklady_sylvia@gmx.de

ANZAHL DER ARBEITEN
29 Arbeiten in der Bewerbungsmappe

HAUSARBEIT
keine

AUFNAHMEVERFAHREN
**Kreativ-Test 1 von 9.00-10.00 Uhr
Kreativ-Test 2 von 10.30-11.30 Uhr
Kreativ-Test 3 von 12.00-13.00 Uhr
Gespräch mit dem Prüfungsausschuss
ab 13.30 Uhr**

VORBEREITUNG
Zeichnen und Malen von Kindheit an; Unterstützung durch Eltern; Kunst-LK; vor der Mappenabgabe unregelmäßige Zeichenstunden bei den Eltern.

Arbeit 1

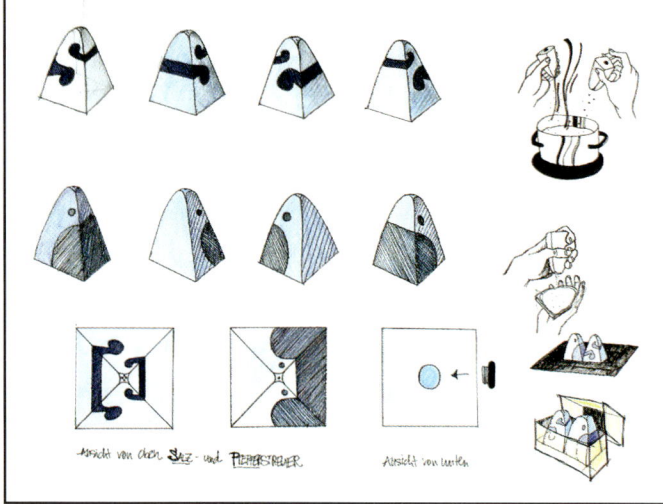

Arbeit 2

Arbeit 3

Arbeit 4

Die Mappe:

1	Salz und Pfeffer
2	Skelett
3	Modestudie
4	Obstholzkiste
5	Leoparden
6	Giraffe
7	Pferd

Arbeit 7

Arbeit 5

Arbeit 6

Verwandlung

SYLVIA DABROWSKI,
HOCHSCHULE FÜR GESTALTUNG
OFFENBACH

Die Prüfung:

Dienstag, 25. Juni 02, 9.00 Uhr, Aula der hfg Offenbach: Aufgeregt oder nervös war ich nicht, als die große Tür zur Aula geschlossen wurde und ich mit vielen anderen, mir fremden Prüflingen im Prüfungssaal saß. Nach dem Formellen teilten Studenten aus höheren Semestern Traubenzucker und chinesische Glückskekse aus, der Spruch auf meinem Zettelchen lautet: „Wundervolle Stunden warten auf Sie".

Unsere erste Aufgabe war es, einen der zwei bis drei auf unsere Tische verteilten Bürosessel abzuzeichnen, was ich persönlich als ziemlich einfach empfand. Die Wahl der Darstellungstechnik stand jedem frei, Papier und Zeichenmaterial hatte man selber mitbringen müssen.

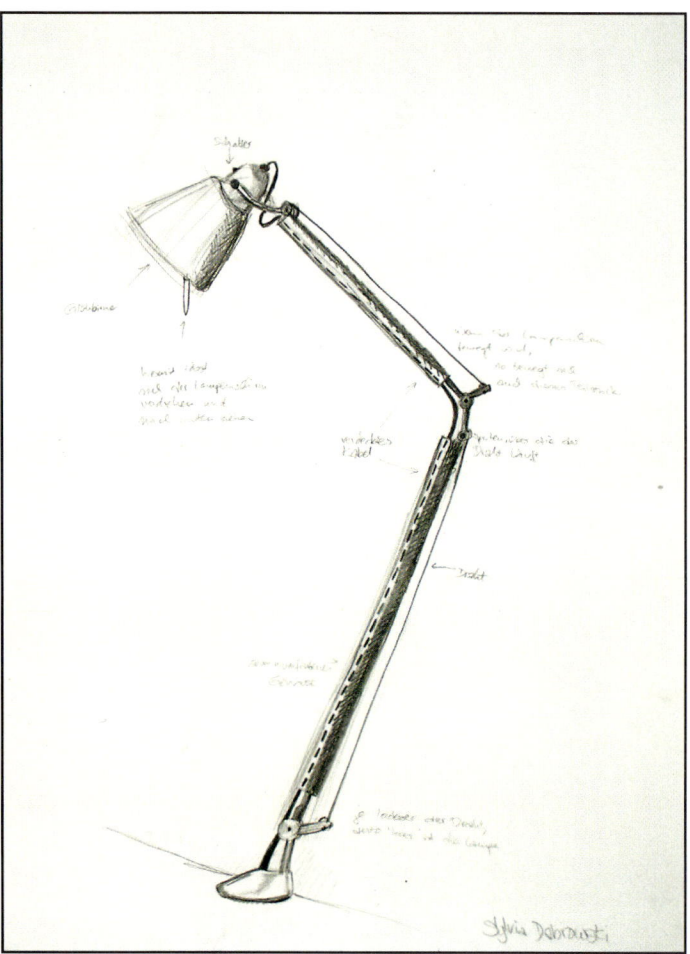

Bürostuhl

Lampe

Ganz anders verlief der zweite Kreativ-Test: eine Schreibtischlampe technisch erklären. Na toll, von wegen Kreativ-Test! Um mich herum teils entsetzte, teils grübelnde Gesichter. Etwas ratlos scharten wir uns um die wenigen Lampen wie Motten ums Licht, drehten, zogen, lenkten die Lampen in verschiedene Richtungen und ich überlegte, wie ich diese gemeine Aufgabe am besten meistern könnte. Ein Abzeichnen der Lampen erwies sich als schier hoffnungsloses Vorgehen, da ständig jemand die Position der Lampe veränderte.

So machte ich ein paar Skizzen und lauschte den lauten Gedanken der anderen. Die Zeit verging zu schnell, mit meiner technischen Erklärung der Lampe war ich wenig zufrieden, hatte ich mich doch noch nie intensiv mit der technischen Seite eines Produktes beschäftigt.

Ich gab meine Arbeit widerwillig ab und genoss erstmal die Pause. Nach dieser wahrlich nicht leichten Aufgabe versammelten wir uns wieder im Prüfungssaal, wo man uns einen Slogan oder möglichen Werbespruch aufsagte, der in etwa wie folgt lautete: „Es ist kreativ, innovativ, macht Spaß und regt die Kommunikation an." (Anm.: exakten Wortlaut am besten bei der hfg erfragen). Und wieder blankes Entsetzen. Zeichnen aus dem Gedächtnis bereitet mir keine Schwierigkeiten, aber mit dem Satz selber konnte ich die erste halbe Stunde überhaupt nichts anfangen, weswegen ich dann auch in Panik geriet. Ich unterhielt mich mit meiner Tischnachbarin, diese Aufgabe regte in der Tat die Kommunikation an! Ich war mir sicher, dass alle anderen irgendwelche Handys, Kugelschreiber oder Stifte zu diesem Thema

zeichnen würden, und somit musste ich mir was anderes überlegen. Auf einem Blatt sammelte ich an Ideen, überlegte kurz, was auf dem zweiten Blatt entstehen sollte und fing dann an, Obst zu zeichnen. Zu dem Obst fielen mir Produkte ein, deren Form der des Obstes ähnelte u.s.w.. Ich stand so unter Zeitdruck, dass ich einfach drauflos entwarf, kolorierte und beschriftete. So konnte ich wenigstens etwas abgeben...

Nach der Prüfung rief ich erst einmal meinen Freund an, der mich zur Prüfung begleitet hatte. Mir war alles gleichgültig, nur noch das Gespräch und das war's dann. Zum Glück war

Skizzen

ich in der ersten Vierergruppe, die zum Gespräch eingeladen war, so musste ich nicht lange warten. Der Nachteil aber war, dass man niemanden fragen konnte, was einen erwartet. Meine Erinnerungen an dieses Gespräch sind sehr vage. Schlimm war es nicht, waren wir doch zu viert den Fragen des Prüfungsausschusses ausgesetzt. Bei mir fielen die Fragen zu den vorhin angefertigten Arbeiten recht knapp aus, ebenso knapp gab ich Antwort. Eben weil man mich auch sonst nicht viel fragte, dachte ich total versagt zu haben.

Mit gemischten Gefühlen verließ ich Offenbach und machte mir mit meinem Freund einen schönen Tag in Frankfurt ...

Wochen später fand ich in meinem Briefkasten einen Brief der hfg. Ich zögerte zunächst, ihn zu öffnen, rechnete ich doch mit einer Absage, auch wenn mein unmittelbares Umfeld (Eltern, Geschwister, Freund, Freunde, Mitschüler, Lehrer) fest davon überzeugt war, dass ich es auf jeden Fall geschafft hätte. Soviel dazu. Man teilte mir also mit dass ich .... bla bla bla etc. ... BESTANDEN (!).

Ich bin nun seit dem 1. November 2002 eine von stolzen 38 aufgenommenen Studenten!

SARAH DOERR
**Universität Duisburg-Essen, Standort Essen,
Kommunikationsdesign**

ALTER
20

E-MAIL
doerr-haan@t-online.de

ANZAHL DER ARBEITEN
ca. 40

HAUSARBEIT
Arbeit zum Thema „Beziehungen"

AUFNAHMEVERFAHREN
**Dreitägige Prüfung, mehrere vorgegebene
Themen fotografisch (1. Tag) und grafisch (2.
Tag) umsetzen, mit abschließendem persön-
lichen Gespräch (3. Tag)**

VORBEREITUNG
**Besuch einer freien Malschule (1 1/2 Jahre),
Praktika in einer Werbeagentur (3 Monate)
und bei einer Messebaufirma (2 Monate)**

Arbeit 1

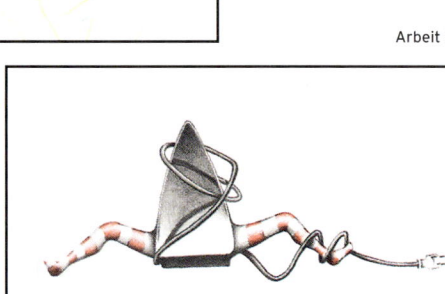

Arbeit 2

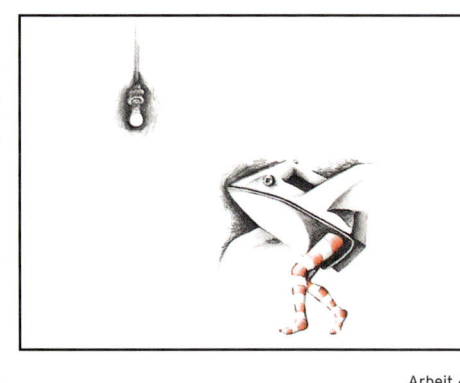

Arbeit 3

Arbeit 5

Arbeit 6

Arbeit 4

Arbeit 7

Arbeit 8

Arbeit 9

Arbeit 10

Die Mappe:

1	Schachfigur
2	Postbote
3 + 4	Flugbügeleisen
5 + 6	Hund sucht Knochen
7	Flasche, trinken
8	Pferderennbahn
9	Flugobjekt
10	Standpunkt

SARAH DOERR,
UNIVERSITÄT DUISBURG-ESSEN,
STANDORT ESSEN

Die Prüfung:

Dass meine Mappe, die ich während des Abis zusammenstellte, direkt in Essen bestand, hätte eigentlich niemand und am allerwenigsten ich selbst gedacht. „Keine Panik, den Eignungstest bestehst Du jetzt auch noch!"

Am ersten Tag der Prüfung mussten wir aber erst einmal fotografieren, und für die Zeichnungen am nächsten Tag bekamen wir dann erschreckend wenig Zeit. Als ich dann am dritten Tag schließlich vor den Professoren stand und etwas Gehaltvolles zu meinen verwackelten Fotos und den Zeichnungen sagen sollte, welchen man den Zeitmangel deutlich ansah, war ich wohl ziemlich sprachlos – zu sprachlos, wie sich dann bald herausstellte.

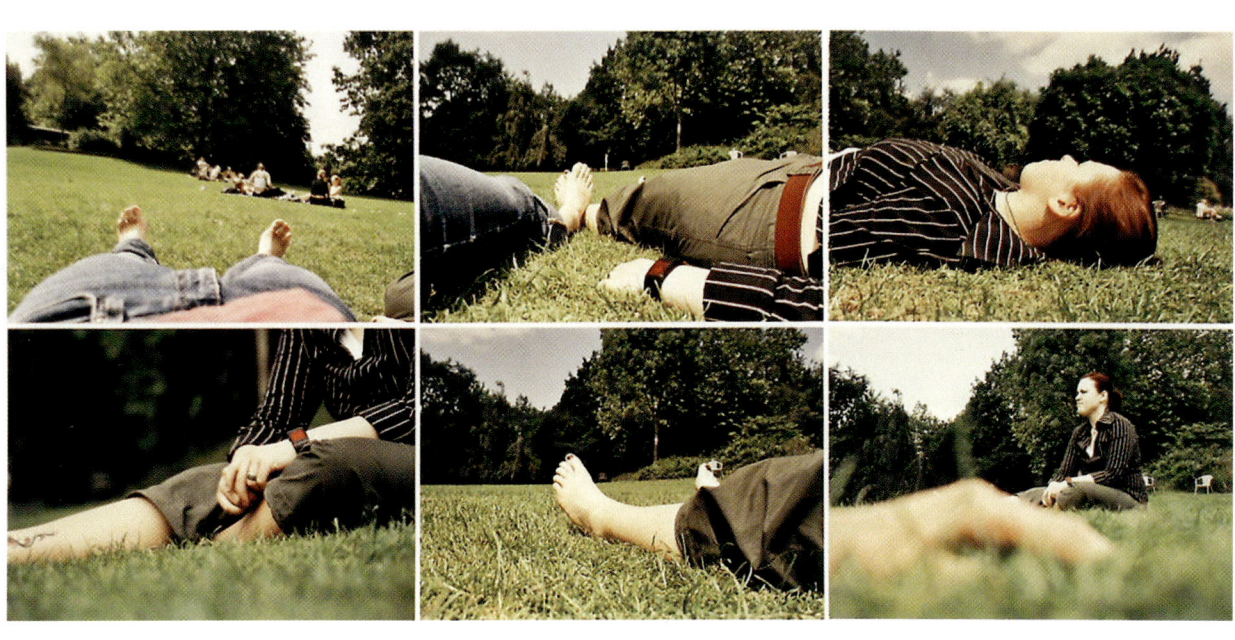

Summer in the City

Nach der Absage habe ich weiter für meine Mappe gezeichnet, zwei mehrmonatige Praktika gemacht und mich zum Sommersemester an verschieden FH´s beworben.

Zum Wintersemester dann kann in Essen - bei bestandener Mappenprüfung - ohne erneute Mappenvorlage im folgenden Jahr noch einmal am Eignungstest teilgenommen werden. Und diesmal war ich besser vorbereitet. Ich hatte mir für den ersten Tag eine ordentliche Kamera geliehen, mit der ich mich in den Wochen zuvor schon etwas angefreundet hatte.

Wir konnten zwischen den ersten beiden Themen „Summer in the city" und „Zwischenräume" wählen, das dritte Thema war ein „Gegenstand dieser Zeit". Für die erste Aufgabe - wir hatten sehr schönes Sommerwetter - habe ich mich mit einer Freundin, die ebenfalls an der Prüfung teilnahm, auf einer Wiese im Grugapark gesonnt (siehe Bilder; das Gras war allerdings noch ziemlich feucht ...)

Am zweiten Prüfungstag habe ich versucht, meine Bilder so anzulegen, dass man - falls nötig - erahnen konnte, wie sie im fertigen Zustand aussehen würden und bei akuter Zeitnot meine Ideen in Skizzen festgehalten. Als erste Aufgabe sollten innerhalb einer halben Stunde ein oder mehrere persönliche Gegenstände (z.B. mein Schlüsselbund) gezeichnet werden.

Eine weitere Aufgabe war es, eine Person, die mehrmals durch die Reihen ging und dann den Raum verließ, in einer dreiviertel Stunde zu zeichnen und zu charakterisieren. Des Weiteren erhielten wir eine Liste mit ca. 20 Begriffen, wie z.B. Hitzkopf, Angsthase, Schweinehund, Hemmschuh, Überflieger oder Glückspilz. Wir hatten 60 Minuten Zeit, etwa

sechs dieser Begriffe umzusetzen. Nach einer Pause bekamen wir schließlich die Aufgabe, eine Illustration zum Thema „Nacht in einer fremden Stadt" anzufertigen. Dafür bekamen wir 90 Minuten Zeit.

Am dritten Tag im Gespräch mit den Professoren war ich dann halbwegs gelassen. Ich erklärte, dass ich meine Fotos, gemessen an meinem fotografischen Künsten, für gelungen hielt, und war auch in der Lage, die Ideen zu meinen Zeichnungen relativ verständlich und in ganzen Sätzen zu formulieren.

Ein paar Wochen später erhielt ich die Zusage, auch endlich studieren zu dürfen!

Gegenstände zeichnen

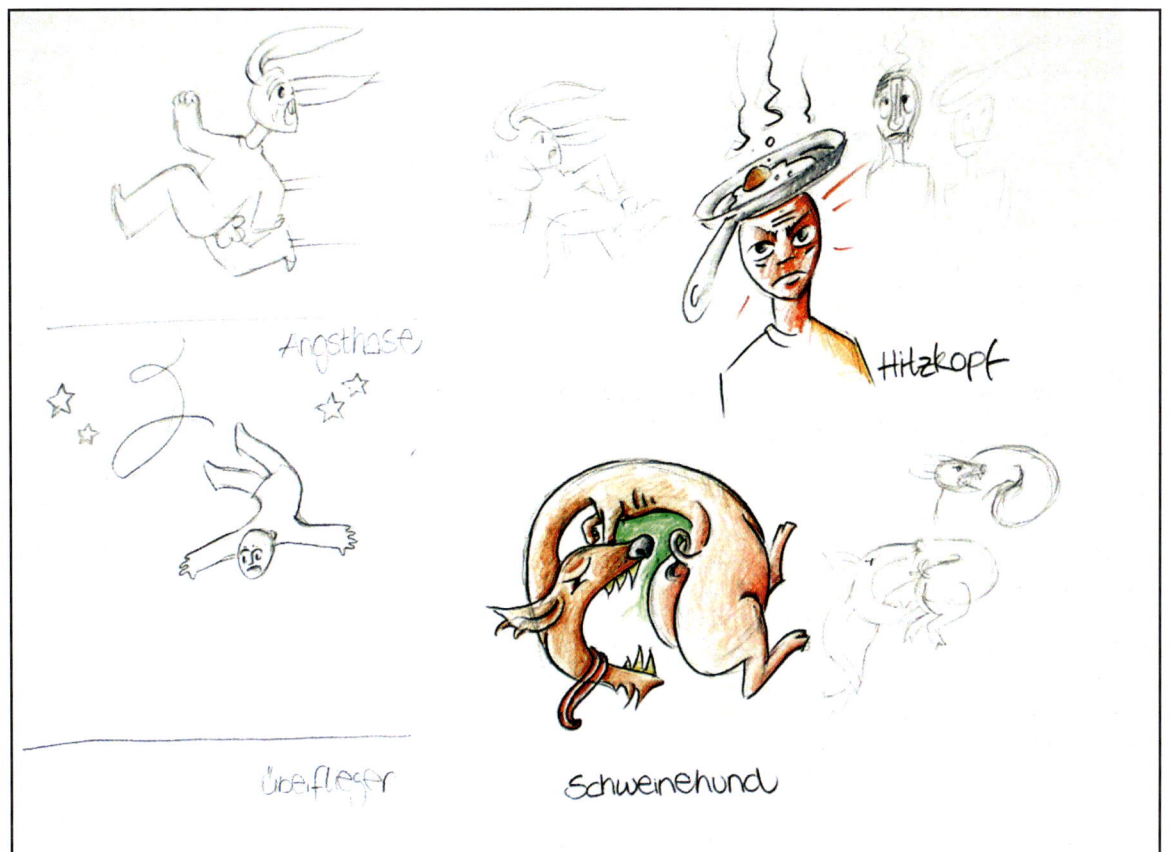

Begriffe zeichnen

VICTORIA HERBIG

**Fachhochschule Düsseldorf,
Kommunikationsdesign**

ALTER

21

E-MAIL

mail@vh-presents.de

ANZAHL DER ARBEITEN

62

HAUSARBEIT

**Visuelle Umsetzung des Themas
„Zeichenlust"**

AUFNAHMEVERFAHREN

Präsentation der Mappe und der Hausarbeit

VORBEREITUNG

**Mappenberatung an der FH Düsseldorf;
Gespräche mit Studenten und ehemaligen
Studenten der FH; Praktika in einem Foto-
studio, einer Internetagentur und einer
Werbeagentur.**

Arbeit 1

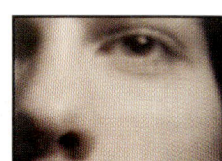

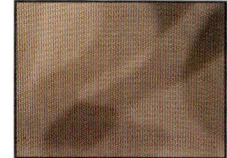

Arbeit 2   Arbeit 3

Arbeit 5

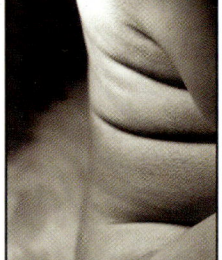
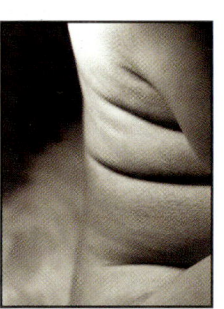

Arbeit 4

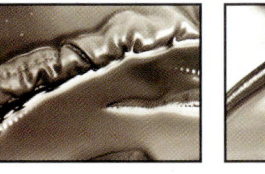

Arbeit 6

Die Mappe:

1	Industrie
2	Plakate
3	TV
4	Graffiti
5	Haut
6	Stoff

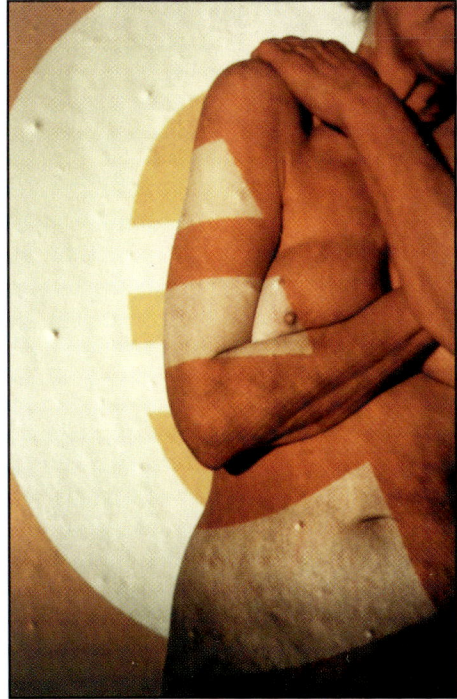

Zeichenlust

VICTORIA HERBIG,
FACHHOCHSCHULE DÜSSELDORF

Die Prüfung:

Es war ein unverschämt sonniger Tag, an dem meine Eignungsprüfung an der FH Düsseldorf stattfinden sollte. Mit meiner schweren, großen Mappe unter dem Arm betrat ich also morgens gegen 8.30 Uhr die Fachhochschule und war direkt erleichtert, dass ich prompt von einem ganzen Schwarm mappenbestückter, ängstlich dreinblickender Bewerber umgeben war. Somit war ich zumindest mit meinen Ängsten, Fragen und Sorgen nicht mehr allein, und gesellte mich sofort zu einem Mädchen, mit dem ich dann zusammen die schlimmen Stunden vor der Präsentation überstand.

Nachdem wir zunächst aus dem Flur in einen Raum gebeten wurden, klärten uns ein paar bereits von der Mappenberatung bekannte Gesichter über den Verlauf dieses Tages auf und versuchten uns ein wenig zu beruhigen. Tja, die hatten es ja auch schon hinter sich.

Jeder Bewerber sollte einzeln aufgerufen werden und dann der Prüfungskommission seine Präsentation vortragen. Als klar wurde, dass an diesem Tag die Leute alphabetisch von G an aufwärts dran waren, konnte ich zumindest aufatmen. Ich würde also schon bald dran sein. Andere aber haben dann fast den ganzen Tag wartend an der Fachhochschule verbracht. Ich setzte mich mit Kerstin, meiner Mitbewer-

berin, in den Flur und mit steigender Nervosität rauchten wir eine nach der anderen und versuchten den Gesichtern derjenigen, die von Ihrer Präsentation bereits zurückkamen, irgendetwas zu entnehmen. Ob es schlimm war? Oder doch nur halb so wild? Dann plötzlich fiel mein Name und ich drückte hastig die Zigarette aus, schnappte mir meine Mappe und hastete der Studentin hinterher, die mich zu dem Raum brachte, in dem es nun also passieren sollte.

Die FH Düsseldorf erwartete eine Mappe, die zehn Arbeiten zu einem frei gewählten Thema beinhalten soll, wobei mit Arbeiten nicht unbedingt einzelne Zeichnungen oder Fotos gemeint sind, sondern beispielsweise auch mehrere zusammenhängende Bilder als eine Arbeit gelten. Ist es nun wichtig, sich an die vorgegebene Zahl der Arbeiten zu halten? Ist es etwa schlimm, mehr oder weniger zu machen? Im Nachhinein würde ich sagen, es ist nicht die Zahl der Arbeiten, auf die es ankommt (ich habe insgesamt über 60 Fotos zu vier Themen präsentiert) oder das genaue Einhalten bestimmter Vorgaben, sondern die Stimmigkeit der ganzen Mappe.

Die Mittel, mit denen unser selbstgewähltes Thema umgesetzt werden sollte, waren frei wählbar, und somit hatte ich mich für eine foto-

grafische Lösung entschieden, da mein Schwerpunkt auf der Fotografie liegt und ich in diesem Bereich bisher auch schon am meisten Erfahrungen gesammelt hatte.

Sich selbst ein Thema zu stellen und Arbeiten dazu anzufertigen – immer die Frage im Hinterkopf, ob die Professoren nun so etwas sehen wollen oder nicht – fand ich recht schwierig. Ich hatte tausend Ideen, aber keine konnte mich so richtig überzeugen, oder ich konnte mir nicht vorstellen, dass die Professoren so etwas sehen wollten. Aber die Zeit drängte, und somit musste etwas gefunden werden. Schließlich bin ich, als ich einmal an einer Bahnhaltestelle auf ein Plakat an einer Litfass-Säule sah, irgendwie auf die Idee gekommen, „Bildstrukturen" als Thema zu wählen und Bilder auf verschiedenen Medien so zu fotografieren, dass nicht mehr das Abgebildete zum Inhalt und Motiv gemacht, sondern die Struktur des Mediums zum Gegenstand der Abbildung würde. Also habe ich schließlich Fotos mit einer Makrolinse von Plakaten, von Graffiti und vom Fernsehbildschirm gemacht. Diese Arbeit zum Thema „Bildstrukturen" sollte den größten Teil meiner Mappe bilden. Um aber auch noch andere Fotos zeigen zu können, nahm ich noch Bilder hinzu, die meiner Mei-

Zeichenlust

nung thematisch passend waren und die „Bildstrukturenreihe" gut ergänzten.

An den Anfang meiner Mappe stellte ich allerdings wiederum ganz andere Bilder: Fotografien, die ich auf einem Neusser Industriegelände gemacht habe – um zu zeigen, was ich ansonsten so fotografiere.

Darauf folgte dann der erste Teil der Arbeit „Bildstrukturen": Bilder von Plakaten mit einer Makrolinse fotografiert. Wie gesagt, der eigentliche Inhalt der Plakate war auf diesen Fotografien nicht mehr zu erkennen, vielmehr sah man nur Rasterpunkte, Farben und konnte höchstens ansatzweise erahnen, was an dieser Stelle des Plakates gezeigt wurde.

Ebenfalls mit der Makrolinse habe ich für den darauf folgenden Part gearbeitet: Ich fotografierte verschiedene Graffitis von nahem. Um den Unterscheid zwischen der Wirkung des ganzen Graffitis und der des Ausschnittes – auf dem hauptsächlich Farb- und Mauerstrukturen zu erkennen sind – zu zeigen, habe ich auch die ganzen Graffitis insgesamt von weitem fotografiert. Besonders gefallen mir die Fotos, auf denen man abblätternde Farbschichten sieht – sie wirken wie eine alte, abzustreifende Haut. Bei den Bildern vom Fernsehbildschirm sind zwar auch einige Inhalte zu erkennen, dennoch steht auch hier die Struktur des Bildschirmes im Vordergrund. Der Effekt, wie sich das

eigentliche Motiv auflöst und das Raster zum Motiv wird, ist sehr schön zu erreichen, in dem man sich von den Bildern zunächst entfernt oder sich Ihnen nähert. Je näher man an die Fotos herangeht, desto wichtiger wird die Struktur, je weiter man sich entfernt, desto wichtiger wird das eigentliche Bild.

Hier endet der größte Teil meiner Mappe. Um den Gesamteindruck über das, was ich mache, noch abzurunden, habe ich, wie bereits erwähnt noch ganz andere, aber dennoch thematisch passende Fotografien mit in die Mappe eingebracht.

Zunächst sind hier die Aktaufnahmen zu nennen, die ich aufgrund ihrer sehr nahen Perspektive zur Haut mit in die Mappe aufnahm. Sie zeigen sehr deutlich Hautstrukturen wie Falten, kleine Risse oder Haaransätze. Zum Motiv wird auch hier nicht der gesamte Mensch, sondern die Struktur seiner Haut.

Auf diese schwarzweißen Aktbilder folgen – ebenfalls schwarzweiße – Fotografien, die ich von Kleidungsstücken machte, die mein Freund zum Färben in die Badewanne gelegt hatte. Da die Kleidung von schwarzer Farbe umgeben und nur an einigen Stellen noch zu sehen war, bekamen die herausragenden Stofffalten, Reißverschlüsse und Ärmel einen ganz eigenen Charakter. Nicht mehr das Kleidungsstück an sich wurde zum Motiv, sondern der gefärbte

Stoff, der auf den Bildern wie Eingeweide oder Metall einen sehr seltsamen Charakter erhält und irgendwie fremdartig erscheint.

Zum Abschluss präsentierte ich der Jury noch meine Arbeit zum Hausarbeitsthema „Zeichenlust", das uns vier Wochen vor der Präsentation unserer Mappe gestellt wurde. Bei dieser Arbeit wollte ich die Zusammensetzung der Worte „Zeichen" und „Lust" visualisieren und habe daher alltägliche Zeichen auf Feuerlöschern, Straßenschildern, der Beschilderung am Flughafen oder in Zügen fotografiert – Zeichen, die alle zusammen für das Wort „Zeichen" stehen sollten. Als Bild für die Lust wählte ich eine unbekleidete Frau, auf die ich diese Zeichen projizierte und dies anschließend fotografierte. Das Ergebnis war überraschend und interessant. Wenn man sah, wie sich die Zeichen auf dem nackten Frauenkörper verzerrten, erhielten sie ganz neue Inhalte, und so kam es oft zu abstrusen Bildaussagen. Man stelle sich nur das Rollstuhlfahrerzeichen auf einer nackten Brust vor, oder ein Straßenbahnnetz, das sich über ein Gesicht wölbt. Soviel zum Inhalt der Mappe.

Die Präsentation lief dann schnell und relativ schmerzlos ab. Etwa fünf Professoren und ein oder zwei Studenten betraten den Raum, in dem ich bereits meine Pappen auf den Tischen ausgebreitet hatte, gaben mir der Reihe nach

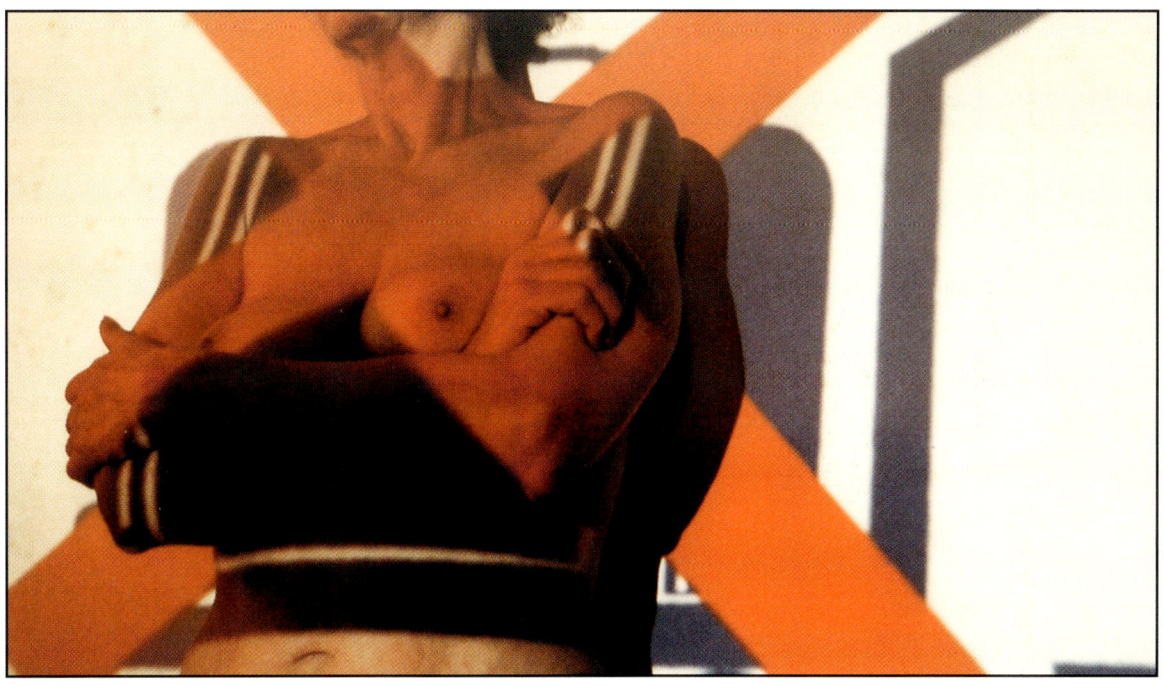

Zeichenlust

die Hand und forderten mich schließlich mit dem trockenen Satz „Ihre Zeit läuft" auf, meine Präsentation vorzutragen. Ich zeigte Ihnen nach und nach meine Arbeiten, erklärte Ihnen dazu, warum ich was wie gemacht und wie ich mich mit meinem Thema auseinandergesetzt hatte.

Von der Prüfungskommission bekam ich nicht viel an Feedback. Ich suchte in Ihren Gesichtern immer mal wieder nach einem bestätigenden Lächeln oder zumindest einem Kopfschütteln oder irgendetwas, aber sie ließen einfach keine Schlüsse auf Ihren Eindruck von mir zu. Als ich meine Präsentation abgeschlossen hatte, wurde ich aus dem Raum geschickt – sie mussten sich anscheinend noch einmal beraten – und beim Verlassen des Raumes gaben sie mir wieder alle der Reihe nach die Hand.

So schnell war alles vorbei – nach knapp 10 Minuten war ich wieder draußen und hatte keine Ahnung, ob ich mich nun eigentlich freuen oder ärgern sollte, ob ich nun eigentlich alles gut gemacht oder vermasselt hatte.

Ein paar Wochen später hatte ich dann den Bescheid über die bestandene Eignungsprüfung mit Bestätigung der „besonderen künstlerischen Eignung" in den Händen und konnte es nicht fassen. Irgendetwas muss ich also doch richtig gemacht haben.

An dieser Stelle sind nun noch ein paar Dinge zu nennen, die man auf keinen Fall tun sollte und ein paar, die dringend zu empfehlen sind:

Vor der Mappenpräsentation auf jeden Fall zur Mappenberatung gehen, denn da kann man sehen, was die anderen so machen, mit den Studenten sprechen, erfahren, wie genau eine Eignungsprüfung ablaufen kann und sich mit anderen „Leidensgenossen" austauschen.

Abzuraten ist auf jeden Fall davon, die Arbeiten auf schwarze Pappe aufzuziehen. Das ist bei einigen Dozenten einfach nur ungern gesehen, bei anderen hat man damit schon von Anfang an verloren.

Auf jeder Arbeit soll der Name stehen? Gut, aber niemals mit der Hand schreiben! Ein kleiner Aufkleber auf der Rückseite der Pappen reicht vollkommen. Die Arbeiten sollten anständig auf die Pappen aufgezogen sein. Am ehesten ist hier wohl Sprühkleber zu empfehlen.

Die Pappen an sich sollten nicht zu weich sein – dann lassen sie sich besser handhaben.

Solltet Ihr fotografische Arbeiten präsentieren und bereits Erfahrung im selbstständigen Entwickeln und Vergrößern haben, dann macht die Abzüge selbst und erwähnt das in eurer Präsentation auch!

Tödlich sind bei der Präsentation natürlich Bemerkungen wie „das wollte ich eigentlich noch anders machen, aber ich hatte keine

Zeit/Lust mehr …"

Besucht vor der Präsentation laufende Ausstellungen, so dass Ihr zum Beispiel bei der Frage nach der letzten besuchten Ausstellung nicht ins Schwitzen kommt. Sich einen Lieblingskünstler parat zu halten, von dem man auch einige Werke nennen und auch erklären kann, was einem an ihm gefällt, kann ebenfalls nicht schaden.

Abschließend ist natürlich zu sagen, dass eine Präsentation nicht genau so ablaufen muss wie meine, auch nicht an dieser Fachhochschule. Nach vielen Gesprächen mit anderen Studenten weiß ich, dass fast jede Präsentation anders verlaufen ist. Die einen wurden nach lebenden und toten Künstlern gefragt, die anderen mussten einen aus der Prüfungskommission als Karikatur „live" zeichnen, die nächsten mussten noch etwas schreiben …, man weiß also vorher nie genau, was auf einen zukommt.

Hauptsache, man ist überzeugt von dem, was man präsentiert, hat sich vorbereitet und Gedanken gemacht – alles andere wird sich dann schon zeigen.

JULIAN HOFMANN

**Universität Duisburg-Essen,
Standort Essen
Kommunikationsdesign**

ALTER
22

E-MAIL
mailanju@gmx.net

ANZAHL DER ARBEITEN
26

HAUSARBEIT
Erstellung eines visuellen Tagebuches

AUFNAHMEVERFAHREN
**Dreitägige Prüfung (gewertet wird Wahr-
nehmungs-,Vorstellungs-und Darstellungsvermögen)
1. Tag: fotografische Umsetzung zweier
Themen (1 Pflichtthema)
2. Tag: zeichnerisch-gestalterische
Lösung gestellter Aufgaben (4), u.a. aus
dem Gedächtnis bei unterschiedlicher
Zeitbegrenzung
3. Tag: Fachgespräch mit den Professoren**

VORBEREITUNG
**Unter anderem Studium der „Foundation
Studies of Art and Design" am Institute of
Art and Design in Rochester, England**

Arbeit 1

Arbeit 2 + 3

Arbeit 4

Arbeit 5

Arbeit 7

Arbeit 6

Arbeit 8

Arbeit 9

Arbeit 10

Die Mappe:

1	Population
2 + 3	ohne Titel
4	Collage
5	Reisebuch, Auszüge
6	Haus
7	Stadt
8	Platz
9	Friedhof
10	Wissen/Macht

JULIAN HOFMANN,
UNIVERSITÄT DUISBURG-ESSEN,
STANDORT ESSEN

Die Prüfung:

Der Entschluss, mein kreatives Potential beruflich zu nutzen, besteht schon seit meiner frühen Kindheit. Vorbelastet durch des Vaters Professur und Mutters Kunsterziehung ließ man mir sozusagen keine andere Wahl, als den steinigen und mühevollen Weg des Künstlers einzuschlagen.

Nach meinen Bewerbungen in Weimar, Hamburg und Wien, die allesamt abgelehnt wurden, beschloss ich ein Jahr im Ausland zu verbringen. So verschlug es mich dann in das „Kent Institute of Art and Design" in Rochester, England, wo ich den Grundlagenkurs „Foundation Studies in Art and Design" absolvierte, dort Pflichtkurs für alle Kunststudenten. Nicht nur die kompetente Betreuung, auch die kulturellen Erfahrungen gaben mehr als genug Inspiration und bildeten den Nährboden für viele erfolgreiche Arbeiten.

Mit den Besten der in dieser Zeit angefertigten Blätter und meinem Skizzenbuch als Hausarbeit (visuelles Tagebuch) bewarb ich mich dann im folgenden Jahr in Essen und wurde zu meiner großen Freude zu einem weiteren Treffen geladen.

Das dreitägige Eingangsverfahren verursachte allerlei mulmige Gefühle, gab mir aber auch die Möglichkeit für einen persönlichen Leistungsvergleich mit anderen Kursteilnehmern. Dabei machten die malerisch-zeichnerischen Aufgaben mir weniger Probleme als die Umsetzung der fotografischen Aufgabe am zweiten Tag.

Das abschließende Gespräch dämpfte die sonst eher positive Stimmung der ersten beiden Tage: Von den bestimmt sechs anwesenden Personen stellte sich gerade eine mit Namen vor, die anderen blieben mir unbekannt.

Gegenstand

Unangenehm fiel mir auch die provokante Argumentationsweise der Beteiligten auf, die wohl darauf abzielte, herauszufinden, in wie weit ich hinter meinem Werk stehe.

Wie auch immer, es hat dann doch gepasst. Falls sich irgendwer hier Ratschläge erhofft, dann ist wahrscheinlich das Wesentliche, das ich gelernt habe, am besten mit einem Zitat von W. Kandinsky ausgedrückt:

„Es gibt kein Muss in der Kunst, denn die Kunst ist frei."

ANNE-LUISE JANSSEN

**HBK Braunschweig,
Kommunikationsdesign**

ALTER
24

E-MAIL
a-l.janssen@hbk-bs.de

ANZAHL DER ARBEITEN
ca. 25

HAUSARBEIT
Thema „Balance"

AUFNAHMEVERFAHREN
**Eintägige Prüfung, Dauer etwa sechs
Stunden**

VORBEREITUNG
**Praktikum in der Werbeagentur "DUO" in
Berlin, Portät-Zeichen-Kurse und Akt-Zei-
chen-Kurse, meine Vorbereitung für die Aufnahmeprüfung war die Hausarbeit.**

Arbeit 1

Arbeit 2

Arbeit 3

Arbeit 4

Arbeit 5

Die Mappe:

1 - 5   Arbeiten zum Thema „Mensch"

Aufgabe 1

Aufgabe 2

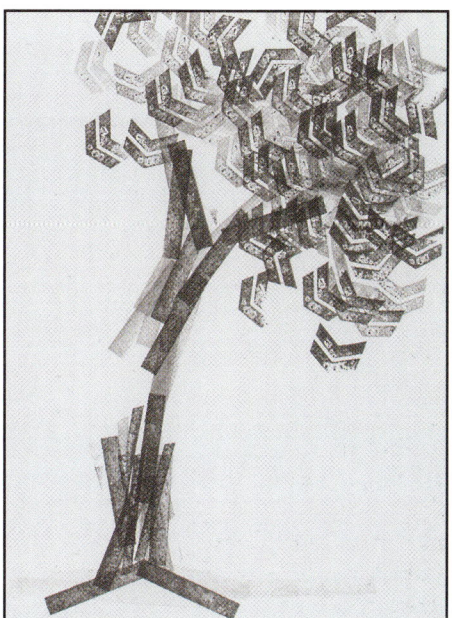

Aufgabe 2

ANNE-LUISE JANSSEN,
HBK BRAUNSCHWEIG

Die Prüfung:

Die Aufnahmeprüfung in Braunschweig ist für mich der dritte und für dieses Jahr der letzte Versuch, mich für den Studiengang Kommunikationsdesign zu bewerben. Glücklicherweise studiere ich bereits seit einem Jahr Architektur und mir erscheint der Gedanke nicht allzu unangenehm, das Architekturstudium fortzusetzen, falls ich die Prüfung nicht bestehe. Natürlich ist es mein Wunschtraum, Kommunikationsdesign zu studieren, aber nach zwei Ablehnungen in Berlin mache ich mir trotz der Einladung zur Aufnahmeprüfung an der HBK wenig Hoffnung. Da der Termin für die Prüfung nun fast genau auf meinen Geburtstag fällt, steht der Tag für mich allerdings unter einem guten Stern (Aberglaube hilft auch manchmal, um sich Mut zu machen).

Man kann sich noch so viel Gleichgültigkeit vorspielen, am Tag der Prüfung bin ich aufgeregt. Nach einer schlaflosen Nacht erscheine ich mit ca. 25 anderen Anwärtern morgens um 9.00 Uhr in der Aula der HBK Braunschweig. Wir verteilen uns um die U-förmig aufgereihten Tische in dem großen, lichtdurchfluteten Raum. Keiner kennt sich. Man tauscht neugierige Blicke und versucht, seine Nervosität zu verbergen. Alle haben Mappen, Kisten und Materialien mitgebracht. Vor ca. fünf Wochen wurde uns nämlich bereits eine Hausaufgabe gestellt, die jeder auf seine Weise umgesetzt hatte. Das Thema lautete „Balance" und uns war freigestellt, in welcher Form wir uns mit der Thematik auseinandersetzen. Es gibt Modelle, Malereien, Collagen und Zeichnungen auf den Tischen der Bewerber. Ich selbst habe Bleistiftzeichnungen und ein Daumenkino angefertigt, die sich mit den offensichtlichsten physischen „Balance-Organen" des Menschen, also mit Füßen beschäftigen. In der Mitte der Aula ist ein hoher Turm aus ineinander verkeilten Stühlen aufgebaut. Was dies zu bedeuten hat, erfahren wir, als der Aufgabenzettel verteilt wird: Prüfungsaufgabenzettel der Aufnahmeprüfung an der HBK Braunschweig, 15.06.1999.

Sie haben fünf Aufgaben zum Thema Balance zu bearbeiten. Die Reihenfolge ist Ihnen freigestellt. Die Minutenvorgaben vor den Aufgaben sind lediglich empfohlene Richtzeiten. Von 10.30 bis 11.15 Uhr und von 13.15 bis 13.45 Uhr ist für Ihre Erholung eine Pause angesetzt. Sie verlassen während dieser Zeit den Prüfungsraum.

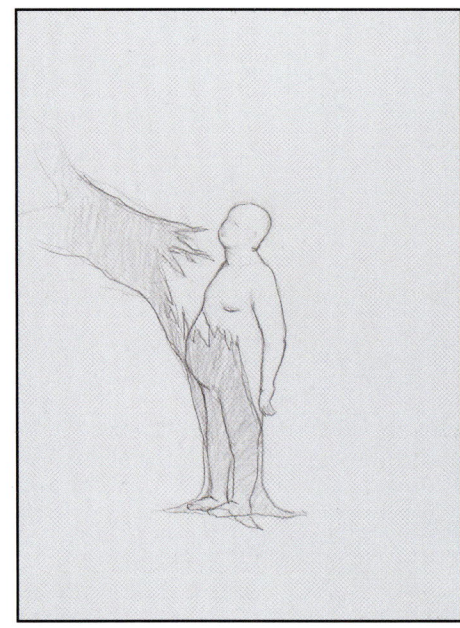
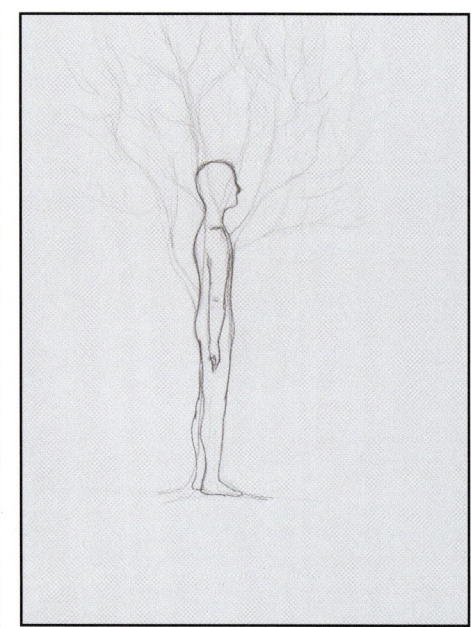

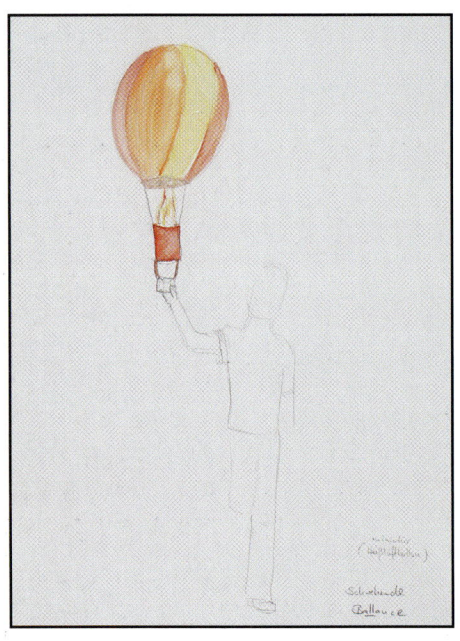

Die Aufgaben:

Das 2. Semester des KD wird versuchen, Sie geistig und körperlich in „Balance" zu halten.

a) (90 min) Suchen Sie sich einen geeigneten Standort und setzen Sie den Aufbau aus Ihrem Blickwinkel visuell um. Gestaltungsmittel: nach eigener Wahl.

b) (30 min) Senkrecht ausbalanciert mit kritischem Moment. Gestaltungsmittel: Stempel, Stempelkissen.

c) (75 min) „Balance" bedeutet für mich ... Fertigen Sie mindestens sechs Ideenskizzen an – mit oder ohne erklärendem Text. Gestaltungsmittel: Womit Sie am liebsten zeichnen.

d) (60 min) Bringen Sie Ihre beste Idee zum Thema „Balance" (Hausaufgabe) in eine „instabile Lage". Gestaltungsmittel: nach freier Wahl – Elemente der Hausaufgabe sollten benutzt werden.

e) (75 min) Entwerfen Sie ein phantastisches, farbiges Balanciergerät für Einbeinige und schlagen Sie Benennungen dafür vor. Gestaltungsmittel: nach freier Wahl.

15.45 Ende der Prüfung, Abgabe der Arbeiten. Wir wünschen Ihnen möglichst wenig Stress und gutes Gelingen bei der Arbeit.

Die erste Aufgabe bestand also daraus, das Stuhlgebilde zeichnerisch darzustellen. Von Zeitdruck getrieben, beginnt ein allgemeiner Arbeitseifer. Jeder arbeitet für sich. Die Einen gehen die Aufgaben chronologisch durch, die Anderen arbeiten sich spontan von einer Aufgabe zur nächsten. Sinnvolle Zeitaufteilung ist

die oberste Devise. Ich versuche, mich auf meine eigenen Ideen zu konzentrieren und nicht auf die bunten Schmetterlingsflügel zur Balancierhilfe auf dem Blatt meiner Sitznachbarin zu achten. Es ist nicht leicht. Ideen kommen nun einmal nicht auf Knopfdruck.

In der Mittagspause versorgen uns Studenten aus dem 2. Semester mit Brötchen, Kaffee und Kuchen. Die haben es schon geschafft. Ich fühle mich neben ihnen ziemlich klein und unbedeutend. Den anderen Bewerbern geht es zum Glück nicht anders. Beim Kaffeetrinken lernt man sich langsam kennen und tauscht Erfahrungen aus. Nach der Pause geht es weiter. Mir geht das Papier aus. Ich setze auf Quantität und hoffe, dass die Qualität meiner

Hausaufgabe

Hausaufgabe

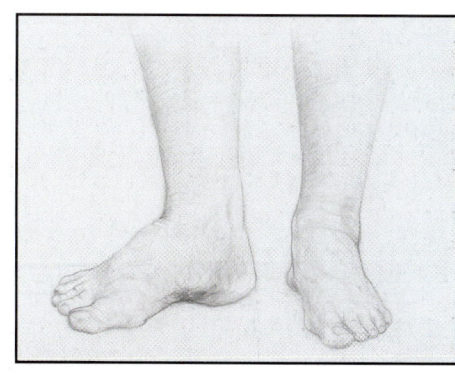

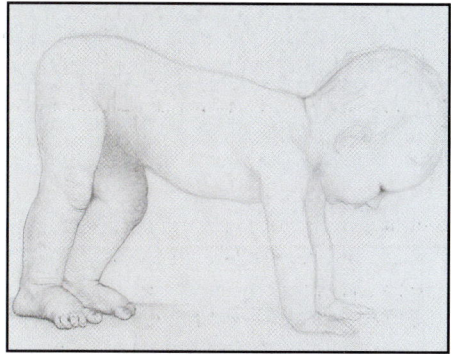

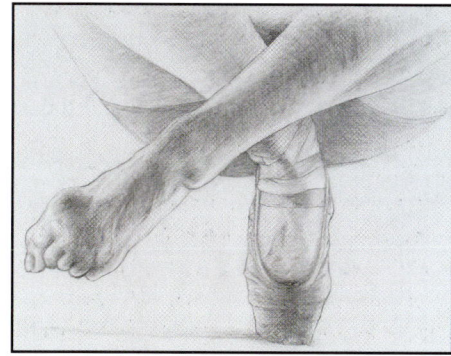

Arbeiten nicht auf der Strecke bleibt. Gelegentlich schauen uns Professoren und zwei ältere
Studenten über die Schulter. Machen sich die
kichernden Studenten etwa lustig? Um 16.00
Uhr möchte ich nur noch alles abgeben und
verschwinden. Ob ich es geschafft habe oder
nicht, erfahre ich ohnehin nicht sofort. Morgen
werden noch einmal 25 Bewerber geprüft und
danach werden die Ergebnisse bekannt gegeben. Diesem Nervenkitzel kann ich mich nicht
aussetzen, denn ich muss noch am gleichen
Tag wieder in eine andere Stadt, um mein Architekturstudium fortzusetzen.

Eine Woche später erreicht mich ein Brief:
Bestanden!

JULIA PETRACIC
Universität Duisburg-Essen, Standort Essen, Kommunikationsdesign

ALTER
22

E-MAIL
juliapetracic@t-online.de

ANZAHL DER ARBEITEN
27

HAUSARBEIT
visuelles Tagebuch

AUFNAHMEVERFAHREN
Dreitägige Prüfung
1. Tag: Fotografieren;
2. Tag: Gegenstände zeichnen, eine Person aus dem Gedächtnis zeichnerisch beschreiben, Begriffe zeichnerisch darstellen, ein Bild malen oder eine Collage entwerfen
3. Tag: Präsentation und Gespräch

VORBEREITUNG
Mal- und Zeichenkurs, Praktikum bei einer Werbeagentur (ein Jahr)

Arbeit 1

Arbeit 2

Arbeit 3

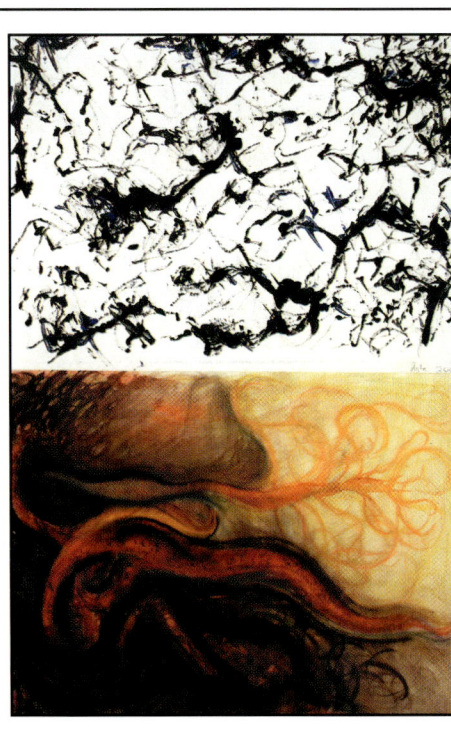

Arbeit 4

Arbeit 5

Arbeit 6

Arbeit 7

Die Mappe:

1	Technik
2	Luna
3	Scherenschnitt
4	Blumenstrauß
5	Erde
6	Schuhe
7	Postkarten

JULIA PETRACIC,
UNIVERSITÄT DUISBURG-ESSEN,
STANDORT ESSEN

Die Prüfung:

Der erste Tag:
Als ich den Raum betrat, sah ich diese vielen Mitbewerber. Einerseits war ich stolz, weitergekommen zu sein, andererseits wurde mir klar, dass ich in den nächsten Tagen wirklich etwas leisten musste.

Uns wurde nicht gesagt, was an diesem Tag geprüft werden sollte, deshalb brachte ich alles mit, was auf dem Blatt stand, welches wir mit den Unterlagen für das Hauptverfahren erhalten hatten.

Wir erfuhren, dass wir fotografieren sollten und bekamen dazu zwei Auswahlthemen und ein Pflichtthema. Wir konnten uns zwischen dem Thema „Summer in the city" und „Zwischenräume" entscheiden. Das Thema, welches alle bearbeiten mussten, lautete: Fotografieren Sie einen „Gegenstand unserer Zeit".

So machte ich mich auf den Weg und fotografierte nach meinem Konzept. Ich empfand die Zeit als angemessen und war sogar früher fertig. Die Filme sollten danach alle an die Professoren abgegeben werden, um sie gesammelt entwickeln zu lassen, damit keiner irgendwie schummeln konnte. Wir würden sie dann erst wieder am dritten Tag zu der Präsentation und dem Gespräch mit der Kommission zu sehen bekommen (siehe dritter Tag).

Nacht in einer fremden Stadt

Der zweite Tag:

An diesem Tag sollten die Grafiker zum Zuge kommen, wozu auch ich mich zähle. Wir mussten Gegenstände in einem bestimmten Zeitraum aus unserer näheren Umgebung zeichnen, wie z.B. eine Flasche, einen Pinsel oder einen Anspitzer.

Wie auch schon in meiner Mappe zeichnete ich mit geschlossenen Augen (ohne auf das Blatt zu sehen). Manche hielten mich deswegen für verrückt , aber ich bekam diesen Tipp von einer erfahrenen Künstlerin, die ich auf diesem Wege herzlich grüße. Ich denke, dass meine Zeichnungen etwas Freies und Bewegtes dadurch haben.

Die zweite Aufgabe gestaltete sich etwas schwieriger. Wir sollten eine Person porträtieren, die sich kurze Zeit zeigte und dann wieder verschwand. Erlaubt waren Skizzen, Beschreibungen und Zeichnungen. Ich sah mir die Person gut an und versuchte mir die besonderen Merkmale des Gesichts, des Körpers, der Kleidung u.s.w. zu merken. Es entstanden einige Blätter voller Skizzen und Beschreibungen, die der Person auch irgendwie ähnlich sahen.

Die dritte Aufgabe war, Begriffe wie z.B. Geizhals, Angsthase oder ähnliche darzustellen. Ich zeichnete die Begriffe so, wie ich sie mir bildlich in meinem Kopf vorstellte. Wir durften Farbe benutzen und diese Wörter so gestalten,

wie wir wollten, denn es galt etwas interessantes mit einer guten Idee zu verbinden.

Die letzte Aufgabe bestand darin, eine „Nacht in einer fremden Stadt" darzustellen. Wir waren frei in unserer Entscheidung zu malen, zu zeichnen oder es als eine Collage zu gestalten. Ich entschied mich dafür, ein unkonkretes Bild zu malen, welches eine dunkle Straße zeigt mit düsteren und erschreckenden Gestalten, die überall auf einen lauern. Dies sollte die Angst darstellen, allein durch eine dunkle Stadt zu laufen.

Summer in the city

Der dritte Tag:
Zu vereinbarten Zeiten sollten an diesem Tag alle ihre Arbeiten präsentieren und mit der Kommission darüber sprechen.

Die Tage davor war ich kaum aufgeregt, aber als ich vor den Professoren und Professorinnen stand, war ich schrecklich nervös, weil mir plötzlich klar wurde, dass diese Situation nun im Endeffekt über meine Zukunft entscheiden sollte.

Meine Fotos lagen ausgebreitet auf einem Tisch. Ich sollte diese ordnen und aussortieren, während sie noch einmal meine Mappe und meine Prüfungsarbeiten durchsahen. Dann fing ich an, meine Arbeiten aus der Prüfung zu kommentieren, und sie stellten mir viele Fragen dazu. Sie fragten mich, wie ich meine Arbeiten selber finde und warum ich sie so gemacht habe. Dann fragten sie mich noch, warum ich auf diese Universität gehen möchte, ob ich mich noch woanders beworben habe und warum ich Kommunikationsdesign studieren möchte.

Ich denke, meine Antworten waren trotz meiner Nervosität gar nicht so dumm und meine Arbeiten haben ihnen wohl auch gefallen, denn nach einer bis zwei Wochen bekam ich die Antwort, dass ich angenommen worden war.

ALEXANDER RAPHELT
Lette Verein Berlin, Berufsfachschule, Grafikdesign

ALTER
23

E-MAIL
charqui@gmx.net

ANZAHL DER ARBEITEN
30

HAUSARBEIT
DIN A3-Mappe zum Thema „Elektrostecker mit Kabel"

AUFNAHMEVERFAHREN
Nach Vorauswahl durch Hausaufgabe eintägiger Test im Hause: zwei Lösungen zum Thema „Blick aus dem Fenster" (realistisch & abstrahiert), Mappenvorlage, Auswahlgespräch.

VORBEREITUNG
Mappenvorbereitungskurs in VHS unter Anleitung professioneller Designer und Künstler (sechs Monate, 35 Stunden pro Woche), Praktikum im Ibero-Amerikanischen Institut: Abteilung „Kunst und Forschung" (drei Monate).

  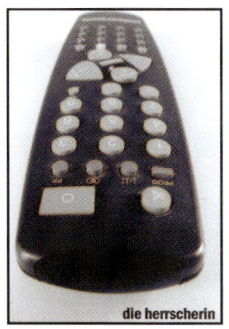 

der tod | die mäßigkeit | die herrscherin | die sonne

Arbeit 1

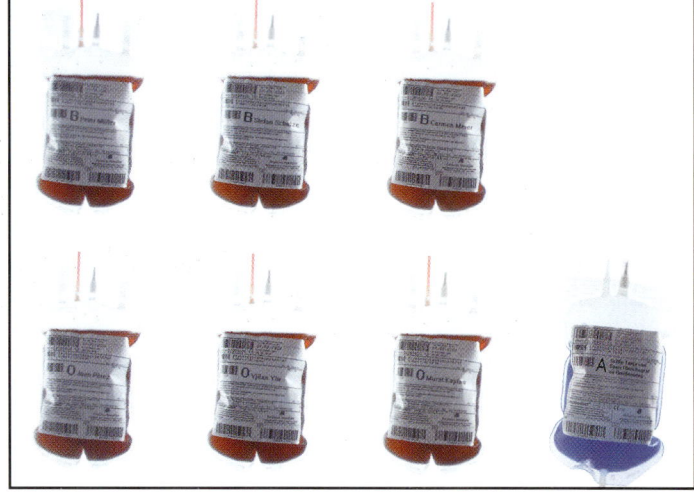

Arbeit 2

Die Reise mit dem revolutionären Stein

Arbeit 3

Ende

Arbeit 4

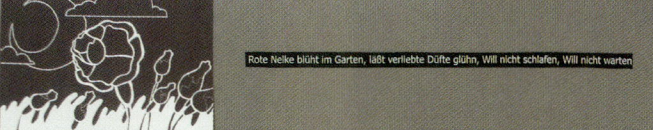

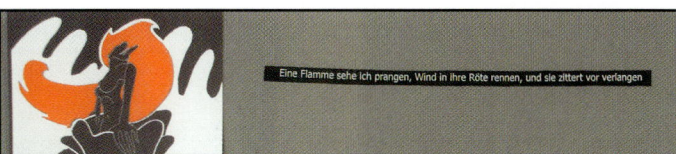

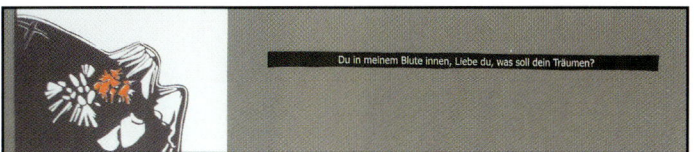

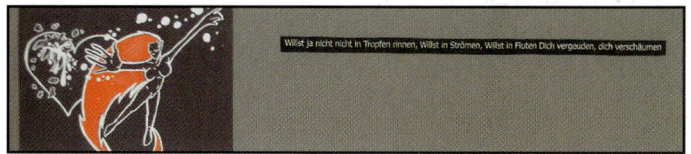

Arbeit 5 + 6

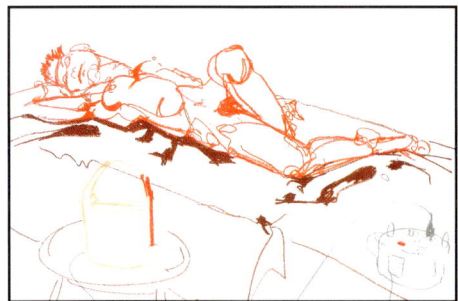

Arbeit 7

Arbeit 8

Die Mappe:

1   Haushaltsarot
2   Blaues Blut
3   Buch „Die Reise mit dem revolutionären Stein"
4   Buch „Rote Nelke"
5   Frau/Akt
6   Frau/Akt
7   Frau
8   Person, liegend

Blick aus dem Fenster

ALEXANDER RAPHELT,
LETTE-VEREIN BERLIN,
BERUFSFACHSCHULE

Die Prüfung:

Das Wort „Eignungsprüfung" lässt in mir immer noch ein leichtes Unbehagen entstehen. In meinem persönlichen Fall wurde die Eignung sechs mal geprüft! Stets wurde „keine Motivation", „keine differenzierte Beobachtungsgabe" oder „keine Fähigkeit, eigene Gedanken darzustellen" diagnostiziert. Manchmal passierte es auch, dass „der Standard nicht erreicht wurde" bzw.(!) „die Mappe nicht abgegeben wurde".

Jedes Mal war ich am Boden zerstört, als ich die Ablehnungen erhielt. Von einer unanfechtbaren Bewertungsjury als untalentiert ausgewiesen zu werden, war immer ein harter Schlag ins Gesicht, es grenzte sogar an Beleidigung. Und doch meinen es die Prof's nicht so: Ablehnungen sind Ghostwriterbriefe. Die Jury vergibt nur die Punktezahlen für die Mappen. Mit den Ablehnungen oder Einladungen müssen sich die Sekretärinnen herumschlagen.

Gleich beim erstmaligen Bewerben aufgenommen zu werden, ist beinahe mit einem Sechser im Lotto gleichzusetzen. Es gibt einfach zu viele Leute, die es „drauf haben". Mit jeder Mappe, die es geschafft hat, wird die Latte ein Stückchen höher gesetzt. Die Bewertungskriterien werden immer strikter und umfangreicher. Sie werden zum Qualitätssiegel der Kunstschulen umfunktioniert.

Trotzdem: Versucht es immer, immer, immer, immer, immer wieder! Es muss irgendwann klappen! Ihr habt Talent und alle Fähigkeiten zum Designer. Allein die Tatsache, dass ihr diese Zeilen lest, beweist, dass Ihr euch mit der Problematik auseinandersetzt und gewillt seid, diese Hürde zu nehmen.

Die Entscheidung, Grafik-, Kommunikations-, Animations-, Produkt-, etc. -design zu studieren, beinhaltet viele ungeschriebene Schritte, die ihr unbedingt gehen solltet. Gestaltet eure Mappe nicht alleine. Zeigt sie jedem, den ihr kennt. Ihr werdet staunen, welche Meinungen eure Mappe hervorrufen kann. Nehmt euch Kritik zu Herzen, bleibt aber ehrlich zu euch selbst. Klingt dumm, hat aber einen knallharten Hintergrund: (Zu) Viele haben den falschen Leitgedanken und gehen nach der „Was-wollen-die-Prof's-sehen"-Methode vor. Niemand mag Schleimer, noch weniger Schleimer, die lustige Bildchen nach etwaigen Vorstellungen anderer malen können. Seid kreativ, seid euch treu, stellt eure Ideen dar. Setzt euch selbst keine Grenzen. Macht das, was euch am meisten erfüllt. Wenn etwas gesucht wird, dann sind es Originale. Besucht eure zukünftigen Studienorte. Seid dreist und verwickelt Dozenten in Gespräche über die Prüfung, verlangt, dass sie sich eure Mappe ansehen und konstruktiv kritisieren. Fragt auch die Studenten. Das kostet Überwindung. Aber es lohnt sich. Verpasst keine Informationsveranstaltung oder Mappenberatung. Und vergesst dabei nicht das Wichtigste: Das Produzieren! Sei es während eines Praktikums, mit Freunden, in Vorbereitungskursen, bei Prof's, etc. Vergleicht die Angebote. Sehr teure Mappenvorbereitungskurse müssen qualitativ nicht unbedingt besser sein als günstigere.

Genug weise Ratschläge, nun zu meiner Eignungsprüfung: Der Lette-Verein nimmt eine zweistufige Eignungsprüfung vor. Um den größten Teil der Bewerber auszusieben (dieses Jahr bewarben sich 1.056 Leute!), wird eine Hausaufgabe erteilt. Bei erfolgreicher Lösung der Aufgabe werden rund 50-60 Aspiranten zu einem Test im Hause geladen. 28 Schüler werden pro Jahr im Fachbereich Grafikdesign aufgenommen.

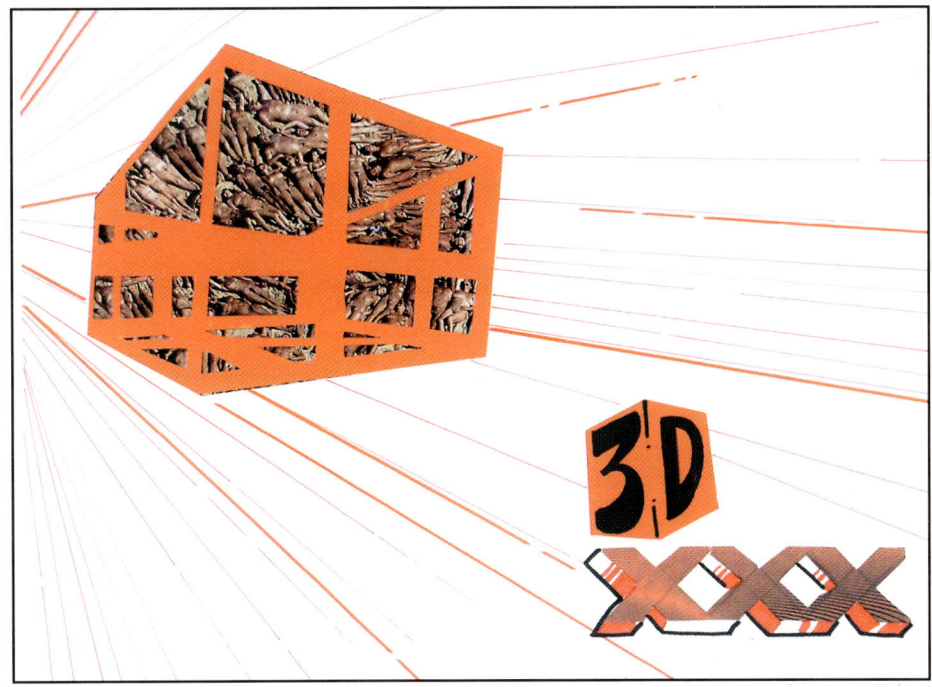

Blick aus dem Fenster

Jetzt begann das Warten. Nach drei Wochen wurde ich langsam nervös und konnte an nichts anderes mehr denken. All meine Gedanken fokussierten sich auf den verdammten Umschlag mit ... der Zusage! Die Einladung zum Test vor Ort. Als sie endlich eintraf, war ich außer mir vor Freude! Einen Fuß hatte ich nun schon „drin"! Während dieses euphorischen Taumels vergingen die zusätzlichen zwei Wochen Wartezeit bis zur Prüfung recht schnell.

Um 11.00 Uhr waren wir zum Test geladen. Allerdings fanden sich alle relativ nervös schon eine halbe Stunde früher an. Die ca. 60 Anwesenden wurden in zwei Gruppen eingeteilt. Die Situation erinnerte mich an einen quirligen Haufen von Blattschneiderameisen. Alle Ameisen also rannten mit ihren riesigen Mappen durch das ganze Gebäude; jeweils mit drei Dozenten, die die Jury bildeten. Die Blicke der Anwesenden trafen sich nur selten. Es herrschte eine unangenehme, knisternde Atmosphäre. Jeder war jedem suspekt. „Nein, der mit der Brille hat's bestimmt nicht drauf. Und die, mit dem roten Pulli? Wer weiß?" Diese Stimmung setzte sich auch im Prüfungsraum fort.

Die Aufgabe wurde bekannt gegeben: „Blick aus dem Fenster". Einmal realistisch und noch einmal abstrakt, bzw. im übertragenden Sinne (Zeitfenster, Fenster zur Ewigkeit, Windows, etc.) in Collagetechnik. Zeit bis 17.00 Uhr, Pausen frei einteilbar.

„Bloß niemanden auf's Blatt blicken lassen! Die eigenen Ideen schützen!" Eine Klassenarbeit der ersten Klasse könnte nicht kindischer wirken! Währenddessen wurden alle Teilnehmer alphabetisch nacheinander in einen separaten Raum gebeten, um die eigene Mappe zu präsentieren und um die Hausaufgabe zu verteidigen. Das war gleichzeitig mit dem Auswahlgespräch verbunden.

Die Jury versuchte, das Klima während des Gespräches möglichst neutral zu halten, d.h. es wurde oft zu diversen Bildern gefragt, was man sich dabei gedacht habe, warum es so und nicht anders realisiert wurde. Meine Antworten wurden dabei mit einem Nicken bestätigt, allerdings wertete keiner der Prof's auf irgendeine Weise. Nach so einem „Gespräch" fühlt man sich unglaublich verunsichert, irgendwie war man vollkommen durchschaut worden und weder für geeignet noch für ungeeignet befun-

den worden. Keinem meiner jetzigen Mitschüler erging es anders. Jeder hatte auf irgendeine Weise das Gebäude mit einem flauen Gefühl im Bauch verlassen. Es bringt gar nichts, irgendwelche Gesten, Räusperer oder vermeintliche geheime Blicke zu deuten. Versucht cool zu bleiben. Lasst euch nicht von eurem Konzept abbringen! Übt vielleicht sogar vorher mit Freunden, die euch bohrende, provozierende Fragen stellen, während ihr eure Mappe zeigt. Die Jury weiß, wie aufgeregt ihr seid. Wenn ich meine Prüfungsergebnisse sehe, sind sie mir immer noch recht peinlich, trotz der Umstände.

Eine gute Mappe kann eventuelle Blackouts noch glimpflich ausgehen lassen. Versucht die Zeit, die ihr braucht um eure Mappe zu gestalten, effektiv zu nutzen. Zwar wird sie höchstens zehn Minuten intensiv von drei Dozenten unter die Lupe genommen, aber diese zehn Minuten entscheiden dann, ob ein halbes Jahr Arbeit Früchte trägt oder nicht.

Ihr habt es in der Hand.

256

Alexander Raphelt
Fachbereich Grafikdesign

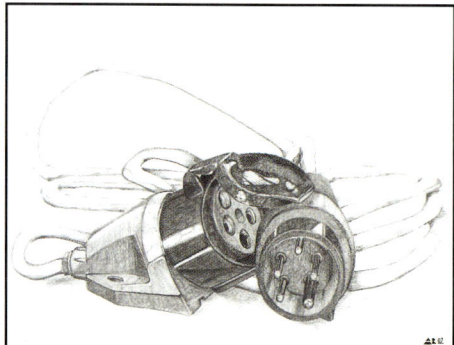

Hausarbeit

elektronische kriegsführung

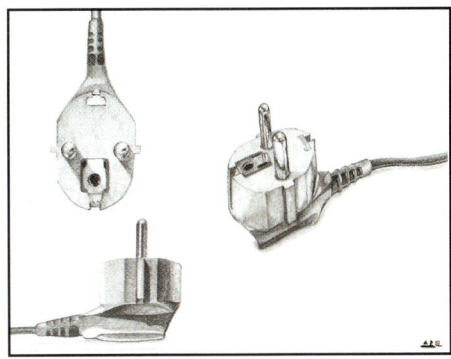
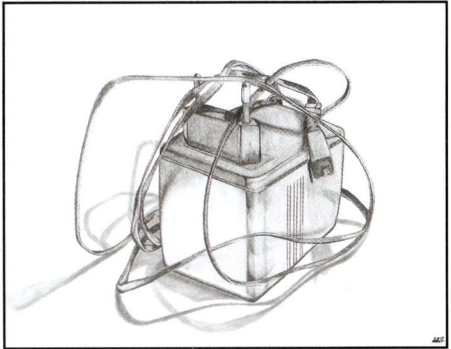

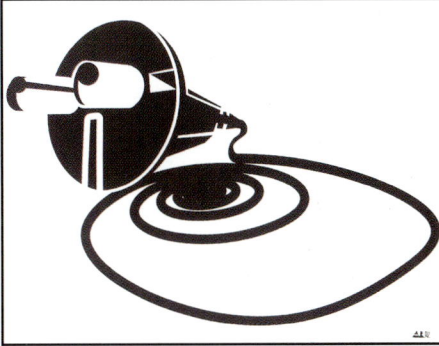

Die Hausaufgabe:

Aufgabenstellung der Hausaufgabe: Es wurde eine A3-Mappe zum Thema „Elektrostecker mit Kabel" verlangt, dafür hatte man drei Wochen Zeit. Sie sollte mindestens drei Varianten zum Thema enthalten. Eine zeichnerisch-realistische Arbeit (Naturstudie), eine grafische schwarz-weiß Arbeit (z.B. Linolschnitt) und eine farbig-experimentelle Arbeit. Nebenbei: Niemand der Erstsemestler fertigte für diese Mappe weniger als zehn Arbeiten an. Später erfuhr ich in diversen Gesprächen, dass auch die Menge der eingereichten Werke eine erhebliche Rolle bei der Auswahl spielte. Vielleicht verbrenne ich mir auch den Mund, wenn ich sage, dass jemand tief in den Archiv-Katakomben des Lette-Vereins nicht angenommene Mappen sah, die zwar brillante Bilder enthielten, aber eben nur drei Stück! Offenbar wird auch eine gewisse Quantität als Indiz für die Motivation der Bewerber gewertet.

Ich versuchte, die Mappe als „Ganzes" zu gestalten, sie sollte sich nur mit Elektrosteckern mit Kabel befassen. So erhielt sie ein Cover mit Stecker & Kabel, meinem Kürzel und der Be-

zeichnung des Fachbereiches. Ich nahm in Kauf, dass das aufgeklebte Bild dadurch nicht gerade geschont würde, allerdings erfüllte es seinen Zweck, aus der Masse gleichförmiger „Herlitz"-Mappen herauszustechen. In der Mappe selber hielt ich die selbe Reihenfolge wie im Brief ein: Zeichnung, Grafik, Experiment. Für die Zeichnungen stellte ich ein gewisses Spektrum von Steckern dar: Einen Starkstromstecker (geliehen von der Baustelle), Stecker vom Toaster, Bügeleisen und das Aufladegerät vom Handy. Den Linolschnitt ersetzte ich durch andere Schwarz-Weiß-Techniken zu ersetzen:

Ein gesprühtes Bild, eine Computer-Illustration und eine Tuschzeichnung bildeten diesen Teil der Mappe. Natürlich war der experimentelle Teil am herausforderndsten. Meine Bundeswehrzeit verarbeitete ich in zwei „Camouflage"-Bildern. Der Abschluss der experimentellen Arbeiten und der Mappe bestand aus einer Fotomontage, die mit den Proportionen von Stecker und Hinterhof spielt.

TINA-SUSAN RAUTER

**Fachhochschule Dortmund,
Kommunikationsdesign**

ALTER

25

E-MAIL

hotchilipepper@gmx.de

ANZAHL DER ARBEITEN

26

HAUSARBEIT

**Illustration einer Geschichte; Plakatentwurf
für einen Supermarkt; Entwurf einer(-s)
innovativen Idee / Gegenstands**

AUFNAHMEVERFAHREN

**Gespräch mit vier Professoren („Was haben
Sie bisher gemacht?" „Wieso wollen Sie Design studieren und was genau stellen Sie
sich unter dem Studium vor?"); Mappe
musste zum Gespräch mitgebracht werden.
Es wurden Fragen zu den Arbeiten gestellt
(Idee, Technik, u.s.w.)**

VORBEREITUNG

**Ausbildung zur Mediengestalterin für Digi-
tal- und Printmedien; regelmäßige Besuche
der Mappenberatung der FH.**

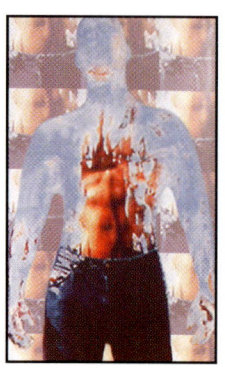
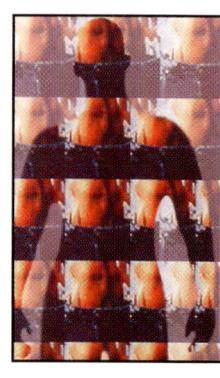
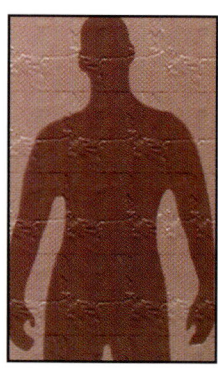

Arbeit 1

Arbeit 2

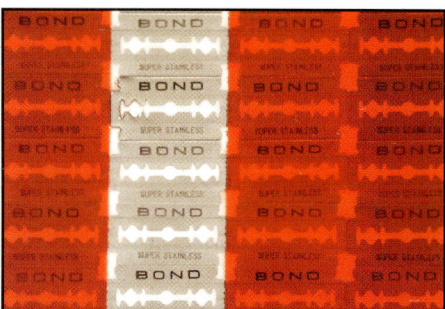

Arbeit 3

Arbeit 4 + 5

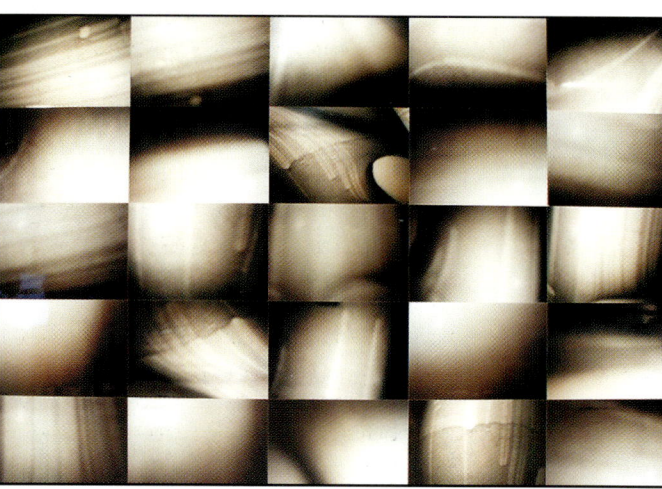

Arbeit 6

TINA-SUSAN RAUTER,
FACHHOCHSCHULE DORTMUND,

Die Prüfung:

Nach dem ganzen Mappenstress und dem ewigen Warten war der tägliche, erwartungsvolle Gang zum Briefkasten endlich erfolgreich: die erlösende Nachricht – eine Runde weiter! Die Mappe war also durchgekommen, nun stand das Eignungsverfahren an. Eine Hausaufgabe war zu erledigen.

Drei Aufgaben:
1. Illustration einer Geschichte.

Eine Frau war durchgedreht und sprang aus dem Fenster eines Wolkenkratzers. Zuvor hatte sie all ihr Geld und ihren Schmuck hinausgeworfen. Die Illustration sollte besonders dynamisch sein.

2. Ein Plakatentwurf für einen Supermarkt.

Hier mussten fünf völlig unterschiedliche Gegenstände irgendwie zusammen untergebracht werden.

3. Eine völlig neue Idee.

Ein innovativer Gegenstand sollte entworfen werden. Dabei kam es nicht auf Realität an, es konnte ein reines Phantasieobjekt sein. Gefragt waren hier die Ideenskizzen und Entwürfe zu diesem Gegenstand.

Für diese drei Aufgaben waren vier Wochen Zeit gegeben. Zur Abgabe sollte auch die Mappe, die ich inzwischen wieder hatte, mitgenommen werden, um sie eventuell in dem anschließendem Eignungsgespräch durchzusehen. Also Achtung bei der Planung für diejenigen, die sich an mehreren Unis bewerben wollen! Dummerweise hatte ich Teile aus meiner Mappe inzwischen bereits in Münster einge-

reicht. Ich hatte also neben der Hausaufgabe auch noch an meiner Mappe zu arbeiten, um einige Sachen neu zu machen.

Also los, ans Werk. Eine Hausaufgabe ist ein echter Glücksfall. Anders als bei einem Eignungsverfahren vor Ort kann man in Ruhe an den Sachen arbeiten. Zudem kann man sich mit anderen Bewerbern austauschen, Tipps geben u.s.w. In Dortmund wechselt es jedes Jahr zwischen Hausaufgabe und Prüfung vor Ort. Trotzdem war ich die ganzen vier Wochen enorm angespannt und dauernervös.

Als Illustration zeichnete ich die Füße der Selbstmörderin auf der Fensterbank, mit einer sehr steilen Perspektive in die Tiefe, in die das geworfene Geld und der Schmuck herunter sausten. Das Supermarktplakat machte ich in FreeHand am Mac. Ich legte mehrere Varianten zu meinem Entwurf dazu.

Letztlich die Erfindung. Nach eingehender Beratung mit Freunden/innen entwickelte ich eine Wimpernzange, die beim zusammendrücken gleich auch die Wimpern tuschte. Eine verhängnisvolle Idee, wie sich herausstellte. Die Professoren, welche meinen Entwurf zu Gesicht bekamen, waren alles Männer –, und die hatten überhaupt kein Verständnis für die Notwendigkeit einer solchen Erfindung. Man sollte also nicht zu spezielle Dinge entwerfen! Die Hausaufgabe wurde abgegeben und konnte schon am Nachmittag desselben Tages wieder abgeholt werden.

Nach dem Abholen der Arbeiten kam es zum Eignungsgespräch mit den Professoren. Ich war auch gleich die Erste – und ich war superner-

Die Mappe:

1	Bauch, C-print
2	Frösche, Zeichnung, Polychromos
3	Gesichter, Fotos
4	Rasierklinge, Foto mit Reprolack bearbeitet
5	Rasierklingen, in Klarlack/Autolack blutrot
6	Laufmaschen, Fotografische Arbeit von Laufmaschen

Supermarktplakat

vös. Dem Ziel so nah, will man natürlich nicht noch im letzten Moment alles versauen. Die Professoren haben das wohl auch sofort bemerkt und waren sehr nett. Also keine Angst vor einem Eignungsgespräch – ist halb so wild.

Einer blätterte Arbeit für Arbeit die Mappe durch, zwei stellten mir unentwegt Fragen und der vierte beobachtete alles mit sehr ernster Miene. Als erstes sagten sie mir, das meine Mappe wirklich sehr, sehr gut war – meine Haus-

aufgabe allerdings leider überhaupt nicht so toll. Na super ...

Ich glaube, die Prof's haben in dem Gespräch heraus zu finden versucht, ob ich die Mappe auch wirklich selber gemacht habe. Sie haben mir zu vielen Blättern in der Mappe Fragen gestellt, z.B. wie ich das gemacht habe, mit welcher Technik, mit welchem Material, und vor allem, wieso ich das so und so gemacht habe, wie ich auf die Idee kam. An dieser Stelle kam

mir dann zu gute, das ich einige Male bei der Mappenberatung war. Er erkannte mich und meine Arbeiten sofort wieder, berichtete davon und äußerte sich sehr positiv. Ich kann also jedem nur empfehlen, diese Beratungstermine wahrzunehmen, das ist wirklich eine gute Sache und wie man sieht, bleibt man auch im Gedächtnis.

Als nächstes sollte ich erläutern, wieso ich dieses Fach studieren möchte. Ich glaube, da

Supermarktplakat

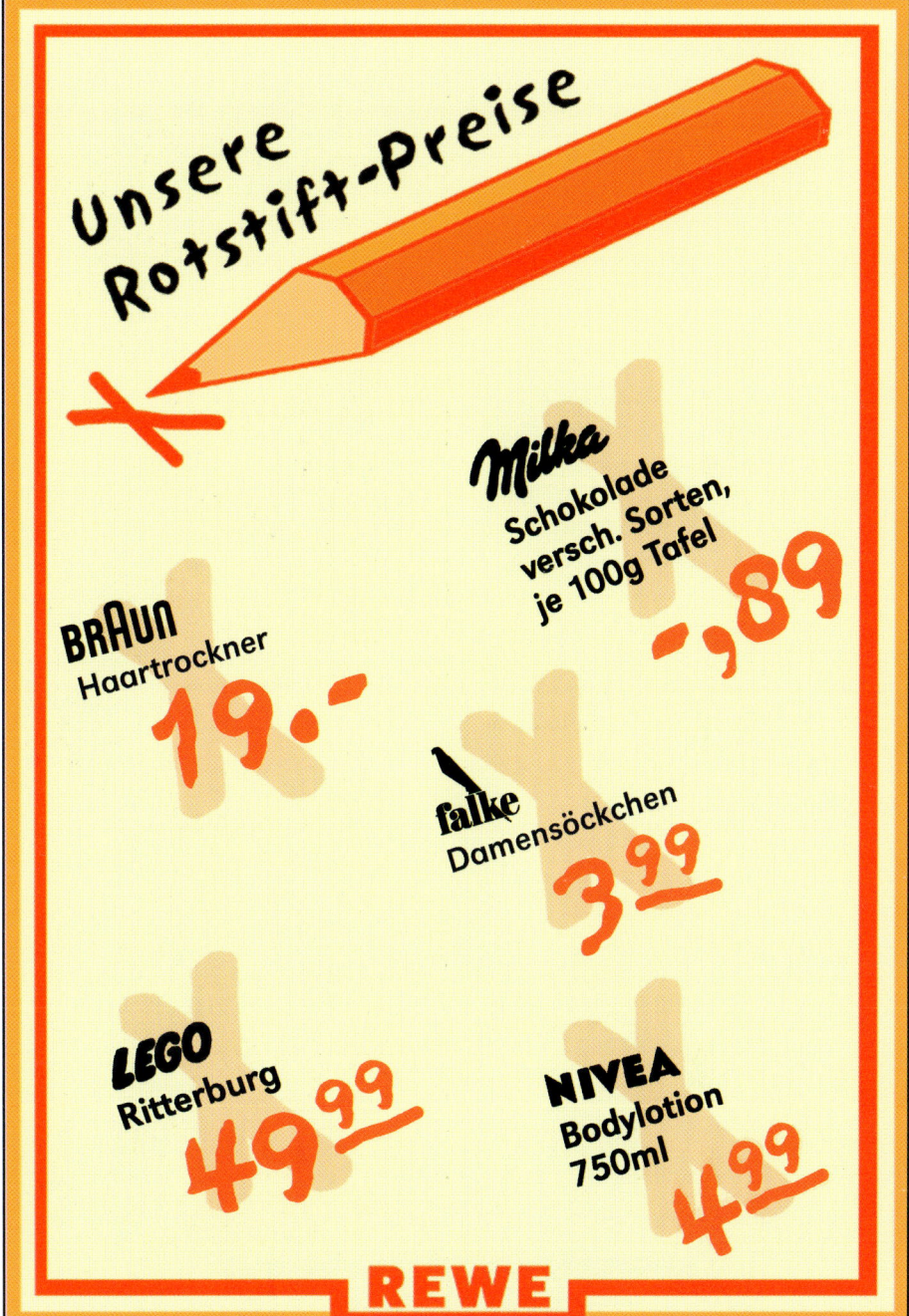

hat jeder der zukünftigen Bewerber seine eigene Story. Wichtig ist nur, das man klar macht, das man UNBEDINGT Design studieren will und das man auch bereit ist, im Studium viel zu arbeiten. Irgendwelche Traumvorstellungen von einem lauen Studium, das nicht viel Aufwand macht, oder der Wunsch, etwas „Chices" zu studieren, sind nicht ratsam. Man sollte genaue Vorstellungen haben, was einen im Studium erwartet – also vorher gut informieren! Ich

hatte sehr genaue Vorstellungen und das war auch sehr gut so.

Zum Abschluss sollte ich ein bisschen aus meiner Ausbildung erzählen, was ich da so mache, ob mir die Ausbildung Spass macht u.s.w. Das war's!

Nach ca. zwei weiteren qualvollen Wochen kam dann der Brief mit der schönsten aller Nachrichten: Angenommen!

ANAHITA RAZMI
Bauhaus Universität Weimar, Mediengestaltung

ALTER
21

E-MAIL
anahita@freenet.de

ANZAHL DER ARBEITEN
Keine Mappe erforderlich - dafür Ideenskizze zum Thema „Pause und andere Freizeiten", ca. fünf Skizzen + eine DIN A4-Seite Text

HAUSARBEIT
Wahl eines Themas aus ca. fünf Themen, Ausarbeitung einer Ideenskizze (s.o.)

AUFNAHMEVERFAHREN
Nach Einreichung der Ideenskizze, Einladung zum Eignungstest, dort Präsentation der Ideenumsetzung und ca. 20 minütiges Gespräch mit einer Prüfungskommission

VORBEREITUNG
Dreimonatiger Art & Design Portfolio-Kurs in London, viel freie gestalterische Arbeit.

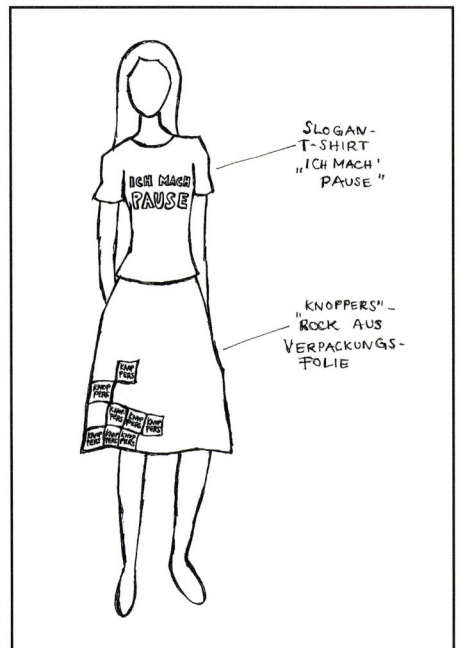

SLOGAN-T-SHIRT „ICH MACH PAUSE"

KNOPPERS"-ROCK AUS VERPACKUNGS-FOLIE

Arbeit 1

Arbeit 2

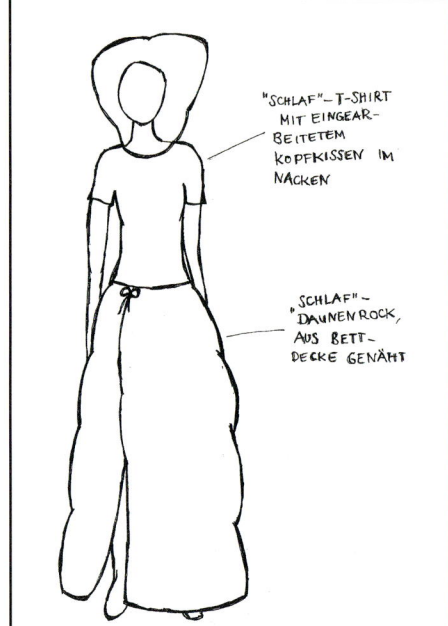

"SCHLAF"-T-SHIRT MIT EINGEAR-BEITETEM KOPFKISSEN IM NACKEN

"SCHLAF"-DAUNENROCK, AUS BETT-DECKE GENÄHT

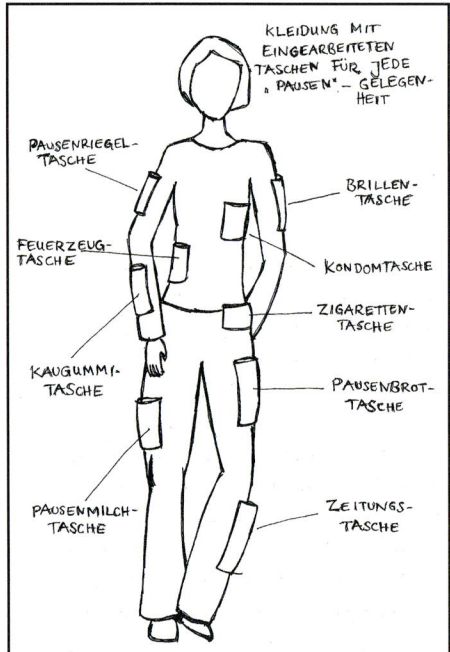

KLEIDUNG MIT EINGEARBEITETEN TASCHEN FÜR JEDE „PAUSEN"-GELEGEN-HEIT

PAUSENRIEGEL-TASCHE

BRILLEN-TASCHE

FEUERZEUG-TASCHE

KONDOMTASCHE

ZIGARETTEN-TASCHE

KAUGUMMI-TASCHE

PAUSENBROT-TASCHE

PAUSENMILCH-TASCHE

ZEITUNGS-TASCHE

Arbeit 3

STRESS-SENSOREN-ANZUG
-SENSOREN IM ANZUG MESSEN „STRESSFAKTOR"
-ANZUG WECHSELT BEI STRESS SEINE FARBE UND SIGNALISIERT SO: PAUSEN-ZEIT!

Die Mappe:

1	Entwurf 1
2	Entwurf 2
3	Entwurf 3
4	Entwurf 4
5	Entwurf 5

KOPFHÖRER-HUT
-EINGEARBEITE-TE KOPFHÖRER IN DER KOPF-BEDECKUNG SPIELEN ENTSPANNENDE MUSIK

Arbeit 4

Arbeit 5

**Zur Bewerbung eingereichte Ideenskizze
zum Thema „PAUSE"**

Für meine Präsentation möchte ich gerne Pausenkleidung entwerfen!

Jeder Mensch kennt aus dem Alltag Arbeitskleidung, Polizisten tragen Uniform, Briefträger sind immer gelb, Banker gehen nie ohne Anzug und Schlips aus dem Haus und Showstars erkennt man an ihrem meist extravaganten Glamourdress.

Wie aber sieht, als Gegenstück zur Arbeitskleidung, Pausenkleidung aus? Wie könnte sie aussehen?

Dieser Frage möchte ich mich in meinem Projekt widmen und Ideen für eine Antwort entwickeln.

Man sieht Menschen tagtäglich in eindeutiger Arbeitskleidung und erkennt: sie sind am Arbeiten. Beispielsweise erkennen wir den Arzt am Kittel und damit als Hilfeanlaufstelle.

Menschen aber, die Pause machen, konnte man bisher nie nur an ihrer Kleidung erkennen - höchstens am Brötchen, am Kaffee oder an der Zeitung in der Hand. Meine erste Idee ist, dies zu ändern und dafür Kleidung zu entwerfen, die eindeutig signalisiert: hier ist gerade jemand NICHT bei der Arbeit!

Ideenbeispiele sind meine Skizzen vom „Ich mach Pause-T-Shirt" oder dem „Knoppers-Rock". Auch Musterentwürfe, die Pausensymbole wie „Lila Pause"-Riegel, Kitkats („Have a break,...") enthalten, wären eine Möglichkeit.

Weiterhin könnte der „Stress-Sensoren-Anzug" bei zu hohem Stress seine Farbe wechseln und somit „Pause!" signalisieren. Und genau wie die Arbeitskleidung bei der Arbeit könnte die Pausenkleidung in der Pause zur Pflicht gemacht werden.

Mein zweiter Ansatz zum Thema „Pausenkleidung" ist, durch möglichst funktionale Kleidung die Pause so angenehm wie möglich zu machen. Hier sind Dinge wie Bequemlichkeit, Komfort, etc. gefragt. Ideen dazu wären z. B. meine Skizzen vom „Kopfkissen"-Shirt, dem „Daunen-Rock", dem „Kopfhörer-Hut" oder den vielen Extrataschen für jede (Pausen) Gelegenheit. Das Ziel: den Break - allein durch die Kleidung - so entspannend wie möglich zu gestalten!

Als dritte (etwas utopische) Idee ist mir eingefallen, daß schlaue Kleidung auch signalisieren könnte, wann eine Pause gebraucht wird. Mein Entwurf hierzu ist der „Stress-Sensoren-Anzug".

Ich weiß, dass ich mich nicht für den Studiengang Modedesign bewerbe. Aber es geht mir ja eigentlich auch gar nicht um den modischen Aspekt, sondern viel mehr um die Beziehung Mensch-Arbeit-Pause.

Was verbinden wir mit dem Wort Pause? Wie kann selbst Kleidung zum Assoziationssymbol werden?

Und natürlich geht es auch um einen möglichst spielerische Umgang mit dem Begriff an sich. Für meine Präsentation würde ich natürlich gerne versuchen, einige meiner Ideen real umzusetzen. Sie können sich also auf eine kleine Modenschau freuen!

Andere Einfälle werde ich jedoch - wie ich jetzt schon absehen kann - nur als ausgearbeitete Entwürfe vorstellen können.

Lassen Sie sich überraschen - über eine Einladung zur Präsentation würde ich mich jedenfalls freuen!

Kitkatschuhe

Pausentshirt

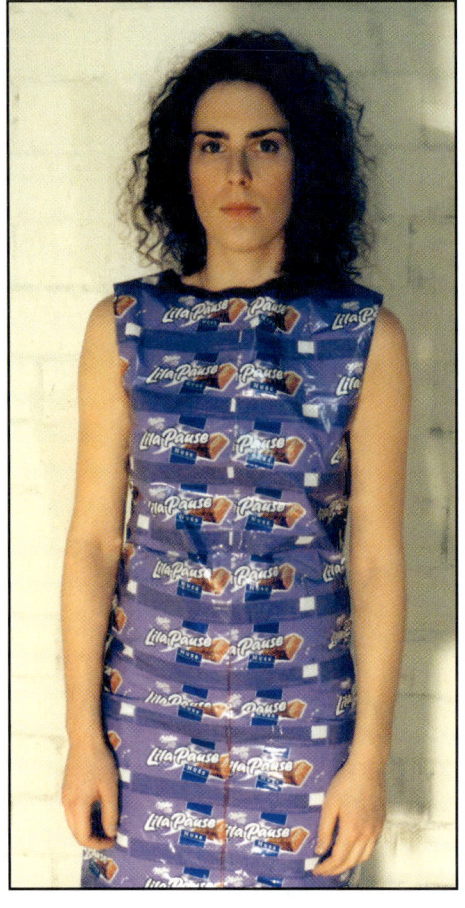

Knopperskleid

Lilapausekleid

ANAHITA RAZMI,
BAUHAUS UNIVERSITÄT WEIMAR

Die Prüfung:

Weimar - das ist irgendwo bei Berlin und dann ein bisschen Richtung Süden. Das dachte ich noch beim Abschicken meiner Skizzen für einen Studienplatz Mediengestaltung.

Als dann meine Einladung zur Eignungsprüfung kam, schaute ich erstmals nach, wo ich da eigentlich hinfahren sollte und wofür ich mich da eigentlich bewarb. Mediengestaltung, das klang nach Kommunikationsdesign, nur irgendwie abstrakter - und ich hatte mich mit einer Modedesignidee beworben!

Das Bewerbungsverfahren für Mediengestaltung in Weimar ist etwas anders als an den meisten anderen Hochschulen: man reicht zuerst eine kurze Ideenskizze ein und je nachdem ob die Idee gefällt oder nicht, wird man eingeladen die Umsetzung dieser Idee vor Ort zu präsentieren.

Ich sollte also meine Entwürfe zur „Pausenkleidung" umsetzen und hatte noch großmäulig eine Modenschau angekündigt!

Den Monat Zeit zwischen Einladung und Eignungsprüfung nutzte ich zum Material besorgen, Schnitte anfertigen, Schneidern und Planen. Die benötigten Verpackungsfolien bekam ich durch Nachfragen von Knoppers, KitKat und Milka auf Rollen gesponsert, auch das Organisieren von zwei Modellen zum Tragen der „Kollektion" klappte.

So fuhren wir am Tag der Prüfung um 7 Uhr morgens mit drei Mann und einem „Chauffeur" im Auto in Hamburg los nach Weimar. Ich hatte natürlich die Nacht vorher schlecht geschlafen und war die ganze Fahrt über ziemlich hibbelig und nervös. Vom Konzept meiner „Pausenkleidung" war ich überzeugt, aber passte das auch zu Mediengestaltung? Und wie würde das anschließende Gespräch mit der Kommission laufen?

Vier Stunden Autofahrt später waren wir in Weimar dann endlich im richtigen Gebäude angekommen: Bewerber saßen wartend vor

der Tür, auf den Treppen, im Innenhof und es herrschte Anspannung, aber auch eine gewisse Solidarität vor, da wir ja alle im selben Boot saßen. Mir tat es sehr gut, drei Leute im Gepäck zu haben - die konnten mich wenigstens ablenken! Außerdem galt es viele Vorbereitungen zu treffen:

Wir mussten die Kleidung ja vor Beginn der Prüfung anziehen, das eine Modell sollte sich außerdem noch einmal während der Prüfung umziehen. Kurzerhand blockierten wir also die Uni-Toilette. Dass mein eigentlich auf 13 Uhr angesetzter Termin dann erst um 15 Uhr stattfand, war ein dummer Zufall. Nun hatten wir die Kleidung an und kriegten sie ohne Probleme so schnell auch nicht wieder aus - die Sachen waren ja sehr empfindlich und ich wollte nichts kaputt machen. Warten hieß es also. Dabei kamen wir uns doch alle etwas lächerlich vor in unserer Pausenkleidung, vor allem weil wir für alle Vorbeigehenden im Flur total auf

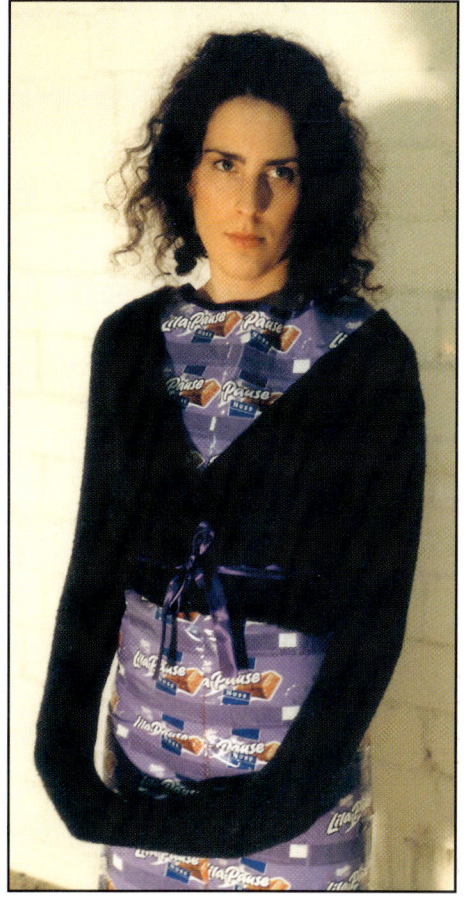

Zwangspause

Taschenkleid

Schlafkostüm

dem Präsentierteller standen, während die anderen Bewerber zumeist unauffällige CD-Roms oder Videos mitgebracht hatten.

Die zwei Stunden Warten brachten zudem noch andere Probleme: es war sehr heiß an dem Tag, unter dem Daunendecken-Rock ließ es sich kaum aushalten, die Verpackungsfolie klebte eklig am Körper und das eine Modell nölte unentwegt, dass es keine Luft mehr bekäme und unbedingt ihr Lila-Pause-Kleid ausziehen müsse. Und das alles obwohl ich doch ganz andere Sorgen hatte – ich war doch so nervös!

Als ich dann endlich aufgerufen wurde und mit meinen beiden Models in den Raum kam, wurde ich zunächst skeptisch angekuckt – anscheinend wussten die nichts von meinem Konzept! Die Stimmung lockerte sich dann aber, als ich begann, die Kollektion und die Idee zu erklären, die Professorin fand die Idee anscheinend lustig und auch die anderen schienen sich bei unserer „Performance" zu amüsieren.

So richtig einschätzen konnte ich das ganze aber nicht, vielleicht lachten die mich ja auch einfach nur aus?

Nach der Vorstellung meiner Kollektion wurden dann meine beiden Models hinausgeschickt und ich durfte mich allein dem Gespräch mit der Kommission stellen. Das war für mich weitaus schwieriger als der erste Part der Prüfung, auf den ich mich ja bis ins Kleinste vorbereitet hatte.

Die Fragen, die die Kommission stellte, hatte ich teilweise erwartet: Warum bewerben Sie sich nicht für Modedesign? Wo könnte die Kollektion getragen bzw. genutzt werden? Warum bewerben Sie sich überhaupt in Weimar? Teilweise waren die Fragen aber auch ganz schön fies: Welches Thema würde Sie gerne einmal bearbeiten? Haben Sie einen Künstler als „Vorbild" bzw. Inspiration für meine so eben präsentierte Arbeit? Was planen Sie zu tun, falls Sie hier nicht angenommen werden?

Darauf spontan zu antworten fand ich ganz schön schwer, zumal gerade die Professorin in der Kommission einerseits sehr lustig, andererseits sehr direkt und forsch war und mich auch gerne unterbrach.

Dazu kam noch das sie fast nur Englisch sprach und ich nicht wusste, ob ich nun für sie auf Englisch oder für die anderen drei Mitglieder der Kommission auf Deutsch antworten sollte.

Alles in allem war ich sehr irritiert, als ich nach knapp 30 Minuten wieder aus dem Raum entlassen wurde – hatte aber kein schlechtes Gefühl.

Das Gefühl trügte nicht, denn schon etwa eine Woche später kam die Zulassung ins Haus geflattert!

PATRYK RYBACKI

**Georg-Simon-Ohm
Fachhochschule Nürnberg,
Mediendesign**

ALTER
24

E-MAIL
Spacegigant@yahoo.de

ANZAHL DER ARBEITEN
39

HAUSARBEIT
keine

AUFNAHMEVERFAHREN
**zweitägige Prüfung,
Typografie, Storyboard, Fotografie**

VORBEREITUNG
**Laborarbeit – Negativ- und Positivtechnik,
Praxis des Filmemachens – Ein Spielfilm
entsteht, Kreatives Malen („Atelier 1"),
Freies und angewandtes Zeichnen,
Praktika in einem Fotoatelier und einer
Werbeagentur.**

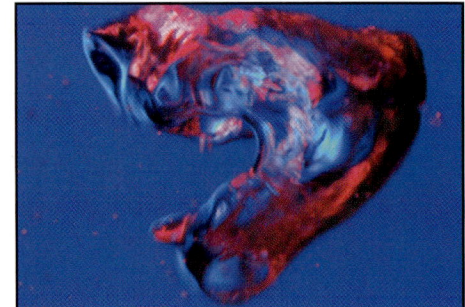

Arbeit 2

Arbeit 1

Arbeit 4

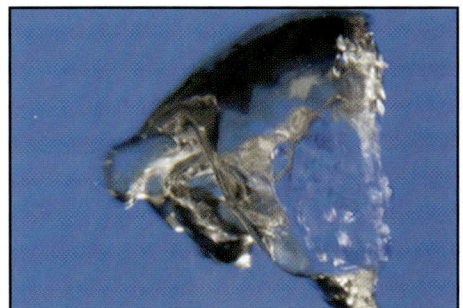

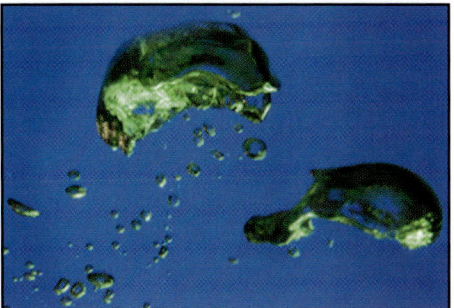

Arbeit 3

PATRYK RYBACKI,
GEORG-SIMON-OHM FACHHOCHSCHULE
NÜRNBERG

Die Prüfung:

Zunächst sollte man grundsätzlich entscheiden, welchen der beiden angebotenen Design-Studiengänge man Studieren will. Denn hierfür sind jeweils verschiedene Mappen abzugeben, unterschiedliche Anforderungen und auch andere Prüfungen zu bestehen. Die Entscheidung war bei mir auch nicht so einfach. Ich habe mich schließlich für den Studiengang Mediendesign entschieden, weil ich unbedingt nach der Ausbildung bei Werbefilmagenturen oder im Fernsehen arbeiten möchte. Zwar ist das beim Kommunikationsdesign auch möglich, aber die Fachhochschule in Nürnberg bietet für Kommunikationsdesigner leider kaum Filmprojekte an. Darüber hinaus sollte man sich aber auf jeden Fall in der Fachhochschule direkt erkundigen und gegebenenfalls auch von den Professoren beraten lassen. Nur so kann man auch seine Fähigkeiten am besten ausschöpfen. Mit den Vorbereitungen sollte man auf keinen Fall bis kurz vor knapp warten. Ein halbes bis ganzes Jahr vorher sollte genügen.

Die Mappe:

1 Mappe/Bau 1
2 Bubbles
3 Bubbles
4 Mappe/Bau 2

Die Erste Prüfungshürde: Die Mappe

Mit der Mappe präsentiert man bereits seine künstlerische Begabung und sie dient als Medium der Selbstdarstellung. Bereits auf die Mappe bekommt man „Punkte", die in die Gesamtwertung der Eignungsprüfung eingehen. Meine Mappe bestand ausschließlich aus Fotos und auch in der praktischen Prüfung habe ich fotografiert, deshalb beschränke ich mich im Folgenden auf die Fotografie.

Was, wenn ich nicht Fotografieren kann oder keine Ausbildung habe?

Das Allerwichtigste zuerst! Man sollte sich eine gute Kamera anschaffen. Ich empfehle eine analoge Spiegelreflex-Kamera. Nicht nur, dass man damit seine Fotos für die Mappe machen kann, sondern man braucht sie sowohl für die praktische Aufnahmeprüfung als auch im Studium.

Was ist der schnellste Weg Fotografieren zu lernen?

Ganz einfach: sich überwinden und fotografieren! Um Geld zu sparen, kann man sich zunächst Bücher mit Bild-Motiven, Foto-Tipps und Tricks aus der Bibliothek ausleihen, die Bilder studieren und versuchen sie nachzuahmen. Fotografiert man Digital, hat man zwar den Vorteil, dass man sich die Kosten für das Filmmaterial spart. Aber bei der Prüfung nützt das nichts, weil man auf „Dia-Film" fotografieren muss und deshalb eine analoge Kamera braucht.

Außerdem empfehle ich Fotografie- oder Film-Einführungskurse, Fortgeschrittenenkurse mit Bildbesprechungen und Foto-Laborkurse beispielsweise in der Volkshochschule oder Kulturzentren. Schritt für Schritt wird man so mit den Fachbegriffen konfrontiert, muss nicht stundenlang Bücher wälzen und hat sogleich einen Ansprechpartner, wenn man etwas nicht versteht. Der Nachteil ist allerdings, dass diese Kurse nicht ganz billig sind. Aber auch hier gibt es für angehende Studenten, Zivildienstleistende oder Jugendliche Ermäßigungen.

Warum brauche ich ein Praktikum?

Empfehlenswert ist auch ein mindestens 6-wöchiges Praktikum in einem Fotostudio/Fotoatelie, oder einer Werbe- oder Filmagentur. Dort hat man auch einen professionellen Ansprechpartner, praktische Übung, Zugang zu Material und Ausrüstung, man kann dort Bilder/Filme für die Mappe machen oder sich seine Ausrüstung sowie Foto/Filmmaterial viel günstiger bestellen. Aber auch hier gibt es einen Nachteil, denn man wird dort meistens nicht bezahlt. Dennoch benötigt man dieses Praktikum zur Einschreibung in der FH, es sei denn man hat freiberuflich als Fotograf oder Webdesigner gearbeitet oder hat eine Ausbildung als Mediengestalter oder Fotograf.

Im übrigen schadet es keinem, mehr zu können, deshalb empfehle ich auch in gängige Designer-Programme wie Photoshop, Freehand, AfterEffects und SoftImage mal reinzuschnuppern und sich mal auch mit dem Apple Macintosh-System vertraut zu machen.

Was bringt ein Mappengespräch?

Wenn man bereits etwas Erfahrung und einige Fotos in seiner Sammlung hat, dann kann man auch den ersten Ansturm auf die Bastion wagen. Die Fachhochschule bietet Mappengespräche an, die man auf jeden Fall nutzen sollte. Die Professoren sind auch nur Menschen und beißen nicht. So ein Mappen-Vorgespräch hat wesentliche Vorteile:

Die Professoren bieten Insiderinformationen über den Studiengang an, besprechen mit dem Bewerber seine Bilder, geben ungemein wichtige Tipps, verlieren ab und an ein Wort zur praktischen Eignungsprüfung und sortieren ungeeignetes Foto-Material aus. In der FH Nürnberg ist das Mappengespräch allerdings kein Einzelgespräch. Hier trifft man auch auf die Konkurrenz, sieht ihre Arbeiten und bekommt auch die Kommentare zu ihren Mappen mit. Entmutigen sollte man sich von den gängigen Kommentaren der Professoren nicht. Mir wurde beim ersten Gespräch auch angeraten, mich doch erst lieber im darauf folgenden Jahr zu bewerben.

Übertrieben ist es dennoch, mehr als dreimal zum Mappengespräch zu gehen! Denn die Professoren sind der Meinung, dass wenn man es beim dritten Mal nicht kapiert hat, wohl nie kapieren wird.

Wie sieht eine perfekte Mappe aus?

Gibt es nichts mehr an den 30-40 Bildern auszusetzen, dann sollte man sich die Mappe kaufen, basteln oder binden lassen. Das Aussehen der Mappe ist einem selber überlassen. Ein Rezept hierfür gibt es nicht, denn jeder Designer hat seinen eigenen Stil.

Dennoch gibt es gewisse Regeln zu beachten. Man sollte sich hüten, die Fotos auf unterschiedlich farbige Kartons aufzuziehen. Es ist kein grundsätzliches Tabu, aber die Farbe des Kartons beeinflusst das Bild an sich und deshalb sollte man nach Möglichkeit unterstützend vorgehen.

Außerdem ist Sauberkeit sehr wichtig. Man sollte Aufpassen, dass keine Fett- oder Kleberflecken auf den Bildern oder Kartons sind und dass die Fotos gerade aufgezogen sind.

40 Fotos zu einem einzigen Motiv oder Thema sind ebenfalls nicht die beste Lösung. Der berühmte rote Faden ist ein Mythos. Vielmehr sollte die Mappe aus einigen ausgewogenen Serien von je ca. fünf bis zehn Fotos bestehen, wobei das Motiv oder die Geschichte Interesse wecken soll. Wichtig ist ein Spektrum seiner Fähigkeiten zu zeigen. Deshalb sollte man sich auf seine Stärken einschränken. Märchen- oder „Fantasy"-Bilder – im Photoshop gebastelt – kommen in der FH Nürnberg nicht gut an. Photoshop kann viel mehr als das! Herkömmliche Fotos sind mindestens genauso interessant. Meine Fotoserien bestanden teilweise aus besonders interessanten Nahaufnahmen, wie beispielsweise verrostete Nägel, Schrauben oder Wasserblasen. In einer Größe von 30 x 45 cm hat das jeweilige Bild dann eine überdimensionale Wirkung und das ohne digitaler Nachbearbeitung. Bildmotive gibt es überall, man muss nur die Augen öffnen.

Was kostet mich eine Mappe?

Die Verpackung an sich muss nicht unbedingt die Mappe-„Royal" für mindestens 50 Euro sein, wobei für diese königliche Version die Folien im 10er-Pack nicht unter 25 Euro zu haben sind. Es gibt kostengünstige Kunststoff-Mappen für 7-14 Euro und dementsprechend große schwarze, weiße oder graue, relativ dicke Fotokartons im 50er-Pack unter 20 Euro. Man sollte unbedingt an genug Fotokleber, Fixogum oder Klebestreifen denken. Bei den Abzügen lohnt es sich, nach Aktionen Ausschau zu halten. Diverse Elektrohändler bieten oft riesige Abzüge zum kleinsten Preis an. Bei 30 bis 40 Fotos im Posterformat allein für eine Mappe lohnt es sich zu vergleichen.

Eine andere günstige Methode ist z. B., sich die Mappe ausdrucken und dann im Copy-Shop binden zu lassen. Oder man bastelt ein Fotobuch. Also der Kreativität sind hierbei kaum Grenzen gesetzt.

Hat man den Abgabetermin hinter sich, bleibt nur noch, auf die Entscheidung zu warten. Ist dann die Zusage nach sechs bis acht Wochen im Briefkasten, dann bleiben nur noch zwei Wochen zur praktischen Eignungsprüfung.

Typographie

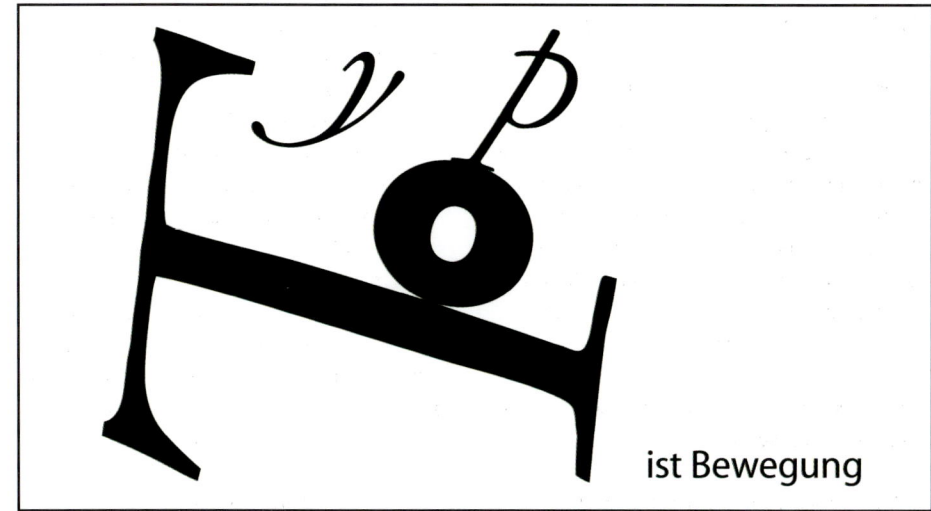

ist Bewegung

Die zweite Hürde: Die praktische Prüfung

Fühlt man sich nicht sicher beim Zeichnen, Malen und Typografie, dann würde ich empfehlen, einen Aquarell-, Aktzeichnen-, Schriftkurs oder „Mappenvorbereitungskurs" in der Volkshochschule oder bei einem Künstler zu nehmen. In dem von mir besuchten „Mappenvorbereitungskurs" haben wir Abend für Abend jeweils eine Prüfung aus der FH Nürnberg gemacht, die bereits in den Jahren zuvor verlangt wurde. Das war wohl die beste Vorbereitung dafür. Ich kann also nur empfehlen, sich rechtzeitig für einen dieser Kurse anzumelden.

Die Prüfungen an sich bestehen meistens aus drei Teilen aufgeteilt auf zwei Tage. An der Georg-Simon-Ohm Fachhochschule Nürnberg wird sehr viel wert auf Typografie, Film und Fotografie gelegt (bei Kommunikationsdesign auch auf genaues Zeichnen, z. B. Banane).

In einem großen Raum befanden sich über 200 Bewerber für die beiden Studiengänge Mediendesign und Kommunikationsdesign. Der erste Prüfungstag ist bei beiden gleich gewesen. Am zweiten Tag wurde nach Studiengängen getrennt.

Typografie:

Aufgabenstellung: Wählen Sie einen der folgenden Sätze:
Typo ist Variation
Typo ist Rhythmus
Typo ist Kontrast
Typo ist Form
Typo ist Bewegung

Daraus soll das Wort „Typo" geschrieben bzw. gezeichnet werden. Als Vorlage dienen die beigefügten Schriftmuster, wobei auch eine Mischung von Schriftarten möglich ist.

In der ersten Arbeitsphase sollen einige skizzenhafte Entwürfe entstehen, wobei die Bedeutung des jeweiligen Begriffs zum Ausdruck kommt. Anschließend soll das Wort „Typo" mit Bleistift oder Filzstift, jedoch in mindestens doppelter Größe wie die beigefügten Schriftmuster reingezeichnet werden (einfarbig schwarz).

Zum Schluss ist der Schriftenentwurf zu dem o.g. Satz einem weißen Papier in Format DIN A4 nach Ihren Vorstellungen anzuordnen. Bewertungskriterien sind Idee, Originalität und inhaltlicher Bezug, die handwerkliche Ausführung der gezeichneten Buchstaben und eine getreue Wiedergabe der vorgegebenen Schriftarten sowie die Gesamtkomposition auf der Fläche.

Meine Lösung: In dem Mappenvorbereitungskurs der VHS in Nürnberg habe ich erfahren, dass man beim Vergrößern der Buchstaben besonders auf die Proportionen achten muss. Leichter wird es, wenn man die Buchstaben in Rechtecke aufteilt und diesen Zahlenverhältnisse zuordnet. Bei der Komposition wiederum wird auf Sauberkeit und Originalität größter Wert gelegt. Auch hier gelten Gestaltungsregeln, ähnlich wie bei der Fotografie.

Zunächst entschied ich mich für einen der Sätze: Typo ist Bewegung. Wenn man nicht weiter gekommen wäre, hätte ich den Satz ja noch ändern können. Schließlich hatte ich ja insgesamt drei Stunden Zeit, um die Aufgabe zu lösen. Dann studierte ich die Schrift-Vorgaben genau und versuchte mir Geschichten auszudenken, was die Buchstaben tun würden.

Dabei entdeckte ich das kleine „Y" der Schriftart „Garamond normal kursiv". Es sah aus, als ob es fliegen könnte oder irgendwo abspringt und da es auch ein Sprungbrett brauchte fand ich gleich das große „T" der selben Schriftart, es schien zu kippeln oder gleich umzufallen. Beim P war ich mir nicht sofort sicher und probierte einige aus. Entschied mich aber zum Schluss doch auch für das kleine „P" aus derselben Schriftart, da auch dieses irgendwie versuchte Balance zu halten. Das „O" musste demnach ein runder Ball sein auf dem das „P" die Waage halten konnte. Am geeignetsten sah für mich das dicke „O" der Schrift „Futura fett". Damit war mein Zirkus komplett. Ich brauchte etwa vier Blätter um die Buchstaben zu vergrößern und sie so anzuordnen, dass sie zueinander passten und noch lesbar waren. Dann habe ich die Konturen der Buchstaben Typo auf das dickere Abgabeblatt sauber und fein übertragen. Dann fehlte nur noch die Formulierung „ist Bewegung". Das jedoch sollten wir einfach ausschneiden und passend dazukleben. Zur Abgabe zählten sowohl die Skizzen als auch das Endprodukt.

Tipp: Wichtig ist es, dass man nicht zu stark aufdrückt, da sonst der Bleistift zu sehr durchschimmert, wenn man mit dem „Feinliner" (einem dünnen schwarzen Filzstift) die Buchstaben ausmalt. Ist trotzdem der Bleistift zu sehen, sollte man nur behutsam mit dem Knetradiergummi radieren, denn es können leicht Unfälle passieren, z.B. das leicht feuchte Blatt reißt auf, der Filzer schmiert oder das Blatt knickt. Keinesfalls sollte man nur Konturen lassen, denn das wäre ja eine andere Schrift.

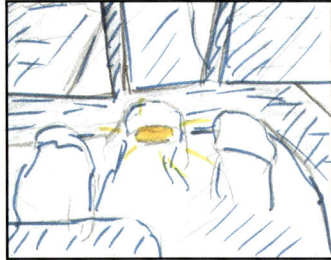

Storyboard

Storyboard:

Aufgabenstellung: Storyboard für einen Film oder Videospot.

„Ein Kurzschluss (Stromausfall) wird zu einer Haupt- oder auch winzigen Nebenrolle in der Geschichte, die Sie sich ausdenken. Konzipieren Sie zum Beispiel einen Spot, mit dem Sie ein Produkt bewerben. Sie können aber auch einen Kurzkrimi daraus entwickeln, einen Dokumentarfilm, eine romantische Geschichte oder was Ihnen sonst so einfällt.

Die Kriterien: Wichtig sind Konzeptidee, Originalität und interessante Darstellung. Setzen Sie Ihre Idee für das Medium Fernsehen um. Dabei sind Dramatisierung und Bildschnitt wichtig.

Zeichnen und beschreiben Sie ein Storyboard, das Ihre Geschichte in etwa sechs bis acht Bildern verdeutlicht. Sie können dazu jede Technik vorsehen, Realfilm (Foto), Zeichentrick, Collage und/oder Typografie, - vorausgesetzt, sie passt zu ihrer Idee.

Format: 10,5 cm breit, 8 cm hoch, oder im Verhältnis."

Meine Lösung: Bevor wir uns an die Film-Aufgabe machen sollten, durften wir nach der eine Stunde verschnaufen und Mittagspause machen, wobei wir von den lieben Designstudenten des zweiten Semesters mit Kuchen und Obst gestärkt wurden. Während dieser Pause konnte aber kaum einer von uns verschnaufen, denn jeder dachte an seine Geschichte. Ideen

wurden ausgetauscht und entwickelt. Dann ging es aber recht schnell wieder weiter.

Einen wesentlichen Vorteil hatte ich zwar dadurch, dass ich bereits im Filmkurs und Mappenvorbereitungskurs der Volkshochschule jeweils Storyboards gezeichnet habe, dennoch hatte ich meine Schwierigkeiten, Objekte aus dem Gedächtnis zu zeichnen.

Ich skizzierte mir zunächst meine ausgedachte Geschichte in ganz kleinen Bildchen auf, um zu sehen welche Szenen ich nehme, wie ich die Story auflöse und welche Texte ich zuordne. Und dann zeichnete ich mit Lineal auf zwei DIN A 3 Blätter im Hochformat jeweils 4 Kästchen und rechts daneben ließ ich Platz für den Text. Zunächst habe ich die Bilder mit Bleistift gemalt und dann mit dünnen Filzstiften farbig ausgemalt. Um 16 Uhr war dann Abgabe.

Werbefilm-Storyboard:

1. Bild: Ort: Flughafen, man sieht einen Flughafen-Tower bei Nacht und die Landebahn ist beleuchtet. Im Hintergrund blinken rote Lichter als Zeichen dafür, dass sich ein Flugzeug nährt.
2. Bild: Wechsel in das Cockpit des Flugzeugs; Man sieht die beiden Piloten von Hinten und hört, wie sie mit dem Tower kommunizieren und um Landeerlaubnis in drei Minuten bitten (engl.). Sie bekommen die Genehmigung und bereiten das Landemanöver vor.

3. Bild: Nun befinden wir uns in der Schaltzentrale, also dem Tower, und sehen die vielen Menschen dort arbeiten. Im Hintergrund befinden sich Routen der Flugzeuge auf großen Bildschirmen. Man hört viele Stimmen.
4. Bild: Plötzlich wird alles Dunkel und die Lichter außen und innen gehen aus. Ein Kurzschluss. Es wird still. Dann bricht Panik aus und alle schreien durcheinander.
5. Bild: Eine Frauenstimme beruhigt alle. Sie habe eine Idee. Dann hört man Zahnputzgeräusche und sieht neonartige Lichtspuren. Man erkennt es aber zunächst nicht.
6. Bild: Großaufnahme eines Mundes und ein breites Lächeln. Die Zähne wirken wie eine Taschenlampe und erleuchten den Raum.
7. Bild: Alle Mitarbeiter stehen neben der Landebahn hintereinander angereiht und grinsen. (Wodurch das Flugzeug schließlich landen kann.)
8. Bild: Einblenden der Zahnpasta auf der Zahnbürste sowie die Tube. Und der Spruch: ‚Bright As Light'. Eine Frauenstimme: „Testen sie die verbesserte Formel von „Bright As Light". Für ein Strahlendes Lächeln."

Fotografie

Fotografie

Fotografie:

Aufgabe: „Nürnberg, eine Stadt in Bewegung". In einer Bildserie von acht Bildern soll die Dynamik, Bewegung und Beweglichkeit in dieser Stadt dargestellt werden. Abgabe der belichteten Diafilme um 11.00 Uhr, je Film 3,50 Euro. Mittagspause 11.00–14.00 Uhr, 14.00–15.00 Uhr Auswertung und Rahmung, Abzugeben sind acht Dias zum Thema.

Meine Lösung: Natürlich habe ich da mein Stativ vergessen. Aber wenigstens hatte ich genug Dia-Filme und meine Canon EOS 1000 Spiegelreflexkamera dabei. Bevor ich losgelaufen bin, habe ich mir ein Konzept überlegt und mir selber Fragen gestellt, z. B.: Wo findet in Nürnberg die meiste Bewegung statt? Wo kann man am schnellsten hin? ...etc.

Da ich in Nürnberg wohne, war das kein Problem. Ich bin an den Hauptbahnhof, da die Geschäfte in der Haupteinkaufsstraße zu dem Zeitpunkt noch nicht geöffnet waren. Dort fotografierte ich einige wesentliche Bilder. Einmal die Füße der Pendler während sie auf mich zukamen in Langzeitbelichtung. Ein schönes grafisches Bild ergab sich in der neuen Bahnhofshalle. Dort fotografierte ich von oben einige Leute mit ihren Koffern.

Vor dem Bahnhof standen Taxis, die nur darauf warteten bestiegen zu werden und im Hintergrund war die Nürnberger Altstadt zu sehen. Dann habe ich einige Bilder an der U-Bahnhaltestelle gemacht, als gerade ein Mann mit seinem Fahrrad darauf wartete, dass die U-Bahn einfahrt. In der Einkaufspassage schlich gerade eine alte Frau mit ihrem Wagen, den sie vor sich her rollte, auf der Suche nach einem Schnäppchen. Einige Meter vor der Lorenzkirche ergab sich ebenfalls ein Bild mit Passanten, die ich in Bewegungsunschärfe versetzt habe. Abschließend schoss ich dann noch ein Bild mit einem vorbeifahrenden Radfahrer, dessen Vorderrad ein Motiv wurde. Nachdem ich drei Filme verschossen hatte, war die Zeit schon fast vorbei und ich musste mich ziemlich sputen, um die Filme rechtzeitig abzugeben. Nach der Bezahlung der Entwicklung hieß es drei Stunden verschnaufen. Währenddessen bekamen wir unsere Bewerbungsmappen zurück.

Am Nachmittag erhielt ich die entwickelten Dias zurück und sollte acht davon aussuchen und rahmen. Alle mussten sich eine Schere teilen, da keiner von uns daran gedacht hatte, eine mitzubringen. Und dann kam auch schon das Kolloquium. Ich sollte meine Mappe noch mal vorzeigen und dann begründen weshalb ich ausgerechnet diese Dias für die Aufgabe „Nürnberg, eine Stadt in Bewegung" ausgesucht habe. Eigentlich ist das Gespräch mit dem Professor harmonisch verlaufen, denn ich kannte den Professor schon durch das Mappengespräch. Er fragte mich noch nach meinem Vorbild und ich durfte als letzter Bewerber die FH um 19.30 Uhr verlassen.

Um ganz ehrlich zu sein, war ich sehr überrascht, dass ich die Prüfung bestanden hatte. Aber andererseits war ich auch froh, dass sich die Volkshochschulkurse und die Praktika ausgezahlt haben.

Also wenn ich es geschafft habe, dann schafft ihr es auch. Und denkt daran: Ohne Fleiß kein Preis!

Allen Bewerbern wünsche ich viel Glück!

STEPHAN SASEK
**Fachhochschule Bielefeld,
Fotografie und Medien**

ALTER
29

E-MAIL
dottilie74@web.de

ANZAHL DER ARBEITEN
25

HAUSARBEIT
**Fotografieren zum Thema „Grenzen" oder
„Liebe" (bearbeitetes Thema „Liebe"),
drei s/w Aufnahmen (13 x 18 cm),
vorgegebene Zeitdauer: 14 Tage**

AUFNAHMEVERFAHREN
**Dauer zwei Tage
1. Tag: Abgabe der Mappe, nach Auswahlverfahren Zulassung zur praktischen Prüfung
am nächsten Tag
2. Tag: Wahl zwischen Polaroidaufnahmen
oder Zeitungscollage zum Thema „Begegnungen", gewählte Art: Polaroidaufnahmen**

VORBEREITUNG
**Zweijährige Tätigkeit als Fotoassistent
Erstellungszeit der Mappe: sechs Wochen**

Arbeit 1

Arbeit 2

Die Mappe:

1   Saisonende Badeort

2   Saisonende Schwimmbad

STEPHAN SASEK,
FACHHOCHSCHULE BIELEFELD

Die Prüfung:

Es ist bereits mein zweites Aufnahmeverfahren an der FH Bielefeld/Fotodesign.

Beim ersten Aufnahmeverfahren im Januar 2002 wurde meine Mappe abgelehnt. Dieses Jahr ist alles anders. Am 8.01.03 um 16 Uhr wird mein Name vorgelesen. Meine Mappe hat bestanden. Ich bin zum zweiten Teil des Aufnahmeverfahrens zugelassen!

9. Januar, 9 Uhr morgens. 25 übriggebliebene Bewerber von ca. 130 sind noch dabei. Nervös rauchend, Kaffee trinkend oder auch nur einfach ins Leere starrend warten wir auf den Prüfungsleiter. Um 9.10 Uhr steht er dann plötzlich vor uns. Kurze Begrüßung, Glückwünsche, dass wir es bis hierhin geschafft haben und los gehts.

Thema der Prüfung: „Begegnungen". In der Einladung zum Aufnahmeverfahren steht: Bringen Sie bitte mit: Polaroidkamera u. Filme und/oder eine Schere, Klebstoff, einen weißen Din A4-Fotokarton, Stift, Radiergummi und einen Malkasten. Habe natürlich alles dabei, inklusive vier Zeitschriften. Denn die sollen wir, nach der gestrigen Aussage des Prüfungslei-

ters, ebenfalls mitbringen. 13 Uhr ist Abgabe. Entweder eine Collage oder Polaroids zum Thema „Begegnungen". Ein Arbeitsraum wird uns zur Verfügung gestellt. „Noch Fragen?" „Wieviel Polaroids dürfen wir denn machen?" Eine verschüchterte Frage aus der zweiten Reihe. „So viele wie Sie glauben zu benötigen," antwortet der Prüfungsleiter. „Und bitte alle Polaroids mit Namen und Thema beschriften!" „Und falls Sie Serien fotografieren, bitte die Serie nach Reihenfolge durchnummerieren!" „Viel Glück und tschüss!"

Das war es? Mehr nicht. Na dann los! Also, was mache ich jetzt? Collage oder Polaroids? Draußen sind es -10 Grad. Also Collage! Hinsetzen, alles vor mir ausbreiten, anfangen. Vier Zeitungen habe ich, aus denen ich zum Thema „Begegnungen" eine Collage zusammenschustern kann. Denk nach! Nach einer halben Stunde lustlosem herumblättern habe ich immer noch keine Ahnung. Also doch Polas.

Da ich Bielefeld durch das Aufnahmeverfahren im letzten Jahr schon etwa kenne, weiß ich zumindest in etwa, wohin ich mich bewegen

muss. Also dann Handschuhe an, Mütze auf und einen Film einlegen und los! Begegnungen, Begegnungen, Begegnungen... Serie oder Einzelfotos? Wie setze ich das alles um?

Dann die Idee, einfach, aber sicher. Portaitaufnahmen! Ich spreche Leute auf der Straße an und fotografiere sie. Fotogen, sympatisch oder einfach nur interessant sollen sie sein! Nach fünf Minuten mein erstes Opfer. Eine alte Dame kommt gerade die Haustür hinaus. Ca. 75 Jahre alt, langer Mantel, Spazierstock. „Entschuldigung, mein Name ist Stephan Sasek und ich mache gerade eine Aufnahmeprüfung an der FH Bielefeld im Fach Fotodesign." „Ich muss zum Thema ‚Begegnungen' Polaroids machen. Darf ich sie fotografieren?" Verschmitztes Lächeln. „Aber nein, ich bin doch viel zu alt und unfotogen." Aber dann doch die Einwilligung. Ich stelle sie direkt an ihren Gartenzaun und mache eine Aufnahme. Blitz und schon fertig! Vorne kommt das Pola aus der Kamera. Ein paar Minuten warten, bis sich das Bild entwickelt. Sie erzählt mir inzwischen, dass das Haus hinter uns ihres ist und sie es jetzt

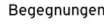

Begegnungen

leider verkaufen müsse, da ihre Kinder weggezogen sind. Schade eigentlich, ein sehr schönes Haus. Durch die winterliche Kälte braucht die Entwicklung des Polaroids etwas länger. Nach gemeinsamer Begutachtung bedanke ich mich und ziehe weiter. Keine zwei Minuten späte, steigt ein Mann aus seinem Kleintransporter. Arbeitskleidung, aha, Heizungsmonteur. „Würden sie? … Oh, vielen Dank, stellen sie sich bitte dahin!" Blitz und weg ist er. Hat es sehr eilig. Puuuh, es wird mir langsam kalt. Noch drei Stunden Zeit. Da, mein nächstes Opfer. Ungewöhnlicher Mantel. Macht mit. Nach ein paar Minuten ist das Bild zu sehen. Fehlversuch, Mist! Schlechter Ausschnitt und er ist schon weg. Insgesamt mache ich 15 Polaroids. Von diesen habe ich sieben abgegeben. Auf allen Polas stehen die abgebildeten Personen mittig im Bild und schauen in die Kamera. Eine alte Dame, der Heizungsmonteur, ein Briefträger, ein alter Herr mit Bart und Stock, eine dunkelhaarige Frau mittleren Alters, eine junge blondhaarige Frau und ein etwa zehnjähriger türkischer Junge. Noch einer dreiviertelstunde Zeit.

Und dann ein Glücksfall. Zwei Autos mit offenen Motorhauben, ein Mann und eine Frau, zwei Kabel und -10 Grad Außentememperatur. Ein ideales Motiv zum Thema „Begegnungen". Kurz angefragt und schon werden die beiden angeblitzt.

Noch 30 Minuten Zeit. Jetzt aber schnell zurück zur FH. Name, Thema und Nummerierung auf die Rückseiten geschrieben und Abgabe. Das war es.

In einer Stunde sollen wir wieder zur Urteilsverkündung erscheinen. Oh Gott, wieder warten. Ich gehe zu meiner Bekannten, die mir für die letzten zwei Tage Obdach gewährt hat und packe meine Reisetasche. Habe ein sehr flaues Gefühl im Bauch. Langsam bereite ich mich innerlich darauf vor, im Frühsommer noch ein Aufnahmeverfahren zu machen.

Oh, schon 14 Uhr. Zurück zur FH. Zwei meiner Mitbewerber kommen mir mit einem Grinsen im Gesicht entgegen. Glückwunsch, die haben es geschafft. Herzklopfen. Ich komme in den Flur vor dem Prüfungsraum. Viele enttäuschte Gesichter. Bin wohl etwas zu spät. Ich

betrete den Raum. „Entschuldigung, ich wüsste gerne mein Prüfungsergebnis." „Sie sind etwas spät. Wie ist ihr Name?" „Sasek, Stephan Sasek." „Ah ja, Sasek, Moment bitte. Bestanden, herzlichen Glückwunsch!"

Wäre mein Herz an Lautsprecherboxen angeschlossen, ich glaube, allen wären die Trommelfelle geplatzt. Am Ende erfuhr ich am Bahnhof von einer Mitbewerberin, dass von den. 25 Leuten am Ende wohl zwischen 12-15 bestanden haben.

Wenn man mit seiner Mappe zur Prüfung zugelassen wird, ist die größte Hürde geschafft. Jetzt liegt vor mir ein Anmeldeformular der FH Bielefeld mit einer beglaubigten Bestätigung meines Prüfungsergebnisses. Note 3,2.

Nicht gerade berauschend, aber bestanden.

CAROLIN SCHMITZ
Universität Gesamthochschule Wuppertal,
Kommunkationsdesign

ALTER
22

E-MAIL
chaos-caro@web.de

ANZAHL DER ARBEITEN
10 (Serien gelten als eine Arbeit)

HAUSARBEIT
Standpunkt; Positiv/Negativ Beispiel
für Stehlampe, Briefkasten, Briefmarke,
Firmenlogo

AUFNAHMEVERFAHREN
Mappenabgabe mit Hausarbeit,
danach Vorstellungsgespräch

VORBEREITUNG
Ausbildung zum Gestaltungstechnischen
Assistent Schwerpunkt Medien und
Kommunikation, Mappenberatung, Praktika

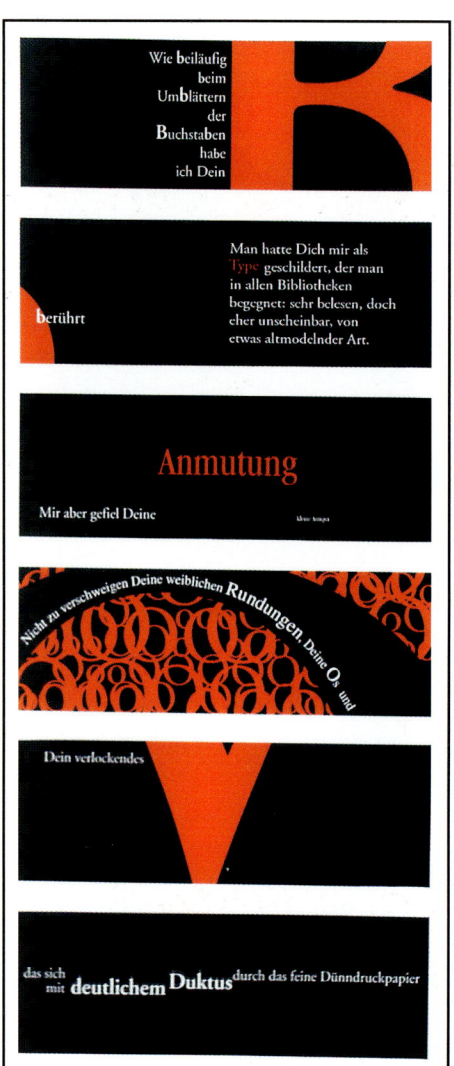

Arbeit 1

Arbeit 2

Die Mappe:

CAROLIN SCHMITZ

Arbeit 3

Arbeit 4   Arbeit 7

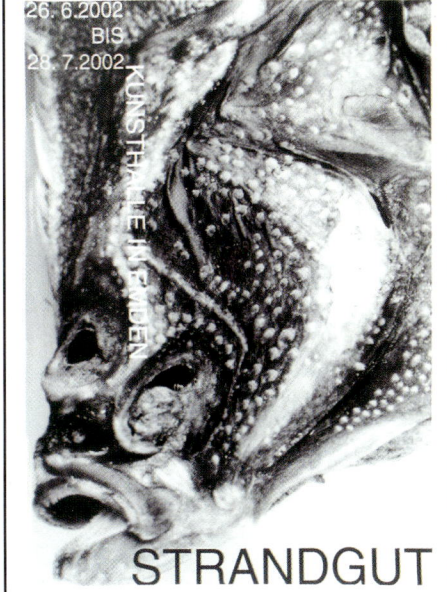

Arbeit 5

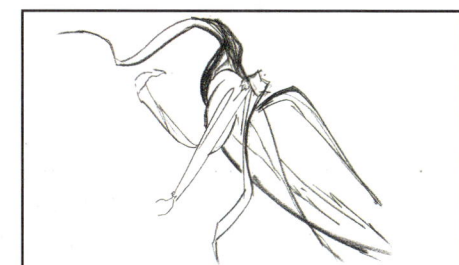

Arbeit 6   Arbeit 8

Arbeit 9

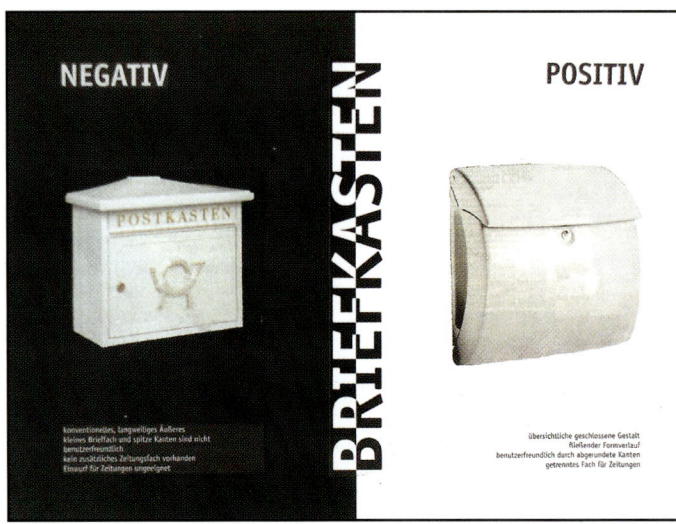

Briefkasten

Logo

CAROLIN SCHMITZ,
UNIVERSITÄT GESAMTHOCHSCHULE
WUPPERTAL

Die Prüfung:

Für die Bewerbung zum Studiengang Kommunikationsdesign an der BUGH Wuppertal wird neben der Mappe auch die Bearbeitung von vorgegebenen Themen verlangt.

Es gibt eine Aufgabe zur Kritikfähigkeit, bei der je ein positives und ein negatives Beispiel für verschiedene Objekte gefunden und beschrieben werden muss. Die zweite Aufgabe für die Bewerbung zum WS 2002 lautete „Standpunkt". Zu diesem Thema war eine im Umfang und der Ausführung freie Arbeit anzufertigen.

Beim Positiv-Negativ Vergleich wollte ich auf den ersten Blick erkennbar machen, welches das gute und welches das schlechte Beispiel ist. Aus diesem Grund habe ich mit positiver sowie negativer Schrift gearbeitet (Schwarz auf Weiß und umgekehrt).

Die Aufgabe Standpunkt habe ich fotografisch gelöst. Aus dem vorhandenen Bildmaterial wählte ich drei Bilder zur Präsentation aus.

Nachdem nun die erste Hürde (die Mappenabgabe) genommen war, stand das Vorstellungsgespräch an:

Am Tag des Prüfungsgesprächs habe ich alle Ursachen für ein mögliches Zuspätkommen eingeplant, weshalb ich natürlich viel zu früh an der Uni ankam. Zum Glück ging es wohl aber nicht nur mir so, denn einige Mitbewerber waren auch schon da. Es war unschwer zu erkennen, wer auf das Gespräch wartete (die Nervosität stand uns wahrscheinlich ins Gesicht geschrieben), so dass wir uns unterhielten. Es war interessant zu erfahren, was die anderen vorher gemacht haben (wie z.B. Praktika oder Ausbildung in Werbeagenturen). Die Gespräche halfen ein wenig, die Aufregung abzubauen. Nach kurzer Zeit wurde unsere Anwesenheit geprüft und wir konnten entscheiden, ob wir ein Einzelgespräch wünschen oder zu zweit (bzw. zu dritt) „antreten" wollen.

Pünktlich zur bestellten Zeit wurden wir in den Raum gebeten, in dem sich schon unsere Mappen befanden. Die Prüfungskommission, bestehend aus Studenten und Professoren des Fachbereichs, saß um einen großen Tisch, an dem auch wir Platz nahmen. Man sollte sich vorstellen, etwas über sich erzählen und nebenbei noch einmal die Bewerbungsmappe durchblättern. Das alles fand in netter Atmosphäre statt. Zu einigen der Arbeiten wurden Fragen gestellt (z.B. ob wir die Fotografien selbst vergrößert haben). Des weiteren fragte man uns, warum wir gerade Kommunikationsdesign studieren möchten sowie nach Erwartungen an den gewählten Studiengang. Ich denke, wenn man ernsthaft KD studieren möchte, hat man sich mit diesen Fragen bereits auseinandergesetzt.

Lampe

Briefmarke

Das gesamte Gespräch dauerte ungefähr eine halbe Stunde, allerdings hatte ich den Eindruck, dass die Zeit recht schnell umging. Ich habe dieses abschließende Gespräch nicht als eine Prüfung im eigentlichen Sinne verstanden, da es in angenehmer Atmosphäre stattfand.

Es hat meiner Meinung nach nicht viel Sinn, dafür lernen zu wollen, respektive Antworten einzustudieren. Sofern man kulturell interessiert ist (was impliziert, Ausstellungen zu besuchen sowie sich in der Kunstgeschichte etwas auszukennen), wird man wohl keine gravierenden Schwierigkeiten haben, dieses auch im Gespräch darzustellen. Ich halte es allerdings für sehr wichtig, selbstbewusst zu erscheinen; schließlich möchte man sich bestmöglich präsentieren und nicht unentschlossen wirken.

Ich muss noch erwähnen, dass man sich durch manche Bemerkungen der Professoren nicht irritieren oder aufs Glatteis führen lassen soll, immerhin geht es ja um eine Prüfung.

Ich hoffe, meine Beschreibung vermittelt den Eindruck, wie ein solches Prüfungsgespräch ablaufen kann und hilft möglicherweise dem einen oder anderen Bewerber ein wenig entspannter an die Prüfung heranzugehen; auf jeden Fall kann ich sagen, dass sich im Endeffekt der ganze ‚Mappen-Stress' und die Nervosität doch lohnen.

In diesem Sinne, viel Erfolg!

ANNE KATRIN SCHNEIDER
**Fachhochschule Münster,
Kommunikationsdesign**

ALTER
21

E-MAIL
kati@muenster.de

ANZAHL DER ARBEITEN
**Acht Blumen,
vier Porträts „Elemente",
Zahnlücken**

HAUSARBEIT
**Zahnlücken zum Thema
„Der Raum zwischen den Dingen"**

AUFNAHMEVERFAHREN
Präsentation der Arbeiten und der Hausarbeit vor Professoren und Studenten

VORBEREITUNG
Einjähriges Praktikum bei einem Fotografen.

Arbeit 1

Die Mappe:

1	Phototroph
2	Element-Erde
3	Element-Wasser
4	Element-Feuer
5	Element-Luft

Arbeit 2

Arbeit 3

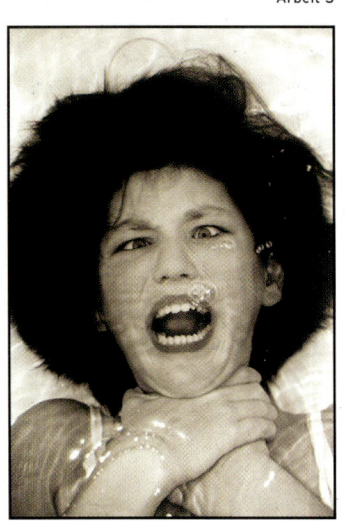

Arbeit 4

Arbeit 5

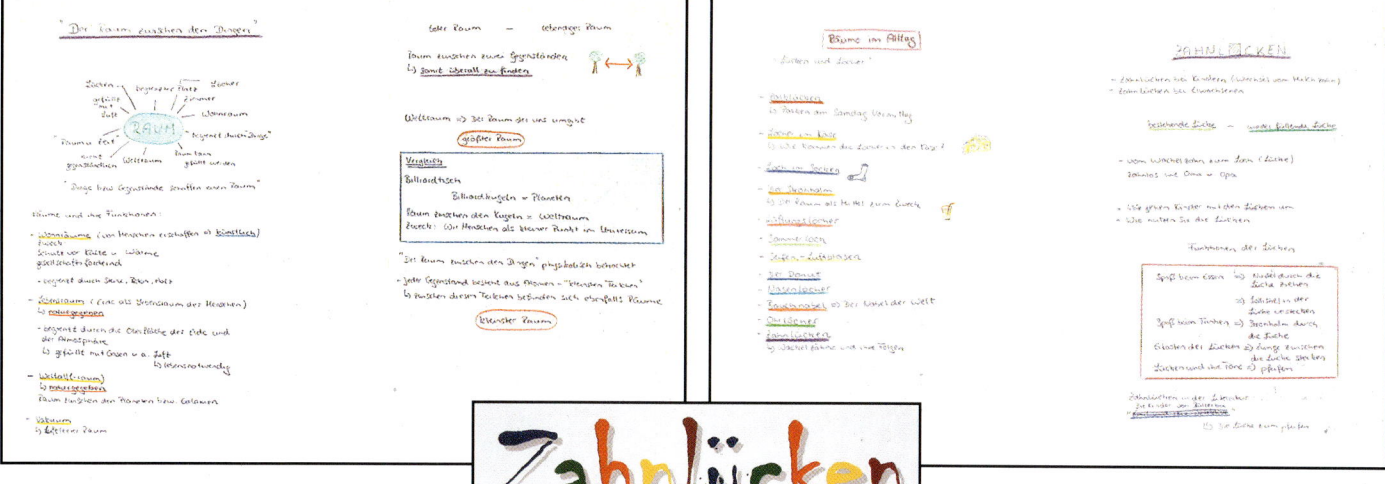

Raum zwischen den Dingen
„Zahnlücken"

ANNE KATRIN SCHNEIDER,
FACHHOCHSCHULE DÜSSELDORF

Die Prüfung:

Anmerkung der Redaktion:
Die Prüfung wurde nicht an der Fachhochschule Münster absolviert, sondern an der Fachhochschule Düsseldorf.

Wenn der Entschluss fest steht, Design zu studieren, fangen auch die Fragen an: Wie bewerbe ich mich erfolgreich an einer Fachhochschule? Was wollen die jeweiligen Schulen sehen? Was ist gefragt? Woher weiß ich, ob ich die Anforderungen für das Designstudium erfülle? Bin ich gut genug?

Einige fragen sich aber noch viel simpler: Was hat es mit dem Beruf des Designers eigentlich auf sich? Die meisten stehen verständlicherweise am Anfang ziemlich ratlos vor dem Mysterium des „Traumberufs Designer". Sie wissen zwar, dass es bestimmt ganz toll wäre ihn auszuüben – denn schließlich ist er zur Zeit ja auch total „in" – aber nur wenige wissen wirklich, was alles zu den Aufgaben eines Designers gehört. Von daher ist es zunächst einmal wichtig, in diesen Beruf reinzuschnuppern, in Form eines Praktikums oder eventuell auch durch eine Ausbildung (z.B. zum Mediengestalter). Verschafft euch einen möglichst breiten Überblick über den Berufsalltag und sammelt Erfahrungen. Dies wird euch helfen zu entscheiden, ob ihr euch auch wirklich vorstellen könnt, später einmal als Designer zu arbeiten.

Versucht Kontakte zu Gleichgesinnten zu schaffen und tauscht euch über eure Erfahrungen aus. Besucht die Fachhochschulen und informiert euch, sprecht mit möglichst vielen Studenten oder vereinbart Termine für Beratungen bei Professoren.

Wenn ihr euch einen groben Überblick verschafft habt und ihr immer noch entschlossen seit, euch zu bewerben, solltet ihr überlegen, welche Schule in Frage kommt und was für Aufnahmebedingungen an dieser bestehen. Wollt ihr zum Beispiel in eine Großstadt an eine große und anonyme Uni, oder zieht es euch mehr zu einer kleinen familiären Schule?

Nachdem ihr ein paar Schulen in die nähere Auswahl genommen habt, solltet ihr versuchen, durch Hilfe der Studenten herauszubekommen, welche Arbeiten (Techniken und Stil) an der jeweiligen FH in der Prüfung gerne gesehen werden. Nun geht es an die Ideenfindung. Redet mit soviel Leuten wie ihr könnt über eure Ideen und Gedanken. Auch Leute, die selbst keinen kreativen Beruf ausüben, können dabei manchmal sehr hilfreich sein. Besucht Kunstausstellungen, stöbert in Büchereien und Buchläden zu Themen, die euch interessieren.

Nutzt euren Alltag als Inspiration. Ideen klauen oder schon vorhandene Arbeiten leicht verändern ist erlaubt, schließlich kann man das Rad nicht immer wieder neu erfinden. Es sollte aber trotzdem neu und originell aussehen,

auch wenn die Grundidee vielleicht schon alt ist. Von abgelutschten und veralteten Sachen solltet ihr besser die Finger lassen. Gerne wird von der Prüfungskommission gefragt, wie Ihr zu euren Ideen gekommen seid. Schreibt eure Gedankengänge auf und zeigt somit den Weg von euren ersten Ideen bis hin zum ausgearbeiteten Ergebnis.

Nicht nur bei der Ideenfindung, auch bei der weiteren Ausarbeitung solltet ihr mit anderen über euer Schaffen reden. Dies kann dazu führen, das ihr eure Arbeiten aus einem ganz anderen Blickwinkel betrachtet. Konstruktive und ehrliche Kritik ist in dieser Phase zwar schwer zu ertragen, aber sehr wichtig für wirklich gelungene Arbeiten. Sucht auch Menschen auf, die dafür bekannt sind, dass sie sehr kritisch mit Kunst umgehen. Hier habt ihr die beste Möglichkeit, für die Prüfung zu trainieren. Lernt eure Arbeiten zu verteidigen und vorteilhaft zu präsentieren, aber auch eventuelle Schwachpunkte der Arbeit zu überdenken. Lernt mit Kritik umzugehen, arbeitet an eurer Überzeugungskraft und übt euch gut zu verkaufen! Dabei werdet Ihr feststellen, dass euch eure Arbeiten immer mehr ans Herz wachsen und zu euren „Babys" werden. Dies ist sehr wichtig, eben damit ihr in der Prüfung hundertprozentig hinter dem stehen könnt, was ihr gestaltet habt. Außerdem sprudeln die Ideen zu neuen Projekten noch mal doppelt so schnell

Johannes

Nadine

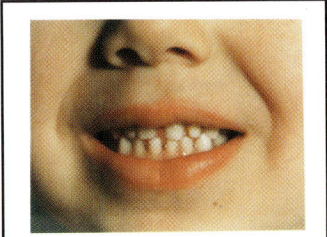

Johannes

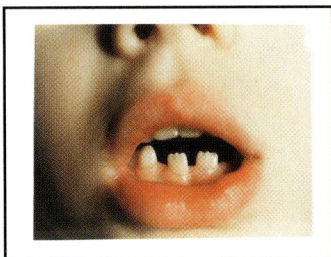

Nadine

Marie-Christin

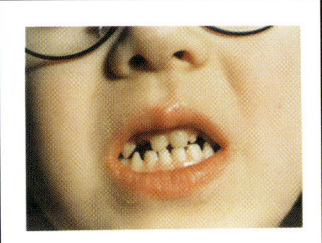

Marie-Christin

aus euch heraus, wenn ihr Spaß und Freude an euren Arbeiten habt. Gerade bei den Hausaufgaben, die ihr von manchen Fachhochschulen zugeschickt bekommt und die meist innerhalb von kurzer Zeit gelöst werden müssen, heißt die Devise „so originell und überraschend wie möglich". Dies ist eine echte Herausforderung und verlangt euer ganzes kreatives Können.

Bei den Prüfungen ist weiter zu beachten, das die jeweiligen Schulen verschiedene Vorgehensweisen bei ihren Prüfungen haben. Bei Einigen gebt ihr eure Mappe ab und intern werden diese begutachtet und entschieden, ob Ihr zur weiteren Prüfung (meistens eine Zeichenprüfung vor Ort) eingeladen werdet. Bei anderen müsst Ihr direkt eure Arbeiten und Hausaufgabe vor Professoren und Studenten präsentieren. Hier muss jeder für sich selbst überlegen, welcher Prüfungsvorgang ihm mehr liegt.

Ich selbst habe mich für die letztere Prüfungssituation entschieden und an der Fachhochschule in Düsseldorf meine Prüfung abgelegt, eben weil ich es als sehr angenehm empfunden habe, zu meinen Arbeiten selbst etwas zu sagen und auch mich selbst vorzustel-

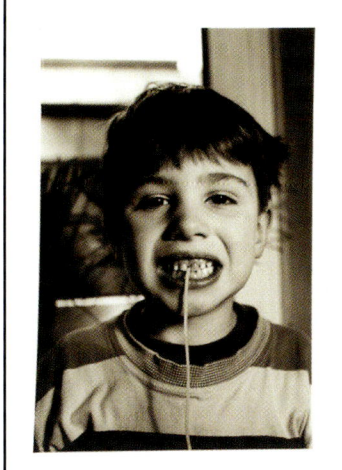

Dominik

Jasmin

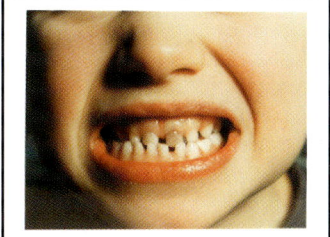

Dominik

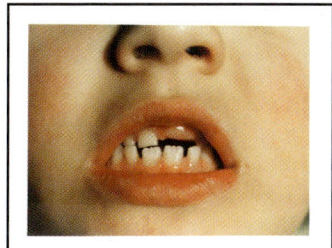

Jasmin

len. Bei dieser Prüfung ist ein selbstbewusstes Auftreten wichtig und auch auf geschickt gestellte Fragen der Professoren sollte clever und ruhig gekontert werden. Lasst euch bloß nicht nervös machen, sondern steht einfach zu euren Arbeiten. Auch die Professoren, die vor euch sitzen, haben die Weisheit nicht mit dem Löffel gefressen. Denkt bei der Prüfung immer daran und versucht einfach originell und überzeugend zu wirken. Dies, so denke ich, ist schon der halbe Weg. Aber die restlichen 50% sind - und dies wissen meiner Meinung nach alle Leute, die im Bereich Design tätig sind – auch pures Glück.

Von daher, auch wenn es nicht sofort beim ersten Mal klappt, lasst euch nicht entmutigen. Überlegt selbstkritisch, was in euren Augen hätte besser laufen können, aber versucht es auf jeden Fall noch mal an einer anderen Fachhochschule und glaubt an euer Glück!

Trotzdem solltet ihr immer im Hinterkopf behalten, was es bedeutet, den Weg des Designers bzw. Künstlers einzuschlagen. Selbst wenn ihr die Prüfung geschafft und in die heiligen Hallen einer Design-FH eintreten dürft, habt ihr zwar mit die schwierigste Hürde

geschafft, aber auch das Studium selbst verlangt von euch jede Menge Selbstdisziplin. Keiner wird euch mehr sagen, was Ihr zu tun oder zu lassen habt, oder euch groß für eure Arbeiten loben. Für diese Erfolgserlebnisse müsst Ihr selbst sorgen, in dem ihr mit dem, was Ihr macht, zufrieden und im Kopf immer am Arbeiten seit, damit euch die Ideen nie ausgehen. Außerdem werdet ihr euch regelmäßig für das, was ihr gestaltet, rechtfertigen müssen. Fragen wie „Wieso haben Sie sich für diese Lösung entschieden?" oder „Warum ist diese Lösung Ihrer Meinung nach Ideal?" werdet ihr noch öfter zu hören bekommen.

Im Bereich der Kunst oder des Designs gibt es zwar ungefähre Richtlinien, aber im Endeffekt ist die Gestaltung eine Sache, die vom individuellen Geschmack abhängig ist.

Es gibt keine richtige Lösung wie zum Beispiel in der Mathematik, in der 1 + 1 einfach 2 ist. Hier gibt es nur gute oder weniger gute Lösungen eines gestalterischen Problems. Das macht die ganze Sache zwar nicht gerade einfacher, aber wesentlich spannender!

Ich wünsche euch viel Glück und drücke euch für die Prüfung die Daumen!

MAJA SCHULTE-VOGELHEIM

**Universität Duisburg-Essen,
Standort Essen,
Kommunikationsdesign**

ALTER
24

E-MAIL
info@bitbeast.de

ANZAHL DER ARBEITEN
29

HAUSARBEIT
Im Vorjahr habe ich das Thema „Beziehungen" bearbeitet. Für die Wiederholung des Tests brauchte ich keine neue Mappe mit Hausarbeit einreichen.

AUFNAHMEVERFAHREN
**Vorauswahl anhand der Mappe
Dreitägiger Test:
1. Tag: fotografieren, mit einem Film und zwei Themen
2. Tag: vier Aufgaben grafisch umsetzen
3. Tag: kurzes Gespräch über die Testergebnisse**

VORBEREITUNG
Vielen Leuten die Mappe gezeigt, Mappenberatung, Besuch von Ausstellungen des Fachbereichs.

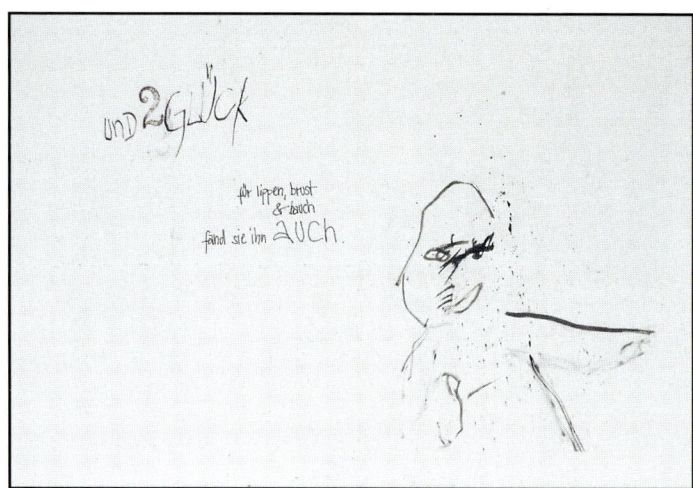

Arbeit 1

Die Mappe:

1   Eine kleine Geschichte, Auszüge

2   Zeichenlust

3   IchBuch, Auszüge

Arbeit 2

PESSIMISTIN

Ästhetin

Arbeit 3

Rastlerin

emanze

Romantikerin

Esst die Reichen

ámbar

MEHR FREUDE!

Begriff zeichnen

Begriff zeichnen

MAJA SCHULTE-VOGELHEIM,
UNIVERSITÄT DUISBURG-ESSEN,
STANDORT ESSEN

Die Prüfung:

Den ersten Eignungstest absolvierte ich im Juni 2001 in Essen. Ich war ziemlich aufgeregt und verunsichert. Was wollen die? Wie mach ich es richtig?

Mit dem dringenden Wunsch angenommen zu werden, versuchte ich dann die „Erwartungen der Professoren" zu erfüllen. Schade nur, dass dabei keine tollen Arbeiten rausgekommen sind. Kein Wunder eigentlich, weil ich jede Idee aus irgendeinem Grund wieder verwarf:

„Das wollen die doch bestimmt nicht so",

„Das kann man doch nicht machen".
Hat man für die Arbeit dann nur ein bis zwei Stunden Zeit, wird's ganz schön eng.

Nach zwei Wochen kam der Brief. „Als nicht ausreichend bewertet" und alles war erstmal dunkel.

Die eigene Ahnung wurde bitter bestätigt. Wieder ein Jahr warten. Dabei wusste ich doch selbst genau, dass ich geeignet bin. Und wie!

Zum Warmbleiben nahm ich in Münster am Test (ein Tag) teil, wo wieder nichts Ausreichendes bei mir festgestellt werden konnte.

Enttäuscht, wütend und etwas trotzig fing ich an, einfach zu machen, was ich will. Ohne Hintergedanken. Und plötzlich gefielen mir meine Arbeiten auch besser.

Um meine Chancen zu steigern, bewarb ich mich im folgenden Jahr in Wuppertal (Uni), Dortmund (FH) und Düsseldorf (FH). Glücklicherweise gab es überall Hausaufgaben, so dass ich ausreichend Zeit hatte, mir gute Lösungen zu überlegen.

Und dann war es endlich soweit! Ich hatte die Prüfer in Düsseldorf zum Schmunzeln gebracht und bekam eine 1,3. Genugtuung breitete sich aus. Endlich war mein Studienplatz gesichert.

Durch dieses Erfolgserlebnis gelockert, konnte ich immer besser meine eigenen Späßchen treiben und mir selbst vertrauen. Damit kam ich dann auch in Wuppertal durch.

Die Eignung in der Tasche, nahm ich den Test in Essen recht gelassen. Getreu dem Motto „Wer's jetzt nicht merkt, ist selber schuld" machte ich, wie ich meinte. Und es funktionierte wieder.

Auch wenn viel Katzenjammer dabei war, hat mir gerade das Jahr Wartezeit viel gebracht. Denn mit zunehmender Bewerbungsroutine verliert man die hemmende Ehrfurcht und gewinnt an Selbstbewusstsein.

Meine neue Mappe ist immer klarer und persönlicher geworden. Und letztendlich kann man besser präsentieren, wenn man seine Arbeiten selber mag.

Grundsätzlich würde ich empfehlen, sich mit einer Mappe an verschiedenen Stellen zu bewerben. Dann kann man verschiedene Testverfahren ausprobieren und den Erfolgsdruck etwas mindern.

Aber das Wichtigste ist: Deine Idee ist die richtige.

Nacht in fremder Stadt

Gegenstand zeichnen

Zwischenräume

Person nachzeichnen

ARNE STACH
**Fachhochschule Düsseldorf,
Kommunikationsdesign**

ALTER
21

E-MAIL
email@arnestach.de

ANZAHL DER ARBEITEN
11

HAUSARBEIT
CD-ROM zum Thema „Zeichenlust"

AUFNAHMEVERFAHREN
**10 Arbeiten,
Hausaufgabe,
15 Minuten Kolloquium**

VORBEREITUNG
**Zweieinhalbjährige Ausbildung zum Medien-
gestalter für Digital- und Printmedien.**

Arbeit 1

Arbeit 2

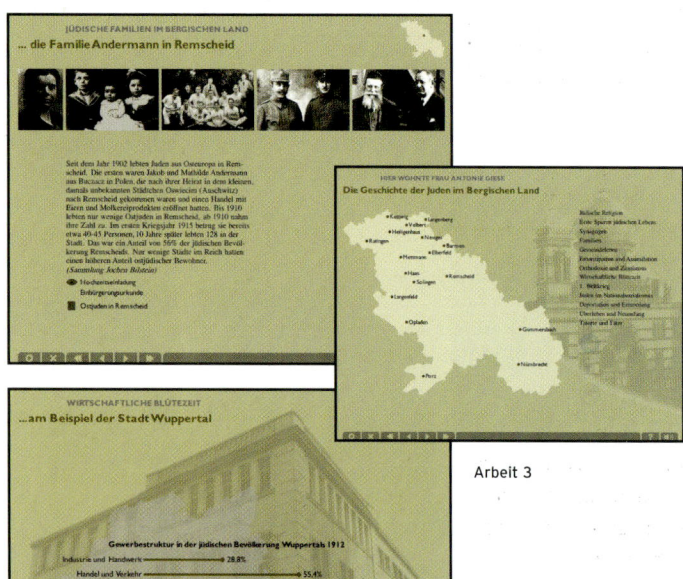

Arbeit 3

Arbeit 4

Arbeit 5

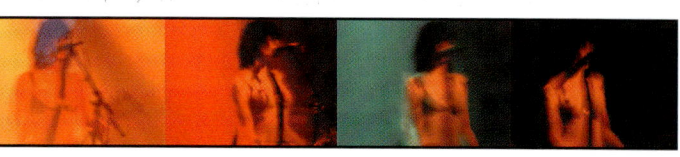

Die Mappe:

1   doppelseitige Modeanzeigen

2   NYC vor dem 11. September

3   CD-ROM zur Geschichte der Juden

4   Startschuss für 15 Minuten Kolloquium

5   Lichtsituationen innerhalb einer Sekunde

ARNE STACH,
FACHHOCHSCHULE DÜSSELDORF

Die Prüfung:

Während meiner Ausbildung zum Mediengestalter hatte ich wenig Zeit, um intensiv an einer Mappe zu arbeiten. Darum habe ich mir in den Monaten vor der Eignungsprüfung immer wieder Ideen aufgeschrieben und mir Gedanken gemacht. Nach meiner Ausbildung hatte ich dann zwei Monate Zeit, um meine Mappe zusammenzustellen. Für die Bewerbung in Düsseldorf waren zehn freie Arbeiten sowie die Bearbeitung einer Hausaufgabe gefordert.

Aus meinen gesammelten Ideen wählte ich zehn aus, dabei war mir wichtig, dass die Ideen ohne unendlich großen Aufwand umzusetzen waren. Nach weiteren Überlegungen entschloss ich mich dazu, alle zehn Arbeiten unter dem Thema „Zeit" zusammenzufassen. Dies sollte mir vor allem die Argumentation bei der Vorstellung meiner Mappe erleichtern. Denn Arbeiten, die einfach nur gut aussehen, machen ja – glaube ich – wenig Sinn.

Irgendwie habe ich die zwei Monate dann doch nicht so intensiv für die Mappe genutzt, wie ich es geplant hatte. Es war gar nicht so einfach, sich nicht von anderen Dingen die Zeit rauben zu lassen, also verschob ich meine geplanten Aufgaben häufig auf den nächsten oder übernächsten Tag.

Zwei Wochen vor dem Tag X machte ich mir endlich einen Plan über die noch zu erledigenden Arbeiten.

CD-ROM zum Thema Zeichenlust

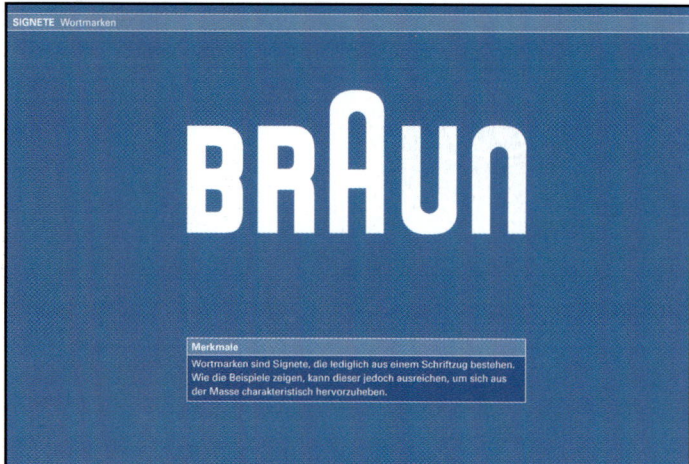

Auf diese Idee hätte ich auch früher kommen können, denn eine gute zeitliche Planung ist für so einen Job natürlich enorm wichtig. Die Arbeit an einer Mappe sollte man meiner Meinung nach auch genauso angehen wie jeden anderen Auftrag. Wenn man vorher weiß, was man noch erledigen muss und wann man das Tagesziel erreicht hat, weiß man auch besser, wann man schlafen gehen darf. Ein unübersehbarer Berg an Aufgaben kann schnell demotivieren. Zu wissen, wann man was erledigen muss, beruhigt und lässt einen auch mit voller Konzentration an einer Sache arbeiten.

Die Hausarbeit habe ich schließlich erst in den drei Tagen und Nächten vor der Prüfung gemacht. Zum Ende wurde es dann doch etwas knapp. In weiser Voraussicht hatte ich drei Tage Puffer eingeplant, an denen nichts weiter auf dem Programm stand.

Am Tag der Prüfung nutzte ich den Vormittag zum Üben meiner Präsentation. Glücklicherweise musste mein Mitbewohner arbeiten,

so konnte er nicht hören, wie ich in meinem Zimmer lautstark ein ausführliches Selbstgespräch führte.

Pünktlich um 12.30 Uhr erreichte ich die FH Düsseldorf. Ich ging davon aus, dass jeder einen eigenen Termin zum Kolloquium bekommen hatte, also freute ich mich schon auf den ersten freien Nachmittag seit langem. Doch in den Fluren und auf den Treppen der FH sah ich etliche Leute mit ihren Mappen, was mir eine böse Vorahnung bescherte. Der schwierigste Teil der Eignungsprüfung sollte gleichzeitig auch der längste sein, er bestand im knapp sechsstündigen Warten auf meinen Präsentationstermin.

Die Prüfungskommission bestand aus drei Professoren und einer Studentin. Die Vorstellung der Arbeiten machte eigentlich richtig Spaß. Die spöttischen Bemerkungen der Professoren stellten sich im Verlaufe des Gesprächs mehr und mehr als Ironie heraus. Die

Ironie von unbekannten Personen ist ja nicht immer gleich als solche zu erkennen. Im Nachhinein muss ich sagen, dass die Prüfer sich durch einen großartigen Galgenhumor auszeichneten. In dieser entspannten und freundlichen Stimmung fiel es mir leichter, meine Arbeiten vorzustellen. So zeigte ich nacheinander meine Pappen, bis ich schließlich zur Hausarbeit kommen wollte. Der Kommentar: „Ach so, eine Hausarbeit hat er also auch noch. Ist klar!", ließ mich schon relativ zuversichtlich sein. Meiner Meinung nach ist es jedoch immer gut, seine Arbeiten stets mit einer angemessenen Bescheidenheit und dem nötigen Respekt zu präsentieren. In manchen Situationen kann es auch behilflich sein, mit einer dezenten Arroganz in ein Gespräch zu gehen – das heißt, wenn man es sich leisten kann.

Eine Eignungsprüfung allerdings zählt mit großer Wahrscheinlichkeit nicht dazu.

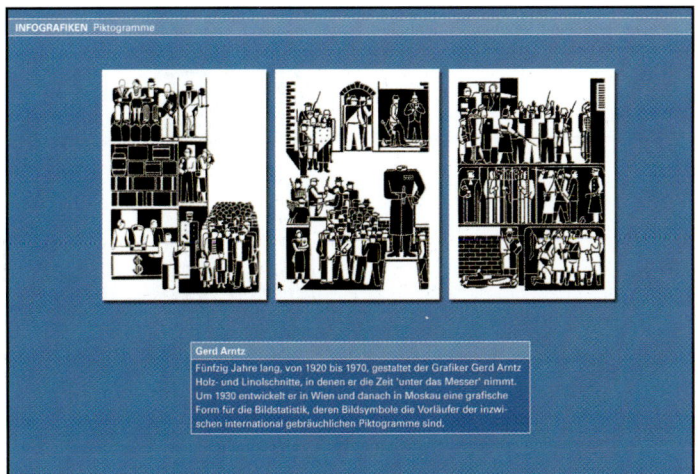

INFOGRAFIKEN Piktogramme

Gerd Arntz
Fünfzig Jahre lang, von 1920 bis 1970, gestaltet der Grafiker Gerd Arntz
Holz- und Linolschnitte, in denen er die Zeit 'unter das Messer' nimmt.
Um 1930 entwickelt er in Wien und danach in Moskau eine grafische
Form für die Bildstatistik, deren Bildsymbole die Vorläufer der inzwi-
schen international gebräuchlichen Piktogramme sind.

INFOGRAFIKEN Piktogramme

Junge Leute wissen nicht, was Alter ist, und alte vergessen, was Jugend war.

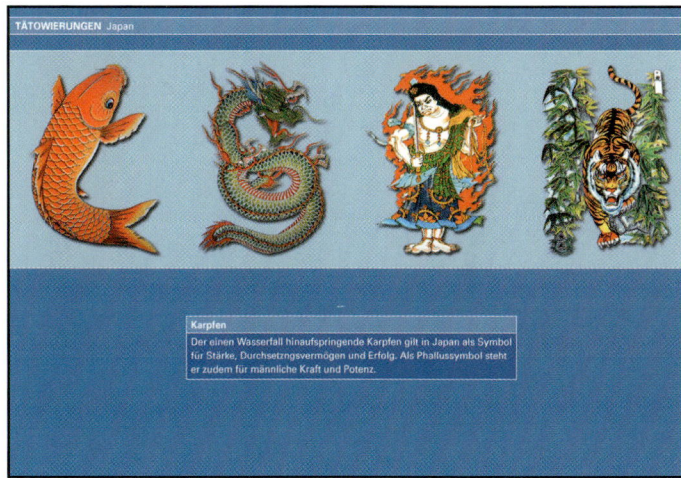

TÄTOWIERUNGEN Japan

Karpfen
Der einen Wasserfall hinaufspringende Karpfen gilt in Japan als Symbol
für Stärke, Durchsetzungsvermögen und Erfolg. Als Phallussymbol steht
er zudem für männliche Kraft und Potenz.

**Die hier Arbeiten zum selbst gestellten
Thema Zeit sind:**

1. Zeit ist begrenzt. Der Startschuss für die
auf 15 Minuten begrenzte Präsentation der
Arbeiten. / 2. Zeit schreibt Geschichte. New
York vor dem 11. September. / 3. Zeitlosigkeit.
Zwei doppelseitige Werbeanzeigen für eine
Modemarke. Moden unterliegen immer einem
Trend und sind nie zeitlos. / 4. Zeit schreibt
Geschichte. Eine CD-ROM über die Geschichte
der Juden im Bergischen Land. Passend zur
bereits bestehenden Wanderausstellung und
zum zuvor erschienen Essayband wurde diese
CD-ROM gestaltet und umgesetzt. Die Inhalte
waren vorgegeben. / 5. Eine Sekunde. Vier
Aufnahmen die im Abstand von einer Sekunde
gemacht wurden. Sie zeigen wie schnell die
Hintergrundbeleuchtung auf einem Konzert
wechselt.

Die Hausaufgabe zum Thema „Zeichenlust"
ist die CD-ROM „Zeichenlust – digitaler Ent-
deckungsraum für die Lust an Zeichen" stellt
verschiedene Bereiche die zum Themenkomplex Zeichen gehören vor. Dem Betrachter wird
gezeigt, dass es viele verschiedene Arten von
Zeichen gibt. Er soll Lust bekommen sich mit
Themen wie Typografie, Infografiken oder Pik-
togrammen zu beschäftigen.

SIMON STEHLE

**Fachhochschule Trier,
Kommunikationsdesign**

ALTER

22

E-MAIL

simonstehle@freenet.de

ANZAHL DER ARBEITEN

15 + Katalog

HAUSARBEIT

keine

AUFNAHMEVERFAHREN

**Zweitägige Prüfung: 1. Zeichnen,
2. Entwurf, 3. Illustration, 4. Typographie**

VORBEREITUNG

**Praktika in einer Grafikagentur sowie
in einer Druckerei.**

Arbeit 1

Arbeit 2

Arbeit 3

Arbeit 6

Arbeit 4

Arbeit 5

Arbeit 7

Die Mappe:

1	Cover
2	Badezimmer
3	Form und Farbe
4	See
5	rauchende Schülerin
6	Form und Farbe
7	Form und Farbe

Illustration

SIMON STEHLE,
FACHHOCHSCHULE TRIER

Die Prüfung:

Pro Tag wurden jeweils zwei unterschiedliche Aufgaben gestellt, für die man jeweils drei Stunden Zeit hatte. Mir gefiel die Ausdehnung der Prüfung auf zwei Tage, da es immer passieren kann, dass man an einem Tag den totalen Blackout hat und kaum etwas auf die Reihe bekommt. Zusätzlich wusste ich nach dem ersten Tag schon eher, was mich am zweiten Tag erwartet und konnte mich mental darauf einstellen. Zeitlich kam ich mit der Ausarbeitung der Aufgaben gut hin. Man konnte lange genug Ideen sammeln und musste sich nicht direkt mit der erstbesten Idee zufrieden geben. Ich habe den Schwerpunkt der Prüfung auf die Ideenfindung gelegt, denn gerade bei den Ideen glaube ich, dass es sehr wichtig ist, genug Zeit zu investieren. Das heißt nicht, nur dazusitzen und am Bleistift zu kauen, sondern alles einzufangen, was so im Kopf herumschwirrt und daraus Konzepte zu entwickeln, sie gegebenenfalls aufzuschreiben und Skizzen zu machen. Es war aber auch immer noch genug Zeit vorhanden, um die Idee adäquat auszuarbeiten.

Was mir im Rahmen der Aufnahmeprüfung in Trier auch gefiel, war, dass die Studentenvertretung uns als Prüflingen angeboten hat, Schlafmöglichkeiten bei Studenten der höheren Semester zu organisieren. Da diese ja auch irgendwann mal die Prüfung mit gemacht haben, konnten sie mir ein großes Stück meiner Aufregung nehmen und mir natürlich auch schon den einen oder anderen Tipp geben. Abschließend muss ich jedoch noch sagen, dass es trotzdem zwei der aufregendsten Tage in meinem Leben waren und ich heilfroh war, als sie endlich vorüber waren.

FACHHOCHSCHULE TRIER / KOMMUNIKATIONSDESIGN

SIMON STEHLE

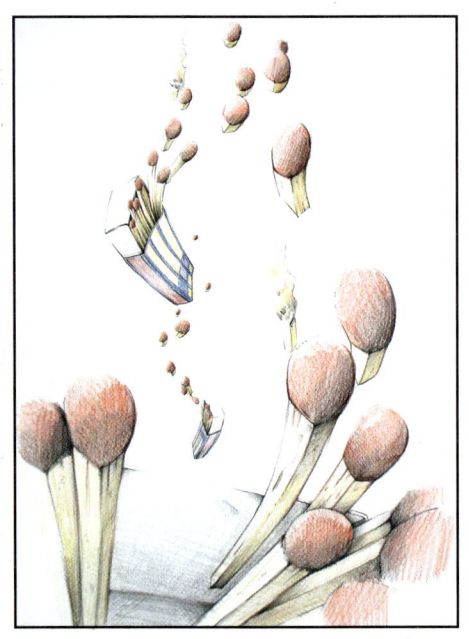

Streichhölzer

Streichhölzer

bunte Streichhölzer

Streichhölzer

Streichhölzer

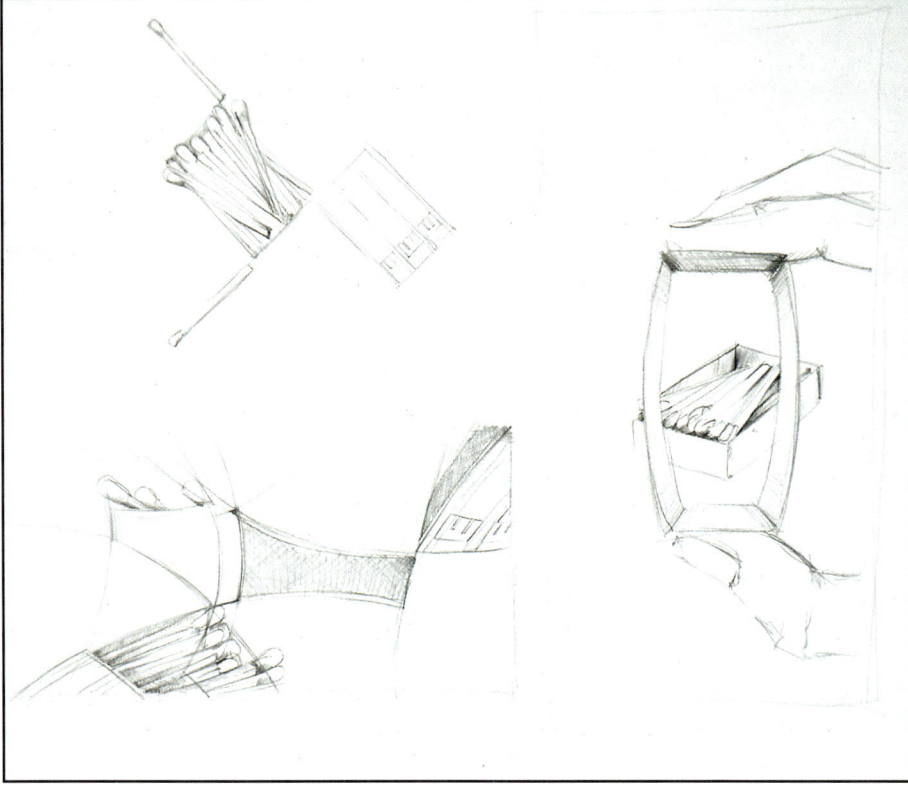

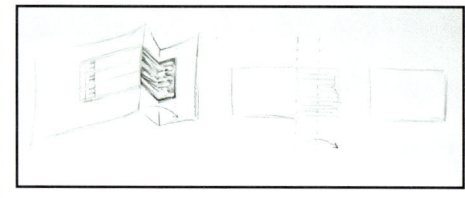

Streichhölzer

Postkarten

Streichhölzer

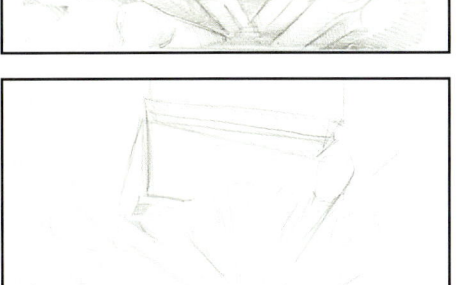

Streichhölzer

  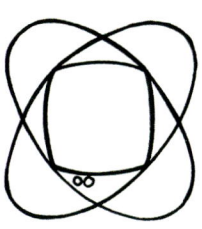

Symbole

Die Anforderungen in der Prüfung:

Fachhochschule Trier,
Fachbereich Design & Informatik,
Studiengang Kommunikationsdesign,
Prüfung für das Studienfach Schriftgestaltung,
Wintersemester 2002/03,
Prüfungstermin: Mittwoch, 19.06. 2002
Prüfungsdauer: 13.00 bis 16.30 Uhr.

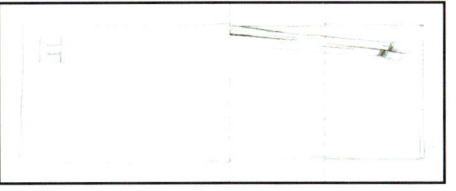

Streichhölzer

Prüfungsaufgabe: Ein Telekommunikations-
unternehmen plant eine Anzeigenkampagne,
bei der verschiedene Arten und Aspekte der
Kommunikation thematisiert werden sollen.
Jede Werbeanzeige präsentiert auf originelle
Weise eine Aussage zum Bereich Kommunikation bzw. kommunizieren. Neben Bild- und Text-
elementen soll jede Anzeige ein Piktogramm
enthalten, das die in der jeweiligen Werbung
visualisierte Thematik in Form eines Zeichens
zusammenfasst.

Wählen Sie also drei verschiedene Arten/
Aspekte des Themas Kommunikation/kommuni-

zieren aus und gestalten Sie jeweils ein piktogra-
fisches oder symbolisches Zeichen dazu (insgesamt also ein kleines System bestehend aus drei
Zeichen).

Die Zeichen sollen informativ und originell
sein und außerdem untereinander formale konzeptionelle Gemeinsamkeiten aufweisen (grafisches System!).

Format:
DIN A3 (420 x 297 mm) - bitte nicht größer,
darauf eine Anordnung der Übersicht Ihrer Zei-
chenentwürfe. Farben: s/w oder farbig.

Bewertung:
• Verständlichkeit der Symbolzeichen
• Eigenständigkeit der Gestaltung
• Assoziationskraft, Informationsgehalt
• Originalität und Interessantheit der Entwürfe
• formaler Zusammenhang
  (also die geforderte konzeptionelle Bindung)
• Klarheit der Gestaltung, Prägnanz
• Form- und Darstellungsqualität

FELIX STEINGRUBE
Fachhochschule Mannheim, Kommunikationsdesign

ALTER
22

E-MAIL
steingrut@web.de

ANZAHL DER ARBEITEN
27

HAUSARBEIT
keine

AUFNAHMEVERFAHREN
Eintägige praktische Prüfung; zweiseitiger Fragebogen/Test; mündliche Prüfung

VORBEREITUNG
Viel gezeichnet und gemalt; Gespräche mit Studenten und Professoren; Mappenberatungstermine wahrgenommen; Arbeit an der Mappe ca. 4 Monate

Arbeit 1

Arbeit 2

Arbeit 3

Arbeit 4

Arbeit 5

Arbeit 6

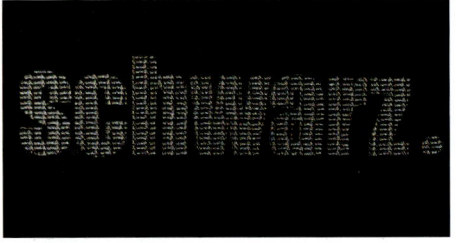

zeitlos.

Vollmilch.

kindersicher.

Arbeit 7 - 9

Arbeit 12

Arbeit 10

Arbeit 11

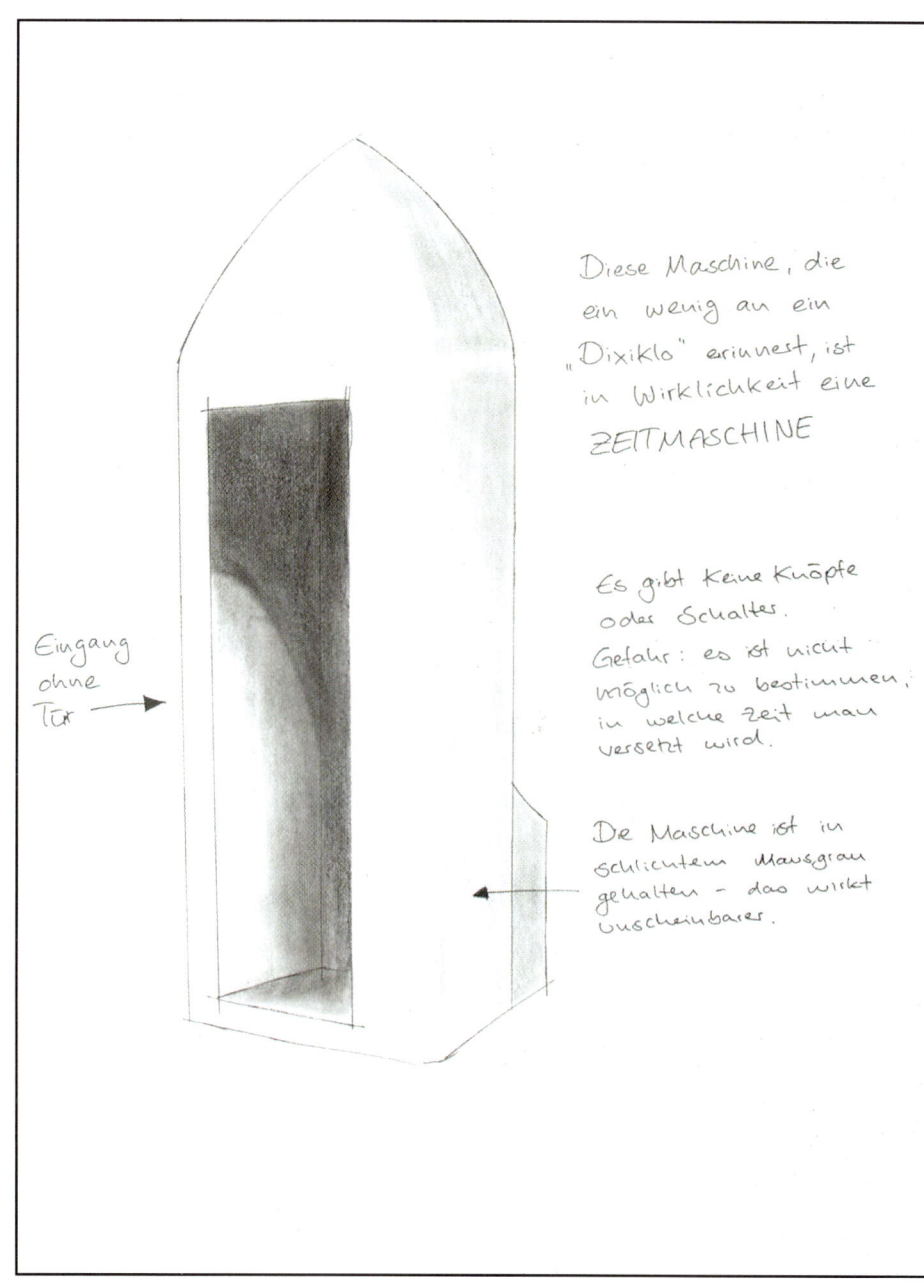

Diese Maschine, die ein wenig an ein „Dixiklo" erinnert, ist in Wirklichkeit eine ZEITMASCHINE

Es gibt keine Knöpfe oder Schalter. Gefahr: es ist nicht möglich zu bestimmen, in welche Zeit man versetzt wird.

Die Maschine ist in schlichtem Mausgrau gehalten – das wirkt unscheinbarer.

Eingang ohne Tür →

FELIX STEINGRUBE,
FACHHOCHSCHULE MANNHEIM

Die Prüfung:

Die Entscheidung stand irgendwann fest: Ich möchte Kommunikationsdesign studieren! So beginnt für viele wohl der erste Schritt auf einem unter Umständen steinigen Weg. Betrachtet man die Aussicht auf einen Studienplatz im Bereich Gestaltung einmal ganz nüchtern, so muss man sich eingestehen, dass die Chancen eher schlecht stehen. In der Regel bewerben sich einige hundert Kandidaten auf eine Handvoll Plätze. Hat man Mappenvorauswahl und Eignungsprüfung jedoch erfolgreich hinter sich gebracht, schleicht sich das Gefühl ein, dass es im Grunde doch nicht so schwer war! Woher kommt das plötzlich erlangte Oberwasser? Sind die Aufnahmeverfahren doch kein „Mythos"? Gibt es vielleicht sogar ein „Universalrezept", diese erfolgreich zu meistern? Naja, ganz so leicht ist es wohl nicht, aber man wird mit absolvierter Prüfung um gewisse Erfahrungen und Eindrücke reicher, mit deren Wissen sich auf jeden Fall Fehler vermeiden lassen.

Einen wichtigen Punkt stellt im Vorfeld schon die Auswahl der Hochschule dar, an der man sich bewerben möchte. Da es große Unterschiede in der Schwerpunktsetzung der Lehrinhalte gibt, sollte sich jeder im Klaren sein, wo seine eigenen Interessen und Stärken liegen und danach seine Wahl treffen. Solche Überlegungen scheinen, da zu diesem Zeitpunkt nicht einmal die Mappenvorauswahl überstanden ist, natürlich vollkommen unwichtig. Die Unterschiede zeigen sich jedoch nicht nur während des Studiums, sondern auch bei der Benotung der Bewerbungsmappen und der Art der Aufgabenstellung in der Eignungsprüfung. Ihr solltet deshalb wissen, ob euch eher freiere Themen, Hausaufgaben oder das ebenfalls noch verlangte Stilllebenabzeichnen liegen. Mit der richtigen Auswahl der Hochschule kann man sich in der Prüfung viel Frust ersparen.

Die Mappe:

1 Wok
2 Wok
3 Faust
4 Schwarz
5 Weiß
6 Mann
7 Zeitlos
8 Vollmilch
9 Kindersicher
10 Po
11 Downtown
12 Glück

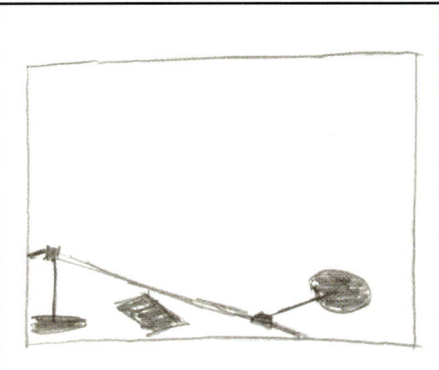

Storyboard

Hat man die Mappenvorauswahl erfolgreich überstanden, bekommt man mit der schriftlichen Einladung zur Eignungsprüfung in der Regel eine Liste mit Materialien, die man mitbringen soll. Da Ihr aber vorher noch nicht wisst, wie die Aufgabenstellung genau lautet, ist es ratsam, einfach alles einzupacken: Aquarell- und Acrylfarben, verschiedene Papiersorten, ebenso Schnipsel und Bilder aus Zeitschriften, um eine Collage anfertigen zu können. Oft gibt es nämlich einen Aufgabenteil in dem die Mittel freigestellt sind.

Wichtiger als die mitgebrachten Materialien ist natürlich der Inhalt und das Handwerk. Habt Ihr eine freie Aufgabe zu bearbeiten, spielt die Idee eine besonders große Rolle. Bevor Ihr beginnt zu arbeiten, solltet Ihr ein gutes, durchdachtes Konzept ausarbeiten. Oft ist es leichter, eine gute Idee mit schwächeren Mitteln zu verkaufen, als umgekehrt. Das soll natürlich nicht heißen, dass bei einem guten Grundgedanken die gestalterische Ausarbeitung nebensächlich ist.

Wenn man sich überlegt, dass weniger als ein Drittel der eingeladenen Bewerber eine Zusage erhält, ist es um so wichtiger, sich aus der breiten Masse hervorzuheben. Ihr müsst es irgendwie schaffen, auf euch aufmerksam zu machen.

Das ist natürlich leichter gesagt, als getan, aber versucht doch einfach die Aufgaben anders zu lösen als die anderen. Beispiel: Man soll ein Storyboard anfertigen, bestehend aus mindestens acht Kästchen. Die meisten beschränken sich bei der Bearbeitung der Aufgabe auf die vorgegebene Mindestanzahl. Wenn Inhalt und Ausarbeitung stimmen, wird man auf diese Weise zwar auch keine Probleme haben, die Prüfung zu bestehen, eine andere Möglichkeit wäre jedoch, eine Story auszuarbeiten, die 12 oder 15 Kästchen umfasst.

Wenn Ihr euch das Storyboard aus meiner Eignungsprüfung anschaut, fällt vielleicht auf, dass es ein bisschen zu farblos geworden ist. Bei größerer Anzahl an Bildern fehlt unter Umständen die Zeit, um Farbe mit ins Spiel zu bringen. Damit es dennoch nicht langweilig wird, solltet Ihr auf interessante Perspektiven, Anschnitte und derartige Dinge achten. Wie schon geschrieben, die Zeiteinteilung in Prü-

fungen kann immer zu einer haarigen Angelegenheit werden - egal, was und wie man etwas macht, sie ist viel zu schnell um. Überlegt euch also am Anfang der Prüfung, wieviel Zeit Ihr für welchen Aufgabenteil benötigt. Einen kompletten Teil der Prüfung in einer Dreiviertelstunde machen zu müssen, kann sehr stressig werden. Sind die Bilder, wie bei mir, dennoch sehr Bleistiftlastig geraten, so gibt es immer noch die Möglichkeit, dieses in der mündlichen Prüfung wieder auszugleichen.

Vor diesem Prüfungsteil sollte niemand Angst haben, denn in der Regel will man die Bewerber nur kennen lernen. Es wird nicht das klassische „Frage-Antwort-Spiel" gespielt, vielmehr sind die Professoren an euren Vorstellungen und Erwartungen an das Studium, den persönlichen Interessen und Zukunftsplänen interessiert. Gebt euch hier einfach ganz natürlich und so übersteht Ihr auch den letzten Teil der Eignungsprüfung.

Allgemeine Tipps - wie „gut frühstücken" - wird euch sicherlich eure Oma schon geben, also bleibt mir nur noch, euch recht viel Glück zu wünschen.

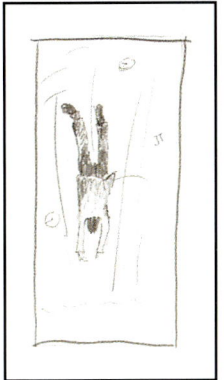

BENJAMIN TURCK

Universität Duisburg-Essen, Standort Essen, Industriedesign

ALTER
22

E-MAIL
benjaminturck@web.de

ANZAHL DER ARBEITEN
27

HAUSARBEIT
keine

AUFNAHMEVERFAHREN
**Dreitägige Prüfung
(Bleistiftzeichnungen auf Zeit aus dem
Gedächtnis; Modellbau einer Skulptur aus
Papier und Draht; Entwurfsaufgabe;
Intelligenz-, Logiktests)**

VORBEREITUNG
**Keine spezielle, obwohl Zeichenübungen
hilfreich sind.**

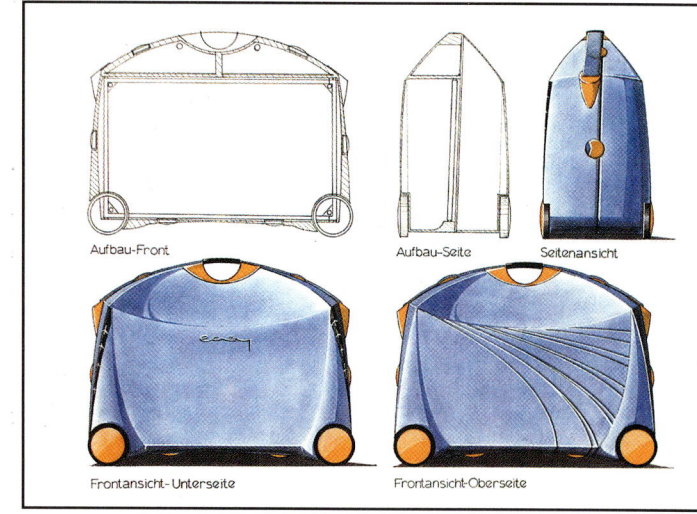

Aufbau-Front   Aufbau-Seite   Seitenansicht

Frontansicht-Unterseite   Frontansicht-Oberseite

Arbeit 1

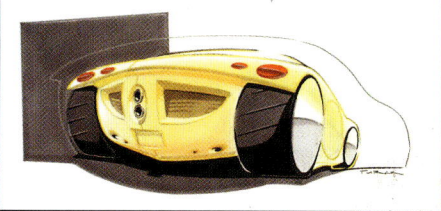

Arbeit 5

Arbeit 3 + 4

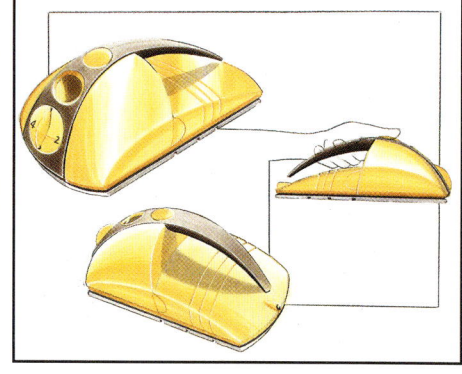

Arbeit 7   Arbeit 8

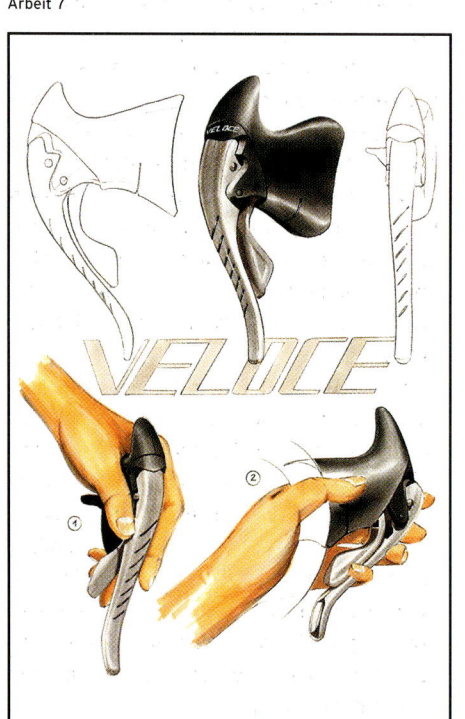

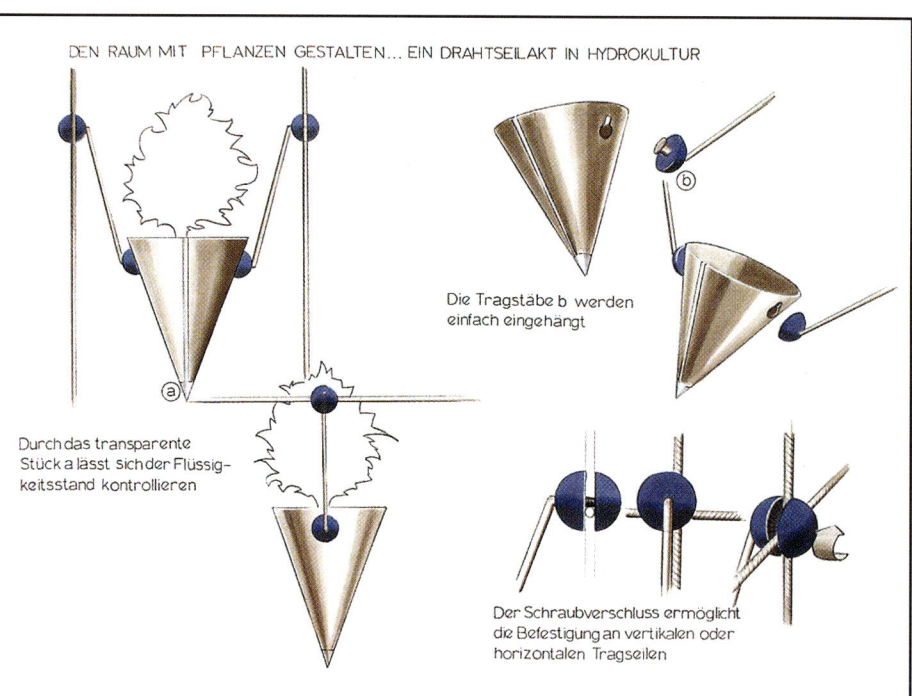

DEN RAUM MIT PFLANZEN GESTALTEN... EIN DRAHTSEILAKT IN HYDROKULTUR

Die Tragstäbe b werden
einfach eingehängt

Durch das transparente
Stück a lässt sich der Flüssig-
keitsstand kontrollieren

Der Schraubverschluss ermöglicht
die Befestigung an vertikalen oder
horizontalen Tragseilen

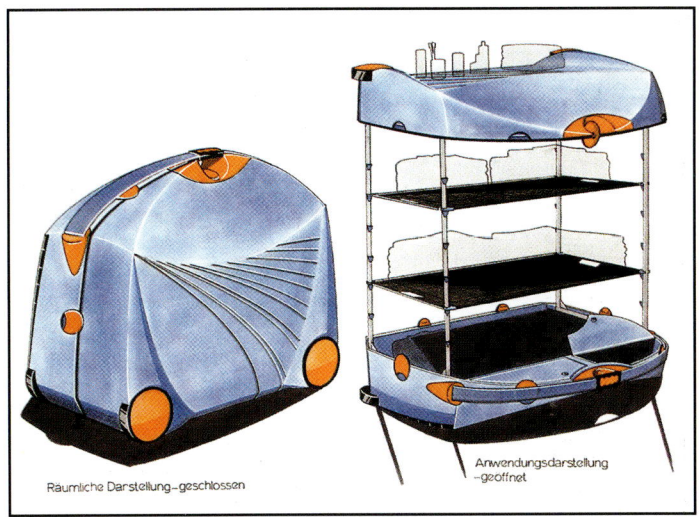

Räumliche Darstellung-geschlossen

Anwendungsdarstellung
-geöffnet

Arbeit 2

Arbeit 6

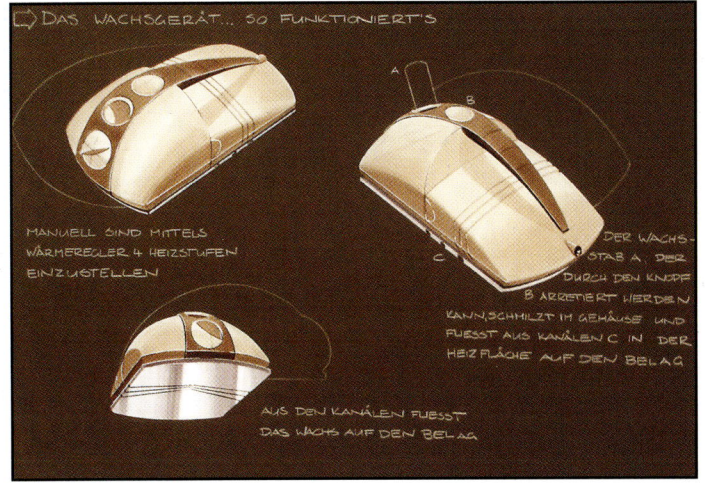

Die Mappe:

1 + 2	Koffer
3 + 4	Honda
5 + 6	Wachsgerät
7	Bremsgriffe
8	Vase

BENJAMIN TURCK,
UNIVERSITÄT DUISBURG-ESSEN,
STANDORT ESSEN

Die Prüfung:

Wow, ich hatte es geschafft, ich war zu dem Eignungstest für das Fach „Industrial Design" an der Uni Essen zugelassen worden. Meiner ersten Mappenabgabe folgte somit die erste Aufnahmeprüfung, an der ich teilnahm, und es sollte gleichzeitig meine letzte sein.

Auf diese Prüfung bereitete ich mich nicht in speziellem Maße vor, ich vertraute vielmehr darauf, dass ich so kurz nach der Mappenfertig-stellung noch in genügender zeichnerischer und kreativer Übung war, um mich den Anfor-derungen zu stellen. Außerdem hatte es ja bereits ohne Zeichenunterricht oder Mappen-kurs für die erfolgreiche Abgabe dieser genügt. Dennoch flößte mir der Gedanke an den bevor-stehenden Test weitaus mehr Respekt ein als die Mappenabgabe, denn nun war Talent und Kreativität auf den Punkt und unter Zeitdruck gefragt.

Die Prüfung dauerte drei Tage, wobei jeder Tag unterschiedliche Themengebiete umfasste. So galt es am ersten Tag, sein zeichnerisches Darstellungs- und visuelles Vorstellungsvermö-gen unter Beweis zu stellen. Zusätzlich wurde der ästhetisch-kompositorische Umgang mit Farbe und Form geprüft. Am Tag zwei rief eine Entwurfsaufgabe laut nach Lösungen, und der dritte Tag brachte Intelligenz- bzw. Logiktests, sowie Fragen nach grundsätzlichen Zusammen-hängen der Mechanik.

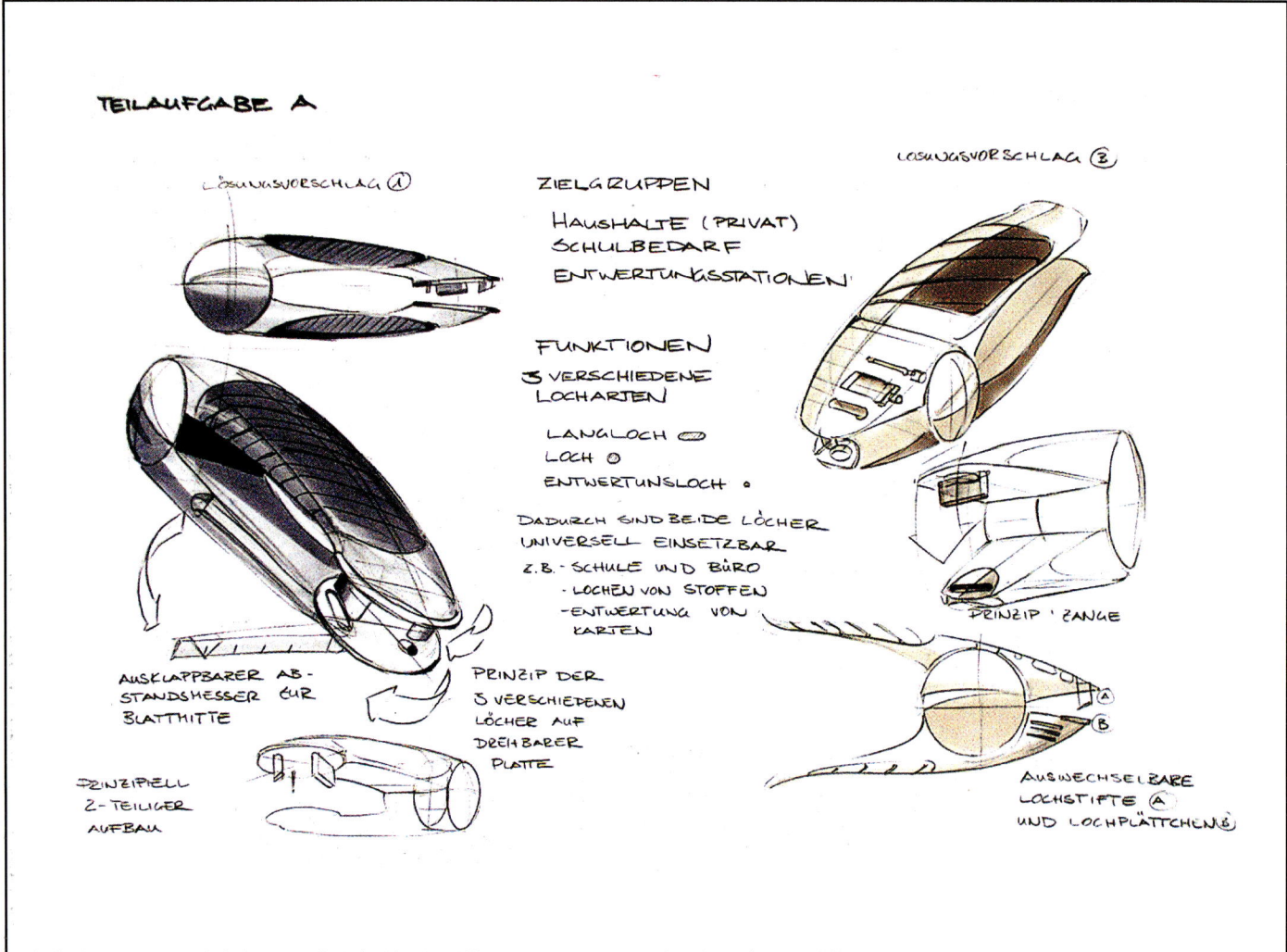

Teilaufgabe 1

Tag 1

Nach der Vorstellung aller relevanten Professoren und Lehrbeauftragten des Fachbereichs und einer generellen Einführung lautete die erste Aufgabe am ersten Prüfungstag, eine Streichholzschachtel zu zeichnen. Dazu standen zwei Stunden zu Verfügung, und besonderer Wert sollte auf die spannende aber klare Komposition der einzelnen Elemente (Hülle, Schachtel, einzelne Streichhölzer, Oberflächen, Schatten, etc.) gelegt werden. Die Darstellung sollte mit Bleistiften erfolgen und kontrastreich erscheinen.

Im zweiten und dritten Teil dieses Tages sollten, jeweils wieder mit Bleistiften, symbolisch gezeigte Begriffe (z. B. ein Bügeleisen), und danach genannte Wörter (z. B. Kuckucksuhr) zeichnerisch dargestellt werden. Für jeden Begriff standen genau fünf Minuten zu Verfügung, wobei zu jeder Teilaufgabe fünf Begriffe gezeichnet werden mussten.

Der Prüfungstag wurde mit handwerklichen Übungen zu dem Umgang mit Farbfeldern, in Bezug zu deren Farbwirkung auf den Betrachter, und mit der Gestaltung einer ästhetischen Plastik abgeschlossen. Jede Teilaufgabe war mit einer Stunde bemessen.

Tag 2

Eine Entwurfsaufgabe stand auf dem Programm, und stellte sicherlich den zentralen Teil der gesamten Eignungsprüfung dar. Fünf Stunden hatte man nun Zeit, einen Locher zu entwerfen, wobei die Aufgabe explizit verlangte, den Weg über Skizzen zu Varianten zu gehen (Teil A), um danach begründet eine Entscheidung für eine Lösungsvariante treffen zu können, und diese in verschiedenen Ansichten darzustellen (Teil B).

Die Darstellungsmittel waren frei wählbar, und abschließend sollten zwei bis drei DIN A2-Blätter abgegeben werden. Bereits an der Aufgabenstellung wurde deutlich, das Kraft des Verstandes methodisch entworfen werden sollte. Wildes „Draufloszeichnen" hatte hier sicher keinen Platz.

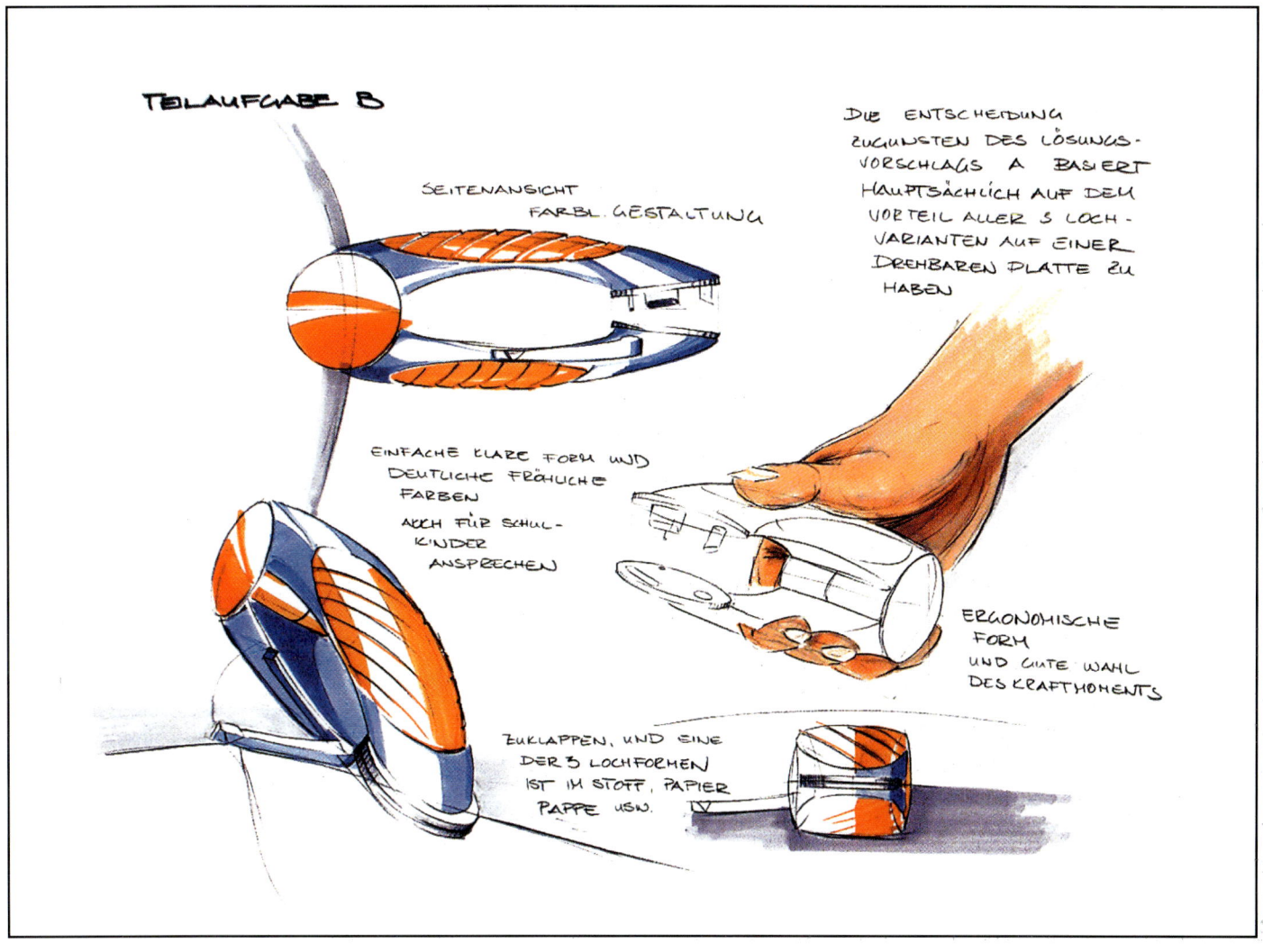

Teilaufgabe 2

Tag 3

Hier wird deutlich, dass es schon sehr hilfreich ist, über grundlegende Entwurfsabläufe im Bilde zu sein, denn in diesem Zusammenhang steht auch die Zeiteinteilung der fünf Stunden. Für wen entwerfe ich meine Arbeit, welche Anforderungen ergeben sich daraus, wie sehen die Funktionen aus?

Diese Fragestellungen haben mir bei meinem Entwurf geholfen, erste Anlaufschwierigkeiten zu überwinden, und auch die nicht zu leugnende, hemmende Nervosität abzulegen. Mein dargestellter Entwurf basierte dann auf der Idee, einen Einhand-Locher mit 3 verschiedenen, auf einer Drehscheibe angebrachten, Locharten zu realisieren.

Die meiste Zeit hat dabei in meinem Falle der Weg zu dieser Idee in Anspruch genommen,

d.h. der gedankliche Prozess, um eine Lösung zu finden, in der „Etwas" drinsteckt. Ich halte es für ganz wichtig, dass in einem Entwurf das gewisse Etwas, der Kniff drin ist, den zu finden es einiger Zeit bedarf. Genau dies aber ermöglichte mir in der Prüfung letztlich logisches und begründetes Darstellen und Argumentieren.

Es kommt hier also nicht auf viele, schöne Zeichnungen an, sondern um die Darstellung und Begründung einer Idee. Schnelles und sicheres Zeichnen aber ermöglicht es, mehr Zeit für gedankliche Prozesse investieren zu können.

Schließlich und endlich warteten auf uns eine Reihe nicht selten bekannter Logik- und Intelligenztests. Dabei wurde ebenfalls noch einmal räumliches Vorstellungsvermögen verlangt, und grundsätzliche Verständnisfragen aus den Bereichen Mechanik, Physik und Technik schlossen den letzten Prüfungstag ab, der im Vergleich mit den beiden vorherigen einem Kinderspiel glich – mit der brennenden Frage auf den Ausgang.

Nun, bei mir hat es geklappt!

CHRISTOPH UEPPING

Universität Duisburg-Essen, Standort Essen, Industriedesign

ALTER
22

E-MAIL
cuepping@gmx.de

ANZAHL DER ARBEITEN
27

HAUSARBEIT
keine

AUFNAHMEVERFAHREN
Dreitägige Prüfung (Umgang mit Farben, Formen und Flächen; Entwurfsaufgabe; Intelligenztests)

VORBEREITUNG
Praktikum in Designbüro (zwei Wochen); Praktikum in Tischlerwerkstatt (drei Monate); Mappenvorbereitungskurs an der VHS (ein Jahr); Arbeit an der Mappe ca. 9 Monate

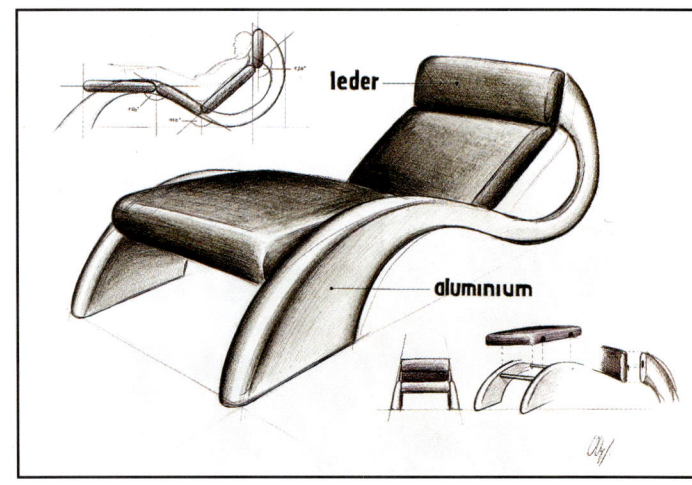

Arbeit 1

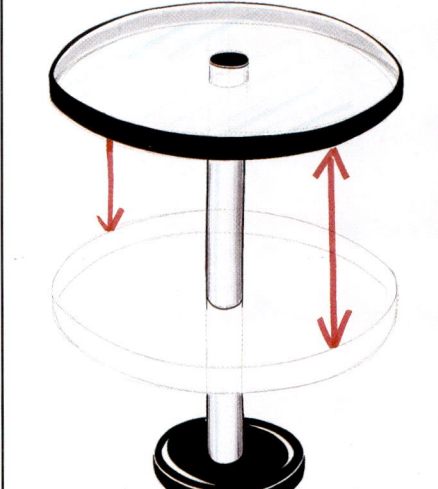

Arbeit 2

Arbeit 3 - 5

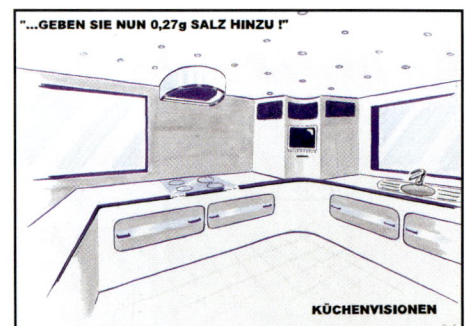

Arbeit 6

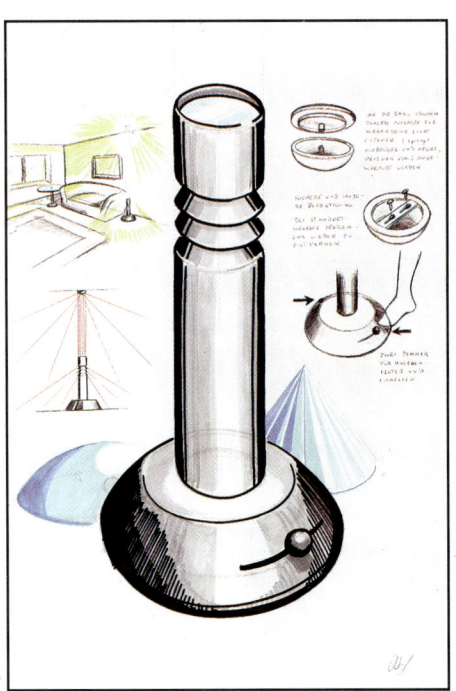

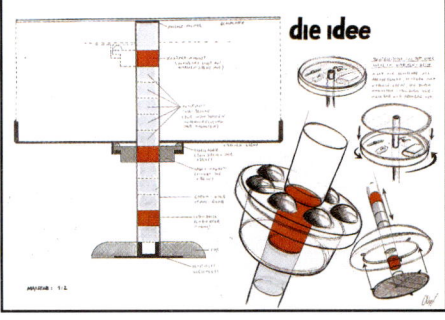

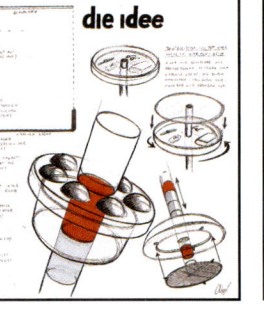

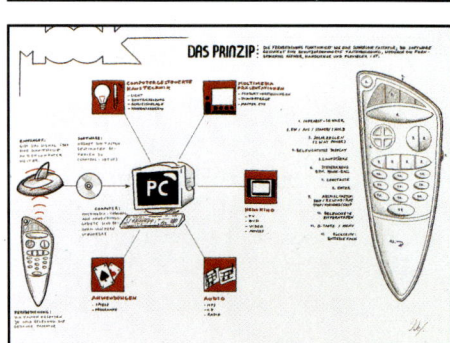

Arbeit 7

Die Mappe:

1	Chaiselongue
2	Vitrinen-Beistell-Tisch
3	Küchenvisionen
4	PC-Remote-Control
5	PC-Remote-Control, Erläuterungen
6	Deckenfluter
7	Vitrinen-Beistell-Tisch, Erläuterungen

CHRISTOPH UEPPING,
UNIVERSITÄT DUISBURG-ESSEN,
STANDORT ESSEN

Die Prüfung:

Nach der Durchsicht und Benotung der Mappen bekommen ca. 60 glückliche Anwärter ein Einladungsschreiben zur dreitägigen Aufnahmeprüfung für den Studiengang Industrial Design an der Universität Essen. Dem Schreiben ist eine Liste mit den benötigten Materialien (Bleistifte, Papier, Schere, UHU, usw.) beigefügt. Marker, Polychromos usw. sind nicht notwendig, wer damit umgehen kann, sollte sie aber auf alle Fälle mitbringen.

Idee

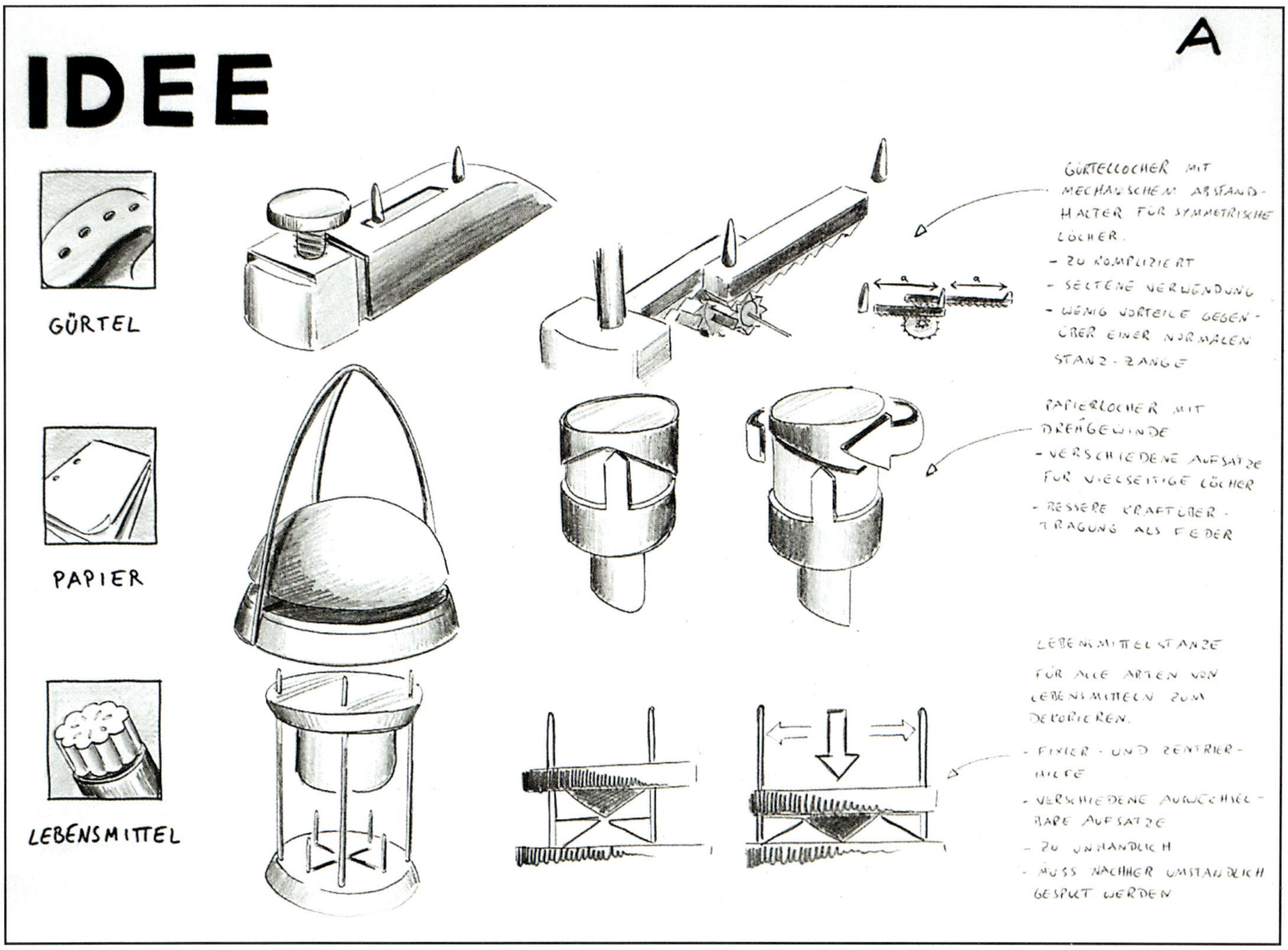

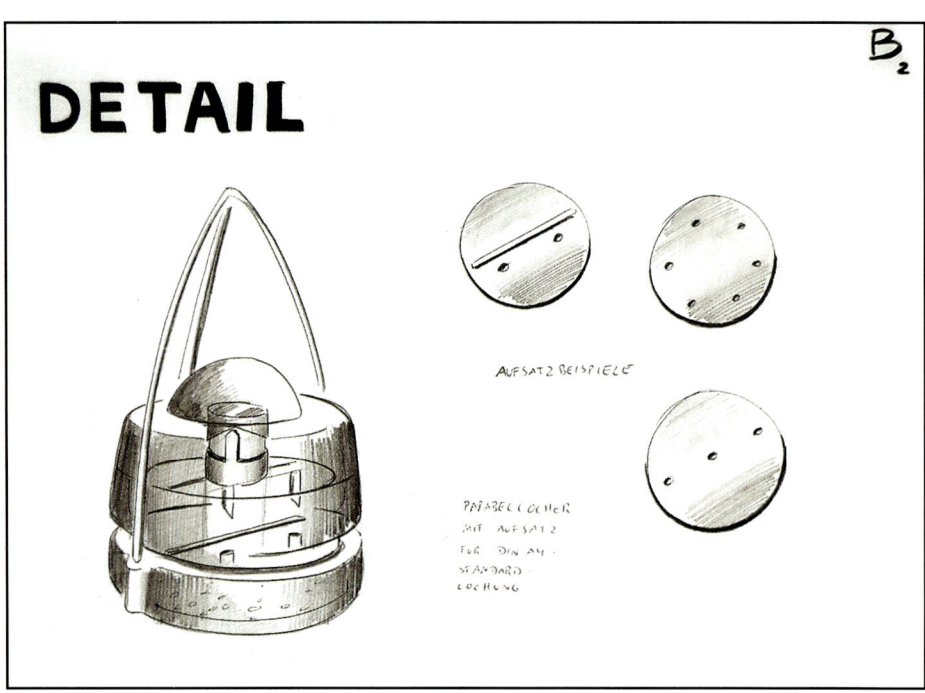

Detail

Der erste Tag

Bevor die eigentliche Prüfung um 9.00 Uhr morgens beginnt, trägt man sich in eine Anwesenheitsliste ein und sucht sich einen Platz im Prüfungssaal. Um die Stimmung ein wenig zu lockern und die Bewerber nicht sofort in den Kreativitätsdruck zu stürzen, stellen sich zuerst alle beteiligten Professoren vor. Auch die erste Prüfung ist eine Lockerungsaufgabe, um erstmal warm zu werden. Für diese Aufgabe erhält jeder Prüfling eine Streichholzschachtel und muss diese möglichst spannend und kreativ in Szene setzen. Hier sollte die Schachtel schon genau untersucht und mit den Streichhölzern experimentiert werden und man sollte auch nicht davor zurückschrecken, mal ein paar davon anzuzünden. Nachdem die Streichholzschachtel steht, gilt es, dieses Gebilde möglichst realistisch und vor allem proportional korrekt abzuzeichnen.

Nach genau zwei Stunden muss eine Formatfüllende Bleistiftzeichnung auf einem DIN A3-Bogen abgegeben werden.

Da diese Aufgabe jedes Jahr variiert wird (im darauf folgenden Jahr sollten Euro-Münzen gezeichnet werden), kann ich nur empfehlen, mit verschiedenen kleinen Gegenständen für diese Aufgabe zu üben.

Nach einer kurzen Pause folgen die nächsten beiden Aufgaben, bei denen wieder die Darstellungsfähigkeit geprüft wird. Beim „Zeichnen nach Vorlage" werden Bilder verschiedener Gegenstände an die Wand projiziert, die nach kurzem Betrachten verdeckt werden und aus dem Gedächtnis nachgezeichnet werden sollen. Für das Erfassen eines Bildes hat man nur eine Minute Zeit, zum Skizzieren fünf Minuten. Nach einer halben Stunde (entspricht fünf Durchgängen), geht es mit dem „Zeichnen nach Vorgabe" weiter. Dies bedeutet, dass genannte Gegenstände aus dem Kopf gezeichnet werden müssen. Pro Zeichnung stehen hier wieder nur fünf bis sechs Minuten zur Verfügung.

Aus eigener Erfahrung kann ich sagen, dass dieser Teil der Prüfung besonders anstrengend ist, weil man eine Stunde lang zeichnen muss ohne abzusetzen. Wem das schnelle Skizzieren auf Zeit schwer fällt, kann sich mit einer Stoppuhr selbst trainieren. Entscheidend ist hier nicht die genaue Ausarbeitung eines Details, dazu ist die Zeit viel zu knapp. Eine Skizze zeigt vielmehr einen Gesamtüberblick eines Gegenstandes, bei dem die Details höchstens angedeutet werden.

Am Nachmittag standen die Gestaltungs- und die Entwurfskompetenz der Bewerber auf dem Prüfstand. Zunächst erhielt jeder einen Umschlag mit vielen farbigen Plättchen, aus denen dann eine ästhetische Komposition zu einem konkreten Thema gestaltet werden soll.

Nach einer Stunde muss diese Komposition - sauber auf ein DIN A4-Blatt geklebt - abgegeben werden. Mangels farbiger Plättchen ist es kaum möglich und meines Erachtens auch nicht nötig, diese Aufgabe vorher zu üben. Wichtig ist nur, am Schluss der Aufgabe genug Zeit für das Aufkleben zu kalkulieren, da es einige Zeit braucht, bis alle Plättchen sauber aufgeklebt sind.

Die letzte Aufgabe des Tages befasst sich mit dem Entwurfsaspekt des Designs. Hier müssen die Bewerber mit verschiedenen Materialien und Hilfsmitteln eine freie Form entwerfen. Nach einer Stunde werden die Ergebnisse eingesammelt und ein Drittel der Prüfung ist geschafft.

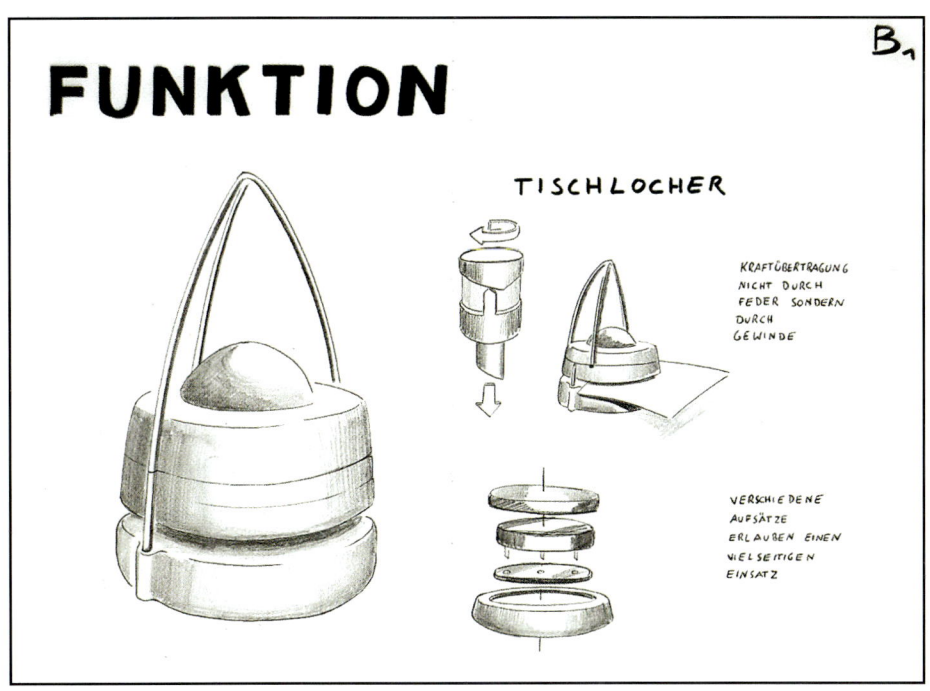

Funktion

Der zweite Tag

Mit neuen Kräften startet man in den zweiten Tag, der dort weitermacht, wo der erste aufgehört hat. Die „Entwurfsaufgabe", die den ganzen Tag (fünf Stunden) dauert, stellt zugleich das Hauptgewicht in der Benotung dar.

Zu Anfang wird die Aufgabenstellung, die jedes Jahr neu gestellt wird, verteilt. In meiner Prüfung bestand die Aufgabe im Entwurf eines Lochers, wobei die Aufgabe in zwei Teilaufgaben unterteilt ist. Die Teilaufgabe A ist die sogenannte Variantenbildung. Hier sollte man zuerst die verschiedenen Arten und Möglichkeiten des Produktes analysieren und kurz skizzieren. Für die Locher-Aufgabe habe ich drei verschiedene Lochersysteme entworfen: eine Stanze für Gürtellöcher, eine Art Gemüse- und Obst-Locher für Dekorations-Lebensmittel und einen Entwurf für einen Papierlocher, der im Gegensatz zu herkömmlichen Lochern nicht durch vertikalen Druck, sondern durch ein Gewinde betrieben wird.

Da kreative Lösungen gefragt sind, sollte man nicht davor zurückschrecken, auch ausgefallene Entwürfe zu verfolgen, solange diese auch tatsächlich funktionieren könnten. Im nächsten Schritt habe ich die einzelnen Entwürfe ausgewertet und mich für den Papierlocher entschieden. In der Teilaufgabe B muss diese Variante nun im Detail entworfen und erklärt werden. Mein fertiger Entwurf bestand aus einer Locherbasis, in die verschiedene Lochaufsätze eingesteckt werden konnten, um zwei, drei oder vier Löcher zu lochen. Nach dem Prinzip von Drehkugelschreibern konnte man das parabelartige Metallgerüst drehen, um die Stanzdornen abzusenken.

Im Idealfall gibt man zwei, maximal drei Blätter ab, die hauptsächlich durch die Skizzen kommunizieren sollten und nicht durch viel Text, da dieser in der Auswertung nur überflogen wird.

Um in der Entwurfsaufgabe mit einer guten Lösung überzeugen zu können, ist es von großem Vorteil, sich über die Zielgruppe und den damit verbundenen Anforderungen Gedanken zu machen: ein Locher für ein großes Büro muss sicher andere Funktionen aufweisen als ein Locher für den Privatgebrauch.

Auch technisches Verständnis und eine Vorstellung von Bewegungsabläufen sollten mitgebracht werden. Zuletzt ist eine gute Zeiteinteilung wichtig, um nicht zu lange über einer Idee zu brüten oder zu viel Zeit für die Skizzen zu benötigen.

Der dritte Tag

Im Gegensatz zu den ersten beiden Tagen kann man den dritten Tag getrost als „Chill Out" bezeichnen.

Hier kann man zwar noch wichtige Punkte holen, aber ohne den Kreativitäts-Zeitdruck läuft diese letzte Phase sehr viel entspannter ab. Innerhalb von drei Stunden müssen verschiedene, teilweise bekannte Technik- und Logiktests absolviert werden, danach werden anhand von Formgebilden und Abwicklungen das zwei- und dreidimensionale Vorstellungsvermögen geprüft.

Aus Erfahrung vergeht die Zeit bei diesen kleinen Tests schneller als man denkt, sodass man irgendwann überrascht seinen Stift hinlegen kann und die Prüfung geschafft ist. Das Einzige, was dann noch geprüft wird, sind die Nerven, bis der Brief der Uni Essen endlich da ist. Wer ein wenig Kreativität und Talent hat und dies in den Prüfungen gezeigt hat, der sollte dann seinen Zulassungsbescheid vorfinden.

TONIA WIATROWSKI

HBK Braunschweig,
Kommunikationsdesign

ALTER
24

E-MAIL
toniawiatrowski@aol.com

ANZAHL DER ARBEITEN
ca. 20

HAUSARBEIT
Thema „Balance"

AUFNAHMEVERFAHREN
Eintägige Prüfung, Dauer etwa sechs
Stunden

VORBEREITUNG
Zeichenunterricht bei einer Illustratorin,
Aktzeichnen; Praktikum bei der
Hamburger Designagentur „Syndicate Brand
& Corporate Design"; Besuch des offenen
Ateliers der Kunstwerkstatt Cuxhaven

Arbeit 1

Arbeit 2

Arbeit 3

Arbeit 4

Arbeit 5

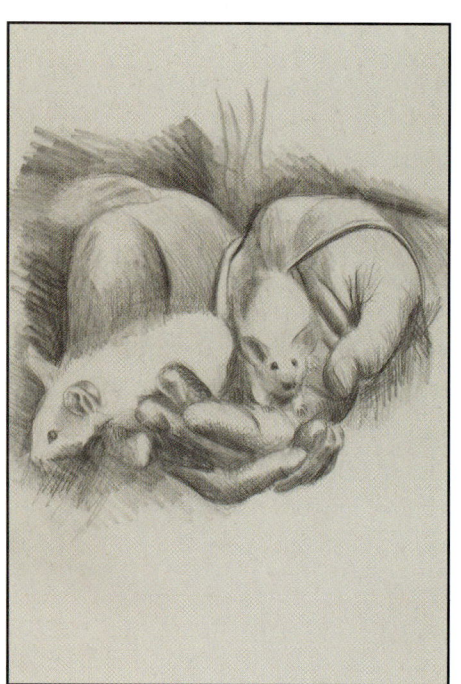

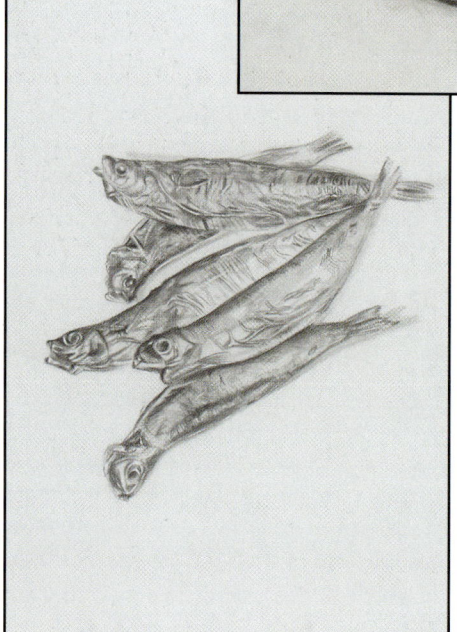

Die Mappe:

1 - 9   ohne Titel

Arbeit 6

Arbeit 7

Arbeit 8

Arbeit 9

Aufgabe 1

Aufgabe 2

TONIA WIATROWSKI,
HBK BRAUNSCHWEIG

Die Prüfung:

Ich studiere seit 1999 Kommunikationsdesign an der HBK Braunschweig. Mit der Einladung zur Aufnahmeprüfung bekamen alle Bewerber fünf Wochen Zeit, sich mit einer Hausaufgabe zum Thema „Balance" auseinander zu setzen. Dazu besuchte ich ein Treffen von Jongleuren und machte dort Fotos und Skizzen von balancierenden Menschen, aus denen ich dann Zeichnungen fertigte. Zur Prüfung fuhr ich relativ entspannt, da ich am Tag zuvor in Hannover die Aufnahmeprüfung ablegte und bereits wußte, daß mir dort ein Studienplatz sicher war.

In Braunschweig wurden die Bewerber auf zwei Prüfungstage verteilt. Ich war am zweiten Tag dran. Das Klima war sehr angenehm. Die ganze Prüfung war ebenfalls auf das Thema „Balance" ausgerichtet. Sie begann damit, dass man einen riesigen Berg Stühle abzuzeichnen hatte. Als nächstes bekamen wir verschiedene Stempel, mit denen eine Balance-Komposition erstellt werden sollte. Anschließend scribbelten wir in sechs Ideenskizzen, was Balance für uns bedeutet. Dann sollte eine Idee der Hausaufgabe in eine „stabile" Lage gebracht werden, wo ich zum Beispiel einen Saugnapf an einer Kugel anbrachte, bzw. diese auf dem Kopf des Jongleurs halbierte und zu Kopfhörern umfunktionierte. Die letzte Aufgabe bestand darin, ein phantastisches Balanciergerät für Einarmige zu entwerfen. Hier konnte man seiner Phantasie freien Lauf lassen. Für alle Aufgaben hatte man genügend Zeit.

Aufgabe 3

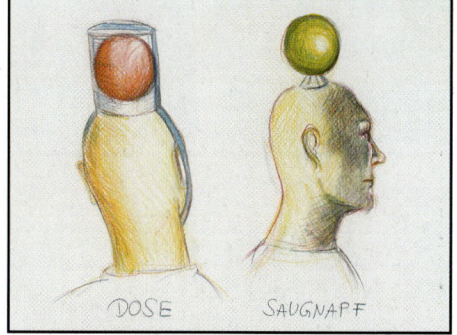

Aufgabe 4

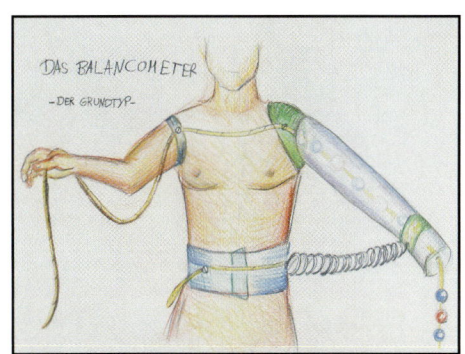

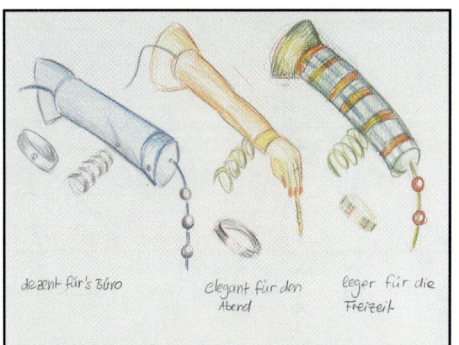

Aufgabe 5

Aufgabe 3

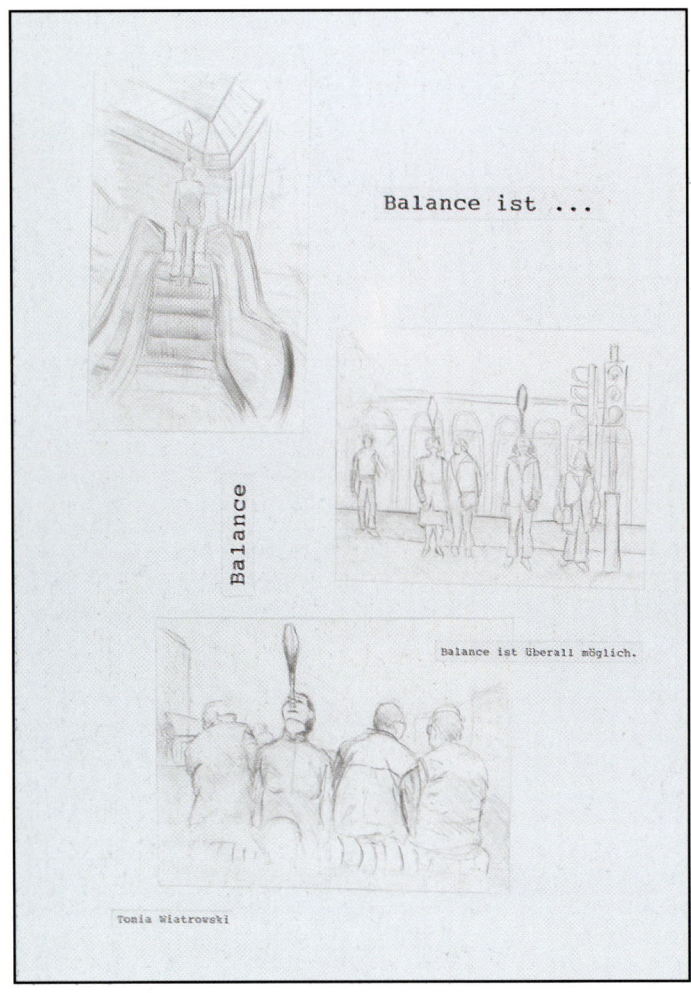

Hausaufgabe

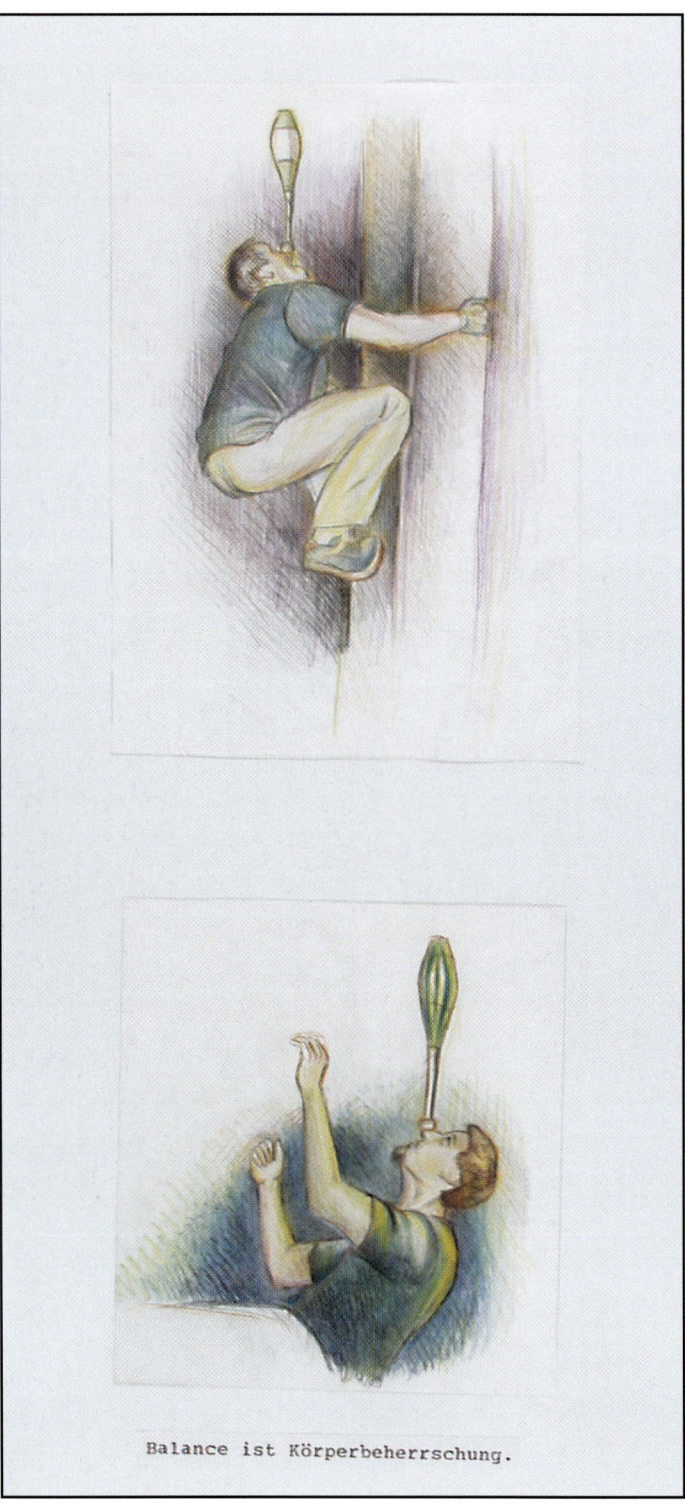

Hausaufgabe

TONIA WIATROWSKI,
HBK BRAUNSCHWEIG

Die Hausaufgabe:

Besonders nett war, dass wir in der Pause von
älteren Studenten mit Kaffee und Kuchen versorgt wurden. Nach Abgabe von Hausaufgabe
und Prüfung warteten wir ca. zwei Stunden
ungeduldig und aufgeregt auf das Ergebnis. Ich
freute mich riesig über meinen Studienplatz.

Balance ist selten anzutreffen.

Hausaufgabe

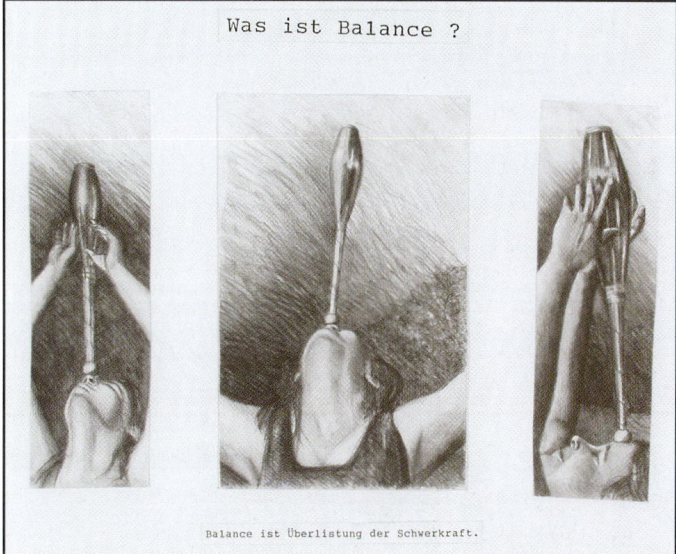

Was ist Balance ?

Balance ist Überlistung der Schwerkraft.

Hausaufgabe

Hausaufgabe

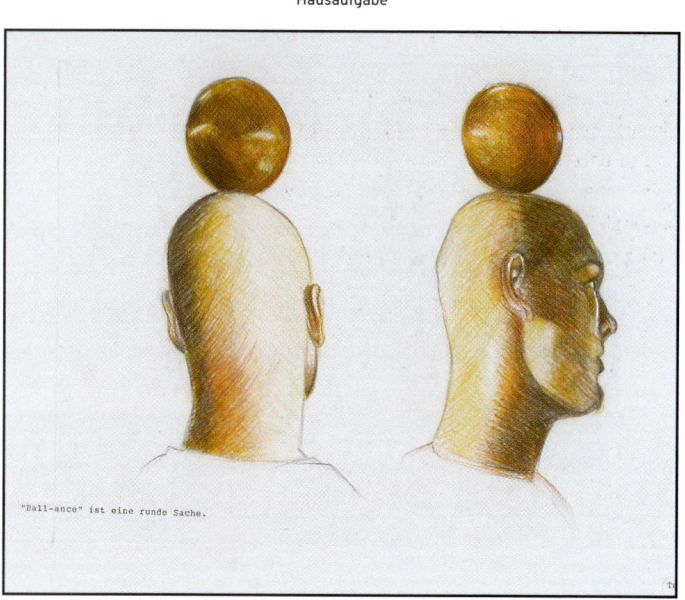

"Ball-ance" ist eine runde Sache.

FRÉDÉRIC WIEGAND

**Fachhochschule Düsseldorf,
Kommunikationsdesign**

ALTER
24

E-MAIL
kjl3000@online.de

ANZAHL DER ARBEITEN
30

HAUSARBEIT
Thema: „Zeichenlust"

AUFNAHMEVERFAHREN
Hausarbeit zum Thema „Zeichenlust", Bearbeitungszeit 4 Wochen. Präsentation der Hausarbeit und eigener Mappe vor Prüfungskommission mit anschließendem Kolloquium.

VORBEREITUNG
Praktika in Druckerei und Werbeagentur; Mappenvorbereitungskurs an der Kunstakademie Trier.

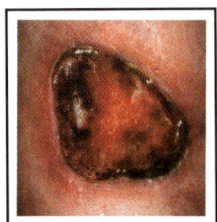
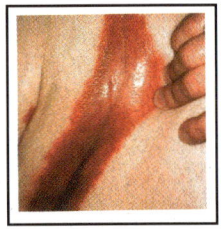
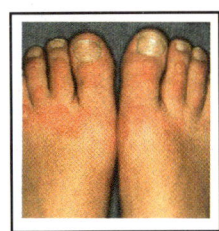

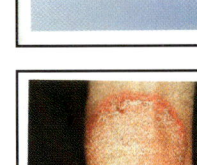

Dermory®
Das schlaue Spiel um Hautkrankheiten.

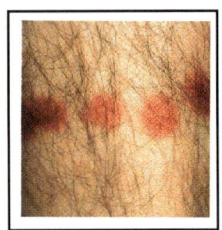

Arbeit 1

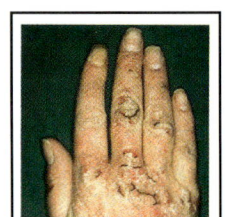

Die Mappe:

1	Dermory, Memoryspiel
2	Fankstelle
3	kjl3000
4	Random
5	Dermatett, Kartenspiel
6	Delsol

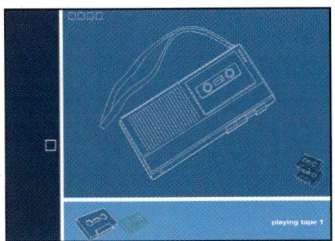

Arbeit 2

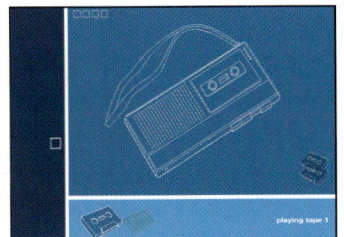

Arbeit 3

Arbeit 4

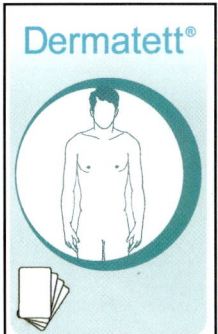

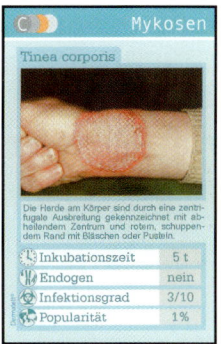

Arbeit 5

Arbeit 6

FRÉDÉRIC WIEGAND,
FACHHOCHSCHULE DÜSSELDORF

Die Prüfung:

„Diesmal musst du es schaffen!" Dieser Gedanke war Leitfaden und Motor für meine Bewerbungen im Jahre 2002. Nicht, dass ich mich verrückt gemacht hätte, aber ein bisschen nervös wurde ich schon, immerhin war ich zu diesem Zeitpunkt bereits 23 Jahre alt und auf irgendeine Art und Weise kam mir das schon ziemlich alt vor für einen, der anfangen wollte zu studieren. Heute weiß ich, dass man mit 23 bzw. 24 Jahren natürlich keineswegs zu alt ist, ein Studium aufzunehmen – aber ich hatte das Gefühl, für mich persönlich war es an der Zeit.

Mein Wunsch, Design zu studieren, stand schon vor dem Abitur fest. So bereitete ich mich während meines Zivildienstes in Köln darauf vor, indem ich Informationen darüber sammelte, welche Aufnahmevoraussetzungen die jeweiligen Hochschulen hatten, wo welcher Studiengang gelehrt wurde. Obwohl die Aufnahmeanforderungen sehr unterschiedlich ausfielen, hatten sie doch eine Anforderung gemeinsam: ein Praktikum. Und so landete ich schließlich in einer kleinen Werbeagentur in Montreux (CH). Dort hatte ich mich schnell eingearbeitet und wurde mit vielerlei Aufgaben beauftragt. Ich lernte eine ganze Menge und die Zeit verging wie im Fluge.

Also begann ich mich nach Hochschulen umzusehen, bei denen ich mich bewerben könnte.
Zu diesem Zeitpunkt wusste ich leider selbst noch nicht so recht, auf was es den Hochschulen ankommt und so verkrampfte ich mich bei meiner Mappe zu sehr auf das, was mir viele Leute empfahlen, was meiner Meinung nach nicht immer richtig war. Ein oft gegebener, aber in meinem Fall nicht wirklich hilfreicher Tip war der, viele Zeichnungen in die Mappe zu legen.

Also besuchte ich einen Mappenvorbereitungskurs in Trier, bei dem ausschließlich gezeichnet wurde, unter anderem auch Akt. Die Ergebnisse waren ganz nett, aber mehr auch nicht. Neben diesen Zeichnungen packte ich meine besten Arbeiten aus der Arbeit in der Agentur bei, sowie eine CD-Rom mit einer interaktiven Flash Arbeit (das so genannte „kjl3000 Project"), die Gegenstand einer Hausaufgabe der FH Köln zum Thema „vereinfachen" war. Prompt fiel ich bei sämtlichen Hochschulen durch, bis auf die Kölner, die nur die Hausarbeit vorliegen hatte und mich daraufhin zum zweiten Teil der Prüfung einlud. Dieser zweite Teil bestand in der Lösung einer Aufgabe vor Ort in einem vorgegebenen Zeitraum, mit anschließendem Fachgespräch mit der Prü-

fungskommission. In letzterem schnitt ich dann wohl leider vergleichsweise schlecht ab, denn auch an dieser FH wurde ich schließlich abgewiesen.

Ein dreiviertel Jahr später versuchte ich es mit der um wenige Arbeiten bereicherten, aber ansonsten gleichen Mappe noch einmal an der FH Mainz, doch auch dieser Versuch schlug fehl.

Und erst dann begriff ich, worauf es wirklich ankam: da ich bei meiner Mappe bis dato immer versuchte, das zu machen, wovon ich glaubte, dass es zu machen sei, entbehrte meine Mappe eines eigenen Charakters, sie zeigte nicht wirklich meine Interessen und mein Können. Mit dieser Erkenntnis und dem eisernen Willen, es endlich zu schaffen, warf ich nahezu alle alten Arbeiten aus meiner Mappe und sammelte nur noch Arbeiten, die mir persönlich Spaß bei der Erstellung gemacht hatten und hinter denen ich voll und ganz stand. Ich begann an Projekten zu arbeiten, von denen ich überzeugt war, daß sie in der Form noch niemand in einer Mappe gezeigt hatte, so entstanden beispielsweise das Dermatett und das Dermory Spiel, bei denen es um Hautkrankheiten geht.

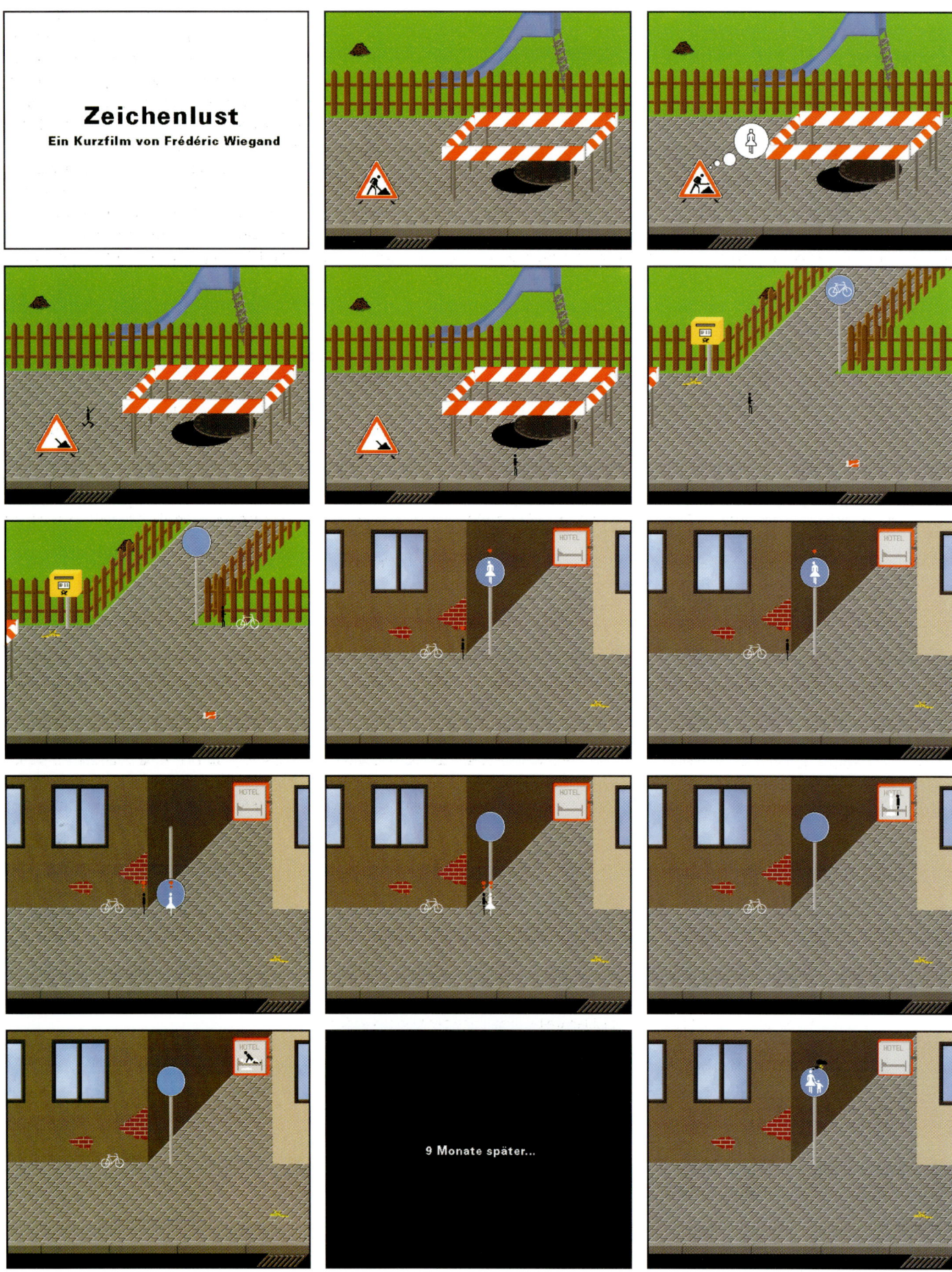

Kurzfilm „Zeichenlust"

Zeitgleich liefen auch schon die ersten Bewerbungen für das Wintersemester 2002 an und ich bewarb mich unter anderem an der Kunsthochschule für Medien Köln und der FH Düsseldorf. Beide Hochschulen verlangten die Bearbeitung einer Hausarbeit, das Thema der KHM lautete „Zufall", in welchem Zusammenhang die Flash Animation „Random - a three versions day" entstand. Zusammen mit den anderen neu angefertigten Arbeiten reichte ich die Hausarbeit ein und wurde tatsächlich zu einem Fachgespräch eingeladen, dem zweiten Teil des Bewerbungsverfahrens.

Zwischenzeitlich ergab sich auch das Thema der FH Düsseldorf, es lautete „Zeichenlust". Ein wenig überrascht, versuchte ich zunächst, die Bedeutung dieses Wortes in seine Bestandteile zu zerlegen und mir Gedanken über die Umsetzung des Themas zu machen, für die ich ganze vier Wochen Zeit hatte. Es entstand eine weitere Flash-Animation, ein Kurzfilm, dessen Protagonisten der Mann auf dem „Vorsicht Baustelle"-Verkehrszeichen sowie Frau und Kind auf dem „Fußgänger"-Verkehrszeichen waren. Es kamen noch weitere Zeichen hinzu, womit der erste Teil des Wortes „Zeichenlust" schon einmal untergebracht war, die Handlung bildete den zweiten Teil des Wortes, nämlich „Lust". Ähnlich wie bei „Random" arbeitete ich auch hier mit einem groben Raster in Photoshop, um möglichst pixelige Charaktere zu schaffen und das ganze ein wenig retro-computer-stylisch aussehen zu lassen.

Und schneller als erwartet waren auch diese vier Wochen wieder vorbei und der Tag der Präsentation an der FH Düsseldorf rückte in greifbare Nähe. Anders als an anderen Fachhochschulen werden Mappe und Hausarbeit hier nicht einfach nur abgegeben, sondern müssen einer in der Regel fünfköpfigen Prüfungskommission präsentiert werden. Diese Form der Eignungsprüfung gefiel mir im Grunde von vornherein ganz gut, da es bei vielen Arbeiten von Vorteil ist, wenn man sie erläutern kann, oder sei es nur um die Reaktionen der Professoren zu beobachten.

Zur Vorbereitung ging ich schon mal einige Wochen vorher zur FH, um die dort eingeschriebenen Studenten zu „interviewen" und einen ersten Eindruck von der FH zu bekommen. Genau so habe ich es auch in Köln gemacht. Das kann sehr hilfreich sein, da man schon mal einen gewissen „ersten Kontakt" hatte, was wiederum die Aufregung deutlich mindert. Abgesehen davon bietet es die Möglichkeit zu erfahren, ob einem die Hochschule überhaupt zusagt und ob Studenten, die bereits dort studieren, zufrieden sind. Ich kann es also wirklich nur jedem empfehlen, der sich bewerben möchte, sich vor Ort ein Bild von FH, Studenten und Professoren zu machen.

Die Eignungsprüfung zog sich über mehrere Tage hin. Obwohl ich erst am zweiten Tag an der Reihe war, ging ich bereits am ersten Prüfungstag hin, um zu sehen, in welchem Zustand sich die Bewerber vor und nach der Prüfung befanden. So bekam ich schon mal eine Ahnung davon bekam, womit am nächsten Tag zu rechnen sei. Wichtig dabei ist natürlich immer, dass man sich nicht verrückt machen läßt oder gar in Panik gerät. Wer von sich selber schon weiß, dass ihn so etwas komplett aus dem Gleichgewicht wirft, sollte es besser lassen. Mir persönlich hat es geholfen, da ich mich mit der Situation schon ein wenig anfreunden konnte und der Sprung ins Wasser deutlich weniger kalt ausfiel.

Und so sprang ich, tags drauf, um acht Uhr dreißig, Raum N 1.40. Wie erwartet, wurden wir etwas früher geladen, und so waren Wartezeiten von mehreren Stunden keine Seltenheit. Der Aufenthaltsraum, der für die Bewerber mit allerlei Getränken ausgestattet war, beherbergte an die vierzig oder mehr nervöse Bewerber. Ich vermied es, Kaffee zu mir zu nehmen, da der Körper spätestens beim Betreten des Prüfungsraumes genügend Adrenalin ausschüttet, um eine ganze Kompanie wachzurütteln. Dennoch muss ich sagen, dass sich meine Aufregung in Grenzen hielt, schließlich hatte ich mich diesmal gut vorbereitet und stand voll und ganz hinter meinen Arbeiten.

Und so wurde ich dann schließlich in ein anderes Stockwerk gebeten und gelangte nach wenigen weiteren Minuten des Wartens in den Raum, in welchem die Präsentation stattfinden sollte. Dort bekam ich etwa zehn Minuten Zeit, mich ganz alleine vorzubereiten, meine Arbeiten auszulegen, sowie den mitgebrachten Laptop anzuschließen. Dies war gerade geschehen, da betrat auch schon die Prüfungskommission den Raum und schwärmte sofort aus, um die in einem Kreis auf Tischen ausgebreiteten Arbeiten zu betrachten. Ich erachtete dies als Zeichen anzufangen und erzählte etwas zu der Arbeit, um die sich der Großteil der Profes-

soren scharte, es war das bereits erwähnte Dermatett und Dermory Spiel. Die Reaktionen waren gemischt: etwas angewidert von den Bildern, überrascht und neugierig, aber insgesamt sehr positiv. Es kamen Fragen zu Motivation und Materialbeschaffung für die Arbeit. Es ging weiter mit den anderen Arbeiten, darunter waren einige Flyer, die ich für diverse Musikveranstaltungen entworfen hatte, Illustrationen, Fotografien, ein Daumenkino und visuelle Antidepressiva in medizinischer Verpackung. Schließlich gingen wir gemeinsam zum Laptop, auf dem ich diverse Projekte und Flasharbeiten zeigte und wo auch die Hausaufgabe in gedruckter Form auslag. Wie über die gesamte Prüfungszeit hinweg, wurde mir auch hier die eine oder andere Frage gestellt, über Motivation und Antrieb, aber auch fachspezifische Fragen. Nach etwa einer Viertelstunde wurde ich dann kurz aus dem Raum gebeten, damit sich die Kommission noch einmal beraten konnte, obwohl sich zu meiner Erleichterung alle schon recht einig schienen. Zwanzig Sekunden später durfte ich den Raum dann wieder betreten und wurde von den recht zufrieden wirkenden Professoren verabschiedet.

Ich baute meine Arbeiten ab und fuhr erleichtert nach Hause. Wenige Zeit später bekam ich dann das endgültige Ergebnis der Prüfung zugesandt: Es lautete „Bestanden" und wurde mit der Gesamtnote 1,0 bewertet.

Das Fachgespräch an der KHM in Köln nahm ich trotz bestandener Prüfung in Düsseldorf natürlich auch wahr, und auch dort erhielt ich eine sehr positive Resonanz. Letztendlich entschied ich mich dann jedoch für die FH Düsseldorf, da sie mir für meine Vorhaben und Interessen einfach besser geeignet erschien.

Es war ein langer Weg, aber ich hoffe, er ermutigt andere, die Hoffnung nie aufzugeben, sich nie von Rückschlägen entmutigen zu lassen und an sich selbst zu glauben. Wer fest davon überzeugt ist, daß dieser Studiengang der richtige Weg für ihn ist, der wird diesen Weg früher oder später auch gehen.

Die Redaktion: Prüflinge berichten

MARTINA-JOHANNA AKALOVIC,
FH BIELEFELD, FOTOGRAFIE

Foto-Puzzle

Zum Eignungstest wurden von ca. 100 Personen 21 Leute zugelassen. Das Thema lautete „Begegnung" und wir hatten die Möglichkeit, es fotografisch mit einer Polaroidkamera zu bearbeiten oder an Hand einer Collage. Alles was hierzu benötigt wurde – und von uns mitgebracht werden sollte – war eine Sofortbildkamera mit Fotomaterial oder, für die Collage, Fotokarton, Illustrierte, Schere, Klebstoff, etc.. Für die Bearbeitung gaben uns die Professoren vier Stunden Zeit. Ich entschied mich für eine Bearbeitung mit der Kamera. Es war jedem freigestellt, wie viele Fotos er später aushändigen würde. Ich zog los und machte mich auf dem Weg von der FH Richtung Innenstadt Gedanken. Ich fotografierte, was mir begegnete: Personen, Details und Straßenszenen.

Schließlich hatte ich 14 Polaroids, setzte mich in ein Café und fing an zu puzzlen, um sie in eine sinnvolle Reihenfolge zu bringen. Meine Idee war es, Portraits von Menschen, die mir begegneten, mit Szenen, die mir begegneten, zu verbinden, so dass gleichzeitig eine Verbindung zwischen dem Portrait und der Szene entstehen sollte. Ich entschied mich, mit drei Fotos weiter zu arbeiten, lief wieder los und machte weitere sechs Aufnahmen. Anschließend setzte ich mich erneut in das Café und beendete meine Arbeit.

Von den vier Stunden Bearbeitungszeit benötigte ich etwa drei, deshalb empfand ich keinen Zeitdruck. Man sollte sich aber von dem Gedanken verabschieden, in dieser kurzen Zeit eine perfekte Arbeit abgeben zu können. Zum einen gelingt es einem schon nicht wegen der Polaroidkamera und zum anderen erwarten, so denke ich, die Professoren Ideen, Phantasien oder gestalterische Fähigkeiten, die sich weiter ausarbeiten lassen.

Nach etwa einer Stunde erfuhren wir, wer von uns die Eignungsprüfung bestanden hat. Lediglich fünf Leute fielen durch die Prüfung.

Die Aufregung ist noch immer sehr groß, denn die Prüfungsnote werde ich erst in den nächsten zwei Wochen postalisch erhalten.

e-Mail: m-j.akalovic@web.de

Für die Hausarbeit standen zwei Themen zur Auswahl:

1. Liebe
2. Grenze

Ich entschied mich für das Thema Grenze. Zu dieser Zeit lag ich im Krankenhaus. Dort wurde mir ein kalter Knoten an der Schilddrüse entfernt.
Da ich bereits mehrfach an verschiedenen Stellen meines Körpers operiert worden bin, sind mir die Grenzen meines Körpers immer präsent. Jede einzelne Narbe markiert eine Grenze, an der ich ohne Operation nicht mehr „normal" hätte leben können.

Vor der Schilddrüsenoperation am 10.12.2002

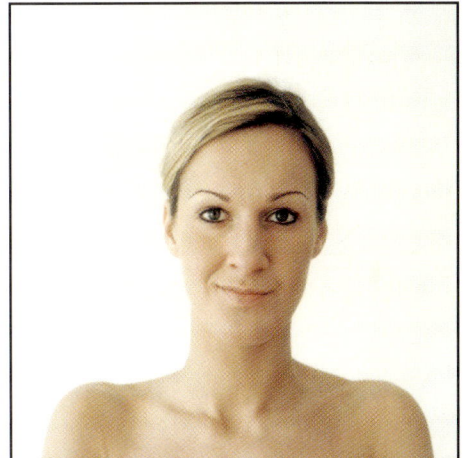

Erste Hüftoperation 1980

Blinddarmoperation 1991

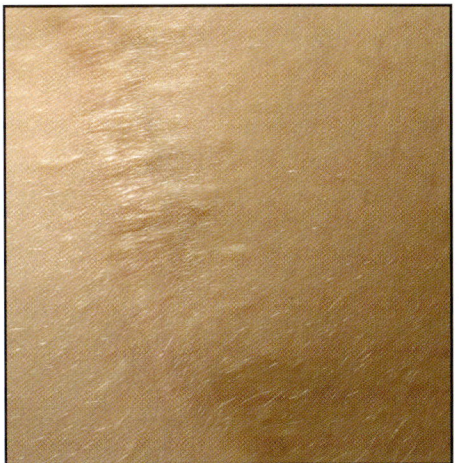

Letzte Hüftoperation 1996

Schilddrüsenoperation 17.12.2002

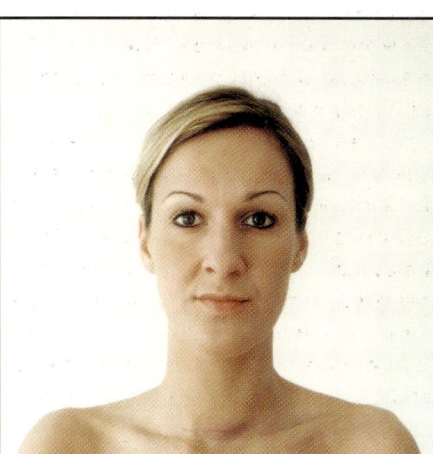

Nach der Schilddrüsenoperation am 04.01.2003

JULIANE APEL, FH BRAUNSCHWEIG/
WOLFENBÜTTEL, MEDIENDESIGN

Natürlich bleiben

Mediendesign? Wozu Mediendesign? Was ist das eigentlich? Und vor allem: Was interessiert MICH daran? Das waren die theoretischen Fragen, die ich mir vor meiner praktischen Aufnahmeprüfung gestellt habe. Wie komme ICH dazu, dieses Fach studieren zu wollen und was macht mich für dieses Berufsfeld interessant? Ich habe es mir sogar aufgeschrieben.

Ich hatte Angst davor, in der Prüfung mit dem Bleistift abzeichnen zu müssen. Zeichnen gehört nicht zu meinen Stärken. Das wußte ich. Ich wußte auch, dass viele meiner Mitstreiter besser in dieser Disziplin sein würden. Meine Stärke waren u.a. meine Ideen und meine ungewöhnliche Herangehensweise an neue Aufgaben. Ich nahm mir also vor, mich darauf zu konzentrieren und mein leichtes Unvermögen im Umgang mit dem „feinen Stift" so elegant wie möglich zu kaschieren.

Ich wußte, dass es einen ersten Teil geben würde, in dem es darum geht, einzeln etwas zu erarbeiten, einen zweiten, in dem in der Gruppe etwas erarbeitet wird und einen dritten, in dem man im persönlichen Gespräch die Intention seiner eingereichten Arbeiten (die Mappe) einem Prüfer nahe bringt. Mir war bewußt, dass diese Art von „Bewerbungsgespräch" immer etwas mit Sympathie zu tun hat. Der/die Dozent(en) wollen die Kandidaten zuerst kennenlernen, bevor sie diese in die Gemeinschaft einer doch nicht allzu großen Klasse aufnehmen. Ich nahm mir vor, ganz natürlich zu sein und mein Gegenüber nicht als Prüfer, sondern als „Mensch" zu sehen. Soviel vorweg. Natürlich konnte ich die Nacht vorher trotzdem nicht gut schlafen.

Dienstag morgen: Ich war zu früh da. Doch viele andere auch – wir unterhielten uns, besser gesagt, sie (die anderen) begannen zu erzählen. Einige hatten schon eine Ausbildung im Bereich Mediengestaltung. Andere arbeiteten bereits lange in einer Werbeagentur. Insgesamt waren viele etwas älter als ich. Ich kam gerade von der Schule. Vom Abi trennte mich nur ein Praktikum bei einem Stadtmagazin (dessen ehemaliger Layouter sich ebenfalls zum Eignungstest an dieser FH angemeldet hatte). Mein Selbstbewußtsein wurde nicht unbedingt größer durch diese Tatsache. Einen Moment zweifelte ich sogar, ob ich überhaupt eine Chance haben würde.

Als ich mich wenig später in einem recht kargen und wenig kreativ wirkenden Raum wieder fand, war die Aufregung schnell vorbei. Auch die Anderen waren vorher alle aufgeregt, man konnte es Ihnen ansehen.

Weißes Papier und Bleistifte wurden ausgeteilt, mein Herz rutschte in die Hose. Vorne auf einem erhöhten Tisch wurden leere Weinflaschen aufgestellt. Ich dachte: Jetzt geht's ans Abzeichnen und du bist raus. Doch die Ansage lautete: „Setzt Euch kreativ mit dem Thema Flasche auseinander. Ihr habt eine Stunde Zeit. Wer möchte, kann auch Schere und Kleber bekommen!" Ich stürzte mich darauf und faltete und klebte in einer Stunde nur aus Papier und Kleber zwei dreidimensionale Weinflaschen und einige Gegenstände, und erzählte mit ihnen als Figuren (die ich auf meinem Tisch aufstellte) eine kleine Geschichte. Meine Schneidegeräusche ließen die anderen zu mir hinüber sehen, während sie größtenteils mit einem Bleistift ihr weißes Blatt bearbeiteten.

Die Arbeiten wurden aus dem Zimmer geräumt. Die Gruppe (an meinem Prüfungstag waren etwa zwölf Leute eingeladen) sollte noch einmal GEMEINSAM dieselbe Aufgabe bearbeiten. Nach dieser Ankündigung verließen alle Prüfer den Raum, wir waren nun unter uns.

Zunächst unterhielten wir uns kurz über die letzte Aufgabe. Der Kontakt zu den anderen war leicht hergestellt. Alle waren freundlich. Konkurrenzdenken schien es – in diesem Moment zumindest – nicht zu geben. Dann fragten wir uns, warum eigentlich kein Prüfer mehr im Raum war. Was sie damit bezweckten, zumal (zumindest unserer Ansicht nach) diese Aufgabe dafür da war, um zu sehen, wer sich wie in eine neue Gruppe einbringt, wer Ideen liefert und wer sich zurückhält, wer sich durchsetzen kann oder nicht. Warum war dann kein Prüfer mehr da? Sollten sie Kameras installiert haben?

Langsam wurde die Zeit knapp. Wieder nur eine Stunde Zeit! Wir einigten uns auf die Idee den „Kreislauf einer Flasche zu zeigen". Von der Produktion über den netten Weinabend bis zum Recyclingvorgang. Ein Bewerber entpuppte sich als hervorragender Comic-Zeichner. Er sollte die Geschichte illustrieren. Wir anderen entwarfen die zu zeichnenden Szenen und schufen aus den Einzelbildern ein Gesamtwerk. Ich war bemüht, mich einzubringen. Bald waren wir vier bis fünf Leute, die aktiv an der Gestaltungsaufgabe teilnahmen. Die anderen hielten sich im Hintergrund und stimmten dem Ganzen eher nur zu oder lehnten es ab. Nach einer Stunde kamen die zwei Prüfer herein und forderten uns auf, unsere Idee zu präsentieren.

Danach folgte das persönliche Gespräch: Ich wurde herein gerufen. Vor mir standen zwei Männer, beide noch jung. Auf einem Tisch waren die Arbeiten meiner Mappe ausgebreitet: „Bitte erklären sie uns zunächst: Warum bewerben Sie sich um den Studiengang Mediendesign und nicht um den Studiengang Kommunikationsde-sign an einer Kunsthochschule?" Mediendesign/Kommunikationsdesign – das unterscheidet sich doch kaum!? Das war nicht die richtige Antwort. Das wußte ich. Auf diese Frage war ich aber vorbereitet. Ich erzählte, was ich unter Mediendesign verstand, was mich daran interessieren würde und wie ICH persönlich darauf gekommen war, mich für diesen Studiengang zu interessieren. Dass ich mir damals gar nicht sicher war, ob ich tatsächlich UNBEDINGT Mediendesign studieren wollte, ob es nicht auch hätte Kommunikationsdesign werden können, das sagte ich nicht. Ich dachte nur daran, jetzt diese Aufnahmeprüfung zu bestehen und mich als Mensch zu präsentieren, der zwar kreativ, aber dennoch nicht planlos durchs Leben läuft.

Sie wendeten sich meinen Arbeiten zu. Und zogen ein Foto heraus. Ausgerechnet ein Foto, das ich eher zufällig gelungen fand. Das ich nur gemacht hatte, weil ich das Motiv so ästhetisch fand. Es zeigte eine farbige Perlenkette mit pinkfarbenen Licht angeleuchtet auf einem farbigen Stück Teppich in meinem Flur. Sie fragten mich, was es damit auf sich hatte. Dann wollten sie wissen, wann es entstanden sei. Ich überlegte und sagte glücklicherweise die Wahrheit. Denn danach drehten sie das Foto um und auf der Rückseite war nur ein Datum – das hatte ich schon vergessen. Ich erzählte etwas zu dem Foto. Ich hatte jede Arbeit meiner Mappe betitelt. Und als ich mich an den Titel erinnerte, fiel mir sofort wieder ein, woran ich beim Fotografieren gedacht hatte und was ich an dem Foto besonders mochte, so dass ich es ausgewählt hatte.

Das Gespräch dauerte etwa 15 Minuten und war keineswegs unangenehm. Alle waren freundlich und fair. Trotzdem hat es mir geholfen, dass ich mir vor der Aufnahmeprüfung durch den Kopf hatte gehen lassen, was ich mit meinen Arbeiten bezwecken wollte, bzw. warum ich sie angefertigt hatte – so absurd diese Gründe sein mögen. Auch ein paar Sätze parat zu haben, warum ich das Fach eigentlich studieren möchte, hat mir geholfen. Die Dozenten fragten nicht nur, sie ließen auch Pausen, um mich zu Wort kommen zu lassen. Sie wollten mich als Person kennenlernen und mich reden lassen.

Am nächsten Tag konnten wir im Sekretariat der FH anrufen und uns erkundigen, ob wir genommen wurden oder nicht. Mein Name stand auf der Liste. Ich habe mich sehr gefreut. Mein Jahrgang war der erste, der an der FH Braunschweig/Wolfenbüttel den Studiengang Mediendesign begonnen hat. Vielleicht war die Konkurrenz nicht ganz so stark, wie es jetzt – fünf Semester später – der Fall ist. Mittlerweile ist zu dem praktischen Prüfungsteil noch ein Teil gekommen, bei dem man in der Gruppe eine Art „Teamfähigkeitstest" machen muss. Es sind Aufgaben zu lösen, die gar nicht unbedingt etwas mit dem Fach zu tun haben, bei der die Bewerber aber daraufhin beobachtet werden, wie sie sich untereinander verhalten, ob sie sich in die Gruppe integrieren können oder ob sie „Einzelkämpfer" sind.

Mein Tipp lautet (heute): Immer so natürlich bleiben wie möglich - aber trotzdem alles begründen können! Die Prüfung ist eigentlich gar nicht so schlimm, wenn man die Prüfer und die Mitbewerber nicht als Konkurrenten sieht - sondern als Menschen. So läßt sich die Prüfung mit ein bisschen Glück an der FH Braunschweig/Wolfenbüttel meistern!

e-Mail: julianeapel@gmx.de

URS BADE, FH NÜRNBERG,
FH BRAUNSCHWEIG/WOLFENBÜTTEL,
MEDIENDESIGN

Qual der Wahl

Nürnberg

Kam am Montag vor zwei Wochen an die FH, wo ich um 9.00 Uhr im Raum 302 sein sollte. War kurz vor neun da, aber sonst keiner. Also warte ich. Um 9.05 dachte ich mir, da stimmt doch was nicht. Schaute noch einmal auf meinen Zettel, stand da Raum G 302 (ich war T 302). Also los gespurtet um den Raum zu finden. Kurz danach saß ich drin und bekam einen Zettel vorgelegt:

„Wählen sie einen der folgenden Sätze:
1. Typo ist Variation
2. Typo ist Rhythmus
3. Typo ist Kontrast, Bewegung, Form."

Daraus sollte dann das Wort „Typo" geschrieben bzw. gezeichnet werden. Als Vorlage dienten einige Schriftmuster, diese durften jedoch nicht verändert werden. Es war lediglich eine Vermischung der Schriftarten erlaubt. Ich saß also erst mal total blöd da, in einem verglasten Raum, in den die Sonne rein knallte (an dem Tag waren es ungefähr 35°C in Nürnberg ...). WAS MACHST DU BLOSS??? Hab dann einfach wild drauf los gezeichnet. Kurz vor Schluß hatte ich's dann fertig, habe mir aber erst dann überlegt, was es darstellen soll. Habe dann einfach beschlossen, es „Typo ist Form" zu nennen. Will also das Blatt abgeben und streiche mit meinem Arm drüber und verschmiere dabei das Gezeichnete. Total entnervt holte ich meinen alten Radiergummi

von Technischen Zeichnen raus (der eine harte und eine weiche Seite besitzt) und kratze damit einigermaßen das Verwischte wieder von meinem Blatt.

Pause ...

Am Nachmittag ging es dann weiter: „Storyboard (oh nein, ich kann doch nicht zeichnen!). Ein Kurzschluß wird zu einer Haupt- oder auch Nebenrolle in einer Geschichte. Setzten sie ihre Idee für das Medium Fernsehen in ca. sechs bis acht Bildern um".

Hab dann nach langem Überlegen - und nachdem schon alle um mich herum lange zeichneten - eine Geschichte angefangen: Frau will Toast toasten; der Toaster geht aber nicht; sie ruft Mann zu Hilfe; dieser sagt, es liege an der Steckdose, die er erst reparieren müsse; holt Werkzeug und fängt an, die Steckdose zu reparieren, wobei er einen Kurzschluss verursacht; dieser Kurzschluss verursacht einen Kurzschluss in seinem Kopf und er haut alles kurz und klein; dann am Schluss: „Damit es bei einem Kurzschluss nicht zum Kurzschluss kommt, nehmen sie Thomapiryn Beruhigungstabletten"

Dienstag 8.30 Uhr: Fototag. Thema: „Nürnberg, eine Stadt in Bewegung". Wir hatten zwei Stunden Zeit, um das Thema umzusetzen. Also alle losgestürmt, um in Nürnberg Fotos zu machen. Ich zunächst wie blöd los fotografiert: Auto in Tunnel, Fahrradfahrer, dann immer abwechselnd Menschen auf einem Platz fotografiert mit Langzeitbelichtung, dann wieder Kirchenuhr, dann fünf Minuten später wieder Menschen auf dem Platz, dann wieder Kirchenuhr, u.s.w.

Alles Schwachsinn!, dachte ich bei mir. Weiter zum Bahnhof. Am Bahnhof angekommen. Na ja, auch nicht das Wahre, macht wohl jeder hier Fotos ..., bis ich zur Rolltreppe kam, da hatte ich die Idee. Habe dann die Rolltreppe repräsentativ für die Stadt Nürnberg fotografiert:
1. Rolltreppe (Stadt Nürnberg) auf der sich die Menschen bewegen. Es werden mal mehr, mal weniger und auch wenn man keine Menschen sieht, bewegt sich trotzdem etwas.
2. Die Schilder an der Seite der Rolltreppe zeigen, wie man sich auf der Rolltreppe zu verhalten hat - wie also der Bewegungsfluss der Menschen auf der Rolltreppe (Stadt Nürnberg) geleitet und verändert wird.
3. Ich, der sich auf der Rolltreppe auf und ab bewegt.

Am Nachmittag war dann Diashow. Ich mit meiner Mappe zum Gespräch. Haben dann meine Fotos von der Rolltreppe angeschaut, ich erzählte meine Geschichte dazu (ich war der Ein-

zige, der eine Serie gemacht hat, alle anderen hatten Einzelbilder). Dem Professor meine Geschichte über die Rolltreppe erzählt, was es darstellen soll (die meisten hatten anscheinend fast nichts zu ihren Bildern gesagt, wie ich es mitbekommen habe). Er war recht angetan. Dann fragte er mich noch, ob das bei den Bildern (aus der Mappe) meiner „Selbstportraits als Darstellung von Vorurteilen" wirklich alles ich sei und das sie lange davor gestanden hätten und darüber diskutiert hatten, und was ich in letzter Zeit so gemacht habe. Sagte ihm, das ich bei Uli Mertens ein Praktikum gemacht habe. Woraufhin er bemerkte: „Ach ja, dem Uli muß ich unbedingt mal wieder eine Mail schreiben ...".

Habe dann endlich den Brief von Nürnberg bekommen - bestanden!

Braunschweig/Wolfenbüttel

Montags um 8.00 Uhr sollte ich an der FH Braunschweig/Wolfenbüttel zur Eignungsprüfung antreten. Doch dabei gab es noch ein „kleines" Problem. Ich war 200 km von Wolfenbüttel entfernt und damit ich um 8.00 Uhr dort antanzen konnte, war ich gezwungen, um 23.00 mit dem Zug von Daheim loszufahren, morgens hätte ich es nicht schaffen können. Ich ging also am späten Abend zum Bahnhof, aufgeregt, was wohl am nächsten Tag auf mich zukommen würde.

Um 6.00 Uhr kam ich dann endlich in Wolfenbüttel an. Doch die FH liegt nicht direkt in Wolfenbüttel sondern ca. 6 km abseits mitten in der Prärie. Macht nichts, denk ich mir so, hab eh' noch zwei Stunden Zeit und machte mich zu Fuß auf den Weg.

Pünktlich ging es dann um 8.00 Uhr los. Wir (20 Personen) wurden aufgefordert, uns im Kreis hinzusetzen. Eine Frau stellte sich vor und plötzlich kam ein Mädchen rein gestürmt. Sie fragte, ob das die Eignungsprüfung sei und ob sie zu spät komme. Die Frau meinte, sie könne nicht mehr teilnehmen, da sie zu spät gekommen sei. Daraufhin fragte das Mädchen in die Runde, ob jemand nicht an der Eignungsprüfung teilnehmen wolle, damit sie unter dessen Namen dann teilnehmen könnte (das Ganze stellte sich als kleines Theaterstück heraus, um uns ein wenig aufzulockern).

So, jetzt geht's wohl richtig los, dachte ich, doch dann gab es erst mal ein kleines Ballspiel (!) zum kennen lernen. Ein Ball wurde hin und her geworfen und wer ihn fing, sollte sich vorstellen und kurz erzählen, woher er kam und was er gerade machte.

Nachdem wir mehr oder weniger die Namen der anderen wussten, bekamen wir die Aufgabe, uns in Fünfergruppen aufzuteilen und mit einem

Seil in kurzer Zeit ein Logo für die Love-Parade zu entwerfen. Das Problem dabei: Wir durften kein Wort sprechen. Mit einigen Änderungen – da immer wieder irgend jemandem etwas nicht passte – schafften wir es schließlich, ohne einen Mucks von uns gegeben zu haben, das Logo fertig zu stellen

Dann bekamen wir alle Tücher in die Hand gedrückt. Jeder sollte sich damit die Augen verbinden, und wir bekamen die Aufgabe, mit der selben Fünfergruppe, ohne irgendetwas zu sehen, mit dem Seil ein Wort zu schreiben. Wir beschlossen, dass jeder von uns einen Buchstaben mit dem Seil legt, dass Ende des Seils dann an den Nächsten weitergibt und seine Hände auf den gelegten Buchstabe legt, damit dieser nicht wieder verrutscht, wenn der Nächste am Seil zieht. Nachdem wir diese Aufgabe auch gelöst hatten, durften wir unsere Werke und auch die der anderen beäugen. Jede Lösung sollte jeweils von einer anderen Gruppe kritisiert oder natürlich auch gelobt werden.

Jetzt war es an der Zeit für etwas frische Luft, und weil an dem Tag wunderschönes Wetter war, ging es auch erst mal raus auf die Wiese, um dort die weiteren Aufgaben zu meistern. Wieder eine Aufgabe mit Seilen, diesmal jedoch eine ganz andere:

Wir sollten mit zwei langen Seilen eine Trage bauen, mit der wir dann eine Person über die Wiese tragen sollten. Nach längerer Diskussion, wie wir die Seile wohl miteinander verbinden sollten, hatten wir dann aber schnell eine Trage gebaut und die Person, die am leichtesten war. wurde über die Wiese befördert.

Und schon ging es weiter zur nächsten Aufgabe: Wir sollten zwei Gruppen von jeweils 10 Leuten bilden (wobei jede Gruppe zehn 30 x 30 cm große Korkplatten bekam), die dann die Aufgabe hatten, einen säurehaltigen See (der betonierte Pausenhof) schneller als die andere Gruppe zu überqueren. Das Problem dabei: Wir mussten immer Kontakt miteinander halten. Das heißt, wir mussten eine lange Kette bilden, wo sich jeder am anderen festhielt, durften jedoch nur auf den Platten stehen und mussten irgendwie versuchen, das andere Ufer zu erreichen, indem wir immer wieder die Platten von hinten nach vorne reichten. Nachdem diese Aufgabe mit viel Spaß gelöst wurde und unsere Gruppe schließlich gewann, ging es dann erst mal in die Mittagspause.

Dann nach der Pause war es so weit. Es ging auf zum Prüfungsgespräch. Eine Studentin führte mich langsam durch die Korridore der Schule, bis wir schließlich vor einer Tür anlangten. Ich trat ein und an einem großen Tisch saßen drei Professoren und zwei Studenten. Sie forderten

mich auf, irgendeine meiner Arbeiten aus der Mappe zu nehmen und etwas darüber zu erzählen. Ich nahm meine Arbeit „Durchsicht", eine Dreierserie, wo jemand aus einem Bild herausgreift, um sich die Banane zu schnappen. Ich erzählte ihnen, wie die Arbeit entstanden ist und was ich damit darstellen wollte.

Danach schauten wir noch die Arbeit „Riesenzwerge" an, auf der ich mit einem Freund mit einer 10 cm großen Puppenbank mit den Größenverhältnissen zwischen nah und fern gespielt habe. Wir haben dabei die kleine Bank ganz nah an die Kamera gestellt und uns ganz weit weg davon hingesetzt. Danach ist einer aufgestanden und auf die Bank zugelaufen. Sie fragten mich, ob ich das Bild mit Adobe Photoshop gemacht habe. Ich erzählte ihnen, wie wir es wirklich gemacht hatten und sie waren sehr erstaunt, dass die Bilder ohne Bildbearbeitung am Computer entstanden waren.

Dann wollten Sie wissen, ob ich mich auch noch woanders beworben habe. Ich erzählte ihnen, das ich mich auch noch in Dortmund, Nürnberg und Bielefeld beworben habe. Daraufhin meinte der Professor, dass ihre Schule wohl dann nur der Notnagel wäre, falls ich auf keiner der anderen Schulen genommen würde. Als ich ihm dann aber erzählte, das ich an der FH Dortmund bereits die Aufnahmeprüfung mit meiner Mappe bestanden habe und das auch noch ohne Eignungsprüfung (die Prüfungskommission in Dortmund meinte, meine Mappe wäre so gut, dass ich nicht mehr zur Eignungsprüfung erscheinen müsse. Und wenn man in Nordrhein-Westfalen die Aufnahmeprüfung an einer FH geschafft hat, ist man auch bei allen anderen FH's in NRW für diesen Studiengang angenommen, deshalb war ich auch für die FH Bielefeld zugelassen), war er wieder beruhigt – und ich war entlassen.

Danach trafen wir dann wieder im gleichen Zimmer wie am Morgen zusammen. Wir setzten uns alle an die Tische und jetzt wurde die künstlerische Aufgabe gestellt: „Setzen Sie das Thema ‚Durch dick und dünn' um". Wie, war uns vollkommen freigestellt. Habe also erst einmal alle meine Stifte, Papiere, Kleber, u.s.w. heraus geholt und auf einem Blatt alle Ideen, die mir dazu einfielen, in einem kurzen Brainstorming zusammengeschrieben. Wollte dann zuerst eine Kurzgeschichte zu dem Thema zeichnen. Nachdem ich aber merkte, dass alle um mich herum zeichnen, dachte ich mir, ich will irgendetwas machen, um mich von der Masse abzuheben. Kam also auf die Idee, ein Daumenkino zu basteln. Gerade als ich anfangen wollte, höre ich ein Gespräch auf der anderen Seite mit. Er: „Und? Was machst du?" Sie darauf: „Ich bastle ein Daumen-

kino!". Daraufhin beschließe ich, mich nun vollkommen von der Masse abzuheben. Es entsteht die Idee, etwas zu basteln, das im Raum steht, dreidimensional ist, und vor allem: Etwas, das auffällt!

Ich schnitt also zwei gleich große, ca. 15 cm große Männchen aus, die ich am Bauch ganz dick machte, und klebte diese am Kopf zusammen, bog dann die Füße der beiden Männchen auseinander und klebte diese auf ein Blatt Papier. Vor das Männchen stellte ich dann einen Trichter (auch aus Papier), der mit dem großen Durchmesser zur Seite des Männchens gewandt war. Dies bastelte ich dann immer weiter, so dass am Schluß fünf DIN A4-Blätter dastanden, auf denen jeweils ein Männchen stand, am Anfang mit dickem Bauch, das sich dann langsam nach unten in den Trichter beugt, bis es schließlich vom Trichter verschluckt wird und hinten wieder ganz dünn herauskommt. Am Schluß schnitt ich dann noch fünf Herzen aus, malte diese rot an und klebte diese mit einem kleinen Abstandhalter, so das diese von der Person abstanden, auf jedes Männchen.

Als wir dann aufgefordert wurden, unsere Arbeiten vorne auf den Tisch zu legen, legten alle ihre – meistens auf DIN A4-Papier gezeichneten – Storyboards vorne übereinander auf den Tisch. Es war ein kleiner Haufen, nachdem alle Arbeiten vorne auf den Tisch lagen – bis ich dann kam: fünf DIN A4-Blätter, auf denen jeweils ein dreidimensionales Männchen stand. Da war wohl kein Platz mehr für meine Arbeiten. Ich lief also zurück, holte einen weiteren Tisch, trug diesen nach vorne und stellte ihn neben die anderen und baute meine Arbeit darauf auf. Kurz danach kam der Professor in den Raum, um sich die Arbeiten anzuschauen. Er ging durch die Tür und sein Blick fiel sofort auf meine Arbeit. Er stellte sich davor, sah sie an, und fing an zu lachen.

Danach ging es dann erst mal nach Hause und zwei Wochen später kam dann endlich die Nachricht: Bestanden! Studiere heute in Nürnberg.

e- Mail: deep.fish@t-online.de

NICOLE BALTRUSCHAT, FH BIELEFELD, KOMMUNIKATIONSDESIGN

Carpe diem!

Die Eignungsprüfung an der FH Bielefeld dauerte insgesamt zwei Tage. Abzugeben waren eine Mappe mit 15 bis 30 Arbeiten. Also nicht mehr als 30 Blätter im maximalen Format DIN A 1. Weiterhin gab es ein Hausarbeitsthema. Für die Bearbeitung hatte man ca. zwei Wochen Zeit. Es standen zwei Themen zur Auswahl. 1. „Grenze" und 2. „Liebe". Dazu durften maximal fünf Arbeiten abgegeben werden, die als Bestandteil der Mappe gewertet wurden.

Ich entschied mich für das Thema Liebe. Passend dazu hatte ich zufällig eine Fotoserie, die ich in meinem Sommerurlaub in Oberitalien erstellt hatte. Ich hatte mir von meiner kleinen Nichte Ken und Barbie und ein dazugehörigen Campingbus ausgeliehen. Eigentlich wollte ich hinterher für meine Mappe ein Fotoalbum anfertigen, in dem Ken und Barbie von ihren Urlaubserlebnissen in Italien berichten. Darunter waren dann auch passende Fotos, die Liebeserklärungen, romantische Sonnenuntergänge und auch eine intime Nacktszene darstellten. Ich habe fünf Fotos ausgewählt, diese in 20 x 30 cm abziehen lassen und ein Album in rosarot erstellt. Dazu habe ich philosophische Texte zum Thema Liebe hinzugezogen und zu jedem Buchstaben, der im Wort Liebe enthalten ist, Erklärungen gesucht (z.B. „L" wie Leidenschaft, „I" wie Intimität, u.s.w.)

Am 8. Januar mußte man um 9.00 Uhr morgens die Mappe abgeben, um 17.00 wurden dann namentlich diejenigen aufgerufen, die am nächsten Tag am weiteren Feststellungsverfahren teilnehmen durften. Insgesamt wurden 139 Mappen geprüft, etwa 70 wurden zur weiteren Prüfung zugelassen (abends bei der Verkündung kam ich mir ein bißchen wie bei der Sendung „Superstar" vor ...).

Ich hatte es also geschafft und durfte am folgenden Tag um 9.00 Uhr an einer vierstündigen Prüfung teilnehmen. Ich hatte mich schon lange vorher mit Mappenprüfungen beschäftigt und auseinandergesetzt. Ich habe mit Designstudenten, Professoren und der Studienberatung beim Arbeitsamt gesprochen, um herauszufinden, wie so etwas abläuft, worauf man achten sollte, was man auf keinen Fall tun sollte, u.s.w.. Mir wurde gesagt, dass man eine Polaroidkamera und viele Zeitschriften zur Prüfung mitnehmen sollte. Ich habe somit sämtliche Malutensilien und die verschiedensten Zeitschriften eingepackt.

Um 9.00 Uhr verkündete man uns nun das Thema, welches lautete: „Carpe diem". Uns wurde gesagt, dass wir vier Stunden Zeit hätten, und dass wir in der Zeit alles machen könnten, was wir wollen. Wir konnten die Bibliothek der FH nutzen, hätten auch nach Hause fahren können, Abgucken wäre auch drin gewesen. Aber wir sollten nur zwei DIN A 4-Blätter für die Aufgabe verwenden. Ich habe dann das Internet gewählt, um irgend etwas darüber herauszufinden. Im Internet fand ich dann zu diesem Thema folgendes: „Die Frau soll schleunigst den drän-

genden Bitten nach ungehemmter Liebeslust nachgeben, solange ihre vergängliche Schönheit noch das starke Geschlecht anzulocken vermag. ‚Carpe diem' eben."

Damit ging ich dann zurück an meinen Platz, um meine Zeitschriften zu durchstöbern. Das Zitat inspirierte mich und ich hoffte, dazu etwas Passendes zu finden. Zum Glück hatte ich noch meine „Amica", Startausgabe 2/96 dabei. Diese Zeitschrift hatte ich nie weggeschmissen, weil sie außerordentlich tolle Fotografien und Fotostories enthält. Ich wußte, dass sie mir irgendwann einmal nützlich sein würde. In dieser Zeitschrift fand ich dann eine Frau (Nadja Auermann), die sehr verzweifelt an einer Mauer den Putz abkratzt. Die Finger sind schon blutig. Weiterhin fand ich in dieser Ausgabe ein paar schrille Fotos mit einem Schwarzafrikanischen männlichen Model. Der Mann war nackt und hatte einen weißen Zylinder auf. Weiterhin hatte er weiße spitzgefeilte Fingernägel. Der man sieht belustigt und fröhlich aus. Er tanzt und es geht ihm gut. Somit hatte ich meine Collage. Ich schnitt beide Personen aus. legte Madame auf den Boden. Also kratzte Sie jetzt verzweifelt den Boden auf und der lachende Supertyp tänzelte unbeachtend vor ihr herum. Dazu schrieb ich dann den oben erwähnten Text. Ich wählte zur Fertigung einen DIN A3-Karton, dem ich mit Pastellkreide (schwarz, weiß und braun) eine Struktur verschaffte, klebte die Personen auf und schrieb den Text in passend großen Buchstaben auf den Karton.

Zunächst fand ich das Thema extrem schwer. Alle schienen total ratlos und man sah tausend Fragezeichen in den Gesichtern. Dadurch, dass die Prüfer einen so lockeren Rahmen boten, war die Atmosphäre relativ entspannt. Natürlich steht man aufgrund der geringen Zeit von vier Stunden zunächst total unter Druck. Als ich dann meinen Spruch gefunden hatte, wurde ich allmählich ein wenig gelassener. Weiterhin hatte ich mich mit einer Mitstreiterin zusammengetan. Wir haben uns gegenseitig beraten, geholfen und unterstützt. So etwas hilft sehr in so einer Situation. Ich hatte ziemlich schnell mein Grundkonzept gefunden und konnte gelassen an die Umsetzung gehen, da ich dafür relativ viel Zeit hatte.

Um 13.00 Uhr wurden die Arbeiten dann abgegeben und wir mußten um 15.30 Uhr für die Verkündung der Ergebnisse wieder anwesend sein. Um 15.30 Uhr wurden dann 44 Namen aufgerufen, die die Mappenprüfung bestanden hatten. Ich war dabei!

e-Mail: nicoletta@ideenstaub.de

EVA BARGON, FH BIELEFELD,
KOMMUNIKATIONSDESIGN

Pflücke den Tag!

Ich habe am Feststellungsverfahren der FH Bielefeld am 8. und 9. Januar diesen Jahres teilgenommen. Am ersten Tag habe ich um 9.00 Uhr meine Mappe abgegeben, um 16.00 Uhr wurde mir das positive Ergebnis mitgeteilt. Ich durfte am weiteren Prüfungsverfahren teilnehmen.

Am nächsten Tag begann der zweite Teil des Feststellungsverfahrens um 9.00 Uhr. Vorher wurde mir in einem Schreiben mitgeteilt, dass es sich empfiehlt, einen DIN A4-Zeichenblock, Zeichen- und Malstifte, Schreibmaterial, Radiergummi und Anspitzer mitzubringen. 138 Leute nahmen, wie uns der Prüfungsleiter später sagte, am zweiten Teil des Feststellungsverfahrens teil.

Wir wurden in drei verschiedene Räume geführt, wo wir erst einmal feststellten, dass ein paar Stühle fehlten. Das wäre aber nicht so schlimm, meinte der Professor, schließlich wäre „das Arbeiten im Sitzen keine Prüfungsbedingung und zeichnen könnte man auch im Stehen". Trotzdem holten wir noch Stühle aus anderen Räumen herbei. Dann wurde uns der Zettel mit der Aufgabenstellung ausgeteilt:

Als angehende Designer müssten wir in der Lage sein, zu einem Thema Stellung zu beziehen. Wir sollten uns in Wort, Schrift und Bild präsentieren. Das Thema war „Carpe diem" (Horaz). Wir sollten zwei DIN A4-Blätter, die uns dort ausgeteilt wurden, bearbeiten und diese zusammen mit dem Aufgabenblatt und mit unserem Namen beschriftet nach vier Stunden abgeben. Uns wurde gesagt, dass wir in diesen vier Stunden machen könnten, was wir wollten. Wir müssten nicht in den Prüfungsräumen bleiben, könnten uns beraten, abgucken oder sonst was machen. Während der Prüfung wurden wir nicht beaufsichtigt. Mit Getränken (O-Saft) wurden wir versorgt. Dementsprechend entspannt war auch die Stimmung während der Prüfung. Wir machten tatsächlich, was wir wollten. Einige hatten ihr Handy dabei und telefonierten erstmal, andere gingen rauchen, wieder andere suchten in der Bibliothek oder im Internet nach Informationen zu diesem Thema. Auch ich sammelte in den ersten zwei Stunden Infos zum Thema, beriet mich mit anderen Prüflingen und unterhielt mich mit Studenten. Erst dann begann ich mit der Arbeit. „Carpe diem" ist in dieser Arbeit mit „Pflücke den Tag" übersetzt. Schemenhaft ist eine Masse von Menschen dargestellt, die im grauen, tristen Alltag steht oder lebt. Nur eine Person hebt sich durch die Positionierung, die schräge Kopfhaltung und den hoch gestreckten Arm von den Übrigen ab. Diese Person pflückt den roten Apfel, der Symbol ist für den genutzten Tag. Der Sinnspruch „Carpe Diem" von Horaz, der als Wegweiser für alltägliche Probleme dienen soll, ist hier positiv dargestellt.

Auch die zweite Arbeit hätte ich gerne für dieses Buch rekonstruiert, der Vollständigkeit halber. Diese bestand aber zum größten Teil aus einer Collage. Und da eine Collage vom Zufall lebt, schien mir eine Rekonstruktion unmöglich. Beschreiben kann ich es aber: Ich hatte verschiedene Seiten von Zeitschriften, auf denen Konsumgüter, vollbusige Frauen und Superhelden zu sehen waren, in eine wellenartige Form gerissen und in verschiedenen Schichten übereinander geklebt. Im Vordergrund zeichnete ich einen jungen Mann mit gleichgültigem Gesichtsausdruck. Zwischen die Zeilen schrieb ich folgende egoistische und rücksichtslose Übersetzungen von „Carpe Diem":

- Lebe im Jetzt, denke nicht an Morgen
- Genieße dein Leben
- Lebe DEIN Leben
- HEUTE ist wichtig, die Zukunft ist gleichgülltig
- Nach uns die Sintflut

Die Person im Vordergrund hat durch ihren verschwenderischen und verantwortungslosen Lebensstil eine Welle unverzeihlicher Folgen ausgelöst. Sie scheint nicht zu merken, dass sie selbst nun von dieser Welle bedroht wird. Auf der Rückseite des Aufgabenblattes erklärte ich meine Bilder und die unterschiedlichen Interpretationen.

Mich verwunderte, dass einige Leute die Aufgabenstellung nicht beachteten. Sie nahmen andere Formate, fertigten nur ein Bild an oder schrieben ihren Namen nicht auf die Blätter. Solche Fehler kann man doch leicht vermeiden. Wir waren alle pünktlich fertig und gaben unsere Werke um 13.00 Uhr ab. Um 15.30 Uhr fanden wir uns dann wieder in der FH ein. Dann mussten wir noch eine weitere halbe Stunde bangen und hoffen, bevor uns die Prüfungsergebnisse mitgeteilt wurden. 44 Teilnehmer hatten bestanden – darunter auch ich!

e-Mail: tobelchen@gmx.de

BASTIAN BISCHOFF, FH MANNHEIM,
FH KONSTANZ, KOMMUNIKATIONSDESIGN

Gedächtnisprobleme

Ich habe die Aufgabenstellungen zwar nicht mehr lückenlos zusammen bekommen, aber etwa 90 Prozent müssten mit den Originalprüfungen übereinstimmen. Ich denke, das reicht und hoffe, damit den Lesern weiterhelfen zu können. Ich habe beide Prüfungen leider nicht bestanden (es waren meine ersten Bewerbungen), lasse mich aber nicht entmutigen und versuche es zum WS noch einmal – was ich den anderen Glücklosen auch raten möchte.

Prüfung FH Mannheim, Dauer sechs Stunden. Aufgaben:

1. „Schildern Sie in max. 7 Bildern eine Zeitreise; Maße pro Bild ca. 10 x 7 cm, Technik frei." Ich überlegte zunächst, in welcher Zeit spannende Erlebnisse möglich sind, z.B. eigene Geburt, der Zeitpunkt, in dem ich die Prüfungsergebnisse erfahre, meine Hochzeit, Geburt meines Kindes, etc. Ich entschied mich für „meine Geburt", zeichnete mit Bleistift vor und kolorierte mit Stabilo-Layout. Da ich bis dahin nur wenig aus dem Gedächtnis gezeichnet und fast nur Comics studiert hatte, lag mir das Ganze überhaupt nicht und ich tat mich sehr schwer. Auch das technische Know-how fehlte mir. So kolorierten die Meisten, wie ich später erfuhr, mit Aquarell oder Holzstiften, was natürlich mehr her macht. Somit sahen meine „Figuren" zum Schluss eher wie Kindergartenfiguren aus – total naiv und ungekonnt.

2. „Stellen Sie Ihre Zeitmaschine vor. Technik: Collage oder Zeichnung / DIN A 3-Blatt"
Ich skizzierte eine einem Riesenrad ähnliche Maschine, konstruiert aus lauter geometrischen Figuren wie Kegel, Zylinder, Kugel. Dann verfeinerte ich Formen und Oberfläche.

3. Fragebogen:
- Was bewegt Sie dazu, Kommunikationsdesign zu studieren?
- Warum haben Sie sich gerade für unsere FH entschieden?
- An welchen anderen vergleichbaren Einrichtungen kann man KD studieren?
- Wann und wo waren Sie das letzte Mal im Theater/Kino?
- Was sind Ihre drei Lieblingsfilme?
- Wann und wo waren Sie das letzte Mal in einer Ausstellung?
- Wo fand in diesem Jahr die Documenta statt?
- Nennen Sie einen berühmten Grafikdesigner.
- Nennen Sie drei berühmte Künstler aus dem Anfang des 20. Jahrhunderts.
- Wann wurde die Fotografie erfunden?
- Wann wurde das Bauhaus gegründet?

Die Reihenfolge und der Wortlaut sind nicht genau identisch mit der Prüfung. Es kann außerdem sein, dass zwei oder drei Fragen fehlen. Die Atmosphäre empfand ich als locker und freundlich, die Professoren waren sehr sympathisch. Wir waren rund 60 Prüflinge und wurden aufgeteilt auf drei Räume. Man konnte zu jedem Zeitpunkt den Raum verlassen, um zu rauchen oder sich am extra für uns Prüflinge aufgebauten Frühstücksbuffet zu bedienen. Mich überraschte, dass man während der Prüfung im Raum umhergehen und sich die anderen Arbeiten ansehen konnte.

Mein Tipp: Wer sich zeichnerisch bislang nur mit Händen, Füßen und Obstschalen auseinandergesetzt hat, sollte sich nun auf jeden Fall verstärkt mit Storyboards, Comics und aus dem Gedächtnis gezeichneten Gegenständen beschäftigen.

Das Prüfungsgespräch dauerte ca. zehn Minuten und wurde sehr locker geführt. Es drehte sich zunächst um allgemeine Fragen zur Kunstgeschichte, dann wurde sehr stark Bezug auf den Fragebogen genommen (Tipp: Man sollte keine erfundenen Theater- oder Kinobesuche im Fragebogen angeben, da der Professor im Gespräch darauf zurückkommt ...). Auf das Prüfungsergebnis musste ich dann nur ca. vier Tage warten. Sehr gut gefiel mir, dass den Prüflingen von auswärts Übernachtungsmöglichkeiten bei Erstsemestern angeboten werden, da Prüfung und Gespräch an zwei Tagen stattfinden.

Prüfung FH Konstanz, Dauer sechs Stunden. Aufgaben:

1. „Basteln Sie den Würfel, dessen Netz an der Tafel aufgezeichnet ist (es handelte sich um einen ca. 10 x10 cm großen Papierwürfel, bei dem ein kleiner Würfel im Eck fehlte). Stellen Sie mit dem Würfel und den Nüssen (wurden vor der Prüfung verteilt) eine Komposition her, verbinden sie und zeichnen sie diese mit Bleistift ab (auf DIN A4-Blatt).

2. „Integrieren Sie in den Würfel das Wort ‚EIN' und malen diesen mit Tempera in Graustufen ab (auf DIN A4-Blatt)

3. „Stellen Sie die Begriffe ‚JUNG' und ‚ALT' abstrahiert dar (Technik: Tempera / DIN A4)."

4. „Stellen Sie aus der Zeitung (Konstanzer Tageszeitung; wurde vor Prüfung verteilt) drei Collagen zusammen. Eine ausschließlich typografische, eine ausschließlich mit Bildern und eine gemischte Collage (je ein DIN A 4-Blatt, Thema: frei)."

5. „Stellen Sie zum Thema ‚Maskenausstellung' acht Plakatentwürfe auf DIN A6-Größe her und führen den Ihnen am besten erscheinenden Entwurf auf DIN A4 genauer aus."

6. Fragebogen:
- Was machen Sie, wenn Sie nicht sofort einen Studienplatz erhalten?
- Nennen Sie je einen berühmten: Grafikdesigner, Architekten, Modeschöpfer, Bildhauer, Fotografen.
- Welche Werbekampagne ist Ihnen in letzter Zeit aufgefallen (positiv/negativ)?
- Erläutern Sie, welche Maße die DIN-Reihe hat.
- Erklären Sie kurz die Begriffe „manuell" und „digital".

Die Fragen waren leicht zu verstehen, aber gerade bei den Plakaten musste ich erneut aus dem Gedächtnis zeichnen, was mir wiederum schwer fiel. Auch die typografische Gestaltung der Plakate fiel mir schwer, da nur das Wort „Maskenausstellung" auf einem Blatt in verschiedenen Arten und Größen vorgegeben wurde. Die Atmosphäre war ebenso angenehm wie in Mannheim. In Konstanz wurden ca. 50 Bewerber geprüft, alle waren in einem Raum untergebracht. Auf das Prüfungsergebnis musste ich ca. acht Tage warten.

e-Mail: bastibischoff@gmx.de

www.mythos-mappe.de

- über 7.000 Einträge

  im Bewerber-Forum in nur

  zehn Monaten

- direkter Austausch mit

  hunderten anderer Bewerber auf

  einen Designstudienplatz

- dutzende Beiträge von

  Dozenten und Designern zum

  Thema Designstudium

- Verlinkung zu allen staatlichen

  Schulen Deutschlands

- Fachbereichsinfo:

  Was kann man wo studieren?

- Fachbücher direkt bestellen

- Platz für Ideen und mehr

EVELIN BOEMKE, FH BIELEFELD,
KUNSTHOCHSCHULE KASSEL,
VISUELLE KOMMUNIKATION

Weniger ist mehr

Ziemlich genau drei Jahre ist es nun schon her, dass ich meine künstlerische Abschlussprüfung im Fachbereich „Visuelle Kommunikation" mit Schwerpunkt „Grafik Design" an der Kunsthochschule Kassel erfolgreich hinter mich gebracht habe.

An die noch weiter zurückliegende kribbelige Aufnahmeprüfungszeit erinnere ich mich gerne: Ich habe 1994 an zwei Aufnahmeverfahren teilgenommen, die unterschiedlicher kaum sein könnten: an der Fachhochschule Bielefeld und an der Universität Gesamthochschule Kassel (heute: eigenständige Kunsthochschule Kassel).

Die erste Prozedur sollte für mich in Bielefeld stattfinden. Zunächst musste man sich schriftlich anmelden. Man bekam dann eine Anmeldebestätigung mit der Bitte, einen beigefügten Bewerbungsbogen ausgefüllt und unterschrieben zurückzusenden. Hierbei musste eine bestimmte Frist beachtet werden. Wer diese verpasst hatte, konnte nicht mehr berücksichtigt werden, und es blieb nur: eine Runde aussetzen. Die Prüfungen fanden halbjährlich statt.

Nur wenige Tage später hatte jeder Teilnehmer eine sogenannte „Hausaufgabe" im Briefkasten, die gleichermaßen für die Studiengänge „Visuelle Kommunikation" und „Produktdesign" galt. Es standen zwei Themen zur Wahl; nur eines davon sollte man, mit welchen Gestaltungsmitteln auch immer, bearbeiten. Bewerber/innen für den Studiengang „Foto-/Filmdesign" sollten sich ebenfalls mit einem dieser Themen auseinandersetzen, allerdings war hier außer einem bestimmten Mindestformat festgelegt worden, dass man s/w- oder Farbfotos, jedoch keine Dias bringen sollte. Die Hausaufgabe sollte Bestandteil der Mappe sein. Eine Mappe mit selbst erstellten Arbeitsproben und das Ergebnis der Hausaufgabe sollten zur gut zwei Wochen später stattfindenden Prüfung mitgebracht werden. So konnte der Prüfungsausschuss sowohl Arbeiten begutachten, die möglicherweise über einen längeren Zeitraum hinweg entstanden waren (oder schon länger zurücklagen), als auch diese aktuelle Aufgabe, die sozusagen unter Zeitdruck entstehen musste.

Im Sommer 1994 konnte ich also wählen zwischen „Reisefieber" und „Lampenfieber" im Format DIN A1. Die Gedanken kreisten: beim Einkaufen, in der Straßenbahn, beim Treffen mit Freunden, selbst im Badezimmer. Und so sollte es wohl auch sein. Die Konzentration auf dieses eine Thema (meine Wahl fiel auf „Reisefieber") nahm mir ein wenig die Aufregung vor dem Tag X, an dem ich mich der Entscheidung anderer stellen sollte: Kann ich's oder kann ich's nicht? Man hätte nun gar keine Zeit und Muße mehr gehabt, andere Arbeiten für die „eigentliche" Mappe fertig zustellen, nur noch zusammengestellt werden konnten diese.

Ich hielt mich am Bielefelder Bahnhof auf, machte – sehr zur Verwunderung einiger Reisender – Skizzen und studierte die perspektivische Verkürzung der scheinbar aufeinander zulaufenden Schienen. Außerdem skizzierte ich Beine - laufende Beine, Turnschuhe und Füße. Mein Motiv war geschaffen: Es entstand ein Bild aus Acrylfarbe. Man sah einen Mensch - bzw. dessen Unterschenkel und Turnschuhe - der, weg vom Betrachter, auf Bahnschienen entlang rannte.

Die Farbe war trocken, das Bild lag in der Mappe ganz oben, Prüfungstag! Wir wurden morgens in einen ausgeschilderten Raum geführt, in dem wir unsere Mappen abgeben konnten. Es wurde gesagt, dass man sich am Nachmittag, also nur wenige Stunden später, dort wieder einfinden sollte, um die Ergebnisse der gesichteten Mappen zu erfahren. In der Zwischenzeit gab es die Gelegenheit, mit anderen nervösen Prüflingen Erfahrungen auszutauschen. Man traf auf die verschiedensten Gestalten. Ich erinnere mich z.B. an eine Bewerberin (gelernte Malerin/Lackiererin), die erzählte, sie habe an die 100 Bilder in der Mappe. Doch schon damals wusste ich: Lieber Klasse statt Masse.

Das Ergebnis nahte. Ich fand es sehr fair, dass nicht die Namen derjenigen verlesen wurden, die diesen Teil der Prüfung nicht geschafft hatten, sondern nur die Namen derer, die am nächsten Tag zum „aktiven" Teil wieder kommen durften.

Mein Name war dabei! Zwar war ich erleichtert, aber die Freude hielt sich in Grenzen, denn am nächsten Tag folgte eine weitere Hürde: Die Bewerber wurden auf mehrere Räume verteilt. Ich befand mich in einem Raum mit einem Barhocker, einem Besen und einer Schaumstoffrolle, die seltsam ineinander verschränkt waren. Jemand sagte, dass wir dieses Gebilde abzeichnen sollten und dass es besonders auf perspektivische Verkürzung ankomme. Ich tat nichts anderes als fast jeden Tag und zeichnete. Daher war ich auch relativ entspannt. Außerdem kannte ich witzigerweise die meisten Prüflinge in diesem Raum von einem Zeichenkurs („Musik- und Kunstschule" der Stadt Bielefeld), den ich regelmäßig besuchte. Nach zwei oder drei Stunden mussten die Werke abgegeben werden. Wir machten eine Pause.

Nun folgte eine freie Aufgabe: „Dinge des täglichen Lebens". Für diese Aufgabe blieben uns wieder zwei oder drei Stunden Zeit. Hier machte es sich bezahlt, wenn man dem Gerücht und Tipp gefolgt war, möglichst viele verschiedene Dinge in seinem Rucksack mitzubringen. Es gab nun Leute, die raus in die Natur gingen oder auf dem Klo eine Schüssel zeichneten! Ich wollte es nicht so kompliziert machen und zeichnete einfach meinen dicken Schlüsselbund ab. Nach der Abgabe dauerte es wieder einige Zeit (ca. 1-2 Stunden), bis es richtig spannend wurde.

Die Tür ging schlagartig auf, ein Wutentbrannter kam heraus, verschwand, kam wieder, knallte die Tür zu. Spannende Ruhe. Dann kam wieder einer, mit hochrotem Kopf, Türenknallen. Wartende, Zitternde auf dem Gang. Wieder wurden Namen verlesen, und besonders ärgerlich war es für diejenigen, die es bis hierher geschafft hatten und nun nicht genannt wurden. Aber mein Name war schon wieder dabei, welche Freude. Juchhu, ich hatte das geschafft, das was ich seit der 11. Klasse wollte – dachte ich.

Nun kommt die große Kritik an dem Verfahren in Bielefeld: Ich hatte unter Beweis gestellt, dass ich geeignet war, dieses Studium aufzunehmen, und das hatte ich sogar schriftlich. Aber in Nordrhein-Westfalen gibt es eine zusätzliche Zulassungsbeschränkung. Die „Zentralstelle für die Vergabe von Studienplätzen" (ZVS) entschied, dass ich auf eine Art Warteliste gestellt wurde, da mein Abiturdurchschnitt nicht 1,0 war. Was hatte mein Abischnitt mit diesem Studium zu tun? Um vielleicht doch noch sofort loslegen zu können, gab es noch die Möglichkeit, an einem Losverfahren teilzunehmen. Doch diese Chance ist wie Lotto spielen! Obendrein hätte die Zentralstelle mir auch eine andere FH irgendwo in NRW zuweisen können! Schade, Bielefeld.

Aber da gab es ja noch eine Prüfung in Kassel, an der ich teilnehmen konnte. Genügend Bildmaterial hatte ich. Also, ab nach Kassel! Das Verfahren hier war weniger hürdenreich. Man meldete sich schriftlich an und wurde zu einem Prüfungstermin eingeladen. Ich packte einen Tag vorher wieder mein Mäppchen zusammen und fuhr dort hin. Noch an diesem Morgen hatte ich überlegt, ob ich nicht im Bett bleiben sollte. Ich war ja so müde! Damals wusste ich noch nicht, dass mir die ZVS für mein Studium in Bielefeld einen Strich durch die Rechnung machen wollte. Mehr aus Sportsgeist, Erfahrungssammlung und zur Sicherheit nahm ich dann doch an der Prüfung teil. Ich wollte mein Gewissen beruhigen, es schnell hinter mich bringen, um dann wieder nach Hause zu fahren.

Das Prozedere dauerte, da es wohl mehrere hundert Bewerber gab, insgesamt eine ganze Woche. Die erste Gruppe, zu der auch ich gehörte, war an einem Montag im Spätsommer 1994 geladen. Die Hochschule in Kassel ist schön gelegen, nahe der Orangerie. Es sammelten sich ca. 50 Teilnehmer in einem großen hellen Raum mit riesigen Fenstern. Wir wurden von einem Professor begrüßt, der betonte, dass, wer es hier und heute nicht schaffen sollte, nicht automatisch untalentiert sei. Einen Bewerber abzulehnen bedeutete nur, dass dieser vielleicht nicht ins Konzept dieses Studiengangs in Kassel passe. Man solle sich also im Falle eines Nichtbestehens nicht entmutigen lassen.

Jeder Teilnehmer bekam eine Nummer zugewiesen, und das folgende Verfahren wurde erklärt. Wir erhielten alle die Aufgabe, uns bis zum Nachmittag mit mindestens einem der Themen „Analog-Dialog-Monolog" auseinanderzusetzen. Ich sah einfach an mir runter – ich war ja noch so müde – und zeichnete auf verschiedene Arten meine Schuhe ab, die miteinander zu kommunizieren schienen.

Zwischendurch wurde jeder Prüfling aufgerufen, musste sich seine Mappe greifen, um von einem studentischen Helfer (der Glückliche, der hatte es schon geschafft) zu einem etwas entfernten Raum geführt zu werden. Dort standen 3 Professoren, die ganz gespannt darauf warteten, was man ihnen nun zu zeigen hatte. Sehr lobenswert an diesem Verfahren fand ich, dass man die Möglichkeit hatte, selbst vor Ort seine Arbeiten, wenn auch nur knapp, zu erläutern. Es wurden lockere Fragen gestellt, was und warum man wie gemacht hat. Für besonders aufgeregte zukünftige Prüflinge sei folgendes angemerkt: Eine meiner Zeichnungen zeigte ein paar Schachfiguren, was einen der Herrn Professoren zu der banalen Frage „Spielen Sie Schach?" verleitete. Man wird also nicht gefressen.

Als einer der Herren mich dann nach dem Durchblättern bat, alles selbst wieder zusammenzupacken, es sei ja sonst schade, wenn etwas zerknickt würde, wusste ich: So ganz schlecht habe ich wohl nicht abgeschnitten. Nach dieser kleinen Unterbrechung, ich war höchstens 10 Minuten in der „Höhle der Löwen" gewesen, widmete ich mich wieder meinem „Dialog".

Die Atmosphäre in dem großen hellen Raum war ganz relaxed. Etwas skurril war, dass ausgerechnet an diesem Tag die riesige Fensterfront von mehreren Fensterputzern beklettert und geputzt wurde. Oder waren diese etwa extra als Modelle für uns engagiert worden? Irgendwann war auch hier die Zeit um. Man hatte alle Mappen gesichtet, die Fenster waren wieder klar, und wir mussten nun den Raum verlassen. Jeder sollte die Nummer, die er morgens erhalten hatte, gut sichtbar zusammen mit den gerade entstandenen Arbeiten und natürlich der schon

gezeigten Mappe hinterlassen. Die Prüfungskommission zog sich zur Beratung zurück.

Wir warteten ungefähr eine halbe Stunde. Dann verkündete man Namen, doch meiner fiel und fiel nicht. Genannte und noch nicht Genannte wussten nun nicht, ob man als Genannter nun gewonnen hatte bzw. ob die (noch) nicht Genannten die Verlierer waren oder ob die Genannten verloren hatten und die Nichtgenannten die Gewinner waren. Die Auflösung kam so nach und nach durch hektisches Weiterflüstern: all diejenigen, deren Name gefallen war, mussten sich nämlich ein Blatt abholen. Auf diesem stand dann, dass die anfangs Genannten die Verlierer waren. Irgendwann wurde auch mein Name genannt. Ich hatte gewonnen!

Dieses Verfahren war also insgesamt viel kompakter. Nur ein Tag pro Teilnehmer und ganz ohne die ZVS. Danke für dieses „Weniger ist mehr".

e-Mail: emmimail@web.de

ÖZLEM BÖLÜKBASI, FH BIELEFELD,
KOMMUNIKATIONSDESIGN

Durchgehalten - geschafft!

Am 8. und 9. Januar 2003 war ich dank meiner erfolgreichen Mappe - wie schon so oft zuvor - wieder einmal in der zweiten Runde. Da die Fignungsprüfung an der FH Bielefeld zwei Mal jährlich stattfindet, hatten sich weniger Interessenten beworben als im Juni. Insgesamt ca. 170 Bewerber waren zur Mappenabgabe erschienen. Und bevor die Namen der bestandenen Bewerber nach dem Prüfungsteil verkündet wurden, gab der Professor bekannt, dass es dieses Mal mehr Bewerber geschafft hatten als sonst: 44 an der Zahl.

Die Prüfung fand am Tag nach der Mappenabgabe statt. Also hatte ich mit einer bekannten Mitbewerberin bei jemandem in Bielefeld übernachtet, da wir nicht aus der Gegend kommen.

„Carpe diem" lautete das Thema, dass wir innerhalb von vier Stunden visualisieren sollten. Die Prüflinge wurden auf drei Räume aufgeteilt. Dieses Mal hatte ich mir vorgenommen, mir keinen Stress zu machen. Wenn es klappt, dann klappt es, und wenn nicht, probiere ich es so lange, bis es klappt. Das alles war ein ziemliches Abenteuer für mich und ich war hoch motiviert.

Wozu auch die allgemeine Prüfungsatmosphäre beigetragen hat: Wir waren frei in unseren Mitteln und durften jegliches Material benutzen, um das Thema umzusetzen. Außerdem war es uns erlaubt, unseren Aufenthaltsort in der Prüfungszeit von 9.00 bis 13.00 Uhr frei zu wählen. Sogar telefonieren war erlaubt. Man könnte annehmen, dass diese Tatsache die Prüfungssituation leichter gemacht hätte, aber das sah ich nach recht kurzer Zeit - und den ersten Prüfungen - sehr schnell anders.

WIEBKE CHRISTOPHERSEN,
HOCHSCHULE WISMAR, MUTHESIUS
HOCHSCHULE KIEL UND FH MÜNSTER,
KOMMUNIKATIONSDESIGN

Immer wieder aufstehen ...

Ich habe nun mittlerweile vier Eignungsprüfungen für Kommunikationsdesign mitgemacht, zwei waren erfolgreich, zwei nicht. Ich habe mich mit meiner Mappe das erste Mal zum Wintersemester 02/03 in Kiel, Wismar und Hamburg beworben, wobei ich mit der gleichen Mappe in Kiel und Wismar eingeladen wurde.

Die Prüfung an der Hochschule Wismar:

In Wismar war der Abgabetermin für die Mappe Ende April, die Prüfung Mitte Mai. Die Mappe hatte ich schon vor der Eignungsprüfung wieder abgeholt, um sie in Kiel einzureichen.

Die Eignungsprüfung in Wismar fand an zwei Tagen und in zwei Gruppen statt. Ich war in der Gruppe zwei, die am Dienstag eingeladen war. Am Montag-Nachmittag reiste ich an und fuhr erst einmal in die Jugendherberge, die nur eine Straße von der Uni entfernt liegt (ist aber auch nicht so verwunderlich bei einem so kleinen Ort wie Wismar). Die Zeit nach dem Einchecken nutzte ich, um zur Uni zu gehen und die Leute, die gerade die Prüfung machten, zu interviewen, was so dran kam, wie die Stimmung war, etc..

Tatsächlich kamen am nächsten Tag auch die gleichen Aufgaben dran. Die Prüfung fand in der Aula der Schule statt, welche in zwei Teile geteilt war: „Produktdesign" und „Kommunikationsdesign und Medien". Insgesamt gab es an diesem Tag fünf Aufgaben, für jede hatte man eine Stunde Zeit, dazwischen gab es jeweils 15 Minuten Pause und eine längere Mittagspause - sehr stressig, wie ich fand. Die Aufgaben hatten meiner Meinung nach wenig mit Kreativität zu tun, es war reine Wissens- bzw. Könnensabfrage. Man hatte wenig Zeit sich zwischen den Aufgaben zu sammeln und zu neuen Kräften zu gelangen. In der Mittagspause und auch schon vorher hatten die Studenten des ersten Semesters uns etwas zu Essen gemacht: Brötchen, Pfannkuchen und Erbsensuppe.

Nun zu den Aufgaben:

1. Mit Papier dreidimensionale Körper zu bestimmten Begriffspaaren herstellen, z.B. leicht/schwer, gerade/eckig, etc.

2. Farbaufgabe: stelle ein Obst/Gemüse, z.B. Banane oder Tomate, farbig dar ohne gegen-

Die Idee sollte der eigenen Inspiration entspringen und wenn man sich von anderen Leuten inspirieren lässt, kann man die Essenz der fremden Idee nicht erfassen und dementsprechend nicht wirklich umsetzen. Sich bevorzugte Geschmacksrichtungen vorzeigen zu lassen ist natürlich trotzdem sinnvoll. Schließlich hat jede FH und jeder Professor so seine eigenen Ansichten. Und da ich vor einiger Zeit gehört hatte, dass die „Bielefelder" auf Comics stehen, erzählte ich Ihnen von meinen Erlebnissen rund um meine Prüfungszeit.

Die Ergebnisse gab es gegen 16.00 Uhr. Ich habe mit der Note 3,3 bestanden und hoffe nun, im Oktober an der FH Dortmund anfangen zu dürfen. Selbst wenn ich wieder „nicht bestanden" hätte, wußte ich zumindest, dass ich diese letzten Tage allein für mich genutzt hatte.

e-Mail: oezlembo@web.de

ständlich zu werden, das gleiche mit einem technischen Gegenstand, z.B. Büroklammern

3. Portrait zeichnen - nach jemandem, den sie uns in den Raum setzten

4. Einen Hocker mit einer Vase darauf in Umrißlinien abzeichnen

5. Ein Fahrrad wurde herein gerollt, dieses konnte man sich fünf Minuten anschauen, dann mußte man es aus dem Gedächtnis zeichnen

Die Aufgaben der Produktdesigner waren übrigens die gleichen, bis auf die Portraitaufgabe, dort sollten sie einen Schattenspender zeichnen. Die Portraitaufgabe war die Hauptaufgabe, an der ich scheiterte, da ich noch nie zuvor ein Portrait gezeichnet habe und dazu nun einmal Übung gehörte. Diese Aufgabe scheint jedes Jahr dran zu kommen, also vorher üben!

Nach den Aufgaben gab es nach einer Pause ein abschließendes Gespräch, dessen Reihenfolge wir selbst bestimmten, was dementsprechend chaotisch war. Schließlich hatte ich mich mit den Worten durchgeboxt, ich müsse heute noch einen langen Weg nach Hause fahren. Nett an dem Gespräch ist, daß auch zwei Studenten daran beteiligt sind, die darauf aufpassen, daß die Professoren einen nicht überrumpeln. In dem Gespräch ging es darum, den Prüfling kennenzulernen und die Motivation des Studiums zu hinterfragen. Nach zwei bis drei Wochen kam dann die Absage per Brief (2 von 15 Punkten - habe allerdings nie nachgefragt, wofür ich die zwei Punkte nun bekommen habe!)

Prüfung an der Muthesius Hochschule in Kiel (die Erste):

Ich war schon der festen Überzeugung, dass ich in Kiel zur Eignungsprüfung eingeladen sein würde, hatte ich die Mappe doch u.a. mit der Hilfe einiger Ex-Muthesianer (Danke „ma design"!) erstellt. Ich wußte auch schon länger, wann die Prüfung dort stattfinden sollte, was ich vorher in den Mappenberatungen bei den Professoren erfragt hatte.
Die Prüfung geht über drei Tage. Am ersten Tag findet nach der Begrüßung eine Aufsichtsarbeit statt (ca. 4 Stunden), nach einer Stunde Mittagspause beantwortet man nachmittags einige, auf das Kolloquium vorbereitende Fragen. (z.B. „Was ist Design?" oder „Was ist Kreativität?"). Am zweiten Tag bekommt man zwei Aufsichtsarbeiten. (9.00-12.00 Uhr und 13.00-16.00 Uhr). Am dritten Tag ist dann das Kolloquium (Gespräch mit den Professoren).

An den drei Tagen war es extrem heiß, ich glaube, es waren so ziemlich die heißesten Tage des Sommers (erst am dritten Tag, als wir unsere Mappen nach Hause tragen durften, fing es natürlich an zu regnen ...). Ich war an allen drei Tagen total aufgeregt, der schlimmste Tag war jedoch der dritte!
Die Begrüßung fand im Fotostudio statt. Dort wird man von dem Prüfungsvorsitzenden begrüßt, welcher den Ablauf der Prüfung erklärt. Jedem wird gesagt, wo er sitzen wird und dann bekommt man die erste Aufgabe.

1. Aufgabe: Wir bekamen eine Mutter mit einer Schraube, welche wir abzeichnen sollten und dann in einen ungewöhnlichen Zusammenhang bringen sollten.
Mittags konnte man in der Mensa essen. Nachmittags waren die schriftlichen Aufgaben dran (ich konnte kaum denken, weil es so heiß war).

2. Aufgabe (am nächsten Tag): Visualisiere ein Geräusch - Technik: Zeichnung oder Collage.

3. Aufgabe: Buchstabentiere! Wir bekamen ein Alphabet mit Groß- und Kleinbuchstaben, von diesen Buchstaben sollten wir möglichst wenige Teile wegschneiden, so daß Tiere entstehen.

Übrigens kann man sich während der gesamten Prüfung frei bewegen: Man kann raus gehen, sich unterhalten, herumlaufen, sich inspirieren lassen. Am ersten Tag gibt es ein Frühstück, gesponsert vom ersten Semester, und mit der Einladung zur Prüfung bekommt man einen Zeitplan und eine Adressenliste mit den derzeitigen Erstsemestern, welche man anrufen kann um nach der letzten Prüfung zu fragen.
Am dritten Tag treffen sich alle wieder im Fotostudio, nun werden die Namen derjenigen vorgelesen, die eine zu schlechte Note haben, um in das Kolloquium zu kommen. Die Note setzt sich zusammen aus der Note der Mappe und der Aufsichtsarbeiten. Ist die Note zu schlecht, kann man nicht mehr ins Kolloquium kommen, womit die Prüfung dann gelaufen ist. In der Nacht zuvor habe ich sehr schlecht geschlafen, ständig habe ich mir vorgestellt was passiert, wenn mein Name verlesen wird.
Im Kolloquium gibt es immer Vierergruppen. Da es nach dem Alphabet geht, ist man zumeist auch mit Leuten zusammen, mit denen man auch in einem Raum saß. Ich hatte das Pech, als erstes befragt zu werden und verhaspelte mich total. Die Frage die mir gestellt wurde war blöd: „Was ist Kreativität noch?" Bei so einer Frage denke ich mir, Mensch, da hast du was noch nicht gesagt, aber was ist das? Statt zu reden

habe ich zu lange darüber nachgedacht und war dementsprechend stumm - schlechter Eindruck.
Weil ich doch so gerne nach Kiel wollte/will, habe ich, nachdem ich zwei Wochen später die Absage bekam, noch mal nachgefragt, woran es gelegen hätte und was für Noten ich hatte: Endnote 3,6 (mit 3,5 ist man gerade noch angenommen) und in der Mappe wohl eine 3, was mich veranlasste noch mal an meiner Mappe zu arbeiten. Die Endnote setzt sich dann übrigens aus der Mappe, den Aufsichtsarbeiten und dem Kolloquium zusammen.

Das waren die weniger erfolgreichen Versuche, doch nun zu den erfolgreichen. Nachdem ich zwischendurch zweimal mit meiner Mappe in Hamburg abgelehnt worden war und schon richtig an mir zweifelte, schaffte ich es doch noch! Also immer „Kopf hoch" und nicht aufgeben, denn Design ist ein Studiengang den man studieren wollen muß!
Meine Bewerbungen zum Sommersemester 2003: Mit dem Ziel mich an möglichst vielen Schulen zu bewerben, machte ich noch eine zweite Mappe, welche ich am Ende aber doch mit der ersten zusammenwarf.

Eignungsprüfung an der FH Münster:

In Münster muß man sich zur Prüfung voranmelden. Dann werden alle, die sich angemeldet haben eingeladen. Pflicht ist es, mindestens einen Themenblock mit 15 Arbeiten zu erstellen.
Die Prüfung fand am 11. und 12. November statt. Von allen Prüfungen, an denen ich teilgenommen habe, war dies meine Lieblingsprüfung! Man hatte genügend Zeit, viel Freiraum für Kreativität, man wusste gleich anschließend, ob man bestanden hatte oder nicht, man konnte die Mappe gleich wieder mitnehmen, mußte nicht tausend mal hin und her reisen und auch für die Studierenden waren die Räume nur zwei Tage belegt.
Die Nacht vor der Mappenabgabe habe ich auf dem Fußboden im Studentenwohnheim in Osnabrück bei einer Freundin verbracht, morgens bin ich dann zum Zug gehetzt. In Münster angekommen, habe ich erst einmal den richtigen Bus zur Fachhochschule nicht gefunden. Nach einigem Hin und Her wußte ich dann die Busnummer und den Abfahrtsort und traf dort noch viele Gleichgesinnte. Nach der Mappenabgabe hatte man nachmittags frei.
Gegen Abend wurde es spannend: Bekanntgabe der Nummern: Wer ist dabei? Jeder hat vorab eine Bewerbernummer zugeteilt bekommen. Diejenigen, die für den nächsten Tag eingeladen waren, standen als Zahl auf den aus-

gehängten Zetteln. Ich war vorher aufgeregt, sagte mir aber, es sei ja nicht so schlimm, wenn es nichts werde, da ich ja sowieso am liebsten nach Kiel will. Trotzdem war ich erleichtert, als ich sah, dass ich dabei war!

An dem Abend traf ich Hendrike (Henny) aus Hamburg, welche ebenfalls am nächsten Tag eingeladen war und auch in der Jugendherberge übernachten wollte – also gingen wir zusammen dorthin und bekamen ein Zimmer mit zwei weiteren Mädels. Am nächsten Morgen kamen wir zu spät zur Prüfung, weil das Frühstück in der Jugendherberge so lecker gewesen ist, im Bus trafen wir noch zwei andere, deren Zug Verspätung gehabt hatte. Also mußten wir, weil die Leute schon aufgerufen worden waren, noch ins Sekretariat und unsere Namen nachtragen lassen. Die Prüfung hatte aber noch nicht begonnen und der Professor kam auch erst 10 bis 15 Minuten später.

Wir bekamen die Aufgabe, ein Schiff zu bauen. Dieses sollte eine Funktion besitzen (z.B. Spiel, Werbeträger, Geschenk) oder in einem szenischen Zusammenhang stehen (z.B. Titanic). Wir sollten unser Konzept erklären und im zweiten Teil der Aufgabe das (vermutlich geometrische) Schiff mit etwas organischem in Verbindung bringen. Eine Mittagspause war vorgesehen, welche auch eingehalten werden mußte (1 Stunde). Dazu gab es von den Studenten ein Buffet mit Kuchen und Brötchen für uns. Ich fand die Mittagspause auch sehr praktisch, da man sich hier auch schon Gedanken über den nächsten Teil der Aufgabe machen und in meinem Fall Utensilien dafür sammeln konnte.

Meine Lösung sah aus wie folgt: Ich habe ein Schiff entworfen, welches in der Mitte ein Einstecklöch für einen Flyer enthält. Der Flyer selbst ist auf der ersten Seite in Segelform beschnitten, auf der Rückseite ist eine weiße Segelform freigelassen. Auf dem Segel und dem Bug des Schiffes stand die Zahl 29 (ich hatte die Bewerbernummer 29 im gesamten Verfahren).

Zweck: Das Ganze ist eine Werbekampagne für einen Segelbootverleih. Die Flyer werden verschickt, wobei dies an sich schon Werbung ist. Des weiteren gibt es ein Gewinnspiel, denn jeder Flyer hat auf dem weißen Segel eine Nummer. Der Kunde wird aufgefordert, mit seinem Segel in die Filiale zu kommen und nach seinem Boot zu suchen. Gibt es seine Nummer als Boot in der Filiale, so setzt er sein Segel in das Boot und hat gewonnen. Als Spruch dazu habe ich noch aufgeschrieben „Setzen sie mit uns die Segel". Der Zweck des Gewinnspiels ist dann auch noch, Kunden in die Filiale zu locken.

Im zweiten Teil habe ich das Schiff mit Baumblättern, die ich in der Mittagspause gesammelt

habe, umgeben. Mein erster Gedanke war: Dies ist ein Blättermeer. Ich habe dann aber darüber geschrieben: „Nicht in den Flyerfluten versinken". Passte ganz gut, weil Blätter ja auch so was wie Flyer sind und der Segelfyler aus dem ganzen sozusagen als Krönung heraus stand. Die Zeichnung selbst war allerdings nicht so gut gelungen, hat aber scheinbar doch gewirkt.

Danach fing wieder das große Warten an. Die Prüfung selbst ging bis 15.00 Uhr, Bekanntgabe der Ergebnisse sollte um 17.00 Uhr sein, was sich allerdings verschob. Zwischendurch war Anwesenheitspflicht, falls noch Fragen zu der Aufgabe wären. Am Ende hatte ich bestanden und war super glücklich: Meine erste bestandene Prüfung! Etwa zwei Wochen später kam der Brief mit Zulassungsunterlagen und Note: 2,7.

Ich denke, in dieser Prüfung hat es mir sehr geholfen, daß ich so locker hinein gegangen bin und mir immer gesagt habe: Du willst jetzt zwar bestehen, aber wenn es nicht klappt, ist es auch noch okay. Dank der bestandenen Prüfung in Münster konnte ich natürlich auch wieder gelassener in die nächste Eignungsprüfung in Kiel gehen.

Prüfung an der Muthesius Hochschule in Kiel (die Zweite):

Mein zweiter Versuch in Kiel, die letzte Chance, da man sich dort nur zweimal bewerben darf. Der Prüfungsablauf war natürlich der gleiche wie beim letzten Mal. Nur das ich nun schon etwas mehr Erfahrung im Bestehen von Prüfungen hatte ...

Aufgabe 1: Stelle vier Tische mit folgenden Attributen dar: 1. Leicht 2. Schwer 3. Labil 4. Stürzend.
Mit meinen Ergebnissen war ich weniger zufrieden, da ich in der Zeit nur Umrisszeichnungen geschafft hatte und keine Schattenflächen etc. anlegen konnte!

Aufgabe 2: Fertige ein Kippbild an. Kennt ihr diese gefalteten Bilder, wo man von der einen Seite ein Bild sieht und von der anderen Seite ein anderes? Schwer zu erklären, aber so was mußten wir machen. Als Beispiel brachte der Professor ein Bild mit, wo auf der einen Seite eine Packung Milch aufgeklebt war, auf der anderen eine Tasse Kaffee gemalt: Titel: „Das gehört für mich zusammen". Die Techniken waren Collage und Malerei in Farbe.

Aufgabe 3: Stelle das Thema „Bewegung und Stillstand" in einer Collage dar.

Für den dritten Tag hatte ich mich diesmal insofern gewappnet, als ich durch eine Designvorlesung an der Uni ein gewisses Hintergrundwissen in Sachen Design hatte und mich nicht auf die Bekanntgabe der „Verlierer" sondern auf das Kolloquium konzentrierte: Ich wollte denen jetzt endlich zeigen, daß ich dort Kommunikationsdesign studieren will. Kurz vor Weihnachten kam dann der Brief mit der Note: 2,48!

Zum Schluss: Laßt euch nicht entmutigen, wenn ihr im ersten Durchlauf nicht genommen werdet. Es ist hart, aber wer wirklich Design studieren will, schafft es auch. Und als Tipp: Bewerbt euch an möglichst vielen Schulen gleichzeitig. Termine erfahrt ihr bei den Schulen selbst, z.B. im Sekretariat.

Noch ein Wort zu den Bewerberzahlen, soweit ich es weiß: In Kiel haben sich zum Wintersemester etwa 120 Leute mit einer Mappe beworben, etwa 38 wurden eingeladen, 34 kamen ins Kolloquium und ca. 20 haben bestanden. Zum Sommersemester weiß ich die Zahlen nicht, es wurden nur schon sehr viele Leute vor dem Kolloquium rausgeworfen, so daß am Ende nur 24 zum Kolloquium übrig blieben. In Münster gab es 308 Anmeldungen, ich vermute, um die 50 haben endgültig bestanden.

e-Mail: wisto@web.de

ELLEN GAISER, FH MANNHEIM, KOMMUNIKATIONSDESIGN

Aufgeweckt

Als erstes mussten wir einen Fragebogen ausfüllen, der Wissen über gestalterische Dinge und über unsere persönlichen Interessen abfragte. Dieser diente später als Grundlage für das Gespräch.

Wir hatten den Tag über zwei Aufgaben zu bewältigen, für die uns je drei Stunden Zeit zur Verfügung standen. Die erste praktische Aufgabe bestand darin, eine Aufweckmaschine zu erfinden und diese in einer Bilderserie von fünf Bildern darzustellen. Zuerst habe ich mit Bleistift und rotem Buntstift eine Art Comic gestaltet und die fünf Bilder einfach nebeneinander angeordnet. Meine Aufweckmaschine bestand aus einem Bett, das alle fünf Minuten eine andere Aufweckmethode an dem Schlafenden anwendete. Doch damit war ich noch nicht zufrieden und fertigte eine weitere Arbeit an. Mit Wasserfarben entwarf ich den „Bioroboter-Kaktus", der von der Mitte aus auf die fünf darum herum platzierten Bilder neue Aufweckmethoden anwenden konnte.

Bei der zweiten praktischen Aufgabe sollten wir aus einem DIN A4-Blatt eine neuartige Pflanze gestalten. Ich bastelte gleich drei und habe versucht, so viel wie möglich mit reißen des Papiers zu erreichen, um einen Pflanzen ähnlichen Effekt zu erzielen. Bei den Farben habe ich mich zurück gehalten und hauptsächlich nur mit schwarz, weiß und rot gearbeitet. Insgesamt sind die Pflanzen weniger filigran, sondern eher etwas plump geraten.

Den Gesprächstermin hatte ich am nächsten Tag. Das Gespräch selbst verlief relativ locker. Fragen, die ich auf dem Bogen nicht richtig beantworten konnte, hatte ich nachgeschlagen und konnte somit im Gespräch mein Interesse beweisen. Insgesamt hatte ich das Gefühl, das bestmögliche aus dieser Situation gemacht zu haben. Ich wünschte, ich wäre entspannter gewesen, aber verkrampft hatte ich mich auch nicht. Es überkam mich ein Schaffensdrang, so lange weiter zu machen, bis ich einigermaßen mit meinen Ergebnissen zufrieden war.

Als ich mit allem fertig war, das Zimmer verließ und andere Arbeiten sah, dachte ich: Wow, da sind so viele gute Zeichnungen dabei, ich glaube, für mich war's das dann wohl. Ich habe nicht damit gerechnet, dass ich diese Prüfung bestehen würde und gehofft, dass meine Ideen auch etwas zählen. Am Ende hat es dann doch geklappt, auch wenn es ganz schön knapp war.

Meine Tipps zur Eignungsprüfung: Das wichtigste ist, Spaß am Zeichnen und Gestalten zu haben. Um sich auf die Prüfung vorzubereiten, sollte man alles zeichnen, was einem vor die Nase kommt und sämtliche Materialien auf sämtlichen Papierformaten testen. Am besten ist es, eine Prüfungssituation durchzuspielen, indem eine mögliche Aufgabenstellung zeichnerisch bearbeitet wird. Von Vorteil ist es, wenn man einen kompetenten Ansprechpartner hat, der einem Tipps gibt und konstruktive Kritik üben kann. Man muss lernen einschätzen zu können ob die eigenen Fähigkeiten ausreichen, um eine solche Prüfung zu bestehen. Ein Versuch sollte nur dann gestartet werden, wenn man eine Chance erkennt, es schaffen zu können. Ansonsten sollte man es lieber lassen, denn die Chancen sind begrenzt und somit kostbar. Am Besten gelingt die Vorbereitung auf die Prüfung in Zeichen- oder speziellen Vorbereitungskursen, in denen wertvolle Tipps gegeben werden können. Ich habe mich in „Zeichenprojekt"-Kursen bei Thomas Ochs und Rainer Bauer vorbereitet und kann sie nur wärmstens empfehlen.

Von großer Bedeutung ist auch, wirklich davon überzeugt zu sein, dieses Studium und später diesen Beruf ausüben zu wollen. Es emp-

fiehlt sich, sich gut zu informieren. Denn geht man nur mit halbem Herzen an diese Prüfungen heran, stehen die Chancen des Bestehens schlecht. Es ist auch von Vorteil, sich mental auf diese Prüfung vorzubereiten. Atemübungen oder dergleichen helfen, lockerer in der Prüfung zu sitzen. So zeichnet man besser und es fallen einem bessere Ideen ein.

Insgesamt kann ich nur sagen: Geht locker in die Prüfung und verkrampft nicht, zeigt, was Ihr drauf habt – mehr könnt Ihr nicht erzwingen. Ich wünsch' euch viel Erfolg und Glück, denn ein wenig davon gehört auch dazu.

e-Mail: egaiser@gmx.de

CAROLIN GUENTHER, FHTW BERLIN, MODEDESIGN

Auf das Schlimmste gefasst

Ich hatte mich letztes Jahr gleich nach dem Abi für die nächste Aufnahmeprüfung für Modedesign bzw. Bekleidungsgestaltung in Berlin beworben. Ich rief bei der FHTW in Berlin an, worauf man mir ein paar Wochen später die Einladung zur Prüfung zuschickte.

Anfang November war es dann so weit. Dick bepackt mit meiner Mappe und einem ziemlich großen Haufen an Utensilien fuhr ich los und stellte mich dem Ganzen. Anders als an anderen Hochschulen entschied man an der FHTW nicht erst nach Durchsicht der Mappe über die Teilnahme am Eignungstest, sondern integrierte die mitgebrachten Arbeiten gleich mit in die Prüfung. Die ganze Zeremonie dauerte zwei Tage, so dass man auch zwischendurch ein bisschen Zeit hatte, sich die Schule und die Leute dort näher anzusehen. Es war schon irgendwie lustig, einen Blick auf die Menschen dort zu werfen, denn nirgendwo sonst sieht man so viele Individualisten wie in den gestalterischen Fachbereichen von Hochschulen.

Die verschiedenen Aufgabenstellungen des Eignungstests beinhalteten unter anderem figürliches Zeichnen (nach Modellen), Farbklangübungen, Naturstudien und den freien Modellentwurf zu einem bestimmten Thema, unter der Voraussetzung, mindestens drei von mehreren gegebenen Stoffen in den Entwurf mit einzubeziehen. Während der zwei Tage wurden auch persönliche Gespräche durchgeführt, in deren Verlauf man seine Mappe präsentieren und ein bisschen dazu erzählen durfte. Der einzige Nachteil an der Sache war, dass das in Dreiergruppen stattfand und man somit nur so oft zu Wort kam, wie man seinem Nebenmann einfach dazwischenredete.

Als die zwei Tage dann vorbei waren, bin ich mit einem ziemlich flauen Gefühl in der Magengegend wieder abgereist und hatte mich schon auf das Schlimmste gefasst gemacht, als nach ungefähr zwei Wochen dann der ersehnte Brief mit dem wichtigen Wort „Bestanden" ins Haus geflattert kam.

e-Mail: caroletta999@hotmail.com

KARIN HANSMANN, FH BIELEFELD, KOMMUNIKATIONSDESIGN

„Was du willst, schaffst du!"

Mit diesem Satz in meinem Herzen und ein paar Stiften in der Hand machte ich mich abermals auf den Weg in die FH Bielefeld. Einen Tag zuvor konnte ich mich unerwarteter Weise mit meiner Mappe ein kleines Stückchen näher an mein Ziel bringen und war nun zum praktischen Teil der Eignungsprüfung eingeladen worden.

Heute fiel alles ein bißchen leichter: man traf auf bekannte Gesichter, hatte schon kleine Freundschaften mit „Leidensgenossen" geschlossen und wußte vom Vortag, wo genau man hin mußte.

Keine Frage, alle waren pünktlich, niemand hätte es gewagt, wie zu Schulzeiten einige Minuten später einzutrudeln. Die einzigen, die als letztes gemütlich die Treppe hinaufschlenderten, waren die Professoren. Wir waren noch ca. 60 Leute, die auf drei Zimmer verteilt wurden.

Der Professor richtete sein Wort an uns und erläuterte erst einmal den weiteren Ablauf. Zu aller Erstaunen verkündete er freundlich, dass wir uns nicht unbedingt im Zimmer aufhalten müßten. Er erklärte uns, wie wir zur hauseigenen Bücherei finden, das wir uns ruhig untereinander austauschen dürften und erinnerte zu guter Letzt daran, dass wir ja notfalls auch noch alle ein Handy dabei hätten, um Freunde um Rat zu fragen. Es wurde einem schnell klar, dass das Ganze nicht mehr viel mit Schule zu tun hat (und das meine ich im positiven Sinn!). Somit war die erste Aufregung bereits verflogen, als schließlich die Zettel mit den Prüfungsaufgaben verteilt wurden.

„Carpe Diem" lautete das Thema. Das Erste, was mir in den Sinn schoss, war der Film „Club der toten Dichter", der wohl den meisten schon einmal während ihrer Schullaufbahn begegnet ist. Viele fingen an, nach ihren Handys zu kramen, während andere ihren Laptop hervorholten.

Ich zog mich mit einem anderen Mädchen in einen ruhigeren Raum zurück und wir ließen das alles erst einmal auf uns wirken. Mir schossen tausend Ideen durch den Kopf und ich begann, erst einmal alles niederzuschreiben. Bis mir dann klar wurde: „Carpe diem" bedeutet „Nutze den Tag" – das trifft doch genau auf diesen Tag zu. Ich nutze doch die Chance der Eignungsprüfung, um mein weiteres Leben nach meiner Vorstellung gestalten zu können.

Ich beschloss, diese Gedanken in einem Gedicht festzuhalten. Auf ein zweites Blatt Papier klebte ich aus meinem Kalender, den ich glücklicherweise morgens eingesteckt hatte, den heutigen Tag, umkreise ihn und fügte mit roten Buchstaben an: „Carpe diem".

Anschließend wurde noch hier und da geschaut, was die „Konkurrenz" sich so alles hatte einfallen lassen. Nach der Abgabe blieb dann Zeit, um etwas zu essen und ein wenig zu relaxen. Und dann wurden auch schon die heiss ersehnten Ergebnisse verkündet. Es wurden immerhin noch 44 Prüflinge als geeignet eingestuft, auch ich war dabei.

Die Freude war natürlich groß und mir ist an diesem Tag klar geworden: „Was du wirklich willst, schaffst du!"

e-Mail: lag bei Redaktionsschluss nicht vor

BEATRIX HARTMANN, FH BIELEFELD,
FOTOGRAFIE UND MEDIEN

Hartnäckigkeit führt zum Ziel

Die Eignungsprüfung in Bielefeld zog sich über zwei Tage hin. Am ersten Tag war um 9.00 Uhr morgens Mappenabgabe. Rund 100 Teilnehmer waren zum Teil von weit her angereist um ihre Mappe abzuliefern. Erforderlicher Bestandteil von Mappe und Prüfung war die Hausaufgabe. Man hatte ca. zwei Wochen vor dem Mappenabgabetermin zwei Themen bekommen, wovon eines zu bearbeiten war. Zur Auswahl standen die Themen „Liebe" und „Grenze". Es war entweder ein Einzelbild oder eine Bildserie bis max. fünf Bildern anzufertigen. Am ersten Tag der Prüfung gab man also seine Mappe ab und durfte sieben Stunden später wieder erscheinen. Dann wurde die Liste der Leute vorgelesen, die zur Prüfung zugelassen wurden. Ca. 30 durften am nächsten Tag wieder kommen und an der Prüfung teilnehmen.

Morgens um 9.00 Uhr wurde das Thema der Prüfung verlesen: „Begegnungen". Man hatte vier Stunden Zeit, das Ganze entweder in einer Collage oder in einer mit der Polaroidkamera angefertigten Bilderserie umzusetzen. Die Arbeitsmaterialien mussten alle selbst mitge-

bracht werden. Danach konnte man sich frei im Haus verteilen, in die Stadt gehen oder wohin auch immer man wollte. Ich kam dank der Deutschen Bahn eine Stunde zu spät, hatte also bloß drei Stunden Zeit, was dann aber auch genügte. Das Thema „Begegnungen" erschien mir relativ leicht. Ich hatte die Theorie, das man mit einer Polaroid sowieso nicht wirklich gut fotografieren kann und eigentlich gefragt ist, in kurzer Zeit eine Idee zu entwickeln. Auch war ich der Meinung, dass sich die Prüfer ebenfalls in einer Stresssituation befinden und das Ganze leicht erfassbar, aber nicht dumm sein muss. Wenn Idee und Information nicht sofort bei den Prüfern ankommen, wird es schwierig.

Um 13.00 Uhr war Abgabe, die meisten waren schon früher fertig. Allgemein schien kein Zeitstress aufgekommen zu sein. Im ganzen Haus wuselten auch noch die Teilnehmer der anderen Prüfungsfächer umher, also jede Menge Leute in der gleichen Situation. Alle waren sehr nett, man erzählte sich wer sich wo schon beworben hat, wer wo welche Erfahrungen gemacht hat, was man so in der Mappe hat, was man vorhat wenn's nicht klappt, u.s.w.. Alles in allem war es sehr beruhigend zu hören, dass nur wenige Bewerber sofort und beim ersten Anlauf genommen werden und das Hartnäckigkeit durchaus zum Ziel führt. Um 14.00 Uhr wurden die Namen derjenigen verlesen, die genommen wurden. 15 Leute hatten bestanden.

e-Mail: trikksii21@yahoo.de

SIMONE HECKMEIER, MEDIADESIGN
AKADEMIE MÜNCHEN, MEDIADESIGN

Privatsache

Durch Zufall habe ich beim Arbeitsamt einen gelben Flyer der „mediadesign akademie" in die Hände bekommen. Aus Neugierde habe ich dann dort angerufen und mir Infomaterial zuschicken lassen. Wegen der hohen Studiengebühr habe ich mir aber keine weiteren Gedanken über diese Möglichkeit des Studiums gemacht, sondern plante zuerst das Abitur nachzuholen. Monate später erhielt ich einen Anruf von der Studienberatung und wurde eingeladen, einen „Schnupperunterrichtstag" in ihrer Akademie zu verbringen. Das tat ich spontan dann gleich am nächsten Tag.

Das neue Semester des Studiengangs „Mediadesign" hatte gerade seit einem Monat begonnen und ich verbrachte den ganzen Vormittag mit im Kurs. Bildnerisches Gestalten (Freihandzeichnen und Farblehre) war das Thema. Ich war

begeistert, wollte aber nicht warten, bis im September der neue Kurs begann, sondern bat im Gespräch mit der Studienberatung um die Chance, dem laufenden Semester beizutreten und die versäumten Themen nachzuholen. Die Studienleitung gab dazu das „Ok" und ich sollte gleich im Anschluss den Eignungstest machen. Ich hatte keine Ahnung, was auf mich zukommt.

Zuerst hatte ich 60 Minuten Zeit, um einen theoretischen Teil zu Papier zu bringen. Es waren nur ein paar DIN A4-Seiten. Die ersten Aufgaben erinnerten mich stark an Einstellungstests und Bewerbungsgespräche, wie man sie bei der Bewerbung bei Banken oder größeren Firmen erwartet und die sich in vielen Trainingsbüchern nachlesen lassen: Zahlenkombinationen fortsetzen, Symbol-Reihenfolgen ergänzen und ein oder zwei kleine Logik-Aufgaben lösen. Dann sollte ich in Worte fassen, warum ich mich für diese Berufsrichtung entschieden habe und warum ausgerechnet für diese Akademie, wie ich mich im Team einbringen kann und was ich als Lösungsansatz vorschlage, wenn die Teamarbeit einmal nicht ganz reibungslos funktioniert.

Erst danach kam der kreative Teil: In etwa fünf verschiedene, gleichgrosse Ellipsen sollten unterschiedliche Dinge hineinskizziert werden, wobei gesondert erwähnt wurde, dass es hier auf die Idee ankomme und nicht auf die Perfektion der Zeichnung. Ich malte u.a. eine Kloschüssel, ein Planetensystem und einen Basketballkorb. Als nächste Aufgabe galt es zu Stichwörtern kleine Skizzen anzufertigen, die etwas Ausdruckstypisches und -untypisches enthalten. Ich erinnere mich an die Begriffe Stau und Urlaub, es waren aber einige mehr. Das war es dann auch schon in etwa.

Es fiel mir nicht schwer, aber da ich mir erst noch Grundsatzgedanken zu meiner persönlichen Überzeugung machen musste, verlor ich Zeit, die dann zum Ende hin knapp wurde. Inzwischen war es Nachmittag geworden und ich dachte schon, dass ich es hinter mir habe. Jedoch kam jetzt noch der praktische Teil, für den ich drei Stunden Zeit hatte. Ich wurde in ein kleines, ruhiges Zimmer geführt, in dem ich allein war. Ich bekam ein Zeichenblatt, das mir damals riesig vor kam – ich glaube es waren 50 x 70 cm. Ich konnte zwischen Kohle, Kreide und Bleistift wählen und sollte ein Stilleben zeichnen, das vor mir auf einem Tisch aufgebaut war: drei aufeinander gestellte, vereinfachte Modelle von einem Fotoapparat, einer Videokamera und einem Tonbandgerät. Die Modelle waren aus Pappe und Joghurtbechern zusammen gebaut. Da ich noch nie vorher von einem Modell abgezeichnet hatte, wurde ich ins kalte Wasser geschmissen. Ich entschied mich für die Bleistifte und begann. Diese Aufgabe war für mich eindeutig die schwierigere, trotzdem war ich selbst überrascht über das, was ich ganz ohne Übung zu Papier brachte. Ich war etwas früher fertig und gab ab.

Obwohl eine Prüfungssituation einen gewissen Stress bedeutet, war ich die ganze Zeit über ruhig und gelassen. Ich hatte ja nichts zu verlieren, sondern eine Chance, die ich nutzen wollte. Am nächsten Tag kam dann die entscheidende Nachricht: Eignungstest mit 76 von 100 Punkten bestanden! Somit hatte ich die Zulassung zum Studium erreicht, ganz ohne eine Mappe abzugeben. Eigentlich sollte ich diese nachreichen, als ich aber zugab, dass ich weder fertige Arbeiten noch Ahnung hatte, was da verlangt würde, wurde mir das erlassen. Wegen der Studiengebühr konnte ich meine Eltern von einem Zuschuss überzeugen und mit der Akademie eine gesonderte Zahlungsvereinbarung aushandeln. Schon am Montag der folgenden Woche war ich „Mediadesign"-Studentin.

e-Mail: simone.heckmeier@web.de

TANJA HEUSER, FH MAINZ,
DESIGN UND MEDIENDESIGN

Warteliste

Wir hatten am 09. und 10.01.03 unsere praktische Prüfung in Mainz für Design und Mediendesign. Die Aufgaben sahen wie folgt aus :

Tag 1

Morgens, drei Stunden Zeit:
1. Wir bekamen eine Fotokopie von einer Gala und sollten die dortige Situation von drei fotografierten „Schickies" mit max. 100 Worten beschreiben, wobei dies auch in Sprechblasen geschehen konnte.
2. Wir sollten einen Klappentext zu einem Buch schreiben, wobei der Buchtitel, der Inhalt und der Autorenname frei gewählt werden mussten. Möglichst abstrakt, wie z.B. „Warum Menschen beim Sprechen schöner werden" oder „Unordnung im Gesicht".

Hier mein in der Prüfung verfasster Klappentext: „Lara Morgenstern wurde 1972 in Weil a. R. geboren und studierte Literaturwissenschaften an der Universität von Paris und Berlin. Das dritte Buch der Autorin ist an Leser gerichtet, deren Kunst zum Schmunzeln und Phantasieren noch vorhanden blieb. „Die Landung auf dem Ameisenhügel" ist vollgeladen mit den unglaublichen und witzigen aber auch gefährlichen Abenteuern des Astronauten Lix vom Planeten Onius im dritten Orbit rechts. Bei seinem ersten Soloflug landet er auf einem Ameisenhügel auf dem Planeten Erde. Via Tolivon versucht er nun schnellstmöglich Kontakt zum Planeten Onius herzustellen. Ob ihm dies gelingt und vieles mehr erfahren Sie in diesem wunderbaren Buch."

Der Text entstand in Gedanken an das Hörspiel, welches ich meiner Mappe beigelegt hatte. Hier habe ich einfach noch ein bisschen dazu phantasiert.

Mittags, drei Stunden Zeit:
1. Formulieren sie diesen Satz neu und besser: „Die Kursteilnehmer nahmen die Umformung der Sätze durch Ersetzen der Substantive in Angriff."

2. Entwickeln sie eine interaktive Spielidee zum Thema Eignungsprüfung. Wie könnte ein Spiel zu diesem Thema aussehen? Auf technische Details der Programmierung keine Rücksicht nehmen. Konzeption anhand von Storyboard – überwiegend Zeichnungen, nur in Ausnahme Text verwenden.

Tag 2

Morgens, drei Stunden Zeit:
Wir bekamen eine Matrixvorgabe auf DIN A3, für jede Aufgabe ein Quadrat in CD-Cover-Größe, aufgeteilt in kleine Kästchen (0,8 x 0,8 cm). Dort hinein sollte nun:

1. Ein Farbpsychogramm unserer differenzierten Persönlichkeit auf Basis unserer Lieblingsfarbe, Farbvorlieben. Die Farbrangfolge sollte ablesbar sein.

2. In das 2. Kästchen sollten wir die Themen „Banalität" und „Spiritualität" gestalterisch umsetzen. Für beide Aufgaben galt: die Matrix können sie belassen oder teilweise oder auch gänzlich verändern!

Mittags, drei Stunden Zeit:
Suchen sie in ihren Materialien, Kleidung, etc. einen Gegenstand, der sich als Objekt zum Thema Verknüpfung eignet. Achten sie bitte auf eine SPANNUNGSVOLLE Gestaltung auf einem A3-Blatt mit Hilfe einer zeichnerischen Technik. Dazu wurde uns noch gesagt, dass wir mit Bleistift zeichnen sollen (oder ganz in Buntstift). Beispiele aus meiner zeichnenden Umgebung waren: Schuh, Reißverschluss, Fixogum-Tube, Uhr, Klammer, Wäscheklammer, etc.

Alles nicht so einfach, wie sich dann herausstellte. Die Zeit jedoch war eigentlich ausreichend und auch das Klima war okay. Es gab sehr viele Leute, die sehr gut zeichnen konnten, jedoch fehlte die Umsetzung auf dem Blatt. Nur nicht aus der Ruhe bringen lassen. An der Prüfung nahmen ca. 100 Leute teil. Für Mediendesign wurden 15 Leute gesucht und für Design 30. Zumindest hatte ich das Gefühl, dass die Leute was drauf hatten, auch wenn sie noch recht jung waren.

Ich habe dann die Benachrichtigung bekommen, nicht angenommen worden zu sein, jedoch sitze ich mit der Note 3,4 (Mappe 3,9 - vielleicht weil sie zu 80 Prozent aus Fotografien bestand und ich das zeichnerische nicht behandelt habe) auf der Warteliste - schade ... *(Immerhin, d. Red.)*

e-Mail: talaia@gmx.de

JAN HUFNAGEL,
MUTHESIUS HOCHSCHULE KIEL,
INDUSTRIEDESIGN

Gut umsorgt

Dass ich die Mappenprüfung bestanden hatte, erfuhr ich gut eine Woche vor der dreitägigen Eignungsprüfung. Was mich positiv überrascht hatte war, dass die Studenten des ersten Semesters jedem zur Prüfung zugelassenen Bewerber einen Brief mit einer Telefonliste geschickt haben, verbunden mit der Einladung, sie doch zu nutzen, wenn es noch Fragen zur Prüfung gibt oder wenn man noch einen Schlafplatz in Kiel sucht. Einen Schlafplatz hatte ich mir bereits organisiert, aber Fragen hatte ich ohne Ende - dieselben Fragen, die die Leser dieses Buches vermutlich auch haben werden.

Am ersten Tag erwartete uns ein Frühstücksbuffet, das die Studenten des ersten Semesters für uns aufgebaut hatten. Die meisten der ungefähr 30 Bewerber konnten aber wegen der Aufregung keinen Bissen herunter kriegen und man verlegte sich hauptsächlich aufs Kaffee trinken und Rauchen. Das Buffet wurde dann später geplündert, als die erste Nervosität verflogen war.

Unser Stundenplan für die nächsten drei Tage sah aus wie folgt:

1. Tag: Begrüßung, Schriftliche Arbeit, Erste Gestaltungsaufgabe

2. Tag: Zweite und dritte Gestaltungsaufgabe

3. Tag: Bekanntgabe der für das Kolloquium zugelassenen Bewerber, anschließend Kolloquium

Nachdem man uns unsere Arbeitsplätze zugewiesen hatte, bekamen wir gleich Zettel mit den drei schriftlichen Aufgaben. Es waren keine Aufgaben, die ein riesiges Fachwissen oder Kenntnisse in Designgeschichte verlangten. Das Designverständnis selbst wurde gefordert, wie mir

schien. In der ersten Aufgabe sollten wir eine kurze Erläuterung des Begriffes „ökologisch vernünftiges Design" liefern. Die zweite Aufgabe drehte sich um das Thema „Gewicht" und Einsatzmöglichkeiten der Werkstoffe Stahl, Aluminium und Titan. In der dritten Aufgabe sollten wir eine Kneifzange zeichnen und ihre Funktion erläutern.

Die gesamte Prüfung in Kiel findet übrigens nicht unter Aufsicht statt, es kommt nur ab und zu ein Professor, um nach dem Rechten zu schauen. Da kommt man schnell ins Gespräch mit den übrigen Bewerbern, vor allen Dingen bei den Gestaltungsaufgaben. In der ersten Gestaltungsaufgabe ging es um das Thema „bauliches Design". Wir sollten einen möglichst hohen, stabilen (und schönen) Turm aus maximal zehn DIN A4-Blättern bauen. Es war nur Schneiden und Falten erlaubt, kein Kleben. Anschließend sollten wir den Turm zeichnen. Damit war der erste Tag geschafft und wer Lust hatte, konnte am Abend der Einladung der Erstsemester in eine Kneipe folgen.

Am nächsten Tag ging es um halb neun mit der zweiten Gestaltungsaufgabe weiter. Es galt, die Elemente Feuer, Wasser, Erde, Luft mit Deckfarben in einem Mosaik auf DIN A3 abstrahiert darzustellen. In der dritten Gestaltungsaufgabe sollten mit Ton stereometrische Körper modelliert, zerschnitten und anschließend neu zusammengesetzt werden. Die einzelnen Teile sollten sich zu einer in sich harmonischen Skulptur zusammenfügen. Am Ende des zweiten Tages wurden wir wieder von den Erstsemestern zu einem Bierchen in die Mensa eingeladen. Zu allen Aufgaben hatten wir ausreichend Zeit - allerdings nicht zu viel, wie ich finde.

Am dritten Tag kam dann das Gespräch mit den Professoren. Das war eigentlich der quälendste Teil, weil wir ewig warten mussten, bis wir aufgerufen wurden und es keine uns sinnvoll erscheinende Reihenfolge gab. Man diskutierte, ob die Vorzensur, der Anreiseweg oder was auch immer ausschlaggebend dafür war, wann man nun an der Reihe ist. Endlich wurde ich aufgerufen. Ich dachte, jetzt würden Fragen kommen wie „Nennen Sie Ihren Lieblingsdesigner und erzählen Sie, was der so gemacht hat." Doch zum Glück kam es anders. Offensichtlich ging es den Prüfern - nachdem sie die Arbeiten jedes Prüflings gesehen hatten - darum, die Persönlichkeit kennenzulernen, die hinter diesen Arbeiten steht. Als ich rein kam, lag meine Mappe ausgebreitet auf einem großen Tisch, dahinter saßen fünf Prüfer. Um den Prüflingen die Nervosität zu nehmen, die Distanz zu verringern und einen Zugang zu geben, wurden zuerst persönliche Fragen gestellt. Anschließend sollte

ich eine meiner Arbeiten, die ich für besonders gelungen hielt, aus der Mappe heraussuchen und präsentieren. Das gab mir Halt, da ich mich sozusagen auf vertrautem Territorium befand. Die bis dahin im Verlauf der Prüfung erreichten Vorzensuren entscheiden über die Dauer des Gesprächs und die Art der Fragen. Auf nervöses Stottern oder Sprachlosigkeit reagieren die Prüfer sehr gelassen und geben einem Hilfestellung.

Übrigens: Lasst euch nicht von den Mappen anderer Bewerber abschrecken. Als ich bei der Eignungsprüfung die Mappen von anderen Bewerbern gesehen habe dachte ich: „So, das

war's dann wohl mit dem Traum vom ID-Studium!" Aber die haben teilweise schon ähnliches studiert, viele haben eine Berufsausbildung abgeschlossen, und sehr viele einen Vorbereitungskurs besucht. Am Ende meines Gespräches wurde mir zwar nicht ausdrücklich bestätigt, dass ich bestanden hatte, aber zwischen den Zeilen ließ man durchsickern, zu welchem Entschluss man kommen würde.

Ich denke, dass jeder, der auf die Idee kommt, Design zu studieren, auch ein gewisses Maß an Kreativität und Talent mitbringt. Das ist natürlich die Grundvoraussetzung. Bei der Prüfung gilt es dann eigentlich nur noch dies umzusetzen. Kurz: Schwer fand ich die Prüfung eigentlich nicht, aber es hätte viele auch bessere Möglichkeiten gegeben, die gestellten Aufgaben zu lösen. Was mich sehr gefreut hat, war die Gastfreund- und Hilfsbereitschaft der Erstemester-Studenten. Ich hatte nicht erwartet so umsorgt zu werden. Das ist wahrscheinlich auch nur möglich, weil die Anzahl der Studenten pro Semester so klein ist (12!). Das schafft eine unglaublich private, fast familiäre Atmosphäre. Auch das Verhältnis zu den anderen Bewerbern war sehr nett, von Konkurrenzkampf keine Spur.

Eine Woche später kam dann auch schon der heiß ersehnte und gefürchtete Brief: Bestanden! Ein Stein fiel mir vom Herzen. Jetzt musste nur noch der Zulassungsantrag ausgefüllt und abgeschickt werden. Das ich so glatt durch das Ganze durch rutsche und alles auf Anhieb klappt, hätte ich nie gedacht, nach allem, was ich gehört hatte. Also: Verliert den Mut nicht, glaubt an Euch und gebt Euer Bestes!

Und noch ein wichtiger Tipp: Besucht die Mappenberatung der jeweiligen Schulen, an denen Ihr euch bewerben wollt. Zum einen erfahrt ihr einiges über die Schule und auch darüber, was von euch erwartet wird, zum anderen macht Ihr euch vorstellig und meldet Interesse an – das ist sehr wichtig! Allen Bewerbern wünsche ich viel Erfolg!

e-Mail: hufey@web.de

KERSTIN KOCKLER, FH MANNHEIM,
FH DARMSTADT, FH WIESBADEN,
KOMMUNIKATIONSDESIGN

Aller guten Dinge ...

Ich habe mich insgesamt sechs Mal an verschiedenen FH's für den Studiengang Kommunikationsdesign beworben, habe drei Aufnahmeprüfungen mitgemacht und die letzte schließlich bestanden.

Nach dem Abi habe ich mich in Trier beworben und prompt eine Absage kassiert. Aus heutiger Sicht verstehe ich nicht ganz, dass ich damals überhaupt auch nur einen Punkt für meine Mappe bekommen habe. Parallel dazu absolvierte ich ein Praktikum in einer Werbeagentur mit integriertem Fotostudio und -labor. Zum nächsten Semester bewarb ich mich mit einer verbesserten Mappe in Mainz und Mannheim. Ich bekam eine Absage aus Mainz und eine Einladung zum Eignungstest aus Mannheim.

Die Prüfung dort lief dann allerdings unglaublich schlecht: Ich war nicht gut vorbereitet, hatte nicht die richtigen Materialien dabei und kam auch noch zu spät. Die Absage kam postwendend. Ich verlängerte mein Praktikum und schrieb ich mich an der Uni in Mainz ein, da ich irgend etwas machen musste. Nebenbei bewarb ich mich aber weiter um einen Studienplatz für Kommunikationsdesign – in Darmstadt und noch einmal in Mainz. In Mainz hab ich es wieder nicht geschafft, in Darmstadt gibt es keine Mappenvorauswahl – man bringt die Mappe direkt zur Prüfung mit. Diese Prüfung lief schon besser als meine erste – bestanden hab ich sie trotzdem nicht. Ich startete einen nächsten Anlauf in Wiesbaden, und endlich klappte es.

Bei der ganzen Bewerberei ist es am wichtigsten, sich ausreichend zu erkundigen und vorzubereiten. Anfangs habe ich mir die Sache viel zu einfach vorgestellt – schließlich hatte ich in der Schule im Kunst-LK doch immer sehr gute Noten. Man muss sich darüber im Klaren sein, dass das bei weitem nicht ausreicht, denn im Schnitt werden nur 10 Prozent der Bewerber genommen und dort wird ganz anders gemessen als in der Schule. Es ist wichtig, mit seiner Mappe vorher an die Hochschulen zu gehen, für die man sich interessiert. Fast jede Schule bietet Mappenberatungen an: Also hingehen und die eigene Mappe zeigen! Am besten mehrmals. Nur so findet man heraus, welche Schule am besten zu einem passt und ob und wo man Chancen hat. Dabei ist es auch wichtig, die Kritik der Professoren und Studenten ernst zu nehmen und nicht gleich beleidigt zu sein, wenn die etwas schrecklich finden, was man selbst ganz toll findet (und das ist meistens so). So kann man seine Mappe auf die Schule ausrichten, bei der man sich bewerben möchte: Ob die Hochschule es gerne sieht, wenn die Arbeiten gleichmäßig aufgezogen sind, wie wichtig ein Thema für die Mappe ist, u.s.w. Oft bekommt man dabei auch schon Infos zur Prüfung.

Zur Vorbereitung auf Mappe und Prüfung kann ich ein Praktikum sehr empfehlen. Hier bekommt man einen Einblick in das spätere Berufsleben und kann vielleicht auch etwas für seine Mappe tun. Vielleicht stellt man ja auch dabei schon fest, dass man möglicherweise doch nicht Designer werden möchte und kann sich die ganze Bewerberei sparen und Enttäuschungen vermeiden.

Mannheim

Die Prüfung in Mannheim war für mich die schwierigste. Die Aufgabenstellung lautete etwa wie folgt:

1. „Stellen Sie sich vor, sie seien Erfinder. Präsentieren Sie die Vorzüge und Eigenschaften ihrer Erfindung anhand eines Storyboards (mind. 7 Bilder)."

2. „Bauen Sie (aus Papier, o.ä.) ein Modell dieser Erfindung."

Ich glaube, für diese beiden Aufgabenstellungen hatte man etwa fünf Stunden Zeit. Etwa in der Mitte gab es eine Pause, danach musste man noch einen schriftlichen Test ablegen. Man bekam einen Fragebogen mit Fragen wie: „Nennen Sie Bücher von Thomas Mann", „Welche Gestalter kennen Sie?", „Wann wurde der Buchdruck erfunden?", „Beschreiben Sie einen Werbespot, der Ihnen gefällt und legen Sie dar warum das so ist", „Welche Ausstellungen haben Sie zuletzt besucht?" u.s.w. Bei der Aufgabenstellung kam es sowohl darauf an, eine originelle Erfindung zu machen, als auch auf die gute visuelle Umsetzung (kleiner Tipp: keinen Campingtisch erfinden, den es schon gibt ...). Am zweiten Tag gab es dann für jeden ein Fachgespräch, in dem man hauptsächlich über die Prüfung und den Fragebogen ausgefragt wurde.

Darmstadt

Die Prüfung in Darmstadt fand ich einfacher, da man verschiedene kleine Aufgaben zu bewältigen hatte und nicht eine große. Die erste Aufgabe war eine Zeichenaufgabe. Man bekam einen speziell verdrehten, geknickten und zusammen getackerten Papierstreifen, den man aus zwei Richtungen zeichnen sollte. Dafür hatte man allerdings nur 10 Minuten Zeit. In der zweiten Aufgabe sollte man zum Thema „Metamorphosen" verschiedene Symbole über mehrere Arbeitsschritte zu anderen Symbolen umwandeln. In der dritten Aufgabe sollte man seinen letzten Einkauf in einem Diagramm darstellen und in der vierten und letzten Aufgabe eine möglichst phantasievolle Umsetzung des Themas „höllischer Himmel" abliefern. Die Materialien waren dabei frei wählbar, man musste die Aufgaben allerdings auf den vorgefertigten DIN A4-Blättern lösen. Die Zeit war bei den einzelnen

Aufgaben sehr knapp bemessen – man sollte also möglichst schnell eine gute Idee haben und diese zügig umsetzen. Am zweiten Tag der Prüfung musste man seine Mappe verschiedenen Professoren präsentieren. Dabei ist es wichtig, sich nicht einschüchtern zu lassen – meistens werden die Sachen ganz offen schlecht kritisiert. Man sollte sich also schon im Vorfeld mit seinen Arbeiten auseinandersetzen, damit man erklären kann, warum man dieses oder jenes so gemacht hat und nicht anders.

Wiesbaden

Die Prüfung in Wiesbaden findet an drei Tagen statt. An den ersten beiden Tagen sind die Aufgaben zu lösen, am dritten Tag gibt's dann für diejenigen, die die Prüfung theoretisch noch bestehen könnten, ein Fachgespräch. Die Mappe gibt man am ersten Prüfungstag ab.

Auch hier gab es eine Zeichenaufgabe. Man sollte die Oberflächen von vier Gegenständen so zeichnen, dass das Material des Gegenstandes erkennbar ist. Es sollte aber eine ungegenständliche Zeichnung sein. Man kann auf der Suche nach Zeichenobjekten auch ruhig raus gehen – wichtig ist, dass man etwas Interessantes zeichnet, etwas, das nicht gerade jeder zeichnet. Natürlich ist auch die Art der Ausführung wichtig. Bei dieser Aufgabe kommt es insbesondere auf eine genaue Beobachtung und Umsetzung an. Auch auf die Komposition sollte immer geachtet werden.

Außerdem gab es eine Aufgabe zum Thema Farbe. Man bekam zwei Begriffspaare wie Herbst-Frühling, oder Kraftnahrung-Babykost – das kann alles Mögliche sein. Man bekam außerdem ein vorgefertigtes Raster, das man auf ein größeres Blatt übertragen und dann mit den Farben ausfüllen sollte (mit dem Übertragen sollte man sich nicht zu lange Zeit lassen). Mit welchen Farben man malt, ist im Grunde egal – man sollte halt nicht welche nehmen, die allzu lange trocknen (oder man nimmt sich einen Föhn mit).

Eine weitere Aufgabe drehte sich um eine Art Bildergeschichte, die man erfinden sollte. Wir bekamen wieder ein vorgefertigtes Blatt, auf dem sechs Felder abgebildet waren. In drei dieser Felder waren bereits Symbole (Dreiecke, Vierecke, Sterne) abgebildet, die man in seine Geschichte integrieren sollte. Das Wichtigste dabei ist wohl, dass man die Geschichte als solche erkennt und einen möglichst originellen Schluss erfindet.

Am zweiten Tag konfrontierte man uns mit einer Foto-Aufgabe. Ein kleiner Tipp dazu: Genügend Filme mitbringen! Da braucht man wirklich viel mehr als man denkt (zur Not verkauft die FH am Prüfungstag noch welche). Fotos sollten zu

den Themen „Ecke" und „Gegensatz" (jeweils eines) oder „Linie" und „Kommunikation" gemacht werden. Falls die Prüfung im Winter gemacht wird: Zum entwickeln der Bilder immer irgendwohin gehen, wo es warm ist, denn die vertragen die Kälte nicht.

In der letzten Aufgabe ging es um das Thema Illustration. Man bekam eine Kurzgeschichte und sollte irgendeine Szene daraus visuell umsetzen. Die Auswahl der Szene ist dabei wichtig – sie sollte schon interessant oder von Bedeutung sein. Der Stil der Illustration sollte der Geschichte entsprechen – wenn es sich um eine lustige Geschichte handelt, ruhig im Comic- Stil zeichnen, u.s.w.

Die Prüfung fand in einem großen Raum statt, in dem alle 300-400 Bewerber sitzen. Man kann sich ruhig mit Nachbarn und Studenten austauschen. Der Geräuschpegel ist aber auch dementsprechend hoch – wen das stört, der kann ja etwas Musik hören.

Das Fachgespräch findet am dritten Tag statt. Es werden die üblichen Fragen gestellt: „Warum Design?", „Warum hier?", „Warum Sie?", „Kennen Sie Designer / Fotografen / Maler?", „Welche Ausstellungen haben sie in letzter Zeit besucht?"

Es kann aber auch sein, dass man nur zu seiner Mappe befragt wird. Dann wird auch schon mal gefragt: „Warum ist Ihre Mappe so schlecht?" „Was hätten Sie da besser machen können?" Dann ist es ganz wichtig, selbstkritisch zu sein und ehrliche Antworten zu geben. Eigentlich ist das Gespräch gar nicht so schlimm, wenn man gut vorbereitet ist, kann nicht viel passieren. Die Professoren wollen kein Fachwissen prüfen sondern sich lediglich ein Bild vom Bewerber machen.

Alles in Allem sollte man folgende Faustregeln beachten, damit nichts schief geht: Gut vorbereitet sein, sich mit seiner Mappe auseinandersetzen, genügend Material mitbringen und pünktlich sein. Zeitlimits beachten! Ruhig zu Hause unter Zeitdruck zeichnen üben. Außerdem: Genau auf die Aufgabenstellung achten – normalerweise wird in den Formulierungen alles Notwendige genannt.

e-Mail: grobi34@gmx.de

ROMAN KUTSCHINSKI, FH MÜNSTER,
FH HILDESHEIM, DESIGN

Erlaubt ist, was Spaß macht

Noch studiere ich nicht (bin Zivi), habe aber die Eignungsprüfungen zum SS 03 in Münster und Hildesheim gemeistert. Da diese einige Zeit zurück liegen, bitte ich Unstimmigkeiten und Ungenauigkeiten zu entschuldigen.

Münster-Hauptbahnhof, Ankunft 9.30 Uhr. Schon am Bahnhof lerne ich den ersten Gleichgesinnten kennen und zusammen finden wir schnell die FH. Immer nur den „Mappenträgern" hinterher, einer wird schon wissen, wo es lang geht. Um 10 Uhr geben wir die Mappen ab (schnell und unbürokratisch) und dann ab in die Stadt zum Frühstücken. Nach einem kleinen Stadtbummel und einem spontanen Zoobesuch (wie soll man sonst die Zeit bis 17.00 Uhr totschlagen, denn erst dann wird bekannt gegeben, wer am nächsten Tag zur Prüfung zugelassen ist) finden wir uns eine halbe Stunde zu früh in den Gemäuern der FH wieder ein. Mit leichter Verspätung werden die Bewerbernummern der Glücklichen dann ans Schwarze Brett geheftet. Alle stürmen drauf los und schon sehe ich die ersten Freudensprünge und Gratulationen, aber auch Enttäuschungen, gar Tränen in einigen Gesichtern. Nun kämpfe ich mich durch die Menge und meine Augen durchlaufen wie in Trance die Zahlen. Und da erblicke ich sie: Meine Nummer – noch ein paar Mal schaue ich darauf. Kann ja sein, dass ich mich versehen habe, vor allem ohne Brille. Doch, sie ist es! Und dabei habe ich den ganzen Tag gejammert, ich würde ja sowieso am Abend nach Hause fahren müssen, hatte nicht mal Zahnbürste und Zeugs mit.

Am nächsten Tag (ca. 9.30 Uhr) sitzen wir, etwa 70 an der Zahl, auf zwei Räume verteilt, als ein Professor die Aufgaben erklärt. Was ich davon behalten habe:

1. „Entwerfen und bauen Sie aus Papier, Pappe, Karton ein Schiff. Schneiden, Kleben, Reißen, Beißen – alles ist erlaubt."

2. „Erstellen Sie ein Konzept für eine Funktion, die dieses Schiff erfüllen soll."

3. „Illustrieren Sie das Schiff, das ja meist anorganisch (technisch) ist, mit etwas Organischem."

Bis 15.00 Uhr haben wir Zeit, was sehr knapp bemessen ist, man muss sie sich wirklich gut einteilen. Dazwischen gibt es Mittagspause, in die die Studenten ein Buffet organisiert haben, was wir alle außerordentlich nett finden. Ratlose Gesichter, einige mehr oder weniger sinnvolle Fragen und dann geht's los. Mir liegt das Thema überhaupt nicht. Bastelaufgaben mochte ich schon in der Schule nicht. Ich konstruiere ein ganz schlichtes Schiffchen; an Stelle der Schornsteine verwende ich vier Zigarren, die ich mir in der Mittagspause gekauft habe. Mein Konzept für das Schiff: Es soll als Zigarrenhalter dienen. Von den Kubanern in Handarbeit hergestellt (billige Arbeitskraft!) und als Souvenir verkauft, füllt der Gewinn Castros leere Staatskassen. Was mich zum dritten Teil der Aufgabe führt, denn ich stelle Castro, wie er persönlich für das Schiff

wirbt, mit Aquarellstiften im comicartigen Stil dar.

Und wieder müssen wir bis 17.00 Uhr warten, bis die Ergebnisse vorliegen, zwischendurch werden einige zum Gespräch geladen. Kurz nach fünf wird dann das Schwarze Brett belagert – heute habe ich ein noch mieseres Gefühl. Habe ich mit dem Castro-Cartoon nicht zu dick aufgetragen? Die Augen sind auf die Liste fixiert, denn ich entdecke wieder meine Nummer und kann es noch weniger fassen als gestern: Habe die Prüfung bestanden! Zwei Wochen später gibt es per Post die Note: 3,5.

Viel entspannter geht es für mich deshalb einen Monat später nach Hildesheim. Ich habe mir eine Übernachtungsmöglichkeit bei einer Studentin gesichert, denn dort nehmen einige Erstsemester die Prüflinge bei sich zu Hause auf. Ich kann nur weiter empfehlen, so etwas wahrzunehmen! Man lernt nette, gastfreundliche Leute kennen, erfährt mehr über die FH, die Stadt, bekommt Tipps zur Prüfung, u.s.w.

Den ersten Prüfungstag beginne ich mit einem Wiedersehen. Einer, der mir in Münster fast gegenüber saß, sitzt mir jetzt auch hier „fast gegenüber", ohne dass wir uns die Plätze ausgesucht hätten. Karma? Nö, aber es ist schon verblüffend, wie viele von solchen zufälligen Begegnungen immer wieder passieren. Die „Bewerberwelt" ist dann doch kleiner, als man es sich vorstellt. Jedenfalls sind wir sehr entspannt und machen „Münster-Schiff-Witze" als uns die erste Aufgabe gestellt wird. Wir sollen Papierstreifen falten/kneten und davon drei Ansichten bzw. Zustände auf ein DIN A2-Blatt mit Bleistift zeichnen. Schön stumpf (im positiven Sinne), ohne viel denken zu müssen und mit viel Zeit (3,5 Stunden) bedacht.

15-minütige Fachgespräche finden zwischendurch statt. Ich breite meine Mappe vor einer dreiköpfigen Kommission aus und unterhalte mich über einzelne Arbeiten, eigene Interessen, zuletzt besuchte Ausstellungen, aktuelle Werbung, Plakate und MTV-Clips. Insgesamt ein angenehmes Geplänkel, bei dem meine Nervosität immer mehr nachlässt.

In der Mittagspause verwöhnen uns die Studenten mit einem Sektfrühstück! Gut gelaunt geht es weiter mit dem zweiten Teil und ab diesem Zeitpunkt ist für mich der Tag gelaufen. Es soll mit einem von sechs vorgegebenen Symbolen eine (Einkaufs-)Tüte für einen von sechs Begriffen (Sportartikel, Supermarkt, Mode, Fisch, ... ääh, den Rest habe ich vergessen) gestaltet werden. Fünf Skizzen und eine ausgewählte Arbeit sollen farbig, flächig und abstrakt auf DIN A4 angefertigt werden. Klingt nach einer schönen Computersache (15-20 Minuten Zeitauf-

wand), doch mit klassischen Mitteln ist es die reinste Qual und es reichen selbst die 3,5 Stunden für viele – mich eingeschlossen – nicht aus. Irgendwie bringe ich doch die Sachen aufs Papier. Ich habe mich für das Pfeilsymbol und Sportartikel entschieden (wegen der Dynamik, die in beiden steckt). Meine Ausführung ist einfach grauenvoll, so dass ich diese Aufgabe als verhauen betrachte und nur noch hoffe, dass mir die letzte mehr liegt.

Am nächsten Tag treffen wir uns wieder um 9.00 Uhr und die dritte Aufgabe wird gestellt. Von meiner Gastgeberin weiß ich schon, dass es um Illustration geht, Thema: „Wunschpunsch". Da es in Münster gut ging, mache ich in meinem Comicstil weiter und übertreibe so gut ich kann (wenn schon, denn schon): Ich zeichne einen Hexenkessel, in dem ein leicht bekleideter Jüngling und ein Paar Utensilien, die man bei „Beate Uhse" erhält, köcheln. Dieser „Liebestrank" wird von einer lüsternen Hexe gebraut. Im Hintergrund sind noch Lederstiefel, Peitsche, u.s.w. zu sehen. Um 12.30 Uhr müssen wir unsere Arbeiten abgeben, dieses Mal reicht die Zeit wieder. Anderthalb Wochen später kommt der Brief: Bestanden! Note: 6,75.

Was ich aus den beiden Prüfungen gelernt habe:

1. Eignungsprüfungen sind aufwendig, stressig und saugen einen völlig aus. Der Druck, der auf einem Prüfling (vor allem in Münster) lastet, ist enorm. Die Zeit ist meist knapp bemessen, die Aufgaben sind nur selten nach eigenem Geschmack und dann noch das Fachgespräch. Doch das Gefühl, wenn man seine Nummer auf der Liste entdeckt (wie in Münster) ist einfach GEEEEIIIIIIL und entschädigt für die Strapazen.

2. Eignungsprüfungen bieten die Möglichkeiten, die FH/Uni, Professoren, Studenten und spätere Kommilitonen/innen kennen zu lernen. Wir sitzen alle im selben Boot (Schiff!). Das Arbeitsklima war deshalb zumindest bei meinen Prüfungen sehr locker und freundlich (habe aber auch schon anderes von einer Stadt an der Elbe gehört). Man sieht in den anderen weniger Konkurrenten als viel mehr „Mitleidende". Deshalb wird gerne einander geholfen, falls z. B. Material gebraucht wird – wie in meinem Fall die Aquarellstifte, die ich in beiden Städten für die Illustration gebraucht habe.

3. Eignungsprüfungen machen Riesenspaß, wenn man sich selber nicht zu viel unter Druck setzt. Wenn man seine Erwartungen nicht zu hoch schraubt, kann man nur angenehm überrascht werden. So erging es mir in Münster, denn kurz vor der Prüfung hatte ich Zweifel an meiner Mappe bekommen und war darauf eingestellt, am Abend nach Hause fahren zu müssen.

Was die Prüfung selber angeht: Man sollte ruhig mal was riskieren! Erlaubt ist alles, was Spaß macht. Es sollte natürlich schon irgendwie zu der Aufgabenstellung passen, darf (muss!) aber auch eure Einzigartigkeit, euren Stil repräsentieren. Selbst Comics, Cartoons, Mangas, u.ä. kann man einsetzen – hab es ja auch in beiden Städten getan – aber nur, wenn Ihr sicher mit der Materie umgeht und es nicht allzu abgedroschen aussieht (die meisten Mangas tun es leider ...).

Und bloß keine Panik kriegen, wenn eine der Aufgaben schief läuft. Hab die zweite in Hildesheim total vergeigt und trotzdem bestanden.

e-Mail: k_roman@web.de

INES LIEMKE,
DEUTSCHE MEISTERSCHULE FÜR
MODE- UND KOMMUNIKATIONSDESIGN
MÜNCHEN, MODEDESIGN

Tempozeichnen

Beworben habe ich mich erst ein Mal: im Jahr 2002 bei der Deutschen Meisterschule für Mode- und Kommunikationsdesign in München. Die Eignungsprüfung an dieser Schule weicht sicherlich ein wenig von denen der anderen Schulen ab, ist aber deshalb bestimmt nicht schwerer oder weniger schwer. Morgens um 8.00 Uhr wurden alle Bewerber – ich glaube es waren knapp über 230, die sich für einen der 50 Plätze bewarben – mit ihren Mappen in der Schule erwartet. Jeder bekam eine Nummer, um damit die Mappe und später die Arbeiten zu kennzeichnen und wir wurden in sieben Gruppen aufgeteilt. Viele meiner Mitbewerber waren schon älter, wiederholten die Prüfung bereits, hatten Kurse besucht, schon ein Jahr studiert oder sich anders vorbereitet. Geprüft wurde in drei Disziplinen: Aktzeichnen, figürliches Zeichnen sowie Farbe und Komposition. Das Aktzeichnen dauerte nur anderthalb Stunden, in denen wir 5-, 7-, 10- und ein paar 15-Minuten-Zeichnungen mit Stellungswechseln des Modells anfertigen sollten. Da ich noch nicht viel Erfahrung hatte, versuchte ich von allen Stellungen Bilder anzufertigen, die ich auch alle abgab – was gar nicht erforderlich gewesen wäre. Viele, die schon erfahrener waren, bemühten sich eher einige gute Zeichnungen zu erstellen und nicht auf Teufel komm raus alles zu zeichnen, was dargestellt wurde.

Denselben „Fehler" machte ich auch bei der zweistündigen Sitzung im figürlichen Zeichnen. Die Zeit für die einzelnen Stellungen der wechselnden Modelle war noch kürzer bemessen, es wurden vor allem 3- und 5-, aber auch einige 7- und 10-Minuten-Zeichnungen verlangt. Besonders in dieser Prüfung wurden meine Arbeiten eher negativ beurteilt. Nie zuvor hatte ich so kurze Modellzeichnungen angefertigt, ich hetzte mich regelrecht ab, um bei allen Motiven mitzukommen, und konzentrierte mich zu wenig aufs Detail.

Zuletzt wurde ich in Farbe und Komposition geprüft. Wir bekamen das Thema: „Im Maschinenraum eines Hochseedampfers sind Mechaniker in gelben Overalls dabei, die Maschinen zu warten. Achten Sie vor allem auf interessante Perspektiven und den Kontrast von grellen/hellen und trüben/dunklen Farben." Dieses Thema war für mich sehr schwer, wir durften zwar mit allen Zeichenmitteln arbeiten, die wir hatten, aber da ich daheim meistens mit Modellen und Objekten arbeitete und kaum mein optisches Gedächtnis geschult hatte, fiel es mir sehr schwer, mir den Maschinenraum vorzustellen. Ich fand die Themen der anderen Gruppen, die Szenen in Städten darstellen sollten, etwas einfacher, da sicher jeder der Beteiligten zuvor schon in einer Großstadt war, aber nur wenige Bewerber große Maschinen aus der Nähe gesehen haben. Während all dieser Prüfungen beurteilte ein Komitee unsere Mappen, so dass wir diese um 16.00 Uhr nach Ende der jeweiligen letzten Disziplin schon wieder mit nach Hause nehmen konnten.

Das Ergebnis bekam ich vier Tage nach der Eignungsprüfung. Man konnte vier mal höchstens 25 Punkte erreichen, um dann bei Mappe, Aktzeichnen, figürlichem Zeichnen und Farbe und Komposition auf 100 Punkte zu kommen. Ich erreichte leider nur 47 Punkte, was ich damals nicht verstehen konnte. Doch dieses Jahr möchte ich es besser vorbereitet noch mal versuchen. Ich wünsche allen viel Glück für ihre Eignungsprüfungen, lasst euch nicht entmutigen. Wenn Ihr das schaffen wollt, schafft Ihr es! Ich auch.

e-Mail: inesliemke@aol.com

ANNE LÖPER,
HOCHSCHULE FÜR GRAFIK UND
BUCHKUNST LEIPZIG, GRAFIKDESIGN

Spürbares Engagement

Am Anfang stand die Mappe und nachdem ich damit durch, d.h. drin war, ging es an die Prüfungsaufgaben. Zeit gab es genügend, man musste nur genau die Aufgabenstellungen durchlesen und eine Arbeitsmethodik entwickeln.

1. Aufgabe: Komposition
Zyklus in mehreren Stufen. Mit den einfachen Körpern Quadrat, Dreieck und Kreis in verschiedenster Anzahl sollten unterschiedliche flächige und räumliche Kompositionen geschaffen werden. Die Anzahl der Ausgangsteile ging zum Schluss über 25 Stück bis unbegrenzt – es sollte ein eigener Rhythmus gefunden werden bis zur räumlichen Darstellung, unbegrenzt.

2. Aufgabe: Porträt
In zwei Etappen: a) Zeichnen einer selbst gewählten Person aus dem Umfeld als Karikatur,
b) Zeichnen der gleichen Person als Naturstudium.

3. Aufgabe: basic city
In zwei Teilen: a) Zeichnen eines auf einem Brett vorgestellten Holzbausteingefüges mit „Pferd" in der Durchsicht, also nur Liniengefüge aller Steine. b) Vorgabe: 200 farblich unterschiedliche Bausteine als Burg. Gefüge zeichnen, aber alle Farben je nach Helligkeit und Kontrast in Graustufen wandeln – es soll ein graues Gefüge entstehen.

4. Aufgabe: Illustration
Zeichne deine persönliche Insel, die Mittel sind freigestellt. Hier wird Wert gelegt auf die persönlichen Momente: Charakter, Phantasie, Ausdruck (schön / schrecklich-mystisch, ...).

5. Aufgabe: Typografie
Eine Schallplattenhülle mit dem Schriftzug „Kraftwerk" gestalten: Vorgaben: Punkteraster und eingespielte Musik.

Entscheidend für das Prüfungsergebnis waren die Gespräche mit den Assistenten und Professoren, die überall stattfanden, auf dem Gang, beim Essen und beim Abschlussmeeting. Überall musste das eigene Engagement genau für die Studienrichtung zu spüren sein. Man wollte wissen, was man sonst noch tut: Musik, Literatur, Politik, Alltag. Kurios war die Vergabe besonderer Noten durch die Professoren in Form von Herzchen, plus oder minus.

e-Mail: dieloepern@web.de

EVA MÜNNICH,
HFG OFFENBACH, UGK KASSEL,
VISUELLE KOMMUNIKATION

Überheblichkeit verliert

Ich habe letztes Jahr an den Aufnahmeprüfungen in Kassel an der UGK und der HFG in Offenbach teilgenommen und bewarb mich dort jeweils um einen Studienplatz im Bereich der visuellen Kommunikation. Leider waren beide Bewerbungen erfolglos. In Kassel gibt es keine Mappenvorauswahl, weshalb ich nach schriftlicher Anmeldung einfach am Prüfungstermin erscheinen konnte. Die Prüfung fand in einem großen Saal statt, in dem sich nach und nach die ca. 100 Bewerber dieses Tages einfanden.

Die Aufgabe lautete schlicht und ergreifend, den Begriff: „Absolut schön, schön absolut" bildnerisch umzusetzen. Die Wahl der Mittel war uns freigestellt. Die an der Studienrichtung Fotografie Interessierten schossen Polaroids, während ein Mitbewerber mit Laptop und Drucker bewaff-

net an den Start ging. Wir anderen zeichneten. Um mich herum kam ich mit den unterschiedlichsten Leuten ins Gespräch, die meisten erzählten von den Bewerbungen, die sie noch laufen hatten und wo sie bereits abgelehnt worden waren. Viele kannten sich schon von anderen Prüfungen an anderen Schulen oder vom Vorjahr. In den folgenden fünf Stunden mussten wir unser Thema bearbeiten, wobei wir uns frei bewegen konnten und auch außerhalb der Schule hätten arbeiten können. Ein Mädchen holte sich sogar Unterstützung von zwei Studenten. Während dieser Zeit wurden wir in kleinen Gruppen von jeweils fünf bis sechs Leuten zum Gespräch in einen anderen Raum gebracht. Dort saßen drei Professoren. Während meine Mappe durchgezappt wurde, fragten sie mich, was ich denn nach dem Abi so gemacht habe – und warfen dabei immer mal wieder einen kurzen Blick in die Mappe und mein Skizzenbuch. Zu einigen meiner Arbeiten durfte ich noch zwei Sätze sagen, dann waren meine vier Minuten auch schon wieder rum. Die Professoren zeigten sich durchweg neutral – man hofft ja quasi auf irgendwelche ablesbaren Gefühlsäußerungen zum Guten oder Schlechten. Aber die Situation war absolut nicht einzuschätzen. Dementsprechend hatte ich danach weder ein gutes noch ein schlechtes Gefühl, ich hing völlig in der Luft.

Um 15.00 Uhr mussten wir den Prüfungsraum schließlich verlassen. Die Prüfer gingen dann von Tisch zu Tisch, um sich die Lösungen der Aufgabe anzugucken. Da war echt alles dabei – die volle Bandbreite von megagenauer Zeichnung über Arrangements aus Fundstücken, Fotocollagen, dreidimensional Gebasteltem, Animiertem (der mit dem Laptop), abstrakten Farbkompositionen und Comics.

Die Zeit, die ich vor dem Raum warten musste, kam mir vor wie eine halbe Ewigkeit. Dazu kam noch, dass wir uns alle gegenseitig immer mehr hochschaukelten mit Kommentaren wie: „Hey, deine Sachen sind doch voll gut im Gegensatz zu meinen, ich habe bestimmt keine Chance", oder „Hast du das von dem Mädel in der letzten Reihe gesehen? Der absolute Wahnsinn, die wird bestimmt genommen". Alle waren tierisch nervös. Ich war zudem noch überzeugt, bei meinem Gespräch absoluten Müll geredet zu haben. Schließlich wurden wir wieder rein gelassen und die fünf Leute, die es an diesem Tag geschafft hatten, wurden einfach vorgelesen. Die anderen bekamen einen Zettel in die Hand gedrückt, dem zu entnehmen war, dass die Bewerbung mit drei Nein-Stimmen abgelehnt worden war. Das war´s, dann konnte man gehen. Danach war ich enttäuscht und fragte mich ständig, was an den fünf Leuten denn so anders war als an mir. Auch die-

ser schriftliche Beleg, das alle drei Professoren mit Nein gestimmt hatten, trifft einen erst mal ziemlich.

In Offenbach war meine Mappe von vornherein abgelehnt worden. Was wohl sicher auch daran lag, dass ich vorher nicht bei der dort angebotenen Mappenberatung war. Ziemlich bescheuert, ich dachte echt, ich hätte nicht genug Arbeiten zum Vorzeigen und als ich dann genug hatte, war es zu spät und ich musste die Mappe unberaten abgeben. Jedenfalls erhält man dann ein Schreiben, dass man abgelehnt ist, aber trotzdem das Recht hat, an der Prüfung teilzunehmen, obwohl davon abgeraten wird, da das in den meisten Fällen nichts bringe. Ich dachte mir: Ja wenn das mein Recht ist, gehe ich auch hin. Mit mir waren dann noch ca. 30 andere zum Termin erschienen, die sich wohl dasselbe gedacht hatten.

Für die erste Aufgabe hatten wir drei Stunden Zeit. Wir sollten ein imaginäres Selbstporträt anfertigen, wobei das keine naturalistische Darstellung sein, sondern Auskunft darüber geben sollte, welche Faktoren zu unserer Entwicklung beigetragen haben und in welchem Zusammenhang wir uns als kreative Personen in dieser Welt sehen. Im Unterschied zu Kassel waren die Leute, die hier in der Prüfung saßen, weniger nett und kommunikativ – eigentlich lag über dem Raum eine absolut seltsame Atmosphäre. Die Art der Umsetzung war auch hier freigestellt, das gesamte Zeichenmaterial mussten wir selber mit bringen.

In der zweiten Aufgabe, die uns nach einer Pause gestellt wurde, wurde verlangt, möglichst viele Einfälle zu dem Begriff „Grenzüberschreitung" zu zeichnen. Dazu hatten wir anderthalb Stunden Zeit. Am Nachmittag wurden wir dann immer in Gruppen von sechs Leuten zum Gespräch gebeten. Da sitzt man dann sechs Professoren gegenüber und kommt nacheinander dran, um über seine Ergebnisse zu reden. Ich kam mir sowieso schon vor wie die kleine Dilettantin, da meine Mappe ja abgelehnt worden war. Und obwohl die Professoren immer wieder betonten, dass wir bloß ein lockeres Gespräch führen würden, platzte ich fast vor Nervosität.

Was ich dann genau zu meiner Collage und den Zeichnungen erzählt habe, weiß ich nicht mehr, nur dass ich mich verdammt anstrengen musste, damit meine Stimme nicht zittert. Noch viel schlimmer war allerdings, dass ich nicht gleich gesagt bekam, das ich nicht genommen wurde. Ich musste noch zwei Wochen auf die schriftliche Absage warten. Danach war ich noch mal an der HFG, habe mich mit verschiedenen Professoren unterhalten und siehe da: Das sind auch alles nur Menschen, auch wenn sie in der

Prüfung als Monster erscheinen mögen. Und sie sind natürlich auch bereit, Tipps zu geben, wenn man offen auf sie zugeht. Ich denke, sich die Leute im Voraus schon einmal anzugucken, ist nur gut. Das nimmt Vorurteile und Ängste. Von den eigentlich schon abgelehnten Personen, die mit in der Prüfung waren, ist auch nur eine genommen worden.

Zurückschauend würde ich sagen, dass ich das Ganze von der falschen Seite angegangen bin. Ich hätte mich eingehender über die einzelnen Schulen und deren Profile informieren sollen. Außerdem ist die Mappenberatung der beste Test, ob man zur Schule passt oder nicht. Schließlich suchen die ja Leute, mit denen sie zusammenarbeiten wollen und die zur Mentalität der Schule und den anderen Studenten passen. Ob man was zu sagen hat mit seinen Arbeiten oder nicht, sehen die sofort. Man kann technisch noch so versiert sein – wenn nichts aus einem raus kommt und man nicht fähig ist zu zeigen, wer man ist, über was man sich Gedanken macht und vor allem: DAS man sich Gedanken macht, können die Prüfer auch nichts Interessantes entdecken. Überheblichkeit verliert.

Auch wenn der Satz komplett bescheuert klingt, passt er zur ganzen Prüfungs- und Bewerbungsfrage nur zu gut: Jeder ist seines Glückes Schmied, und bestimmt sind nicht die anderen daran Schuld, wenn es nicht klappt. Als letzte Tipps: Auf jeden Fall nicht nur an einer Schule bewerben, verschiedene Mappenberatungen besuchen (vielleicht ist ja die Traumschule nicht die richtige, sondern eine ganz andere ...) und zieht eure Arbeiten nicht auf schwarze Pappen auf – die sind wohl völlig out.

Bleibt mir nur zu sagen: Geht die Sache mit Verstand und Planung an. Ich werde mich in diesem Jahr noch mal bewerben. Das es beim letzten Mal nicht geklappt hat, hat mir gezeigt, dass es so einfach aus dem Stehgreif nicht funktioniert. Ich hoffe, es klappt.

Ich wünsche allen meinen Mitbewerben: Behaltet die Nerven und viel Glück!

e-Mail: emuennich@web.de

KERSTIN PLEWNIA,
BAUHAUS UNIVERSITÄT WEIMAR,
HOCHSCHULE FÜR KUNST UND DESIGN
HALLE, FH ANHALT/DESSAU,
VISUELLE KOMMUNIKATION

Außerirdisch

Halle: klassische Hochschule, Naturstudium, konservativ, relativ alte Professoren, Mappenvorauswahl, keine Hausaufgabe, Eignungsprüfung vor Ort in großem Atelier/ Malsaal, inspirierende künstlerische Atmosphäre, Prüfung in mehreren Bereichen/Abstufungen:

1. Gipskopp abzeichnen; schlechte Sicht, da nur ein Kopf, aber Raum voller Bewerber, danach Selektion der Bewerber, Zulassung zu weiteren Prüfungen.

2. Plakat gestalten zum Thema „Garten", nur mit eigenen Arbeitsmitteln.

3. Einzelgespräch mit mehreren Professoren (Prüfungskomission), ungewisses Gefühl, kaum Einschätzung möglich.

Ergebnis: Ablehnung, knapp unter der benötigten Punktzahl, genaue Aufschlüsselung der einzelnen erreichten Ergebnisse bei Prüfungsabschnitten, Gesamtpunktzahl, bürokratisch.

Dessau: Bauhaus-Tradition, Mappen-Vorauswahl, Hausaufgabe: Kubus gestalten (Vorgabe nur Maße: 20 x 20 x 20 cm), viele Interpretationsmöglichkeiten, Phantasieeinsatz möglich, Spaß, Eignungsprüfung in Klassenzimmer-Atmosphäre:

1. Naturstudium Stillleben

2. Turm aus DIN A4-Blatt Papier bauen, so hoch wie möglich, ohne Leim, nur Schere

3. Einzelgespräch mit drei Prüfern mit Mappendurchsicht und Erläuterung der Hausaufgabe, gutes Gefühl beim Rausgehen, nette Menschen. Ergebnis: Zusage.

Weimar: Bauhaus-Tradition, mehr Zulassungen in diesem Jahr, viele Bewerber in großem Saal zur Prüfung. Junge Professoren, kein Grundstudium, Projektstudium zusammen mit höheren Semestern von Anfang an, Thema von Hausaufgabe und Prüfung sehr frei, abstrakt, man kam sich etwas verschaukelt vor.

Thema Hausaufgabe: „Sie haben einen Gegenstand gefunden, den Sie als Teil eines UFO's identifizieren. Bitte bringen Sie den Gegenstand nach Weimar mit. Stellen Sie außerdem dar, welche Funktion er im UFO bzw. bei den Ufonauten hat. Dabei haben Sie die freie Wahl der Medien (ob als technische Skizze, kurze Abhandlung in einer wissenschaftlichen Fachzeitschrift, als Extrablatt, o.ä. bleibt Ihnen überlassen)." Ergebnisse waren zur Eignungsprüfung mitzubringen, keine Vorauswahl nach Hausaufgabe. Zur Eignungsprüfung mitzubringen waren außerdem: DIN A3-Zeichenblock, Stifte, Farbkasten, bevorzugte Arbeitsmaterialien. Zeit: Vier Stunden.

Mythos Mappe. Das Buch.

Mythos Mappe
Designstudenten zeigen ihre
Bewerbungsmappen

- 50 erfolgreiche
  Bewerbungsmappen

- 2.000 dokumentierte Arbeiten

- 228 Seiten A4

- ISBN 3-89861-013-6

- Direkt und schnell bestellen
  unter www.mythos-mappe.de

Aufgabe: „Die Ihnen bereits bekannten Außerirdischen haben bei ihrem Besuch auf der Erde nicht nur einen Gegenstand verloren (den Sie uns ja nach Weimar mitgebracht haben), sondern auch einen irdischen Gegenstand in ihr Sonnensystem mitgenommen. Eine original getreue 3D-Kopie dieses, den Außerirdischen völlig fremden Objektes, liegt vor Ihnen. Stellen Sie nun bitte dar, wie dieser Gegenstand auf dem Heimatplaneten der Ufonauten den dortigen Bewohnern gezeigt, erklärt, gedeutet oder präsentiert wird (visuell und verbal)." Format: offen, Materialien: offen, Gegenstand: Bierflaschenverschluss.

Ab 14.00 Uhr hing eine Liste aus für Teilnehmer, die sich zu einem Gespräch bereithalten müssen, niemand wusste, ob das ein gutes oder ein schlechtes Zeichen war, daher Ungewissheit, bis Brief mit Zusage eintraf (ca. 1 Woche später).

e-Mail: kerstin.plewnia@gmx.de

PARAN POUR-MOHSEN,
FH BIELEFELD, KOMMUNIKATIONSDESIGN

Intensive Auseinandersetzung

Aus meiner eigenen Erfahrung kann ich sagen, dass sich hinter dem Mythos der Mappe und der Eignungsprüfung gar nicht ein so gigantisch fernes und unerreichbares „Etwas" verbirgt, wie man anfangs anzunehmen glaubt. Unerreichbar bleibt es wahrscheinlich nur für diejenigen, die nicht bereit sind, für ihr Ziel Zeit und Nerven zu investieren. Doch die, die das leidenschaftlich wollen, schaffen das auch! Als Tipp kann ich an alle Aspiranten weitergeben, dass es während der ganzen Mappenfertigstellung wichtig ist, sich mit den Dingen wirklich intensiv auseinander zu setzen.

Bei meiner Eignungsprüfung in Bielefeld wurde von der Kommission verlangt, dass man innerhalb kürzester Zeit systematisch und kritisch mit einem vorgegeben Thema umzugehen weiß. Vier Stunden Zeit hatten wir für die Bearbeitung des Themas „Carpe diem". Unserer Kreativität waren keine Grenzen gesetzt, auch nicht unserem Aufenthaltsort, einzige Bedingung war die Umsetzung unserer Arbeiten auf nur zwei DIN A4-Seiten.

Deshalb reicht es nicht, die Ideen für die Mappe nur im Kopf zu haben und irgendwann schnell auf Papier zu bringen. Nachdem ich fünf Monate intensiv an mir und meinen Arbeiten gearbeitet habe und sie von Freunden und Studenten kritisiert wurden, sieht nun meine Mappe ganz anders aus, als ich sie mir vorgestellt hatte.

Zum Glück – und an dieser Stelle auch einen ganz lieben Dank an alle, die mich unterstützt haben! Also macht euch ans Werk, experimentiert rum bis ihr selbst 100%ig zufrieden seid. Haltet durch, es lohnt sich!

e-Mail: paranpour@web.de

NADINE ROSSA, FHTW BERLIN,
KOMMUNIKATIONSDESIGN

Großer Umschlag!

Im Gegensatz zu vielen anderen Fast-Studenten und Mitbewerbern, die ich während meiner „Bewerbungslaufbahn" (unter anderem im Mythos-Mappe-Forum) traf, habe ich nur an einer Eignungsprüfung teilgenommen bzw. teilnehmen müssen.

Nach mehreren Mappenanläufen bekam ich im November 2002 die Einladung zur Eignungsprüfung an der FHTW in Berlin. Allein darüber war ich schon sehr glücklich, da ich es bis dahin noch nie geschafft hatte und ich unbedingt an diese Schule wollte. Die allgemeinen Anforderungen hatte ich bis dahin erfüllt, eine angenommene Mappe mit ca. 30 Arbeiten und die notwendige praktische Erfahrung; ich bekam meine Ausbildung zum Mediengestalter anerkannt. Allerdings bin ich ziemlich fest davon ausgegangen, die Prüfung nicht zu bestehen, da gerade in Berlin sehr viele (gute) Leute studieren wollen, wie ich in den Beratungen und im Austausch mit Studenten an anderen Schulen mitbekommen habe. Zumindest ging ich davon aus, dass es alles andere als einfach werden würde.

Sehr speziell habe ich mich nicht auf die Prüfung vorbereitet. Ich habe die ca. anderthalb Wochen zwischen Eingang der Einladung und der Prüfung mit Leuten gesprochen, die so eine Prüfung bereits gemacht haben und mich mit einem Dozenten meines Zeichenkurses darüber unterhalten. Im Internet habe ich dann noch ein paar Erfahrungsberichte gelesen. Ich dachte mir einfach, das müsse reichen, schließlich ändere ich meinen Stil und mein Können ja nicht in einer Woche.

In der Einladung zur Prüfung waren die Materialien aufgelistet (Zeichenblock DIN A2, verschiedene Bleistifte, schwarzer Fineliner, Deckfarben, Deckweiß, Pinsel, Schere, u.s.w.), die man mitbringen sollte, aber sicherheitshalber habe ich einfach alles mitgenommen, womit ich sonst auch gerne arbeite. Das ist ohnehin sehr ratsam, denn man sollte auf keinen Fall während der Eignungsprüfung beginnen, mit Materialien zu arbeiten, die man nicht kennt. Und so eng wird

das meiner Erfahrung nach auch nicht gesehen. Außerdem sollten wir für die Fotoaufgabe 20 Euro mitbringen, da wir das Fotomaterial (für eine Polaroid-Kamera) selbst kaufen mussten. Die Prüfung selbst lief über zwei Tage, Freitag und Samstag, jeweils von 9.00 bis ca. 16.00 Uhr. Als ich am Freitag dort ankam, war ich die erste. Da ich mit dem Zug anreisen musste, wollte ich lieber früh genug da sein. Überall in der FH gab es Aushänge über den Ablauf der Eignungsprüfung. Daneben waren die Namen derjenigen aufgelistet, die eingeladen waren, mitsamt ihrer Nummer. Nach und nach trafen auch die anderen ein und wir sind ein wenig ins Gespräch gekommen. Fand ich sehr interessant, vor allem die Motivation der Leute. Manche hatten sich einfach so beworben, weil sie demnächst arbeitslos werden, andere, weil sie dachten, dass wäre vielleicht was für sie und dann eben wieder Leute, die unbedingt studieren wollten. Außerdem erkannte ich schon bald einige Leute wieder, die zuvor bereits mit mir in der Mappenberatung gewesen waren.

Wir wurden dann alle in einen Raum gebeten und bekamen dort eine kurze Einführung. Die Professoren, die übrigens alle echt freundlich waren, haben sich und die FHTW ein wenig vorgestellt. Außerdem haben sie noch etwas über das Aufnahmeverfahren erzählt, mit dem Hinweis darauf, dass die Einladung eben nur der erste Schritt ist. Sie haben auch erzählt, dass sie ca. 400 Bewerbungen hatten und davon die anwesenden 79 eingeladen haben. Es gibt allerdings noch viel mehr Interessenten, da die FHTW aber eine sehr intensive Mappenberatung macht (das fand ich auch), sagen sie vorher schon deutlich, wer Chancen hat und wo es zu dem Zeitpunkt evtl. noch keinen Sinn macht. Außerdem wurde uns noch gesagt, dass 40 Studienplätze zur Verfügung stehen und damit die Hälfte der anwesenden Bewerber nicht genommen werden kann.

Ich fand es echt klasse, dass sie alles noch ein wenig vorgestellt haben, das hat auch die Atmosphäre etwas aufgelockert. Ich hätte nicht gedacht, dass die Professoren so locker drauf sind, irgendwie hätte ich erwartet, dass das für sie eher lästig wäre. Aber ganz im Gegenteil. So war die Stimmung von Anfang wirklich sehr gelöst und ich hatte meine Nervosität auch etwas vergessen.

Danach ging es dann mit den Aufgaben los. Sie waren aus dem Bereich Zeichnen, Typografie und Fotografie. Insgesamt gab es fünf Aufgaben, über zwei Tage verteilt. Die Fotografie-Aufgabe habe ich am meisten gefürchtet, da ich mit Fotografie gar keine Erfahrungen habe. Glücklicherweise muss man aber auch nicht alle Themen perfekt bearbeiten können. Anfangs hatte ich natürlich etwas Angst, dass es mit der Zeit sehr eng werden könnte, aber das war völlig unnötig, wie sich zeigte. Die zur Verfügung stehende Zeit zu den jeweiligen Aufgabenstellungen war sehr großzügig bemessen, oft hatten wir für eine Aufgabe mehrere Stunden. Manchmal habe ich sogar zwei Sachen angefangen und dann das beste ausgewählt.

Die Organisation war im allgemeinen sehr gut. Ich hatte irgendwie mit mehr Chaos gerechnet (wahrscheinlich das übliche Vorurteil gegenüber Design-Schulen). Es waren neben den Professoren auch Studenten des zweiten Semesters da, die uns ein wenig betreuten, z.B. die Kameras erklärten. Als am Samstag dann die Mensa geschlossen hatte, haben sie uns sogar ein Buffet vorbereitet!

Parallel zu den Aufgaben liefen die Gespräche mit den Bewerbern. Wir saßen zu sechst mit den Professoren in einem Raum und sollten etwas zu uns und unserer Mappe erzählen. Es ging unter anderem darum, den Professoren ein Gesicht zu der Mappe zu zeigen, damit sie wissen, welche von wem ist und die Leute einfach etwas näher kennen zu lernen. Ich weiß inzwischen, dass dieses Gespräch sehr wichtig ist, zumindest an der FHTW. Man sollte begründen können, warum man studieren will und was man während des Studiums vor hat. Ich habe von anderen gehört, die das Gespräch eher wie ein „Verhör" empfunden hatten und die Fragen blöd fanden. Das kann ich nicht behaupten, ich fand es angenehm (soweit das natürlich geht, wenn so viel davon abhängt). Und die Frage, warum man studieren möchte, finde ich in dem Zusammenhang mehr als gerechtfertigt.

Und dann war es endlich geschafft. Die zwei Tage waren für mich zwar anstrengend, aber auf jeden Fall erfahrungsreich und sehr angenehm durch das prima Umfeld und die Leute dort. Meine Begeisterung für die FHTW ist an den zwei Tagen definitiv geblieben, und das wäre auch so, wenn ich nicht bestanden hätte. Es gab am Ende noch eine Verabschiedung, auf der uns mitgeteilt wurde, dass es ca. drei Wochen dauern wird, bis wir Bescheid bekommen und dass ein kleiner Brief Absage und ein großer Brief Zusage heißt.

Dann hieß es: Warten. Ich hielt es zu dem Zeitpunkt auch für eher unwahrscheinlich, dass ich bestanden hatte, da ich die Arbeiten der anderen gesehen hatte und da waren echt tolle Sachen dabei. Ich fand die Prüfung selbst zwar nicht besonders schwer (was ja ohnehin relativ ist), aber manchmal verzweifelt man auch an den einfachen Aufgaben (und so war es auch bei mir hin und wieder). Umso größer war dann die

Freude, als ich einen „großen Umschlag" im Briefkasten fand.

Alles in allem bin ich natürlich sehr froh, bestanden zu haben. Die Leute dort waren echt supernett, sowohl die Studenten als auch die Professoren und sogar die Ansprechpartner aus dem Sekretariat. Da habe ich an anderen FH's schon unangenehmere Sachen erlebt, wo man bei einfachen Anfragen schon sehr patzig behandelt wurde. Ich hatte immer das Gefühl, dass man dort wirklich willkommen ist und das es ihnen wirklich leid tut, später 40 Leuten absagen zu müssen.

e-Mail: nadrossa@gmx.de

KATHRIN SCHIRMER,
FH MAINZ, MEDIENDESIGN

Spaßiger Stress

Prüfung für das Wintersemester 2001. Nach zwei abgelehnten Mappen war endlich mal eine Einladung zur Eignungsprüfung gekommen. So stand ich am Morgen des 3. Juli 2001 auf, um mich völlig übermüdet und doch extrem aufgekratzt zur Aula der FH Mainz zu begeben (kleiner Tipp: Übernachtet nie vor einer Prüfung in einem schwülen Hotelzimmer, dass über einer gut laufenden Cocktailbar liegt und ein schlecht zu öffnendes Fenster zur nachts gut befahrenen Hauptverkehrsstraße hat ...). An der FH traf ich gleich ein paar bekannte Gesichter von der Mappenabgabe und gemeinsam suchten wir uns ein paar Tische in der Mitte der Aula, denn hinten war schon alles besetzt und wer will schon direkt vor dem betreuenden Dozenten sitzen? Anwesend waren gut 120 Prüflinge, davon knapp über die Hälfte für Kommunikationsdesign und der Rest für Mediendesign, wobei ich zu letzteren gehörte. Die Aufgabenstellung sollten jedoch für beide Studiengänge die gleichen sein. Nach einer kurzen Begrüßung gab es folgende Aufgabe und diverse Nudelsorten wurden herumgereicht.

Fach „Zeichen", Thema: „Nudeln oder was?" Aufgabe: „Je drei bekannte verschiedene dreidimensionale Formen werden neu und anders von Ihnen definiert. Durch geeignete grafische Darstellungsformen werden Materialien geklärt, durch Vervielfältigungen, Dimensionsveränderungen im einzelnen bzw. untereinander und deren Komposition, entwickelt sich eine eigene Dynamik und Begrifflichkeit. Sie benennen Ihre Darstellungsidee verbal und schriftlich mit einem Wort oder einem Satz."

Puh, das fing ja gut an. Ich hatte mit Mühe

gerade mal drei Zeichnungen für meine Mappe geschafft und so verflüchtigte sich auch der letzte Rest meines Zweckoptimismus für diesen Morgen. Aber aufgeben war ja nicht drin. Also überlegte ich mir, wie ich die Nudeln einigermaßen interessant verarbeiten konnte. Bei Nudeln dachte ich an Italien, bei Italien an Wasser und so entstand auf dem Blatt ein Ufer aus Buchstabennudeln mit Steg aus Macceroni und einem Meer aus geschwungenen Bandnudeln unter einem Wolkenhimmel aus luftigen Farfalle. Betitelt wurde das Ganze mit einem typischen Reisebetreuer-Satz: Und links sehen Sie den Lago Bandolino (auf der Bandnudel-Verpackung stand leider kein italienischer Name). Nach der Mittagspause mit ein paar Mitbewerbern im strahlenden Sonnenschein am Rheinufer ging es dann weiter.

Fach „Typografie", Aufgabe: „Die Buchstaben ANTON begegnen den Wortbuchstaben BERTA. Erzählen Sie mit typografischen Mitteln eine Bildgeschichte in einer Sequenz von drei bis sechs Typobildern."

Ausgegeben wurden Kopien mit den beiden Wörtern in verschiedenen Fonts, Schriftschnitten und Größen. Im Nachhinein denke ich, dass ich die Aufgabe völlig falsch verstanden habe. Auf jeden Fall fand ich es langweilig, Bilder zu entwickeln, da wir zusätzlich höchstens Begrenzungslinien zeichnen durften. Also schrieb ich sämtliche Wörter auf, die man aus „Anton" und „Berta" so basteln kann. Erst aus den Einzelbegriffen, dann aus der Kombination und schließlich aus den gegebenen Buchstaben. Das kostete mich glatt eine Stunde und einen rauchenden Kopf. Anschließend wollte ich einen Fünfzeiler im Stile der Limericks schreiben. Diese Stunde fiel ich bestimmt unangenehm auf, weil ich nur absolut schwachsinnige Einfälle hatte und mich nur noch kaputtlachte. Naja, letztendlich brachte ich ein paar „anständige" Zeilen zu Papier und hatte gerade noch eine knappe Stunde, sie zu gestalten und sämtliche Buchstaben aufzukleben. Ich blieb in der Zeilenform und stellte nur einzelne Begriffe heraus, indem ich die Schriftart wechselte oder anders, z.B. senkrecht anordnete. Nach einer halbwegs ruhigen Nacht – Oropax sei dank – ging es am Dienstagmorgen weiter. Da wir die Materialien über Nacht in der Aula gelassen hatten, saß ich wieder mit den gleichen netten fünf Leuten zusammen, mit denen ich auch schon am Vortag öfters gequatscht hatte. Weiter ging's.

Fach „Digitales Gestalten", Aufgabe: Filmische Auflösung einer frei zu wählenden Situation: „Bahnsteig / Die Situation auf dem Bahnsteig eines Bahnhofes ist jedem bekannt. Führen Sie einen Protagonisten – eine Frau oder einen Mann

- ein, der auf den Zug wartet. Sie sind stilistisch und formal frei zu beschreiben, ob ein Zug kommt, ob etwas anderes passiert, nichts passiert und wie es passiert. Beschreiben Sie diese Situation in einem skizzierten Storyboard in der Verwendung unterschiedlicher Einstellungsgrößen (max. 12 Einstellungen) auf einem DIN A3-Blatt."

Auf Nachfragen bekamen wir noch mitgeteilt, dass wir keinen beschreibenden Text dazu setzen dürften, sondern lediglich eine erklärende Überschrift. Dieser Umstand erschwerte die Sache um einiges. Ich war es von meinem vorigen Praktikum gewöhnt, bei Storyboards immer alles schön umschreiben zu können und hier sollten nun die Zeichnungen alles aussagen. Meine Handlung in zwölf Bildern war folgende: Eine Frau steht am Bahnhof, der Zug fährt ein. Durch verschiedene Gegenschnitte wird deutlich, daß sie mit einem im Zug sitzenden Mann flirtet, während sie auf jemanden wartet. Schließlich kommt ein zweiter Mann und küsst sie vor dem Zugfenster. Der Zug mit dem ersten Mann fährt ab und das Paar verlässt den Bahnsteig. Betitelt habe ich das ganze mit „Kurzer Zwischenstopp in der Fremde", was sich sowohl auf den Reisestop des Zugfahrers als auch auf den Flirt der gebundenen Frau mit einem Fremden bezieht. Rein zeichentechnisch gab es noch einen dritten Punkt. Ich konnte keine Frauen skizzieren, also sah meine Protagonistin aus wie ein Transvestit, was aber auch irgendwie zum Titel passte.

Wir verbrachten eine gemütliche Mittagspause auf dem Rasen der FH, ließen uns in der Sonne brutzeln und freuten uns auf das langsam nahende Ende.

Fach „Farbe", Aufgabe: „Inszenieren Sie Ihre Lieblingsfarbe - amüsant, reizvoll, effektvoll, konzeptuell! Integrieren Sie ein Wort (Wortmarke), dass Sie assoziativ als wesentlich in Bezug auf ihre favorisierte Farbe empfinden. Technik: Collage. Komposition: bevorzugt Reihenkomposition (Streifendesign) oder Flächenparkettierung. Format DIN A3 (das Bildformat kann auf DIN A3 auch kleiner angelegt werden)."

Okay, dafür brauchten wir also die mitzubringende Modezeitschrift. Ich hatte zum Glück gleich zwei mitgenommen, was sich jetzt rentieren sollte. Da meine „Lieblingsfarbe" Schwarz sich laut meiner Magazine nicht wirklich eignete, griff ich auf das gute alte Blau zurück. In unserem Sechserclub gab es nur noch eine weitere „Blaue" Ich befreite also brutal die Hochglanzmagazine von sämtlichen blauen Seiten. Hierbei muss man sagen, daß diese Aufgabe uns sehr zum Teamwork bewegte. „Hey, haste mal noch was Gelbes?" „Klar, hast du was Rotes?" Ein Tauschhandel blühte auf, wir wagten uns sogar

gelegentlich an andere Tische, was nicht immer mit etwas nettem quittiert wurde, pah, Streber. Ich entschied mich für ein Streifendesign, wo einzelne Motive in einander übergingen, abstrakte blaue Hintergrundausschnitte wurden mit Himmelsbildern und Berglandschaften kombiniert. Und: Ich entschied mich für Fixogum! Fehler, böser Fehler. Es gibt nichts besseres, hatte ich bis zu jener Stunde gedacht, aber als ich versuchte, viele 5mm-breite Papierstreifen aufzukleben, lernte ich, ihn zu hassen. Alles klebte, nur nicht der bestrichene Streifen auf der richtigen Stelle. Eine Viertelstunde vor Prüfungsende, die Hände mit kleinen braunen Kleberröllchen übersät, hatte ich es geschafft. Und konnte endlich das Bezugswort einfügen: „Relaxation". Und das brauchte ich auch, denn obwohl die Prüfung viel Spaß gemacht hatte, war ich doch ziemlich platt und hatte noch gute drei Stunden Heimweg vor mir.

Letztendlich habe ich eine Gesamtnote von 3,9 bekommen und bin gepaart mit meiner Abinote am NC gescheitert. Nach einer erneuten Bewerbung zum Sommersemester in Mainz und einer weiteren Ablehnung habe ich dann im April in Trier Kommunikationsdesign angefangen - das Prüfungszeugnis für Mediendesign wurde anerkannt.

e-Mail: kathrin_schirmer@yahoo.de

CHRISTINE STEINER, FH-BIELEFELD, FOTOGRAFIE UND MEDIEN

Prüfung privat wiederholt

Das Verfahren zur Feststellung der studienrichtungsbezogenen künstlerisch-gestalterischen Eignung an der FH Bielefeld für den Studiengang Fotografie und Medien gliedert sich in zwei Teile. In der Vorauswahl wird aufgrund der Mappe mit den Arbeitsproben und der Hausaufgabe über die Zulassung zum weiteren Verfahren entschieden. Im weiteren Verfahren, an dem schätzungsweise 30 Bewerber teilnehmen dürfen, ist eine Klausurarbeit mit künstlerisch-gestalterischer Aufgabenstellung von vier Stunden Dauer zu bearbeiten. Es stand zur freien Wahl, ob man eine Collage anfertigt, die das Thema aufgreift, oder eine Sofortbildkamera zur Visualisierung nutzt.

Im Juni 2002 lautete das Thema „Zeitzeichen", im Januar 2003 „Begegnungen". Eine Wertung des Schwierigkeitsgrads der Eignungsprüfung kann ich nicht vornehmen. Beide Prüfungen habe ich als Herausforderung empfunden, und es ist nicht leicht, in einem engen

zeitlichen Rahmen mit begrenzten Mitteln eine gewisse Leistung zu erbringen. Die Atmosphäre während der Prüfung war angenehm. Ich kam mir weder beaufsichtigt noch geprüft vor, sondern ich hatte genügend Freiraum, kreativ arbeiten zu können.

Meine erste Eignungsprüfung im Juni 2002 habe ich zwar nicht bestanden, aber ich habe aus ihr gelernt. Ich habe die Erfahrung gemacht, Ablehnung einfach als ein weiteres Stück Feedback zu betrachten und den Umgang mit Versagen, Ablehnung und Frustration als Bestandteil des kreativen Prozesses zu verstehen. Also habe ich meine Mappe überarbeitet und vor allem den Ablauf und mein Vorgehen bei der Eignungsprüfung reflektiert. Beispielsweise hat mich die Frage beschäftigt, warum ich mich für eine Collage entschieden habe, obwohl ich genau weiß, dass Fotografieren meine Stärke ist. Nun, ein wenig lag es wohl daran, dass mir die Stadt Bielefeld fremd war, doch ausschlaggebend war etwas anderes: Bis zu dem Tag, als ich mir für die Prüfung eine herkömmliche Sofortbildkamera gekauft habe, kannte ich nur Polaroidrückteile für Mittelformat und Großformatkameras. Diese bieten (beispielsweise durch die Option, verschiedene Objektive zu verwenden und Einfluss auf die Schärfe zu nehmen) ganz andere Möglichkeiten, und so haben mich die ersten Ergebnisse mit meiner frisch erstandenen Polaroid verunsichert. In den Monaten nach der Prüfung habe ich mich näher mit meiner Polaroid beschäftigt und getestet, inwieweit sich die begrenzten Möglichkeiten nutzen lassen. Außerdem bin ich für ein paar Tage nach Bielefeld gefahren, um die Stadt und ihre Umgebung zu erkunden. Dort habe ich das Thema der absolvierten Prüfung noch einmal für mich selbst bearbeitet.

Bei der zweiten Eignungsprüfung habe ich die fotografische Umsetzung des Themas gewählt und war dann auch erfolgreich.

e-Mail: lag bei Redaktionsschluss nicht vor

NINA UHLEMEYER, FH BIELEFELD, GRAFIKDESIGN

Schlechte Erinnerung

Ein flaues Gefühl in der Magengegend und natürlich die Angst im Nacken, auf ganzer Linie zu versagen - das beschreibt wohl am besten meine Erinnerung an die Eignungsprüfung. Man ist sich dessen bewusst, dass man die größte Hürde (die „Mappe") schon genommen hat, und nun soll es möglicherweise an der Prüfung noch scheitern? Es lastete ein enormer Druck auf mir, den ich mir selber zuzuschreiben hatte!

Denn eigentlich ist alles halb so wild. Schließlich gibt diese Prüfung eine weitere Gelegenheit, sein Talent noch einmal zum Ausdruck zu bringen, keiner erwartet Unmögliches.

In meiner Prüfung hatte ich ungefähr einen Vormittag Zeit (ca. vier Stunden). Es wurden zwei Aufgaben gestellt (ein Porträt zeichnen und ein Signet entwerfen, welches aus den eigenen Initialen besteht) und man konnte sich die Zeit selbst einteilen. Mit fiel auf, wie viele um mich herum Probleme mit dem Porträt hatten. Also nicht vergessen, zeichnen ist sehr wichtig!

Auf jeden fall solltest Du ruhig bleiben (ich weiß, wie schwer das in dieser Situation sein kann). Nimm am besten einen guten Freund mit. Der Gedanke, dass vor der Tür jemand auf dich wartet, ist extrem beruhigend.

e-Mail: Post_N@gmx.de

THILO VON DEBSCHÜTZ,
FH DARMSTADT, GRAFIKDESIGN

Lang ist's her ...

Meine Aufnahmeprüfung habe ich - soweit ich mich recht erinnere - im Jahre 1986 gemacht. Der praktische Teil fand in der Orangerie in Darmstadt statt. Ich bin recht schlecht im Schätzen, aber 250 Studenten dürften es sicherlich gewesen sein, die einen der begehrten Studienplätze für Grafik- und Fotodesign ergattern wollten. Dennoch fühlte man sich zu Beginn der Veranstaltung recht einsam. Bei mir persönlich änderte sich das sehr rasch, denn es setzte sich eine mir bis dahin unbekannte, attraktive Münchnerin an meinen Tisch, die wenige Tage später meine Partnerin werden sollte. Aber dies nur nebenbei.

Insgesamt vier Aufgaben sollten wir gestalterisch lösen: Zunächst Funktion und Aufbau einer herkömmlichen Wäscheklammer zeichnerisch erklären - keine gute Aufgabe für jemanden, der bis dahin selten Wäsche aufgehängt hatte. Ich habe prompt die Feder an die falsche Position plaziert. Dann mussten wir einzelne Buchstaben der „Baskerville Antiqua" mit schwarzem Stift ergänzen - dicke Stege, dünne Stege der Wörter „Lazy Dog" hinmalen, das war kein Problem. Die dritte Aufgabe bestand aus einer freien Arbeit. Irgend etwas zum Thema „Zauberei" sollte gemalt, geklebt oder sonst wie in Szene gesetzt werden. Für dieses Thema hatten wir zwei Stunden Bearbeitungszeit. Nach anderthalb Stunden hatte ich mein Blatt mit einer katastro-

phalen Mischtechnik aus Bunt- und Filzstiften völlig zugekleistert - „Zersägte Frau auf Bühne" - alles sah einfach nur noch grottenschlecht aus! Panikartig fertigte ich in den verbleibenden Minuten noch eine Bleistiftzeichnung zu einer Szene von Goethes „Zauberlehrling" an, die dann auch ziemlich gut bewertet wurde. An die vierte Aufgabe kann ich mich gar nicht mehr erinnern, denn da hatten sich Annemarie - so der Name der besagten Dame - und ich schon recht gut angefreundet.

Am zweiten und letzten Prüfungstag mussten alle Studenten im Akkordbetrieb ihre Mappen vorlegen und die darin befindlichen Arbeiten erläutern. Dieser Teil fand im Gebäude der FH Darmstadt statt. Ich sehe es als einen großen Vorteil an, wenn man Hintergründe und Ideen im persönlichen Gespräch vermitteln kann. Dieser Teil war recht angenehm, der Stress vom Vortag hatte sich ein wenig gelegt. Durch eine sehr vielseitige Mappenzusammenstellung - Fotos, Bleistiftzeichnungen, Federzeichnungen, etc. - hatte ich auch das sichere Gefühl, dass sich jeder der Prüfer doch zumindest von einer Arbeit angesprochen fühlen müsste.

Den Moment, in dem ich die Benachrichtigung einige Wochen später aus dem Briefkasten holte, habe ich noch sehr gut im Gedächtnis, weil immerhin ein Teil meiner weiteren Zukunft davon abhängen sollte. Glücklicherweise hatte ich die Prüfung bestanden und konnte (damals noch ...) den Studienort innerhalb des Bundeslandes wählen. Ich entschied mich für die Fachhochschule in Wiesbaden, weil der praktische Bezug zu Design und Werbung mir dort größer erschien. Diese Entscheidung habe ich nicht bereut.

Ach ja: Annemarie hat es auch nach einem weiteren Anlauf leider nicht geschafft, was mir aufgrund ihrer Begabung nicht einleuchten wollte, aber immerhin waren wir dann noch sechs sehr intensive Monate ein Paar. Heute ist sie erfolgreiche Kostüm- und Modedesignerin in Berlin.

e-Mail: tvd@q-home.de

CLAUDIA WALDE,
HOCHSCHULE FÜR KUNST UND DESIGN
BURG GIEBICHENSTEIN, HALLE,
KOMMUNIKATIONSDESIGN

Hürdenlauf

Kaum in der Stadt angekommen, laufen rudelweise überdimensionierte Mappen an mir vorbei, mit jeder weiteren noch größeren Mappe wird mein Ego noch ein Stück kleiner und noch eins und noch eins - sooo viele!

Mappenabgabe, die Prüfung beginnt. Nur nicht vergessen, was du studieren willst (um die Aufgaben entsprechend anzugehen). Die erste Runde ist vorbei, die Namenszettel werden ausgegeben. Wer darf gehen, wer bleibt? Ich bleibe! Fünf Luftsprünge und weiter geht's. Und wieder das Motto abrufen: „Nie vergessen, was du studieren willst" (Kommunikationsdesign, da interessiert sich keiner für komplizierte Bildaussagen, deshalb ist ein rohes Ei noch immer die Beste Lösung auf die Frage nach etwas Zerbrechlichem).

So geht das nun schon drei Tage, bis hierher, zum finalen Prüfungsgespräch. Hab schon mitbekommen, dass ich mit 19 hier die Jüngste bin, und dann noch aus einem Dorf, das kein Mensch kennt - wie kommt man da auf die Idee, Design zu studieren? Diese Vorurteile gilt es hier und jetzt zu zerschlagen oder ich kann einpacken. Also los, Kopf hoch und durch. Die Mappe und die Aufgabenlösungen scheinen allen weitestgehend gefallen zu haben (1. Hürde genommen). Die Damen und Herren können herzlich mit mir lachen, nicht über mich (2. Hürde genommen)! Ich kann überzeugen mit handfestem Wissen zu Studium und Uni und weiß genau, was ich hier will und erwarte (3. Hürde genommen)!

Danach ab nach Hause, entspannen, warten, einige Wochen später dann ein Brief: „Wir gratulieren zur bestandenen Prüfung."

e-Mail: claudia.walde@gmx.de

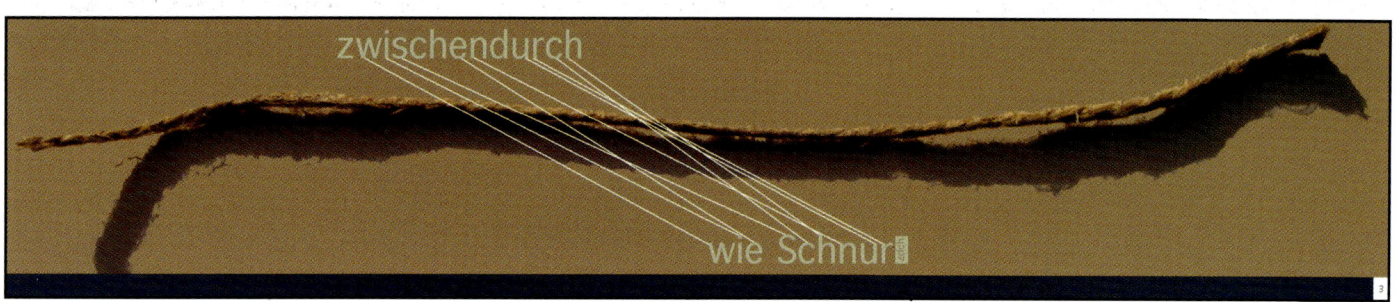

OLIVER STEINERT, HBK BRAUNSCHWEIG,
KOMMUNIKATIONSDESIGN

Mit Würde scheitern?

Wir mussten für die Eignungsprüfung vorbereitend eine Hausaufgabe anfertigen, für die wir vier Wochen Vorbereitungszeit hatten. Das Thema lautete „Zwischendurch". Nach circa zwei Wochen des Grübelns kam mir die Idee, die Aufgabe so zu bearbeiten, wie sie wahrscheinlich von keinem Anderen bearbeitet werden würde. Ich nahm das Wort „Zwischendurch" und versetzte die Buchstaben in verschiedenen Kombinationen (das nennt man Anagramme). Die Begriffe, die einen Sinn ergaben, wurden dann von mir visualisiert (zum Beispiel „Duschen wir", „Durchwischen", „Z der wuchs nich" oder „Du Schwein").

Mit der Hausaufgabe ging ich dann sehr aufgeregt und voll gepumpt mit Kaffee zur Eignungsprüfung, von der ich eigentlich nur sagen kann, dass es eine wirklich fürchterliche Zeit war. In der Aula der Uni versammelten sich 25 Prüflinge und den Tag zuvor mussten sich auch schon 25 durch andere Aufgaben durchbeißen. Wir sollten eine aktuelle Illustrierte sowie eine

Bildzeitung mitnehmen. Die Aufgaben waren zum Teil zeichnerischer Natur, man konnte sich aber auch mit Hilfe von Collagen ausdrücken.

Die Aufgaben:

1. (60 Minuten Zeit) Ausgangspunkt ist die Schlagzeile der Bildzeitung. Machen Sie was draus! Endformat DIN A4.

2. (60 Minuten Zeit) Zwischendurch umschauen – sieben zeichnerische Momentaufnahmen. Format jeweils DIN A4.

3. (90 Minuten Zeit) Kreieren Sie sieben phantasievolle Cocktails und benennen diese. Gezeichnet oder collagiert. Format jeweils DIN A4.

Dazu gab es dann noch ein Gruppengespräch, in dem wir Aussagen aus einem Stapel ziehen mussten (z.B. „Jeder ist ein Künstler", „Nennen Sie einen bekannten Designer", u.s.w.). Da ich mich zum Zeichnen einfach nicht in der Lage fühlte (ich war einerseits zu aufgeregt und andererseits der Meinung, dass ich einfach zu schlecht war) collagierte ich nur. Sprich: Aufgabe zwei wurde erst einmal von mir gekonnt ignoriert, Aufgabe eins fertigte ich an und Aufgabe drei wurde von mir nur teilweise bearbeitet (nur drei fertige Cocktails).

Als ich dann in das Gespräch kam und mir im Hinterkopf meine miserablen Ausarbeitungen der Aufgaben herumgeisterte, war mir einfach klar, dass ich es nicht bestanden hatte. Das ganze Studium schien mir so fern und meine Anspannung ließ nach. Am Anfang der Prüfung hatte ich mir noch gesagt, dass ich mich nur von meiner besten Seite zeigen wollte (deshalb wollte ich nicht zeichnen), aber jetzt schien mir das alles nur ein riesiger Verriss zu werden. Also wollte ich im Gespräch wenigstens etwas Spaß und so unterhielt ich mich recht unverkrampft mit den Prüfern, was zu einer entspannten Atmosphäre führte.

Am Abend wurden dann die Ergebnisse bekannt gegeben und ich war einer der Letzten, der sein Ergebnis in Empfang nahm. Vorher kamen immer wieder aufgenommene Prüflinge aus der Aula und verkündeten ihr Bestehen freudestrahlend. Ich versuchte mitzuzählen, wie viele jetzt aufgenommen wurden, aber ich verlor den Überblick und so kam ich letztendlich auf die astronomisch hohe Zahl 35. Aber soviel sollten doch gar nicht aufgenommen werden?!

Aber egal – ich wollte mit Würde scheitern und nun in diese verdammte Aula rein und meine Ablehnung bekommen. Dann kam ich dran und siehe da, ich bin aufgenommen worden und studiere seitdem Kommunikationsdesign. Im Nachhinein kann ich nur vermuten, dass ich dank meiner Hausarbeit erfolgreich war – und vielleicht wegen des lockeren Umgangs im persönlichen Gespräch.

e-Mail: oliver.steinert@newdayink.com

MARTINA WÖRZ, FH BIELEFELD, FOTOGRAFIE UND MEDIEN

„Mappenlotto" hat geholfen

Im Mai 2002 hatte ich mich zum ersten Mal für die zweitägige Eignungsprüfung an der FH Bielefeld für den Studiengang „Fotografie und Medien" beworben. Leider hatte ich mich zuvor nicht ausreichend informiert und so kam es wie es kommen musste: ich schied bereits am ersten Tag bei der Mappen- und Hausaufgabensichtung aus. Zunächst war das sehr frustrierend, da ich nicht wusste, woran es lag. Deshalb besuchte ich im Oktober das sogenannte „Mappenlotto" an der FH, bei dem Studenten ihre Mappen zeigen. Es gibt Beratungsgespräche bei den Professoren, die Verbesserungstipps für die Mappe bzw. für die mitgebrachten Arbeiten geben. Zusätzlich lernt man auch ein paar Mitbewerber kennen. Es entwickelt sich ein reger Austausch und einige trifft man bestimmt bei der nächsten Eignungsprüfung wieder.

Im Dezember 2002 bewarb ich mich erneut für die Eignungsprüfung. Die Themen der Hausaufgabe lauteten „Glaube" und „Liebe". Ich entschied mich für „Liebe" und machte daraus eine Reportage zum Thema „Heimatliebe". Am 8. Januar war es dann soweit, der Tag der Mappen- und Hausaufgabensichtung. Es hatten sich ca. 100 weitere Mitbewerber eingefunden. Natürlich steigt mit jedem weiteren Teilnehmer auch die Nervosität, denn die Konkurrenz schläft ja bekanntlich nicht. Nichtsdestotrotz lässt die erste Anspannung nach, wenn man ein paar bekannte Gesichter wieder trifft. Die Mappensichtung dauert ca. sieben Stunden, was bei der Anzahl von Mappen und den darin befindlichen Arbeiten zu verstehen ist. Einige nutzten die Wartezeit, um Bielefeld etwas kennen zu lernen und um sich eventuell schon ein paar Eindrücke zu verschaffen für die möglicherweise anstehende Prüfung am nächsten Tag, andere blieben den Tag über an der FH und vertrieben sich die Zeit in der Bibliothek oder in der Cafeteria. Gegen 16.00 Uhr wurden dann die Namen derer vorgelesen, die zum nächsten Tag eingeladen wurden. Die Stimmung war natürlich sehr angespannt, denn jeder hoffte, seinen Namen zu hören. Es wurden ca. 30 Leute ausgewählt, die am nächsten Tag die Prüfung ablegen sollten. Die Enttäuschung bei denen, die es nicht geschafft hatten, war deutlich zu spüren. Bei mir stellte sich zunächst Erleichterung ein, da ja nun die erste Hürde geschafft war. Erst gegen Abend kamen Nervosität und Aufregung zurück. Schließlich muss man sein Können noch einmal unter Beweis stellen.

Am nächsten Morgen ging es um 9.00 Uhr weiter. Das Thema der Prüfung lautete „Begegnungen". Man hatte die Möglichkeit, die Aufgabe fotografisch mit einer Sofortbildkamera oder mit einer Fotocollage zu lösen. Als Zeitvorgabe waren vier Stunden angesetzt.

Nach der Bekanntgabe des Themas überlegte ich mir, wie ich es am besten umsetzten könnte. Ich erstellte mir zunächst ein Konzept, um mir ein klares Bild von meiner Idee „Begegnungen (mit dem Tod)" zu verschaffen und entschied mich, eine Fotocollage zu diesem Thema zu erstellen. Dann begann ich, in verschiedenen Magazinen nach Bildmaterial zu recherchieren. So saß ich schließlich mit vier Mitstreitern in einem Raum und erstellte meine Collage aus der Fotokopie eines Bildes und mit Fotos aus Magazinen. Die Stimmung unter den Leuten, die an der Collage arbeiteten, war zunächst angespannt, aber nachdem sich jeder über sein Thema klar geworden war, entwickelten sich auch ein paar Gespräche. Die vier Stunden reichten genau aus für die Erstellung eines Konzepts bis zur Fertigstellung der Collage.

Um 13.00 Uhr war schließlich die Abgabe der Arbeiten und schon eine Stunde später sollte fest stehen, wer die Prüfung bestanden hatte. Schlussendlich bestanden ca. 20 Leute die Eignungsprüfung für den Studiengang „Fotografie und Medien" an der FH unter anderem ich. All jenen, die es nicht geschafft haben oder die sich zum ersten Mal bewerben, möchte ich sagen: Versucht es weiter und holt Euch so viel Informationen, wie Ihr nur kriegen könnt. Lasst Euch beraten, denn jede FH oder Uni hat ihre eigenen Vorstellungen, wie die Mappe aussehen soll. Ihr erhaltet durch die Beratung auch einen Überblick, wo Ihr selbst steht und wertvolle Tipps, woran Ihr vielleicht noch arbeiten müsst.

e-Mail: martinastudio@aol.com

MICHAELA ZINSER, FH ROSENHEIM, FH COBURG, INNENARCHITEKTUR

Über den Tellerrand

Anm. d. Red.: Wir haben inzwischen des Öfteren davon gehört, dass so mancher Bewerber für einen Designstudienplatz durchaus auch mit einem Innenarchitekturstudium liebäugelt. So ist es vielleicht nicht ganz uninteressant, einen Eindruck von zwei (gescheiterten) Eignungsprüfungen in diesem Bereich zu lesen.

Mein erster Test fand in Rosenheim statt. Ich saß in einem Zimmer mit ca. 20 anderen Prüflingen und wir wurden von einem Dozenten beaufsichtigt. Es wurde nur an einem Tag geprüft. Wir mussten zwei Aufgaben bearbeiten, die erste sah wie folgt aus: Wir sollten ein Zimmer in einem alten Wirtshaus einrichten und mit verschiedenen Gegenständen ausstatten. Es durfte nur mit Bleistift gezeichnet werden und es gab diverse Vorgaben, was im Bild unterzubringen ist: Die Sonne strahlt durch ein großes Sprossenfenster von rechts, zwei Säulen (in einer bestimmten Stilrichtung) stützen die Decke. Ferner mussten Stühle gestapelt werden, mindestens ein Dutzend verschiedener Lampenarten sollte von der Decke hängen. An den Wänden sollten Bilder und Bilderrahmen zu sehen sein, ein altes Fahrrad lehnt an einer Musikbox aus den sechziger Jahren, Stühle stehen ebenso in dem Zimmer wie ein altes Sofa, ein alter Sessel und ein Schrank. Die Wand ist bis zur Hälfte getäfelt, ein Billardtisch steht in der Mitte des Zimmers, ein Queue liegt darauf. Hinter dem Billardtisch steht noch eine Person. Mehr fällt mir leider nicht mehr ein, aber ich glaube, dass war alles. Für diese Teilaufgabe hatten wir drei Stunden Zeit – ich empfand das als viel zu wenig.

Die Atmosphäre während der Prüfung war dennoch ruhig und gelassen. Man hat sich nicht besonders um den anderen gekümmert und einfach nur versucht, so gut es geht die Aufgabe zu lösen. Nachdem die Zeit abgelaufen war, hatten wir zwei Stunden Pause. Nach der Pause bekamen wir die zweite und letzte Aufgabe gestellt. Nachdem alle die Aufgabe mehr oder weniger begriffen hatten, konnte man ringsum nur in ratlose Gesichter sehen. Die Aufgabe war wie eine kleine Geschichte geschrieben: Eine Frau hat sich einen alten Kutter gekauft und will ihn zu einem sehr fantasievollen Schiff umgestalten. Am Ende des Aufgabenblattes fand sich die Zeichnung eines Schiffes, die vermaßt war und uns als zeichnerische Orientierung dienen sollte. Man durfte wiederum nur mit Bleistiften zeichnen, das Bild musste enthalten: ein Unterdeck und das Deck. Das Unterdeck musste eine bestimmte Raumhöhe haben, folgende Aufenthaltsorte und Zimmer sollten sich dort befinden: ein Badezimmer mit Dusche, eine Küche, ein Essbereich und eine Anzahl Kajüten, alles darauf ausgerichtet, dass sich mindestens vier bis sechs Personen ohne Probleme unter Deck aufhalten können. Der Clou war nur, dass die Raumhöhe so niedrig angegeben war, dass man die Küche eigentlich nur an Deck unterbringen konnte, weil man sonst im Knien hätte kochen müssen. Allerdings musste man das selber herausfinden. Das Oberdeck musste sehr fantasievoll gestaltet werden. Es sollte ein Sonnensegel, Hängematten, Seile, eine Gallionsfigur, eine Reling und noch

vieles mehr enthalten, alles nach Möglichkeit sehr bunt und irgendwie besonders. Diese Zeichnung musste folgendermaßen dargestellt werden: Die Draufsichten des Ober- und Unterdecks im Maßstab 1:50, dann die Seitenansichten der beiden Decks, die Vollansicht des ganzen Schiffs in 3D und noch Detailzeichnungen verschiedener Verbindungen oder besonderer Ideen. Die Zeit hierfür betrug zwei Stunden.

Ich muss sagen, dass ich diese beiden Aufgaben bei dieser kurzen Zeitvorgabe als extrem schwierig empfand und auch darüber verwundert war, dass man als angehender Innenarchitekt nur auf die zeichnerischen Fähigkeiten getestet wurde. Nach diesem schriftlichen Teil war die Prüfung beendet, jedoch nicht für diejenigen, bei denen sich die Prüfer nicht sicher waren, denn die wurden noch zu einem persönlichen Gespräch geladen. Ich bekam mein Ergebnis schon eine Woche nach der Prüfung: Nicht bestanden.

Meine zweite Prüfung absolvierte ich dann in Coburg. Der erste große Unterschied zu Rosenheim bestand darin, dass die Prüfung drei Tage dauerte. Man denkt zwar anfangs, dass das ganz schön lange ist, doch fand ich es gut und auch fair, kann man doch an mehreren Tagen zeigen, was man drauf hat – oder eben nicht. Bei der Ankunft musste man sich in eine Liste eintragen, um die Anwesenheit zu bestätigen. Dann wurden Namensschilder verteilt, dazu bekam man die Info, in welchem Raum man geprüft wird (Raum- und Platznummern). Bis zur eigentlichen Prüfung um 14.00 Uhr hatte man nach der Anmeldung noch mindestens eine Stunde Zeit. Ich fand die Atmosphäre schon von Anfang an sehr gut, da die Studentinnen und Studenten aus den Semestern für uns im Garten Stühle und Bänke aufgestellt hatten und man sich so mit den anderen Prüflingen schon vor der eigentlichen Prüfung austauschen konnte. Mit dem mir zugewiesenen Raum hatte ich Glück, denn ich musste ihn mit nur ca. 20 anderen Leuten teilen, der andere Raum war mit ca. 150 Leuten völlig überfüllt. Eine Aufsichtsperson teilte Blätter und Arbeitsmaterial aus.

Der erste Prüfungstag wurde in zwei Teile gegliedert. Die erste Aufgabe verlangte, technische Zeichnungen zu begutachten und so sein räumliches Vorstellungsvermögen zu zeigen. Dafür hatte man zwanzig Minuten Zeit. Es folgte eine kurze Pause von fünf Minuten, dann eine dreistündige Aufgabe. Wir bekamen als Arbeitsmaterial nur Papierstreifen, Büroklammern, vier DIN A4-Blätter, ein DIN A3-Blatt und eine Sperrholzplatte. Aus all diesen Dingen sollten wir eine Überdachung für ein Festival bauen, die so konstruiert werden musste, dass sie eine bestimmte

Höhe hat, eine bestimmte Fläche überspannt und außerdem Krankenwagen die Möglichkeit bietet, ohne Probleme durchzufahren. Ganz oben auf dem Gebilde musste sich mittig eine Ablagefläche für Scheinwerfer befinden, welche durch die Sperrholzplatte darzustellen war.

Wir sollten einen Entwurf zeichnen und dazu erklären, warum man sich für diesen Bau entschieden hat. Außerdem waren auch weitere mögliche Entwürfe und Vorschläge gefragt, auch wenn sie nicht verwirklicht werden konnten. Das Modell sollte sehr stabil gebaut werden, denn eine zusätzliche Anforderung daran war, dass es bis mindestens zum nächsten Tag halten musste – wenn nicht noch länger.

Am zweiten Prüfungstag waren drei Aufgaben zu lösen. Bei der ersten ging es um eine Metamorphose, die sich in vier Schritten aus einer zweidimensionalen in eine dreidimensionale Fläche bzw. Form verwandeln soll. Als Material standen Zahnstocher, Papierblätter und -streifen, Büroklammern, Schaschlikspieße und dünne Streifen aus biegbarem Holz zu Verfügung. Es folgte eine kleine Pause. Die zweite Aufgabe prüfte unser technisches Verständnis und dauerte etwa 15 bis 20 Minuten.

Die dritte Aufgabe verlangte, aus einem Dutzend verschiedener gegensätzlicher Themen ebenfalls Metamorphosen darzustellen. Als Hilfsmittel bekamen wir Zeitschriften, aus denen wir passendes Material herausnehmen durften, um die Metamorphose (z.B. vom Fisch zum Vogel, von Fläche zu Raum, u.s.w.) in bunten Abbildungen zu entwickeln. Es galt, vier Gegensatzpaare auszusuchen, die metamorphorisch in mindestens drei Schritten zu entwickeln waren, für jedes einzelne mussten noch mindestens drei weitere Beispiele gefunden werden. Wir bekamen fünf große Blätter, auf die wir die Paare übertrugen, für jedes Paar ein Blatt. Dann sollten wir uns aus diesen vieren eines heraus suchen, welches wir dann mit den Zeitungsartikeln und der Farbe noch eindringlicher und genauer beschreiben sollten. Die Bearbeitungszeit lag bei zwei bis drei Stunden.

Wichtig zu erwähnen ist noch, dass man während dieser drei Prüfungstage alphabetisch nacheinander aus der Prüfung geholt wurde und zu dem Gespräch mit den Professoren und drei anwesenden Studenten gebeten wurde. Vor diesem Gespräch braucht man wirklich keine Angst zu haben, denn wenn man ganz natürlich bleibt und die Fragen so beantwortet, wie man es für richtig hält, übersteht man die ca. 20minütige Befragung ohne Probleme. Die Zeit, die man nicht an seinem Arbeitsplatz sein konnte, wurde einem hinten wieder drangehängt, so dass man in keinster Weise benachteiligt war. Außerdem sind die Professoren alle sehr nett, meiner war es auf jeden Fall.

Der dritte und letzte Tag beinhaltete nur eine Aufgabe, die es jedoch in sich hatte. Sie lautete: Ein Weinbaugebiet wurde völlig überschwemmt. Nun sollte eine Konstruktion erdacht und gebaut werden, mit der man ohne Probleme die Weinfässer von der einen Seite des Gebietes auf die andere Seite transportieren kann, ohne dass dabei die Fässer nass werden. Es gab dabei einiges zu beachten: Es musste eine bestimmte Fläche überspannt werden, die Steigung, die die Fässer überwinden mussten, betrug 30° Grad und die Fässer mussten mindestens 10 Sekunden unterwegs sein und dabei so sanft transportiert werden, dass ihnen nichts passiert. Unsere Hilfsmittel diesmal: Unsere Konstruktion vom ersten Tag der Prüfung (das Festival), Büroklammern, Papier und eine Kugel, die als Weinfass diente.

Man hatte hierfür drei Stunden Zeit und es war wirklich nicht einfach, doch ich habe versucht, das Beste daraus zu machen. Das war auch das Ende des dritten und somit letzten Tages der Prüfung. Das Ergebnis der Prüfung erfuhr man zwei Wochen später.

Mein Resumee: Es war sehr interessant mitzuerleben, wie solche Aufnahmetests gestaltet werden und wie unterschiedlich sie auch sein können. Es hat mir viel Spaß gemacht, zu bauen und konstruieren und seinen Gedanken und Einfällen freien Lauf zu lassen. Mein persönlicher Favorit war Coburg, denn dort wurde man nicht nur auf seine künstlerische Fähigkeit getestet, sondern vielschichtiger bewertet. Die Atmosphäre war auch sehr schön dort.

Und obwohl ich leider bei beiden Prüfungen nicht genommen wurde, werde ich nicht aufgeben und mich immer weiter bewerben. Das möchte ich auch allen anderen raten, die es vielleicht nicht beim ersten Mal schaffen sollten. Man lernt viel aus solchen Tests und man entwickelt sich weiter.

Ich wünsche Euch allen viel Glück und hoffe, dass Euch mein Bericht etwas geholfen hat.

e-Mail: hausmarke_21@gmx.de

ALINE BUSSE,
MUTHESIUS HOCHSCHULE KIEL,
PRODUKTDESIGN

Klein, persönlich, nett

Gerne beschreibe ich meine Erlebnisse bei der Eignungsprüfung bei der Muthesius Hochschule für Kunst und Gestaltung in Kiel, Fachrichtung Produkt- bzw. Industriedesign.

Es waren eine schriftliche und drei praktische Prüfungen innerhalb von zwei Tagen ab zulegen. Am dritten Tag gab es dann das Kolloquium, also das Gespräch.

Schriftlicher Teil (Zeit: ca. 2,5 Stunden):

1. Was bedeutet es, wenn man im Zusammenhang mit Produktdesign von ökologischen Produkten spricht?

2. Ordnen sie die 3 Metalle Stahl, Aluminium und Titan nach ihrem spezifischem Gewicht und nennen sie Beispiele für ihre heutige Verwendung.

3. Zeichnen sie aus ihrer Erinnerung eine Beißzange.

4. Beschreiben sie ihre Herstellung

Praktischer Teil I (Zeit: ca. 4 Stunden):

Bauen sie einen Turm aus 10 DIN A4-Blättern ohne Klebstoff oder ähnlichem. Als Hilfsmittel sind erlaubt: Schere, Cutter, etc.. Der Turm soll so hoch wie möglich werden, doch so stabil sein dass man ein 2 Euro-Stück darauf platzieren kann.

Praktischer Teil II (Zeit ca. 3,5 Stunden):

Aufgabe: Zeichnen sie die vier Elemente Wasser, Erde, Luft, Feuer in abstrahierter Form. Entstehen soll ein Mosaikbild in dem die vier Elemente stimmig in vier Bereiche unterteilt sind.

Praktischer Teil III (Zeit ca. 4 Stunden):

Aufgabe: Formen sie aus fünf Kilogramm Ton 2-3 Figuren (z. B. Kugel, Kegel, Würfel) und schneiden sie sie mindestens zwei Mal durch. Die entstandenen Teile sollen nun zu einer ringsum spannungsvollen Figur zusammengefügt werden.

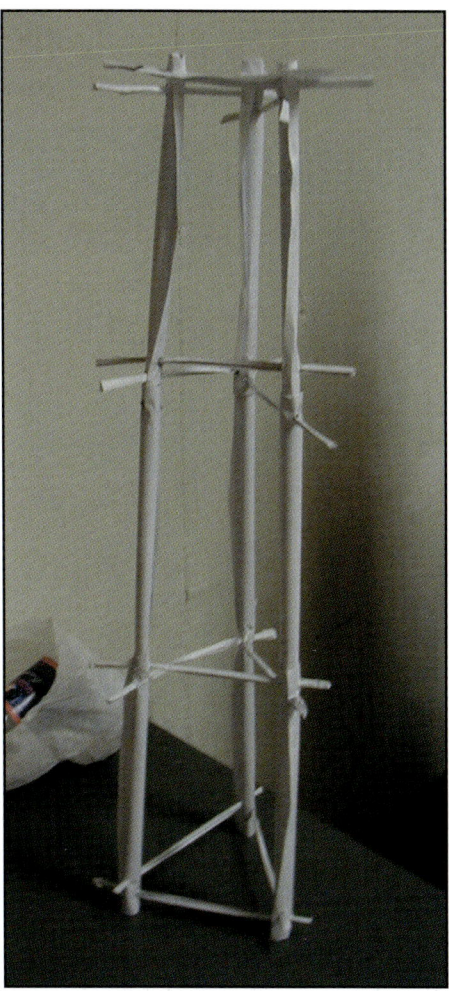

Am dritten Tag folgte dann das Kolloquium. Offiziell sollte bei den vorausgegangenen Prüfungen bereits eine Auswahl stattfinden, doch es wurden alle ca. 30 Bewerber zu diesem Gespräch gebeten. Man kam in ein Zimmer, in dem vier Professoren saßen. Sie stellten sehr unterschiedliche Fragen, z. B. „Beschreiben sie eine typische Norddeutsche Bareinrichtung", „Wo haben sie sich über den Beruf informiert?" oder „Können sie sich vorstellen, eine Weinpresse zu designen?"

Natürlich wurden auch Fragen zur Studienmotivation, zur Mappe und den Ergebnissen der Eignungsprüfung gestellt. Das Gespräch dauerte ca. 5-15 Minuten. Die Professoren waren sehr nett, ließen einen ausreden und waren auch kleinen Späßen nicht abgeneigt. Die „Erstsemester" organisierten am ersten Tag ein Frühstück, waren sehr hilfsbereit und kümmerten sich rührend um uns. Auch Übernachtungsmöglichkeiten waren organisiert. Ansonsten ist dies eine kleine, persönliche und nette Schule. Ich habe mich dort recht wohl gefühlt.

Wahrscheinlich mit ein Grund, warum ich die Prüfung bestanden habe.

e-Mail: keramik.busse@t-online

Die Eignungsprüfungen: Ausland

ANDREA AUGSTEN

**Universität Duisburg-Essen,
Standort Essen, Kommunikationsdesign**

berichtet hier von ihrer Eignungsprüfung
an der Hochschule für Gestaltung und
Kunst in Zürich

ALTER
20

E-MAIL
a.augsten@gmx.de

ANZAHL DER ARBEITEN
30

HAUSARBEIT
Serie mit acht Motiven

AUFNAHMEVERFAHREN
**Dreitägige Prüfung (Fotoaufnahmen zu zwei
gestellten Themen, Bleistiftzeichnungen,
Porträt aus der Erinnerung und Zeichnungen
zu zusammengesetzten Namen (Hochstap-
ler, Schweinehund, Glückspilz, u.a.),
Zeichnung zu „Eine Nacht in einer fremden
Stadt"**

VORBEREITUNG
**Praktikum in einem Fotostudio über drei
Jahre, jeweils in den Schulferien**

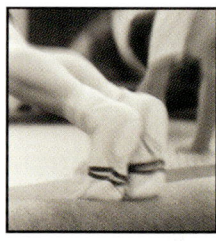
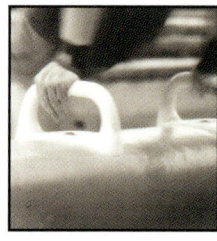

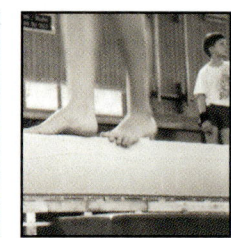

Arbeit 1

Arbeit 3

Arbeit 2

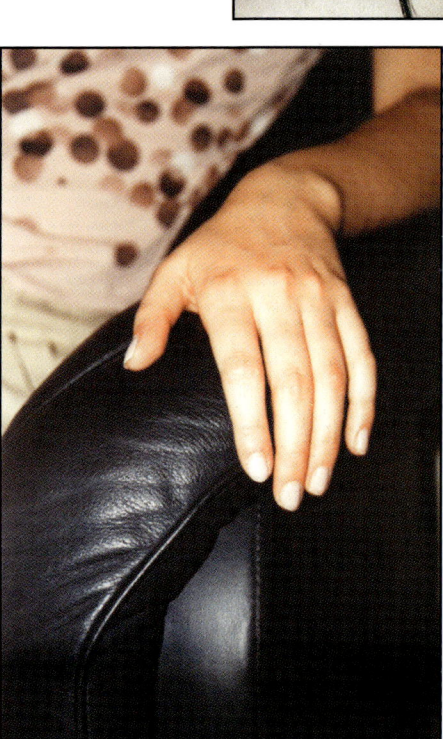

Arbeit 4

Arbeit 5

Die Mappe:

1	Turnhalle
2	Sofa
3	junge Frauen
4	Wiese
5	Fußballplatz
6	Kristina

Arbeit 6

Spielplatz

ANDREA AUGSTEN,
UNIVERSITÄT DUISBURG-ESSEN,
STANDORT ESSEN

Die Prüfung:

Der Traum, in einer tollen Stadt zu Studieren. In der Photonews, einer Fotofachzeitschrift, wurden verschiedene Hochschulen vorgestellt, die im Studium einen Fotografieschwerpunkt anbieten. Neben den bekannten Institutionen in Deutschland (FH Bielefeld, FH Dortmund, UGHS Essen) stieß ich eher zufällig auf ein Interview mit einem Dozenten der Züricher Hochschule für Kunst und Gestaltung. Die Euphorie nahm ihren Lauf.

Nach etlichen Telefonaten und einer dementsprechend hohen Rechnung am Monatsende kämpfte ich mich durch die schweizerische Bürokratie, die leider auch nicht besser organisiert ist als die landeseigene. Doch kurz vor knapp erhielt ich die notwendigen Bewerbungsunterlagen und konnte mich bewerben. Hier wurden zunächst nur die persönlichen Daten und Zeugnisse verlangt, Praktika waren nicht verpflichtend, konnten bei der Bewerbung jedoch angegeben werden.

Die Mappe habe ich etwa vier Wochen später (06.04.2002, das Datum werde ich wohl nicht vergessen) nachgeschickt. Sie beinhaltet etwa 25 freie Arbeiten und eine Hausaufgabe. Das Thema im letzten Jahr lautete „Schöne neue Welt".

Aber kommen wir noch mal auf das ominöse Datum zurück, dazu insbesondere einen liebgemeinten Rat: Es ist billiger, die Mappe mit dem Taxi nach Zürich bringen zu lassen als mit UPS! Meine Mappe hatte das Format DIN A3 und war ungefähr nur 2 Kilo schwer. Dafür 150 Euro bezahlen zu müssen, lässt vermuten, meine Arbeiten seien vergoldet gewesen. Da die Schweiz nicht Mitglied der EU ist, müssen Zollpapiere ausgefüllt und Gebühren bezahlt werden.

Na ja, also es war schon sehr schwierig, sich dort zu bewerben, da die Unterstützung seitens der Hochschule eingeschränkt war. Insgesamt haben 93 Bewerber ihre Mappe eingereicht, um einen der 15 Studienplätze zu erhalten. Ähnlich wie bei den deutschen Hochschulen gibt es auch in Zürich zwei Runden für die Bewerber. In der ersten Runde werden die Mappen beurteilt und etwa 35 Bewerber zum 2. Test eingeladen. Da Zürich meine erste Bewerbung war, habe ich täglich gehofft, ob eine Nachricht kommt – und sie kam – die 1. Hürde geschafft – jipieeeeeeeeeeeeeeeeee! Zürich ich komme!!!

Mit emotionaler Stütze fuhr ich zwei Wochen später die 650 km nach ZÜRICH! Ich freute mich sehr auf die Stadt, hatte dennoch Angst vor der Prüfung. Erst zur Prüfung, dann zur Stadt: Die schriftliche Prüfung bestand aus vier Fragen, die innerhalb von drei Stunden bewältigt werden mussten. Die recht freien Aufgabenstellungen führten bei mir leider nur zu Verunsicherung und ich fühlte mich eher wie bei einer Lotto-Ziehung. Sinn und Zweck lautete offiziell: die Gedankenstrukturen der Bewerber kennen lernen – tja, das Ergebnis war negativ und der Traum von Zürich ausgeträumt.

ANDREA AUGSTEN

(01)
AUSLAND

Natürlich war ich enttäuscht, doch da ich in der Zwischenzeit die Zusage für einen anderen Studienplatz (in Essen, wo ich heute auch studiere) bekommen hatte, milderte dies meine Enttäuschung. Zum anderen hatte ich mir in meiner Euphorie ausgemalt, mein Grundstudium in Zürich zu absolvieren und dann wieder in die „Heimat" (Ruhrgebiet) zurückzukehren.

Doch das Studium in Zürich beschränkt sich vom 1. Semester an auf die Fotografie und die Theorie. Somit ist es nicht vergleichbar mit dem Grundstudium in Deutschland. Sowohl in Essen als auch in Dortmund bekommt man neben der Fotografie auch Einblick in die Grafik. Die Festlegung erfolgt im Hauptstudium. Doch durch den unterschiedlichen Studienverlauf, ist es kaum möglich zu wechseln ohne Semester zu verlieren. Vielleicht dann doch eher ein Aufbaustudium in Zürich?

Dennoch, Zürich ist eine sehr, sehr schöne, teure Stadt, es lohnt sich!

MARCEL NEUNDÖRFER
Universität für angewandte Kunst Wien, Grafikdesign

ALTER
28

E-MAIL
marcel.neundoerfer@gmx.de

ANZAHL DER ARBEITEN
ca. 30

HAUSARBEIT
keine

AUFNAHMEVERFAHREN
**Dreitägige Prüfung
Zeichenaufgabe–Stillleben; Entwicklung
eines Ausstellungskonzeptes mit
anschließender graphischer Umsetzung;
Illustrations- und Entwurfsaufgabe;
Konzeptionsaufgabe; Hausaufgabe von
Professor Fons M. Hickmann:
„Was würden Sie tun, wenn Sie an der
Universität für angewandte Kunst nicht
aufgenommen werden?"**

VORBEREITUNG
**Fünf Semester Studium an der
Fachhochschule Augsburg.**

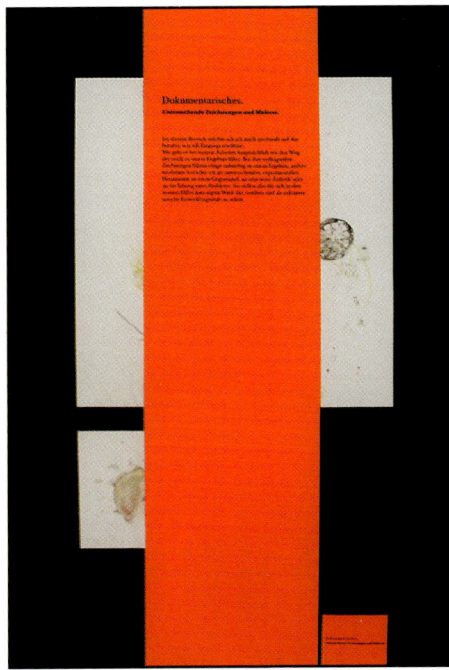

Arbeit 1

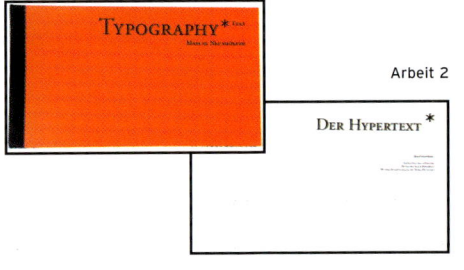

Arbeit 2   Arbeit 3

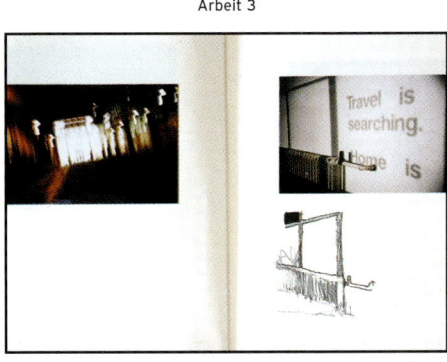

Arbeit 4

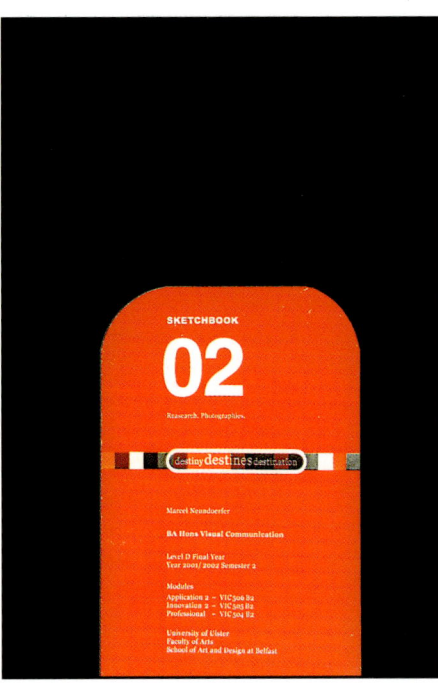

Arbeit 5

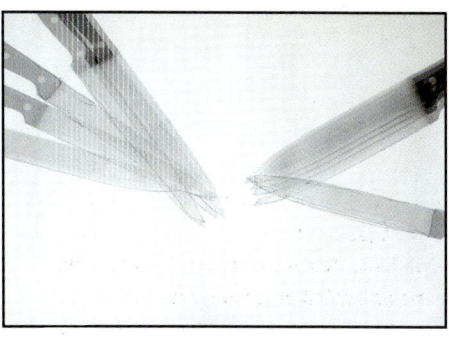

Arbeit 6

Arbeit 7

Arbeit 8

Arbeit 9

Die Mappe:

1	Dokumentarisches
2	Typographisches
3	Politisch-emotionales, Buch
4	Politisch-emotionales
5	Kritisch-ironisches
6	Kritisch-ironisches, Buch „Macht euch die Welt..."
7	Synthetisches und Organisches, Buch/Klangexperimente
8	Synthetisches und Organisches, Buch/Klangbilder
9	Kritisch-ironisches, Buch „Wir waschen..."

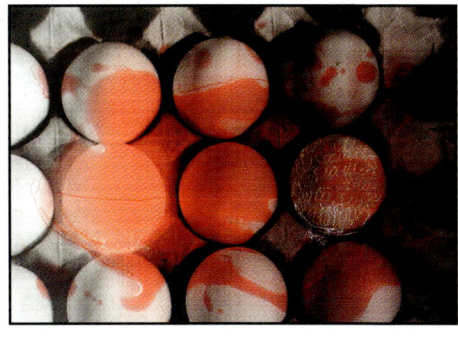

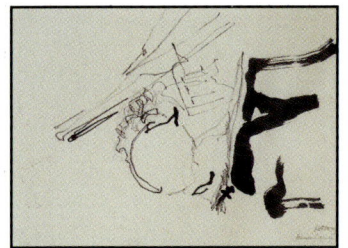

MARCEL NEUNDÖRFER,
UNIVERSITÄT FÜR ANGEWANDTE
KUNST WIEN

Die Prüfung:

Meine Tage in Wien sind unglaublich intensiv. Am 26. September 2002 bringe ich meine Mappe in das Institut für Grafikdesign an die Universität für angewandte Kunst. Am vierten Oktober darf ich an der ersten Vorlesung in der Klasse von Professor Hickmann teilnehmen.

Eigentlich habe ich mir vorgenommen, in diesen Tagen im September die Stadt zu erkunden. Die Stadt ist reizvoll. Doch die letzten Tage dieses Monats sollten für mich einen neuen Abschnitt meines Lebens einläuten.

Mein Name ist Marcel Neundörfer und als ich mich in Wien bewerbe, bin ich auf der Suche nach etwas Neuem. Die letzten drei Jahre habe ich in Augsburg an der Fachhochschule für Gestaltung studiert. Gerne denke ich an die Zeit dort zurück. Doch ich möchte neue Denkanstöße, möchte Gestaltung nochmals in anderem Kontext erfahren, möchte an Grenzen gehen.

Die Zulassungsprüfung:

Ich sitze an einem engen Tisch. Teile diesen mit einem Mädchen. Unmengen an eigenen Farben, Kreiden, Stiften, Papieren rauben mir den Platz.

Ein Stillleben

Ich zeichne fünfzehn Mal dieselbe Ansicht - verwende verschiedene Techniken, spüre nun kaum, was um mich herum vorgeht. Die Anspannung löst sich.

Professor Fons M. Hickmann stellt sich vor. Er beschreibt uns die Aufgabe, die es gilt am dritten Tag der Prüfung vorzustellen: „Was würden sie machen, wenn Sie an der Universität für angewandte Kunst nicht aufgenommen werden würden." Er verabschiedet sich. Vorerst. Und wünscht allen viel Erfolg für die Prüfung.

Nach einer Pause wartet dann Frau Magister Katharina Uschan mit dem nächsten Themenkomplex: „Entwerfen Sie ein Ausstellungskonzept und visualisieren Sie ein Plakat und eine Einladungskarte zu ihrem Lieblingskünstler oder Lieblingsdesigner."

Vor kurzem hat mich die „documenta" in Kassel beeindruckt. Ich erstelle ein Konzept mit einem Farbleitsystem für eine Anschlußausstellung in Wien - einer Nachbetrachtung der „dokumenta".

Am zweiten Tag begrüßt uns am Vormittag Magister Winfried Fessler. Er stellt einige Wörter und kurze Sätze in den Raum, die es zu illustrieren gilt. Hierbei legt er Wert auf Originalität der Interpretation. Die Genauigkeit der Illustration steht für ihn nicht im Mittelpunkt. Weiterhin sollen wir eine Kurzgeschichte in einem Storyboard mit ca. acht bis zwölf Bildern skizzieren.

Nach zwei Stunden Illustration und einer Pause stellt sich Magister Erwin Bauer vor, der vor kurzem ein Buch über Otto Neurath publizierte. Dies ist wohl auch der Grund, warum sich seine Aufgabenstellung mit dem Themengebiet des Informationsdesign befaßt. Er zeigt uns in Beispielen, wo Mängel im Informationsdesign zu finden sind. Und dass „Grafikdesign leben retten kann", zum Beispiel bei der Gestaltung von Fluchtwegen und Notfallplänen. „Umreißen Sie ein Konzept für ein Thema aus dem Umfeld des Grafikdesign, das entweder unbedingt verbessert werden sollte, oder welches es noch nicht gibt." Gefordert ist ein Brainstorming und eine strukturierte Ideensammlung zu Bereichen, in denen Mängel im Grafikdesign auftreten. Weiterhin soll schriftlich ein eigens gewählter Fall ausformuliert werden.

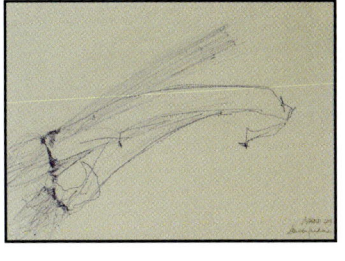

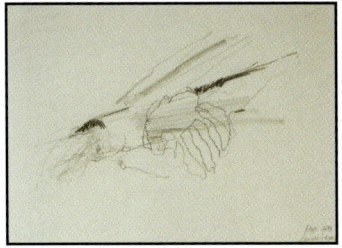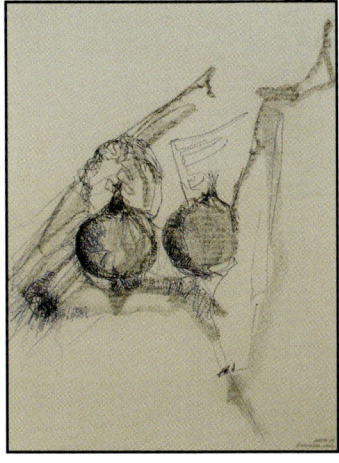

Stilleben

Am dritten Tag stehe ich vor der Prüfungskommission. Sechs Personen. Starke Gegner. Ob ich mein Spiel gegen Professor Hickmann und die Lehrbeauftragten gewinnen kann? Zuerst stellen Sie mir Fragen - zur Mappe - zu meinen Lösungsansätzen bei der Zulassungsprüfung.

Dann die Frage: „Was würden Sie tun, wenn sie nicht an der Universität für angewandte Kunst aufgenommen werden würden?"

Meine Antwort: „Ich werde um meinen Platz in der Meisterklasse spielen! - Wenn ich gewinne, darf ich bleiben."

Das Spielbrett liegt vor uns. Ich bitte Professor Hickmann zu beginnen. Bei richtiger Beantwortung einer Karte folgt die nächste Frage. Erst nach der dritten Frage muß das „Professorenteam" passen. Meine Chance. Ich gewinne. Aber ich erkläre in der Beantwortung meiner Spielfragen auch, warum ich gerne an der Universität für angewandte Kunst studieren will – was Gafikdesign für mich bedeutet. Dann verabschiede ich mich.

Inhaltsangabe aus der Mappe:

Persönliches

In der vorgelegten Mappe ist es nicht mein Ziel, Ihnen eine möglichst reichhaltige Kollektion entstandener Arbeiten zu zeigen. Es geht mir vielmehr darum, zu belegen, daß nur nach der für mich wichtigen Dokumentation, der Forschung und ausgiebiger Experimentierphasen ein Ergebnis steht.

Die Wege der intensiven Auseinandersetzung mit einem Thema bis hin zur finalen Arbeit möchte ich im Folgenden zeigen. Hier möchte ich nur kurz den Begriff „Final" eingrenzen. Viele meiner sogenannten Endprodukte sind erweiterbar und sind Thesen in eine bestimmte Richtung, die weitergedacht werden können, ja sogar müssen.

Seit Oktober 1999 studiere ich an der FH in Augsburg. Nachdem ich das letzte halbe Jahr in Belfast gelebt und an der dortigen Partnerhochschule, der „University of fine arts", studiert habe, stieß ich sehr bewusst auf meine oft einseitigen Denkweisen der letzten Jahre im Bereich der Gestaltung, aber auch der Politik, der Kunst, der Kultur und der Gesellschaft.

Zurück in Augsburg nehme ich dieses Warnsignal nun zum Anlass, einen neuen Ort zu finden, der Herausforderungen in sich birgt und neue Denkansätze zuläßt.

Klangbilder

Die Entstehung der „Klangbilder" war die Folge der Untersuchungen und Experimente meiner Vorarbeit.

In der Bewegung meiner eigenen Hand, so stellte ich fest, lag eine bestimmte Rhythmik und diese setzte ich gedanklich mit verschiedenen Klängen gleich. Auf dem Papier entsteht Klang, der für jedermann in seinem eigenen Interpretationsspielraum zu „hören" ist.

Im weiteren Fortschreiten des Projektes stellte ich fest, dass durch Einbeziehung von Computer-Interpolation Klänge im überwiegenden Maße ihre organische Substanz zu verlieren scheinen. Sie wirken nicht mehr natürlich, sondern synthetisch. Ein unnatürlicher Generator - die Software - hat in die Form eingegriffen und sie synthetisiert.

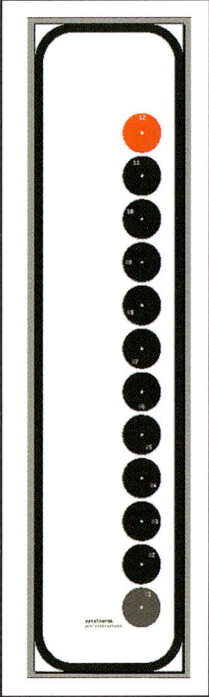

Fragespiel

An diesem Punkt möchte ich sogar behaupten, dass eine eigene „synthetische Ästhetik" entsteht. Die entstandene Mischung von organischer und synthetischer Form und Erzeugung unterschiedlichster visueller Klänge durch einen unnatürlichen Generator, möchte ich in meinem Projekt demonstrieren.
Ein weiterer Generator - die Bewegung - eröffnete noch weitere tiefgreifende Möglichkeiten, Klang zu visualisieren.

Man wird also als Betrachter aufgefordert nun im Spannungsfeld der „synthetischen und organischen Ästhetik" zu verweilen. Es entsteht ein interaktiver Raum, in dem man sich mit synthetischen oder organischen Klängen auseinandersetzen kann und eigene „Klangassoziationen" zur jeweiligen bewegten und erlebten Form bildet.

Politisch-emotionales./Destiny destines Destination.

Wenn man etwas über Belfast hört, ist man voller Vorurteile. Auch ich schließe mich da nicht aus. Aber lernt man die Stadt näher ken-

nen, so stellt man fest, dass sie voller Leben und voller Gegensätzlichkeiten ist. All die verschiedenen Gesichter der Stadt habe ich durchlebt.

Im Zentrum meiner Arbeit geht es um meine ganz persönlichen Erfahrungen und Eindrücke, die ich in dieser Stadt gesammelt habe. Ich erlebte Belfast in verschiedenen Phasen und diese Phasen setzte ich mit Farben gleich. Die Farben wiederum spiegeln für mich Emotionen und ich verbinde sie gleichzeitig mit Attributen, die mein Empfinden in der jeweiligen Phase ausdrücken.

Dieses Projekt möchte ich Internetnutzern oder Kunstinteressierten zur Erforschung als offenes Kommunikationssystem übergeben. Durch die Auseinandersetzung mit den emotionalen und manchmal auch kritischen Bildwelten muss der Nutzer sich mit meiner Sicht der Dinge auseinandersetzen. Es besteht aber genügend Spielraum, sich eine eigene Meinung über Belfast zu bilden.

Beim Erkunden des interaktiven Belfast hat der Rezipient nur die Möglichkeit, jeweils in die

nächste Phase Einblick zu erhalten. Allerdings steht es ihm offen, an vorhergehende Stellen zurückzukehren und zu reflektieren. So wird ihm durch die Art der Navigation eine ähnliche Situation aufgebürdet, der ich selbst beim Erforschen der Stadt unterlag.

Dokumentarisches. Untersuchende Zeichnungen und Malerei.

In diesem Bereich möchte ich mich nochmals auf das berufen, was ich eingangs erwähnte.

Mir geht es bei meinen Arbeiten hauptsächlich um den Weg, der mich zu einem Ergebnis führt. Bei den vorliegenden Zeichnungen führen einige zielstrebig zu einem Ergebnis, andere wiederum betrachte ich als untersuchendes, experimentelles Herantasten an einen Gegenstand, an eine neue Ästhetik oder an die Lösung eines Problems. Sie stellen also für sich in den meisten Fällen kein eigenes Werk dar, sondern sind als dokumentarische Entwicklungsstufe zu sehen.

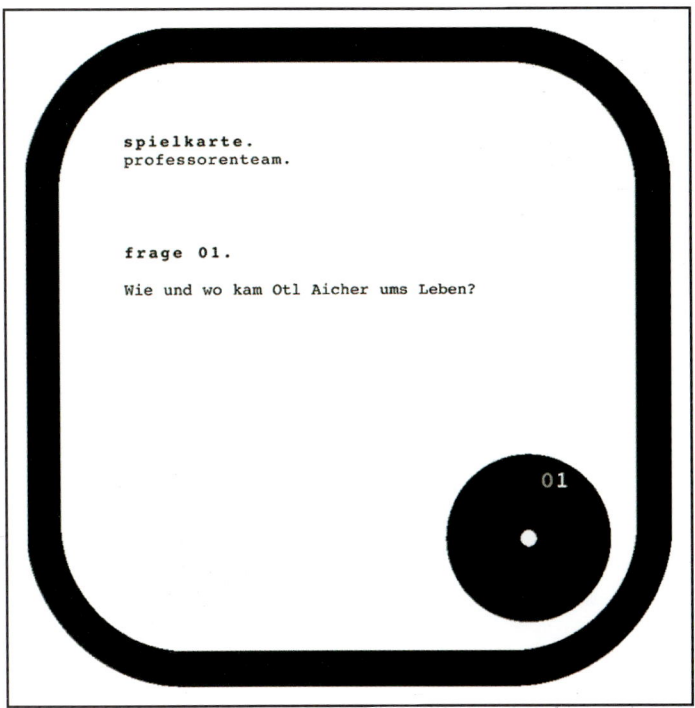

spielkarte.
professorenteam.

frage 01.

Wie und wo kam Otl Aicher ums Leben?

01

Typographisches I. Ein typographisches Kompendium zum Thema Text.

Das vorliegende Kompendium soll zur Einführung in die nächste Arbeit dieser Mappe dienen. In diesem Buch habe ich mich mit dem Thema Text sehr intensiv auseinander gesetzt. Es handelt sich um die theoretische Grundlage, die mich zum ersten Mal mit der Thematik des Schreibens auseinandersetzen ließ. Es ist also das vorbereitende Element für drei Texte, die ich verfasst habe. Einen dieser Texte werde ich im Bereich „Typographisches II" vorstellen. Weiterhin werden im Anhang des Kompendiums die beiden anderen Texte und deren grafische und typografische Ausgestaltung vorgestellt.

Typographisches II. Das erste Mal. Eine persönliche Erzählung.

Warum banne ich meine Erzählung nicht auf Papier? Eine Frage, die mich sehr lange und intensiv beschäftigt hat.

Meine Absicht ist, Personen im öffentlichen Raum anzusprechen. Diese möchte ich mit einer sehr persönlichen Geschichte sanft an Werte wie Zuneigung, Freude und Liebe erinnern, Ihnen aber auch den Platz für Gedanken an Bedrohung, Trauer und Tod geben. Meine Aufgabe sehe ich darin, mit meiner Art die Geschichte zu erzählen, den Leser für seine Umwelt zu sensibilisieren.

Um möglichst viele Menschen anzusprechen, habe ich mich dafür entschieden, die Geschichte „bewegt" umzusetzen und diese für „Infoscreens" in Bahnhöfen, U-Bahnhöfen oder an öffentlichen Plätzen zu konzipieren.

KASIMIR M. REIMANN

**Universität für angewandte Kunst Wien,
Grafikdesign**

ALTER
27

E-MAIL
kasimir@kasimirreimann.de

ANZAHL DER ARBEITEN
9

HAUSARBEIT
keine

AUFNAHMEVERFAHREN
**Dreitägige Prüfung (Zeichnung, Illustration,
Konzeption, Gespräch)**

VORBEREITUNG
**Acht Semester Kommunikationsdesign- /
Fotodesignstudium an der FH Dortmund**

Arbeit 1

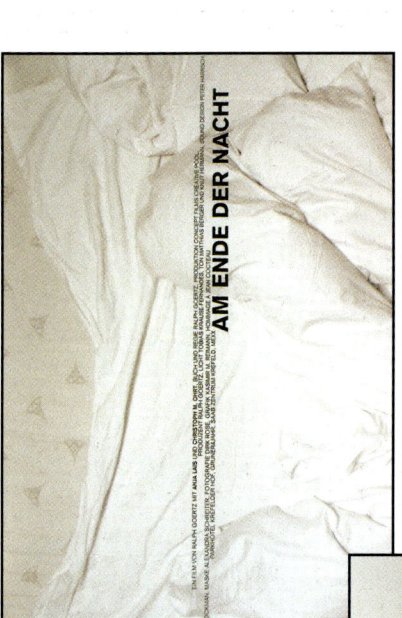

Arbeit 2

Die Mappe:

1	Dortmunder Allerlei
2	Am Ende der Nacht
3	Hotel 2
4	Phoenix 1
5	Die kleine Frau Schmetterling
6	Phoenix 2
7	„5"
8	Iconoclash

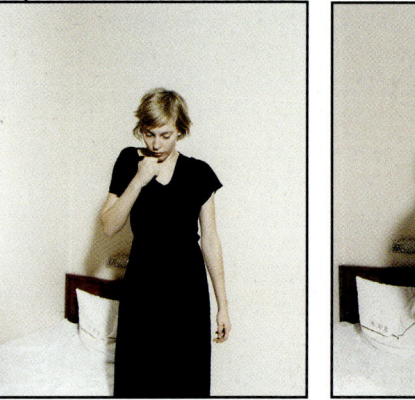
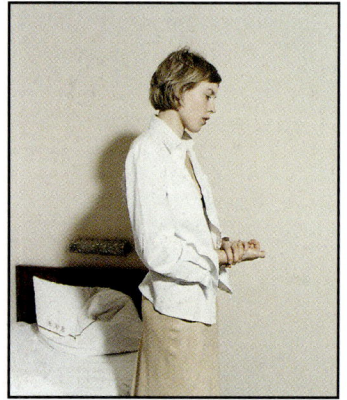

Arbeit 3

Arbeit 4

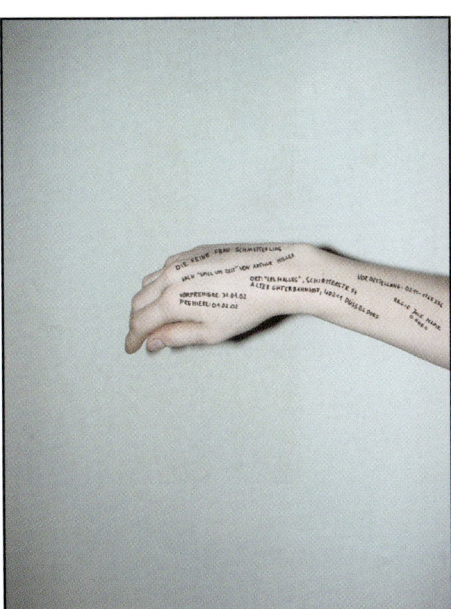

Arbeit 5

Arbeit 6

Arbeit 7

Arbeit 8

Phoenix Werke Kunst in der Zwischenzeit. 17.9. bis 25.10.2002. Filme, Fotografien, Objekte, Installationen. Ein interdisziplinäres Projekt des Fachbereichs Design der FH Dortmund, www. phoenix-werke.de

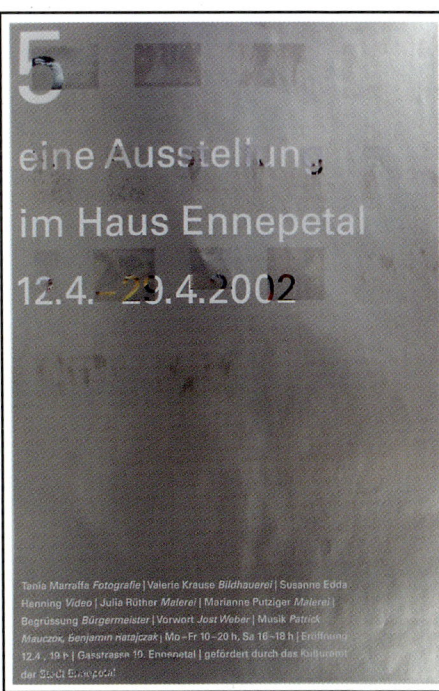

Iconoclash
beyond the image wars in science, religion and art

ZKM Karlsruhe, 4. Mai – 4. August

„Keine Experimente."

Für ein modernes Deutschland. SPD

keine Experimente

KASIMIR M. REIMANN,
UNIVERSITÄT FÜR ANGEWANDTE
KUNST WIEN

Die Prüfung:

Mein Name ist Kasimir Michael Reimann und ich habe mich für Grafikdesign an der Universität für angewandte Kunst im Oktober 2002 beworben. Bis dahin studierte ich mehrere Semester Fotodesign an der FH Dortmund. So gesehen war das nicht die erste Aufnahmeprüfung, an der ich teilgenommen habe und meine Mappe enthält neben Semesterarbeiten viele freie Projekte und einige Jobs, die während der letzten zwei bis drei Jahre entstanden sind.

Die Prüfung in Wien war recht vielseitig. Wir mussten neben zeichnerischen und illustrativen Aufgaben, mit denen ich meine Probleme hatte, auch konzeptionelle Fragen bearbeiten. Den zeichnerischen Teil brachte ich möglichst schnell, also minimalistisch, hinter mich und spekulierte auf den konzeptionellen Part.

„Entwerfen Sie ein Ausstellungskonzept und visualisieren Sie die Medien zu ihrem Lieblingskünstler oder Lieblingsdesigner" war die neue Aufgabe. Ich entschied mich für Terry Richardson (Sisley) und eine Ausstellung mit dem Titel „Terry is home!" Am Anfang war ich mir nicht sicher, ob Richardson nicht etwas zu speziell ist, um ihn in der Prüfung zu behandeln. Andererseits wusste ich, dass es mir leichter fällt, wenn mich das Thema anspricht. Später überlegte ich, ob „Daddy is home" nicht passender gewesen wäre.

modernes Deutschland

Das nächste Thema war Infodesign und ich habe ein digitales Feuerleitsystem entworfen, das wie ein persönlicher Begleiter funktioniert. Ob es nun tatsächlich technisch machbar ist, stand für mich bei der Aufgabe nicht im Vordergrund. Wichtiger bei der Ausarbeitung war mir das Konzept des Leitsystems.

Am dritten Tag hatten wir das persönliche Gespräch, wobei wir unter anderem die Frage beantworten mussten, was wir denn tun würden, wenn wir nicht an der Schule angenommen werden sollten. Diese Frage hat man uns bereits am ersten Tag gestellt und wir konnten dementsprechend etwas vorbereiten. Das war eigentlich der schwerste Teil der Prüfung und ich schwankte zwischen:

1. Dann werde ich mich hier demnächst als Dozent bewerben!
2. Dann gehe ich in die deutsche Politik und mache Karriere.

Ich entschied mich für Variante 2 und gestaltete schnell zwei Plakate von der SPD nach meinen Vorstellungen um. Der Wahlspruch „Keine Experimente" stammt eigentlich von Adenauer.

Heute lebe ich glücklich und zufrieden in Wien (Happy End).

CONSTANZE SCHREIBER

**Gerrit Rietveld Academie Amsterdam,
Kommunikationsdesign**

ALTER
25

E-MAIL
keine

ANZAHL DER ARBEITEN
28

HAUSARBEIT
siehe unten

AUFNAHMEVERFAHREN
**Zwei Aufgabenstellungen, Zeit: zwei Wochen,
seine Arbeiten und die Ausarbeitung der
Aufgaben vorstellen, Präsentation mit seinen Arbeiten und sich selbst in seiner Arbeit**

VORBEREITUNG
**Infos über die Akademie gesammelt,
mit Dozenten und Studenten gesprochen,
Akt- und Objektzeichnen**

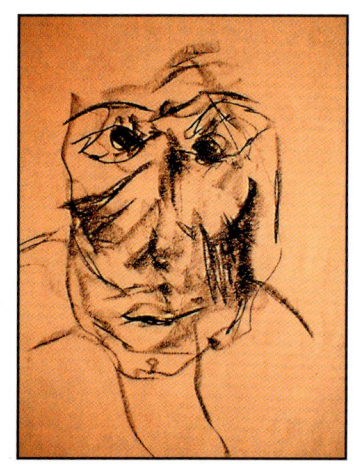

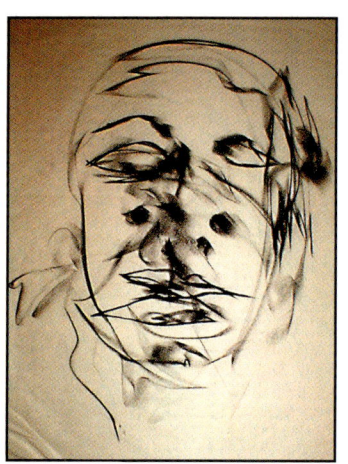

Arbeit 1

Arbeit 2

Arbeit 3

Arbeit 4

Arbeit 5

Die Mappe:

1 - 6   ohne Titel

Arbeit 6

zu Prüfungsaufgabe 1:
Waage

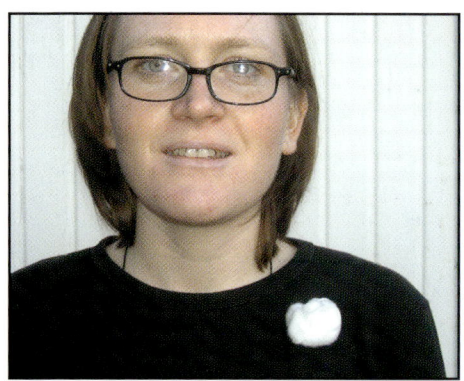

zu Prüfungsaufgabe 2: Augenblick

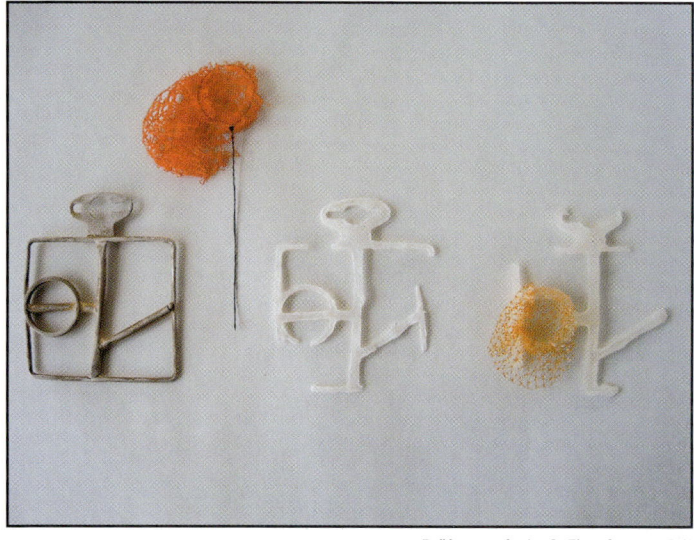

zu Prüfungsaufgabe 2: Eingefrorene Zeit

CONSTANZE SCHREIBER,
GERRIT RIETVELD ACADEMIE
AMSTERDAM

Die Prüfung:

Vorbereitungen auf die Aufnahmeprüfung der Gerrit Rietveld Academie in Amsterdam:
1. Ich habe Infos über die Akademie gesammelt, alte Examensarbeiten angesehen und mich über das Schulsystem informiert.
2. Bin hingefahren, hab mir alles angesehen und mit Dozenten und Studenten gesprochen.
3. Ein Jahr vor der Bewerbung hab ich begonnen, im Zeichenprojekt in Pforzheim intensiv zu zeichnen, Akt- und Objektzeichnen in Mappenvorbereitungskursen.
4. Ich habe mir bewusst gemacht, was der Unterschied von dieser Schule zu anderen, vergleichbaren ist, und wieso genau diese die richtige für mich sein kann.

Zum System: Am open dag (Tag der offenen Tür) ist eine Vorauswahl für die Bewerbung. Am besten ist es, alles mitzubringen, was man hat: Zeichnungen, Skulpturen, Fotos, Dias, Videos, so vielfältig und persönlich wie möglich. Die Gespräche sind auf Englisch.

Wenn man zur Aufnahmeprüfung zugelassen wird, kommt einige Wochen später ein Brief, in dem zwei Aufgaben gestellt werden. Für deren Lösung sind zwei Wochen Zeit. Dann fährt man zurück an die Akademie, um wieder all seine Arbeiten und die Ausarbeitung der Aufgaben vorzustellen. Jeder Bewerber bekommt einen Raum zugeteilt und etwas Zeit um aufzubauen. Es ist gut Tape dabeizuhaben um die besten Zeichnungen an die Wand zu pinnen, im Raum stehen Tische für die übrigen Arbeiten. Es geht darum, eine kleine Präsentation mit seinen Arbeiten zu machen und sich selbst in seiner Arbeit zu positionieren.

Es kommen hintereinander zwei Gruppen von jeweils fünf bis sechs Dozenten und Studenten als Prüfungskomitee.
Meine Prüfungsaufgaben:
1. Baue eine Waage.
2. Gebe den Augenblick vom 28.01.2000 um 14.53 Uhr wieder.

Was mir dazu einfiel:
Zu 1. Was ist eine Waage?
Sie misst etwas, sie wiegt etwas auf, nach Gewicht.

Wie misst man den Wert eines Gemäldes? Wie sieht eine Waage aus, die nicht Gewicht, sondern Qualität misst?

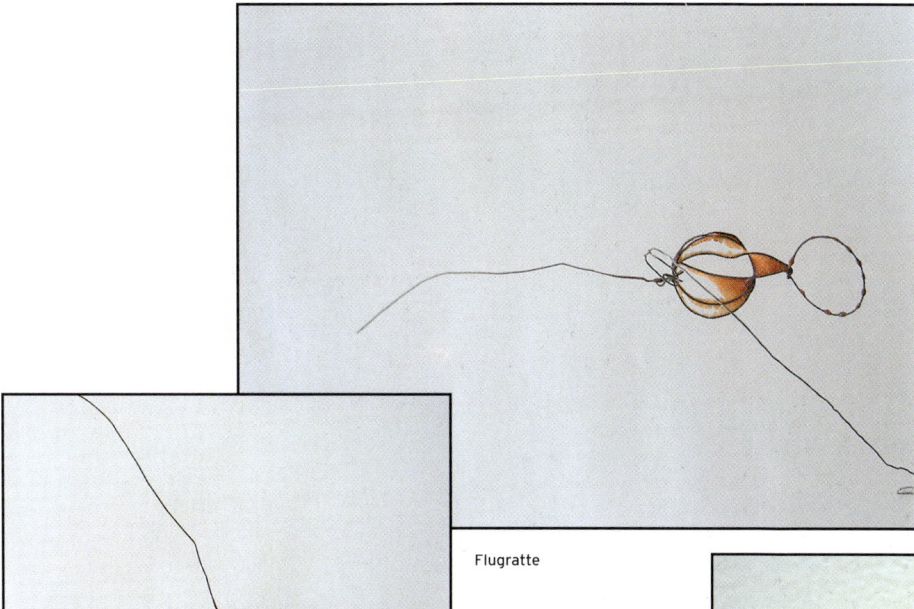

Flugratte

Rennkroko

Griff

Ich bin in einer Prüfungssituation. Wenn ich die Prüfung bestehe, ist die Qualität meiner Arbeiten hoch genug, um in der Schule aufgenommen zu werden. Die Prüfer sind die Waage.

Zur Erinnerung pinne ich jedem einen Wattebausch an die Kleidung, dieser haftet eine bestimmte Zeit, fällt dann herunter und erinnert an die Funktion des Menschen als Waage in diesem Moment.

Zu 2. Als ich den Brief bekommen habe, war der angegebene Augenblick vergangen. Mein Projekt hatte das Ziel, ein Werkzeug für mich herzustellen, um den Moment wieder einzufangen (Netz).

Mir hat es sehr geholfen, vor der Prüfung eine Generalprobe zu machen und auf Englisch mit jemandem über meine Prüfungsaufgaben zu reden.

Die Redaktion: Informationen

Designstudiengänge / Fachbereiche / Fachgebiete

Nachfolgend haben wir aufgelistet, welche Studiengänge, Fachbereiche bzw. Fachgebiete an welchen Schulen studiert werden können. Gern hätten wir in einer Art Lexikon detailliert erläutert, welche konkreten Inhalte sich hinter den zum Teil rätselhaften Fachgebieten verbergen, doch werden wir daran noch etwas arbeiten müssen. In der für diese Produktion zur Verfügung stehenden Zeit waren diese Informationen nicht zu erhalten. Wir werden dies in einer späteren Auflage bzw. auf unserer Internetseite „www.mythos-mappe.de" nachholen.

In diesem Teil des „Informationsblocks" sind lediglich die jeweiligen Schulen benannt, einige Seiten weiter finden sich dann die Anschriften, Internet-Adressen sowie kurze Hinweise zum Aufnahmeverfahren aller Schulen. Diese Informationen sind in Kürze auch auf unserer Internet-Seite „www.mythos-mappe.de" abrufbar.

Wir haben diese Liste gründlich recherchiert. Sollte es noch ein Fachgebiet oder gar eine Schule in Deutschland geben, die wir nicht aufgelistet haben, bitten wir um einen kurzen Hinweis unter info@naboreit.de. Vielen Dank.

Architektur

- Akademie der Bildenden Künste München
- Akademie der Bildenden Künste Stuttgart
- Fachhochschule Aachen
- Fachhochschule Anhalt – Hochschule für angewandte Wissenschaften, Stadt Dessau
- Fachhochschule Bielefeld
- Fachhochschule Coburg
- Fachhochschule Darmstadt
- Fachhochschule Dortmund
- Fachhochschule Düsseldorf
- Fachhochschule für Kunst und Gestaltung – Muthesius
- Fachhochschule Hannover
- Fachhochschule Hildesheim / Holzminden / Göttingen, Stadt Göttingen
- Fachhochschule Kaiserslautern
- Fachhochschule Köln
- Fachhochschule Konstanz – Hochschule für Technik, Wirtschaft und Gestaltung
- Fachhochschule Lippe und Höxter – Stadt Detmold
- Fachhochschule Mainz
- Fachhochschule München
- Fachhochschule Münster
- Fachhochschule Nürnberg – Georg-Simon-Ohm
- Fachhochschule Potsdam
- Fachhochschule Stuttgart – Hochschule für Technik
- Fachhochschule Trier – Hochschule für Wirtschaft, Technik und Gestaltung
- Fachhochschule Wiesbaden
- Fachhochschule Würzburg-Schweinfurt, Stadt Würzburg
- Hochschule für Bildende Künste – Städelschule
- Hochschule für bildende Künste Hamburg
- Hochschule Magdeburg-Stendal, Stadt Magdeburg
- Hochschule Wismar – Fachhochschule für Technik, Wirtschaft und Gestaltung
- Hochschule Zwickau (Westsächsische), Stadt Reichenbach
- Kunstakademie Düsseldorf
- Kunsthochschule Berlin Weißensee – Hochschule für Gestaltung
- Private Hochschule Alanus (staatlich anerkannt)
- Universität der Künste Berlin
- Universität Weimar – Bauhaus-Universität

Ästhetik

- Universität Wuppertal (Bergische)

Ausstellungs- / Messedesign

- Hochschule für Gestaltung – Karlsruhe
- Universität Wuppertal (Bergische)

Bekleidungsgestaltung

- Fachhochschule für Technik und Wirtschaft Berlin
- Hochschule für Angewandte Wissenschaften Hamburg

Bekleidungstechnik

- Fachhochschule Albstadt - Sigmaringen
- Fachhochschule für Technik und Wirtschaft Berlin
- Hochschule Niederrhein, Stadt Mönchengladbach

Bibliotheksmanagement

- Fachhochschule Stuttgart – Hochschule der Medien

Bildende Kunst

- Akademie der Bildenden Künste Nürnberg
- Fachhochschule Hannover
- Kunsthochschule in der Universität Kassel

Bildhauerei

- Akademie der Bildenden Künste München
- Akademie der Bildenden Künste Nürnberg
- Akademie der Bildenden Künste Stuttgart
- Hochschule für Bildende Künste - Städelschule
- Hochschule für Bildende Künste Dresden – Staatliche Kunsthochschule und Kunstakademie
- Hochschule für Kunst und Design – Burg Giebichenstein
- Hochschule für Künste Bremen
- Kunsthochschule Berlin Weißensee – Hochschule für Gestaltung
- Private Hochschule Alanus (staatlich anerkannt)
- Universität der Künste Berlin

Bühnenbild
- Akademie der Bildenden Künste München
- Akademie der Bildenden Künste Stuttgart
- Hochschule für Gestaltung – Karlsruhe
- Kunsthochschule Berlin Weißensee – Hochschule für Gestaltung

Bühnenkostüm / Kostümbild
- Hochschule für Bildende Künste Dresden – Staatliche Kunsthochschule und Kunstakademie

Buchkunst
- Hochschule für Grafik und Buchkunst Leipzig
- Hochschule für Kunst und Design - Burg Giebichenstein

Computational Design
- Universität Wuppertal (Bergische)

Design
- Akademie der Bildenden Künste Stuttgart
- Fachhochschule Düsseldorf
- Fachhochschule Köln
- Fachhochschule Mainz
- Fachhochschule Münster
- Hochschule für Künste Bremen
- Hochschule für Technik und Wirtschaft Dresden
- Hochschule Wismar - Fachhochschule für Technik, Wirtschaft und Gestaltung

Designtheorie
- Universität Wuppertal (Bergische)

Designtheorie /-geschichte
- Kunsthochschule Berlin Weißensee – Hochschule für Gestaltung

Designwissenschaften
- Hochschule Pforzheim

Digitales Design
- Fachhochschule Anhalt - Hochschule für angewandte Wissenschaften, Stadt Dessau

Digitale Medien
- Hochschule für Künste Bremen
- Universität Bremen

Electronic Business
- Universität der Künste Berlin

Farbdesign
- Fachhochschule Hildesheim / Holzminden / Göttingen, Stadt Hildesheim

Film / Fernsehen
- Hochschule für Bildende Künste - Städelschule
- Hochschule für Künste Bremen
- Kunsthochschule für Medien Köln

Fotodesign
- Berufsfachschule - Lette Verein
- Fachhochschule Bielefeld
- Fachhochschule Dortmund
- Hochschule für Grafik und Buchkunst Leipzig

Freie Grafik
- Akademie der Bildenden Künste München
- Akademie der Bildenden Künste Nürnberg
- Akademie der Bildenden Künste Stuttgart
- Hochschule für Bildende Künste - Städelschule
- Universität der Künste Berlin

Freie Kunst
- Fachhochschule für Kunst und Gestaltung – Muthesius
- Hochschule der Bildenden Künste Saar
- Hochschule für Bildende Künste Braunschweig
- Hochschule für bildende Künste Hamburg
- Kunstakademie Düsseldorf

Freie Malerei
- Akademie der Bildenden Künste München
- Akademie der Bildenden Künste Nürnberg
- Hochschule für Bildende Künste - Städelschule
- Hochschule für Bildende Künste Dresden - Staatliche Kunsthochschule und Kunstakademie
- Hochschule für Künste Bremen
- Universität der Künste Berlin

Gestaltung
- Fachhochschule Augsburg
- Fachhochschule Konstanz – Hochschule für Technik, Wirtschaft und Gestaltung
- Hochschule für Technik und Wirtschaft Dresden
- Universität Weimar - Bauhaus-Universität

Gesellschafts- / Wirtschaftskommunikation
- Universität der Künste Berlin

Gestaltungstechnik
- Universität Wuppertal (Bergische)

Glasdesign
- Akademie der Bildenden Künste München
- Akademie der Bildenden Künste Stuttgart
- Hochschule für Kunst und Design – Burg Giebichenstein

Goldschmiedekunst
- Akademie der Bildenden Künste München
- Akademie der Bildenden Künste Nürnberg

Grabungstechnik
- Fachhochschule für Technik und Wirtschaft Berlin

Grafikdesign
- Akademie der Bildenden Künste Nürnberg
- Berufsfachschule - Lette Verein Berlin
- Fachhochschule Bielefeld
- Fachhochschule Dortmund
- Fachhochschule Hildesheim / Holzminden / Göttingen, Stadt Hildesheim
- Hochschule für Bildende Künste Dresden - Staatliche Kunsthochschule und Kunstakademie
- Hochschule für Grafik und Buchkunst Leipzig
- Private Akademie für Kunst – Rhein-Sieg-Kunst-Akademie (staatlich anerkannt)
- Universität Wuppertal (Bergische)

Grains & Pixels
- Universität Wuppertal (Bergische)

Holzgestaltung
- Hochschule Zwickau (Westsächsische), Stadt Schneeberg

Illustration
- Hochschule für Angewandte Wissenschaften Hamburg

Industrie- / Industrialdesign
- Fachhochschule Darmstadt
- Fachhochschule für Kunst und Gestaltung – Muthesius
- Fachhochschule München
- Hochschule für Bildende Künste Braunschweig
- Hochschule für bildende Künste Hamburg
- Hochschule für Kunst und Design – Burg Giebichenstein
- Hochschule Magdeburg-Stendal, Stadt Magdeburg
- Hochschule Pforzheim
- Universität der Künste Berlin
- Universität Duisburg-Essen / Standort Essen
- Universität Wuppertal (Bergische)

Informationsgestaltung
- Fachhochschule Schwäbisch Gmünd – Hochschule für Gestaltung

Innenarchitektur
- Akademie der Bildenden Künste München
- Akademie der Bildenden Künste Nürnberg
- Fachhochschule Coburg
- Fachhochschule Darmstadt
- Fachhochschule Hannover
- Fachhochschule Hildesheim / Holzminden / Göttingen, Stadt Hildesheim
- Fachhochschule Kaiserslautern
- Fachhochschule Lippe und Höxter - Stadt Detmold
- Fachhochschule Mainz

- Fachhochschule Stuttgart – Hochschule für Technik
- Fachhochschule Trier – Hochschule für Wirtschaft, Technik und Gestaltung
- Fachhochschule Wiesbaden
- Hochschule für Kunst und Design – Burg Giebichenstein
- Hochschule Wismar - Fachhochschule für Technik, Wirtschaft und Gestaltung
- Private Berufsfachschule - Blocherer Schule (staatlich anerkannt)

Interdisziplinäre Kunst
- Hochschule für Bildende Künste - Städelschule

Kamera
- Fachhochschule Dortmund

Keramikdesign
- Akademie der Bildenden Künste München
- Akademie der Bildenden Künste Stuttgart
- Hochschule für Kunst und Design – Burg Giebichenstein
- Hochschule für Künste Bremen

Kommunikationsdesign
- Akademie der Bildenden Künste Stuttgart
- Fachhochschule Anhalt – Hochschule für angewandte Wissenschaften, Stadt Dessau
- Fachhochschule Bielefeld
- Fachhochschule Darmstadt
- Fachhochschule für Kunst und Gestaltung – Muthesius
- Fachhochschule für Technik und Wirtschaft Berlin
- Fachhochschule Hannover
- Fachhochschule Mannheim – Hochschule für Technik und Gestaltung
- Fachhochschule München
- Fachhochschule Nürnberg – Georg-Simon-Ohm
- Fachhochschule Potsdam
- Fachhochschule Trier – Hochschule für Wirtschaft, Technik und Gestaltung
- Fachhochschule Wiesbaden
- Fachhochschule Würzburg-Schweinfurt, Stadt Würzburg
- Hochschule der Bildenden Künste Saar
- Hochschule für Angewandte Wissenschaften Hamburg
- Hochschule für Bildende Künste Braunschweig
- Hochschule für Kunst und Design – Burg Giebichenstein
- Hochschule Niederrhein, Stadt Krefeld
- Hochschule Wismar – Fachhochschule für Technik, Wirtschaft und Gestaltung
- Kunsthochschule Berlin Weißensee – Hochschule für Gestaltung

- Private Akademie – Frankfurter Akademie (staatlich anerkannt)
- Private Akademie für Kunst – Rhein-Sieg-Kunst-Akademie (staatlich anerkannt)
- Private Berufsfachschule – Alsterdam (staatlich anerkannt)
- Private Berufsfachschule – Blocherer Schule (staatlich anerkannt)
- Private Hochschule – Merz-Akademie (staatlich anerkannt)
- Universität der Künste Berlin
- Universität Duisburg-Essen / Standort Essen
- Universität Wuppertal (Bergische)

Kommunikationsgrafik
- Berufsfachschule – Deutsche Meisterschule für Mode

Kommunikationstechnik
- Fachhochschule Albstadt – Sigmaringen

Kommunikations-technologie Druck
- Universität Wuppertal (Bergische)

Kostümdesign
- Akademie der Bildenden Künste München
- Hochschule für Angewandte Wissenschaften Hamburg

Kulturgestaltung
- Fachhochschule Schwäbisch Hall – Hochschule für Gestaltung

Kunst
- Hochschule Pforzheim

Kunst-/Designgeschichte
- Universität Wuppertal (Bergische)

Kunsttheorie
- Hochschule für Bildende Künste – Städelschule

Kunstwissenschaften
- Hochschule für Bildende Künste Braunschweig
- Hochschule für Gestaltung – Karlsruhe
- Hochschule Pforzheim
- Kunsthochschule für Medien Köln
- Kunsthochschule in der Universität Kassel
- Universität Bremen
- Universität Duisburg-Essen / Standort Essen

Malerei
- Akademie der Bildenden Künste Nürnberg
- Akademie der Bildenden Künste Stuttgart
- Kunsthochschule Berlin Weißensee – Hochschule für Gestaltung

- Private Akademie für Kunst – Rhein-Sieg-Kunst-Akademie (staatlich anerkannt)
- Private Hochschule Alanus (staatlich anerkannt)

Malerei & Grafik
- Hochschule für Grafik und Buchkunst Leipzig
- Hochschule für Kunst und Design – Burg Giebichenstein

Maskenbild
- Hochschule für Bildende Künste Dresden – Staatliche Kunsthochschule und Kunstakademie

Medien
- Fachhochschule Bielefeld
- Fachhochschule Düsseldorf
- Fachhochschule Mainz
- Fachhochschule Nürnberg – Georg-Simon-Ohm
- Universität Weimar – Bauhaus-Universität

Mediendesign
- Fachhochschule Braunschweig / Wolfenbüttel
- Fachhochschule Darmstadt

Mediengestaltung
- Fachhochschule Schwäbisch Gmünd – Hochschule für Gestaltung
- Fachhochschule Schwäbisch Hall – Hochschule für Gestaltung
- Hochschule für Künste Bremen
- Kunsthochschule für Medien Köln
- Private Akademie – Frankfurter Akademie (staatlich anerkannt)
- Universität der Künste Berlin

Medieninformatik
- Fachhochschule Braunschweig / Wolfenbüttel

Medienkunst
- Hochschule für Gestaltung – Karlsruhe
- Hochschule für Grafik und Buchkunst Leipzig
- Kunsthochschule für Medien Köln

Medienmanagement
- Hochschule Magdeburg-Stendal, Stadt Stendal
- Fachhochschule Stuttgart – Hochschule der Medien

Medienproduktion
- Fachhochschule Lippe und Höxter – Stadt Lemgo

Medientheorie
- Hochschule für Gestaltung – Karlsruhe

Medienwissenschaften
- Hochschule für Bildende Künste Braunschweig Kunsthochschule für Medien Köln

Metalldesign
- Fachhochschule Hildesheim / Holzminden / Göttingen, Stadt Hildesheim
- Hochschule für Kunst und Design – Burg Giebichenstein

Modedesign
- Berufsfachschule – Deutsche Meisterschule für Mode
- Berufsfachschule – Lette Verein Berlin
- Fachhochschule Bielefeld
- Fachhochschule Reutlingen – Hochschule für Technik und Wirtschaft
- Fachhochschule Trier – Hochschule für Wirtschaft, Technik und Gestaltung
- Hochschule für Angewandte Wissenschaften Hamburg
- Hochschule für Kunst und Design – Burg Giebichenstein
- Hochschule Pforzheim
- Hochschule Zwickau (Westsächsische), Stadt Schneeberg
- Kunsthochschule Berlin Weißensee – Hochschule für Gestaltung
- Privates Berufskolleg – Sigmaringen (staatlich anerkannt)

Multimediadesign
- Fachhochschule Augsburg

Multimedia VR-Design
- Hochschule für Kunst und Design – Burg Giebichenstein

Museumskunde
- Fachhochschule für Technik und Wirtschaft Berlin

Musikinstrumentenbau
- Hochschule Zwickau (Westsächsische), Stadt Schneeberg

Neue Medien
- Universität der Künste Berlin

Objektdesign
- Fachhochschule Dortmund

Produktdesign
- Fachhochschule Aachen
- Fachhochschule Anhalt – Hochschule für angewandte Wissenschaften, Stadt Dessau
- Fachhochschule Coburg
- Fachhochschule Hannover

- Fachhochschule Hildesheim / Holzminden / Göttingen, Stadt Hildesheim
- Fachhochschule Potsdam
- Hochschule der Bildenden Künste Saar
- Hochschule für Gestaltung – Karlsruhe
- Hochschule Niederrhein, Stadt Krefeld
- Kunsthochschule Berlin Weißensee – Hochschule für Gestaltung
- Kunsthochschule in der Universität Kassel

Produktgestaltung
- Akademie der Bildenden Künste Stuttgart
- Fachhochschule Schwäbisch Gmünd – Hochschule für Gestaltung
- Hochschule für Gestaltung Offenbach am Main

Raumdesign
- Fachhochschule Dortmund

Restaurierung
- Fachhochschule für Technik und Wirtschaft Berlin
- Fachhochschule Hildesheim /Holzminden / Göttingen, Stadt Hildesheim
- Fachhochschule Potsdam
- Hochschule für Bildende Künste Dresden – Staatliche Kunsthochschule und Kunstakademie

Schmuckdesign
- Hochschule für Kunst und Design – Burg Giebichenstein

Schmuck-/ Edelsteindesign
- Fachhochschule Trier – Hochschule für Wirtschaft, Technik und Gestaltung, Stadt Idar - Oberstein

Schmuck- & Gerätedesign
- Hochschule Pforzheim

Spielmitteldesign
- Hochschule für Kunst und Design – Burg Giebichenstein

Techn. Produkte und Produktsysteme
- Universität Wuppertal (Bergische)

Textildesign
- Fachhochschule Reutlingen – Hochschule für Technik und Wirtschaft
- Hochschule für Kunst und Design – Burg Giebichenstein
- Hochschule Zwickau (Westsächsische), Stadt Schneeberg

Textil-/Flächendesign
- Fachhochschule Hof - Abt. Münchberg

- Hochschule für Angewandte Wissenschaften Hamburg
- Kunsthochschule Berlin Weißensee – Hochschule für Gestaltung

Textilgestaltung
- Akademie der Bildenden Künste Stuttgart

Textil-/ Ledertechnik
- Hochschule Zwickau (Westsächsische), Stadt Reichenbach

Textilkunst
- Hochschule Zwickau (Westsächsische), Stadt Schneeberg

Textilmanagment
- Fachhochschule Reutlingen – Hochschule für Technik und Wirtschaft

Textiltechnologie
- Fachhochschule Reutlingen – Hochschule für Technik und Wirtschaft

Textiltechnik
- Fachhochschule Hof - Abt. Münchberg
- Hochschule Niederrhein, Stadt Mönchengladbach

Theaterausstattung
- Hochschule für Bildende Künste Dresden – Staatliche Kunsthochschule und Kunstakademie

Theatermalerei
- Hochschule für Bildende Künste Dresden – Staatliche Kunsthochschule und Kunstakademie

Theaterplastik
- Hochschule für Bildende Künste Dresden – Staatliche Kunsthochschule und Kunstakademie

Virtual Design
- Fachhochschule Kaiserslautern

Visuelles Gestalten
- Akademie der Bildenden Künste München

Visuelle Kommunikation
- Fachhochschule Aachen
- Hochschule für bildende Künste Hamburg
- Hochschule für Gestaltung – Karlsruhe
- Hochschule für Gestaltung Offenbach am Main
- Hochschule Pforzheim
- Kunsthochschule in der Universität Kassel
- Universität der Künste Berlin
- Universität Wuppertal (Bergische)

Designschulen in Deutschland / Europa

Wo kann man Design studieren? Wie sieht das Aufnahmeverfahren aus? Wo erhalte ich detaillierte Informationen?

Von diesen Fragen haben wir uns leiten lassen, als wir die folgenden Listen erarbeiteten. Darin finden sich alle Schulen in Deutschland sowie einige ausgesuchte in Europa, die einen Studiengang im Fachbereich Design bzw. Gestaltung anbieten.

Neben den Kontaktmöglichkeiten findet sich bei den Schulen in Deutschland auch ein kurzer Hinweis zur Art des jeweiligen Aufnahmeverfahrens, soweit wir dies in Erfahrung bringen konnten. Dabei möchten wir ausdrücklich darauf hinweisen, dass wir für die hier gemachten Angaben keine Gewähr übernehmen können. Wer sich also eine Schule auserkoren hat, der sollte in jedem Fall jeweils aktuell erfragen, wie das Aufnahmeverfahren genau aussieht und was verlangt wird.

Eine umfassende Linkliste zu allen Schulen in Deutschland (sowie einigen in Europa) findet sich in Kürze auch auf unserer Internet-Seite **„www.mythos-mappe.de"**.

Zu dieser Liste bitten wir unsere Leser ausdrücklich um Ergänzungen bzw. Korrekturen unter info@naboreit.de. Vielen Dank.

Deutschland

Akademie der Bildenden Künste München
Akademiestraße 2
80799 München
Fon 089 - 38 520
www.adbk.mhn.de
Vorauswahl: Mappe
Prüfung: praktische (5-8 Stunden),
Gespräch (10 Minuten)

Akademie der Bildenden Künste Nürnberg
Bingstr. 60
90480 Nürnberg
Fon 0911 - 94 040
www.adbk-nuernberg.de
Vorauswahl: Mappe
Prüfung: praktische (2 Tage),
Gespräch (10 Minuten)

Akademie der Bildenden Künste Stuttgart
Am Weissenhof 1
70191 Stuttgart
Fon 0711 - 28 44 00
www.abk-stuttgart.de
Vorauswahl: Mappe
Prüfung: praktische, Gespräch

**Berufsfachschule -
Deutsche Meisterschule für Mode**
Roßmarkt 15
80331 München
Fon 089 - 23 32 24 23
www.fashionschool.de
Vorauswahl: keine
Prüfung: Beurteilung der Mappe, praktische (1 Tag)

Berufsfachschule - Lette Verein
Viktoria-Luise-Platz 6
10777 Berlin-Schöneberg
Fon 030 - 21 99 41 31
www.lette-verein.de
Vorauswahl: Hausarbeit (Bildproben)
Prüfung: Aufnahmegespräch (Farb- und Formtests, Zuordnungstests, Allgemeinwissen)

Fachhochschule Aachen
Postfach 100560
52005 Aachen
Fon 0241 - 60 090
www.fh-aachen.de
Vorauswahl: Mappe (mind. 15 Arbeiten),
Hausaufgabe
Prüfung: Präsentation der Mappe und
Hausaufgabe, Gespräch

Fachhochschule Albstadt - Sigmaringen
Jakobstraße 6
72458 Albstadt
Fon 07431 - 57 90
www.fh-albsig.de
Vorauswahl: keine
Prüfung: Ab Winter 2003, Prüfung für Bachelor,
Auswahl für Diplom

Fachhochschule Anhalt - Hochschule für angewandte Wissenschaften, Stadt Dessau
Bernburger Straße 55
06366 Köthen
Fon 03496 - 67 42 21
www.hs-anhalt.de
Vorauswahl: Mappe
(mind. 15, max. 20 Arbeiten), Hausaufgabe
Prüfung: praktische, Einzelgespräch, (1 Tag)

Fachhochschule Augsburg
Baumgartnerstraße 16
86161 Augsburg
Fon 0821 - 55 860
www.fh-augsburg.de
Vorauswahl: Mappe (mind. 20 Arbeiten)
Prüfung: praktische (2 Tage),
Gespräch (10 Minuten)

Fachhochschule Bielefeld
Kurt-Schumacher-Str. 6
33511 Bielefeld
Fon 0521 - 10 601
www.fh-bielefeld.de
Vorauswahl: Mappe, Hausaufgabe
Prüfung: Klausurarbeit (6 Stunden)

Fachhochschule Braunschweig / Wolfenbüttel
Karl-Scharfenberg-Str. 55/57
38229 Salzgitter
Fon 05341 - 87 50
www.fh-wolfenbuettel.de
Vorauswahl: Mappe (10-20 Arbeiten)
Prüfung: praktische, Gespräch (1 Tag)

Fachhochschule Coburg
Postfach 1652
96406 Coburg
Fon 9561 - 31 70
www.fh-coburg.de
Vorauswahl: keine
Prüfung: 2 Tage

Fachhochschule Darmstadt
Haardtring 100
64295 Darmstadt
Fon 06151 - 160
www.fh-darmstadt.de
Vorauswahl: Mappe
Prüfung: praktische (2 Tage),
Gespräch (30 Minuten)

Fachhochschule Dortmund
Postfach 10 50 18
44047 Dortmund
Fon 0231 - 91 12 245
www.fh-dortmund.de
Vorauswahl: Mappe (20-30 Arbeiten),
Hausaufgabe
Prüfung: praktische (5-6 Stunden)

Fachhochschule Düsseldorf
Universitätsstr. Geb. 23.31/32
40225 Düsseldorf
Fon 0211 - 81 11 363
www.fh-duesseldorf.de
Vorauswahl: Mappe, Hausaufgabe
Prüfung: Präsentation der Mappe & Hausaufgabe, Kolloquium (15 Minuten)

**Gibt es
echte Alternativen
zu staatlichen
Schulen?**

**Wo kann
ich wirklich gute
Vorbereitungskurse
machen?**

bitte umblättern ...

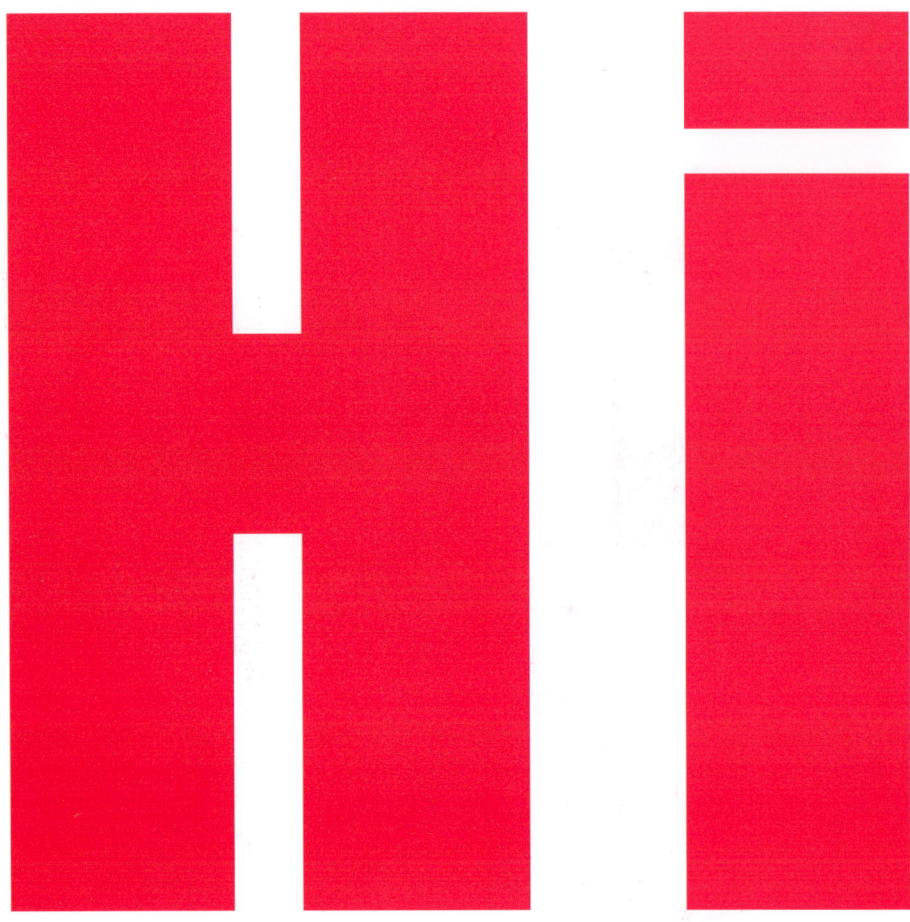

Jahr für Jahr versuchen zehntausende junger Menschen, die Zulassung zu einem Designstudium zu erhalten. Obwohl die begrenzte Zahl der Plätze schon jetzt für einen enormen Konkurrenzdruck sorgt, wächst das Heer der Aspiranten noch immer weiter an. Man ist also wahrlich gut beraten, sich bestmöglich vorzubereiten. Doch wo findet man Hilfe, Anleitung, Unterstützung?

Schon diese Frage ist nicht leicht zu beantworten, denn bislang ist es außerordentlich mühsam, eine umfassende Angebotsübersicht zu erhalten. Der SCHOOL GUIDE ART + DESIGN füllt diese Lücke. Das Buch porträtiert zahlreiche private Schulen und Akademien im gestalte-

SCHOOL GUIDE   SCHOOL GUIDE
ART + DESIGN   ART + DESIGN

Nichtstaatliche Schulen + Akademien   164 Seiten,
Kursangebote + Seminare   Format DIN A5,

Grafikdesign   ISBN 3-89861-166-3
Kommunikationsdesign
Fotodesign   Im Buchhandel
Modedesign   oder schon jetzt
Industriedesign   bestellen unter:
Neue Medien   www.mythos-mappe.de
Malerei
Bildhauerei
und weitere Fachbereiche

SCHOOL
GUIDE

ART
+
DESIGN

rischen Bereich und stellt Kursangebote vor, beispielsweise auch zum Thema Mappenvorbereitung. Der
SCHOOL GUIDE ART + DESIGN ist ein wichtiger Ratgeber für alle, die sich auf das harte Auswahlverfahren
an staatlichen Schulen optimal vorbereiten wollen oder alternative Ausbildungswege im gestalterischen
Bereich suchen. Der SCHOOL GUIDE ART + DESIGN erscheint Mitte 2003 und kann schon jetzt unter
„www.mythos-mappe.de" versandkostenfrei bestellt werden.

Fachhochschule für Kunst und Gestaltung - Muthesius
Lorentzendamm 6 - 8
24103 Kiel
Fon 0431 - 51 98 400
www.muthesius.de
Vorauswahl: Mappe
(ca. 20 oder ca. 30 Arbeiten)
Prüfung: praktische, ggf. Gespräch

Fachhochschule für Technik und Wirtschaft Berlin
Treskowallee 8
10318 Berlin
Fon 030 - 50 190
www.fhtw-berlin.de
Vorauswahl: Mappe (20-30 Arbeiten)
Prüfung: insgesamt 5 verschiedene Aufgaben-stellungen, Gespräch

Fachhochschule Hannover
Ricklinger Stadtweg 118
30459 Hannover
Fon 0511 - 92 960
www.fh-hannover.de
Vorauswahl: Mappe (mind. 20 Arbeiten)
Prüfung: praktische, Gespräch (1 Tag)

Fachhochschule Hildesheim / Holzminden / Göttingen
Hohnsen 3
31134 Hildesheim
Fon 05121 - 88 11 13
www.fh-hildesheim.de
Vorauswahl: Mappe (ca. 20 Arbeiten)
Prüfung: 2 Tage

Fachhochschule Hildesheim / Holzminden / Göttingen
Haarmannplatz 3
37603 Holzminden
Fon 05121 - 88 11 13
www.fh-hildesheim.de
Vorauswahl: keine
Prüfung: keine

Fachhochschule Hof - Abt. Münchberg
Alfons-Goppel-Platz 1
95028 Hof
Fon 09281 - 40 93 00
www.fh-hof.de
Vorauswahl: Mappe (ca. 20 Arbeiten)
Prüfung: Klausur (2 Tage), Gespräch (kurz)

Fachhochschule Kaiserslautern
Morlauterer Str. 31
67657 Kaiserslautern
Fon 0631 - 37 240
www.fh-kl.de
Vorauswahl: Mappe
Prüfung: 2 Tage

Fachhochschule Köln
Claudiusstrasse 1
50678 Köln (Südstadt)
Fon 0221 - 82 75 34 07
www.fh-koeln.de
Vorauswahl: Hausaufgabe
Prüfung: Klausur (2-4 Stunden), Kolloquium (Präsentation der Hausarbeit)

Fachhochschule Konstanz - Hochschule für Technik, Wirtschaft und Gestaltung
Brauneggerstrasse 55
78462 Konstanz
Fon 07531 - 20 60
www.fh-konstanz.de
Vorauswahl: Mappe (15 Arbeiten)
Prüfung: praktische (2 Stunden), Fachgespräch

Fachhochschule Lippe und Höxter
Bielefelder Str. 66
32756 Detmold
Fon 05231 - 76 950
www.fh-lippe.de
Vorauswahl: keine
Prüfung: bitte erfragen

Fachhochschule Lippe und Höxter
Liebigstraße 87
32657 Lemgo
Fon 05261 - 70 20
www.fh-lippe.de
Vorauswahl: keine
Prüfung: NC

Fachhochschule Mainz
Seppel-Glückert-Passage 10
55116 Mainz
Fon 06131 - 28 590
www.fh-mainz.de
Vorauswahl: Mappe
Prüfung: praktische (1 Tag)

Fachhochschule Mannheim - Hochschule für Technik und Gestaltung
Windeckstraße 110
68163 Mannheim
Fon 0621 - 29 26 111
www.fh-mannheim.de
Vorauswahl: Mappe (10-15 Arbeiten)
Prüfung: Klausur, Gespräch

Fachhochschule München
Lothstr. 34
80335 München
Fon 089 - 12 650
www.fhm.edu
Vorauswahl: Mappe (max. 30 Arbeitsproben)
Prüfung: praktische, Gespräch

Fachhochschule Münster
Hüfferstraße 27
48149 Münster
Fon 0251 - 83 0
www.fh-muenster.de
Vorauswahl: Mappe (max. 40 Arbeitsproben)
Prüfung: Klausur (2tlg. Aufgabe)

Fachhochschule Nürnberg - Georg-Simon-Ohm
Keßlerplatz 12
90489 Nürnberg
Fon 0911 - 58 800
www.fh-nuernberg.de
Vorauswahl: Mappe
Prüfung: praktische (2 Tage)

Fachhochschule Potsdam
Postfach 60 06 08
14406 Potsdam
Fon 0331 - 58 00 0
www.fh-potsdam.de
Vorauswahl: Mappe (max. 10 Arbeiten), Hausaufgabe
Prüfung: 1 Tag.

Fachhochschule Reutlingen - Hochschule für Technik und Wirtschaft
Alteburgstr. 150
72762 Reutlingen
Fon 07121 - 27 10
www.fh-reutlingen.de
Vorauswahl: Mappe (mind. 15 Arbeiten)
Prüfung: 1 Tag

Fachhochschule Schwäbisch Gmünd - Hochschule für Gestaltung
Rektor-Klaus-Straße 100
73525 Schwäbisch-Gmünd
Fon 07171 - 60 26 00
www.hfg-gmuend.de
Vorauswahl: Mappe (12-16)
Prüfung: gestalterische Aufgaben (5 Stunden), Gespräch

**Fachhochschule Schwäbisch Hall -
Hochschule für Gestaltung**

Salinenstr. 2

74523 Schwäbisch-Hall

Fon 00791 - 85 65 50

www.fhsh.de

Vorauswahl: Mappe (10-15 Arbeiten, max. Größe
DIN A1, keine Rolle)

Prüfung: 1 Tag (Zeichnen und/oder Computer-
& Englischtest), Gespräch

**Fachhochschule Stuttgart -
Hochschule der Medien**

Wolframstraße 32 + 34

70191 Stuttgart

Fon 0711 - 25 70 60

www.hbi-stuttgart.de

Vorauswahl: Keine

Prüfung: keine (Rangliste)

**Fachhochschule Stuttgart -
Hochschule für Technik**

Schellingstr.24

70174 Stuttgart

Fon 0711 - 12 12 662

www.fht-stuttgart.de

Vorauswahl: Hausaufgabe, 4 eigene Arbeiten

Prüfung: Klausur (ca. 5 Stunden),
ggf. Fachgespräch

**Fachhochschule Trier - Hochschule für
Wirtschaft, Technik und Gestaltung**

Schneidershof

54293 Trier

Fon 0651 - 81 030

www.fh-trier.de

Vorauswahl: Mappe (10-15 Arbeiten)

Prüfung: 2 Tage

**Fachhochschule Trier - Hochschule für
Wirtschaft, Technik und Gestaltung**

Vollmersbachstr. 53a

55743 Idar-Oberstein

Fon 06781 - 94 630

www.fh-trier.de

Vorauswahl: Mappe (10-15 Arbeiten)

Prüfung: 4 Klausuren

Fachhochschule Wiesbaden

Kurt-Schumacher-Ring 18

65197 Wiesbaden

Fon 0611 - 94 95 01

www.fh-wiesbaden.de

Vorauswahl: Mappe (20-30 Arbeiten, davon 3
Arbeiten zu einem vorgegebenen Thema)

Prüfung: praktische, Fachgespräch (30 Minuten)

Fachhochschule Würzburg-Schweinfurt

Münzstraße 12

97070 Würzburg

Fon 0931 - 35 110

www.fh-wuerzburg.de

Vorauswahl: Mappe (mit 6 Aufgaben)

Prüfung: praktische, Gespräch

Hochschule der Bildenden Künste Saar

Keplerstraße 3-5

66117 Saarbrücken

Fon 0681 - 92 65 21 01

www.hbks.uni-sb.de

Vorauswahl: Mappe (ca. 20 Arbeiten)

Prüfung: 4 Entwurfsübungen, Gespräch

**Hochschule für Angewandte Wissenschaften
Hamburg**

Stiftstraße 69

20099 Hamburg

Fon 040 - 42 87 59 159

www.haw-hamburg.de

Vorauswahl: Mappe (20 Arbeiten)

Prüfung: praktische (2 Tage)

**Hochschule für Bildende Künste -
Städelschule**

Dürerstraße 10

60596 Frankfurt am Main

Fon 069 - 60 50 080

www.staedelschule.de

Vorauswahl: Mappe (max. 20 Arbeiten) oder
Filme oder Arbeitsproben (je nach Fachrichtung)

Prüfung: künstlerischer Eignungstest, Gespräch

**Hochschule für Bildende Künste
Braunschweig**

Johannes-Selenka-Platz 1

38118 Braunschweig

Fon 0531 - 39 19 122

www.hbk-bs.de

Vorauswahl: Mappe, Hausaufgabe

Prüfung: praktische, Gruppen- und Einzelgespräch

**Hochschule für Bildende Künste Dresden -
Staatliche Kunsthochschule und Kunstakademie**

Güntzstraße 34

01307 Dresden

Fon 0351 - 44 020

www.hfbk-dresden.de

Vorauswahl: Mappe (10-25 Arbeiten, je nach
Fachrichtung)

Prüfung: 3 Tage

Hochschule für Bildende Künste Hamburg

Lerchenfeld 2

22081 Hamburg

Fon 42832 - 32 01

www.hfbk-hamburg.de

Vorauswahl: Mappe (max. 20 Arbeiten)

Prüfung: keine

Hochschule für Gestaltung Offenbach am Main

Schloßstraße 31

63065 Offenbach am Main

Fon 069 - 80 05 90

www.hfg-offenbach.de

Vorauswahl: Mappe (10-30 Arbeiten, je nach
Fachrichtung)

Prüfung: praktische, unter Aufsicht (2 x 90 Minuten), Fachgespräch (ca. 30 Minuten)

Hochschule für Grafik und Buchkunst Leipzig

Gerhard-Ellrodt-Str. 22

04249 Leipzig

Fon 0341 - 41 54 90

www.hgb-leipzig.de

Vorauswahl: Mappe (20-30 Arbeiten, je nach
Fachrichtung)

Prüfung: praktische, Gespräch

**Hochschule für Kunst und Design -
Burg Giebichenstein**

Postfach 200252

06003 Halle

Fon 0345 - 77 51 532

www.burg-halle.de

Vorauswahl: Mappe (mind. 20 Arbeiten)

Prüfung: praktische, Gespräch (max. 3 Tage)

Hochschule für Künste Bremen

Am Wandrahm 23

28195 Bremen

Fon 0421 - 30 190

www.hfk-bremen.de

Vorauswahl: Mappe (ca. 20 Arbeiten)

Prüfung: praktische, Gespräch (max. 3 Tage)

**Hochschule für Technik und Wirtschaft
Dresden**

Friedrich-List-Platz 1

01069 Dresden

Fon 0351 - 46 20

www.htw-dresden.de

Vorauswahl: Mappe (mind. 12 - max. 16 Arbeiten)

Prüfung: praktische, Gespräch

Hochschule Magdeburg-Stendal
Osterburger Str. 25
39576 Stendal
Fon 03931 - 21 870
www.hs-magdeburg.de
Vorauswahl: keine
Prüfung: Auswahlgespräch (z.T. in Englisch)

Hochschule Magdeburg-Stendal
Postfach 3655
39011 Magdeburg
Fon 0391 - 88 630
www.hs-magdeburg.de
Vorauswahl: Mappe
Prüfung: praktische (4 Aufgaben),
Gespräch (10 Minuten)

Hochschule Niederrhein
Reinarzstraße 49
47805 Krefeld
Fon 02151 - 82 20
www.hs-niederrhein.de
Vorauswahl: Mappe (20 Sach- und Naturdar-
stellungen, Mappe max. 65 x 90 cm!)
Prüfung: künstlerisch-gestalterische Aufgaben

Hochschule Niederrhein
Webschulstraße 41-43
41065 Mönchengladbach
Fon 02161 - 18 60
www.hs-niederrhein.de
Vorauswahl: keine
Prüfung: keine

Hochschule Pforzheim
Tiefenbronner Str. 65
75175 Pforzheim
Fon 07231 - 28 5
www.fh-pforzheim.de
Vorauswahl: Mappe (10-15 Arbeiten, Höchstfor-
mat DIN A1; keine Rolle)
Prüfung: praktische (5 Stunden), Fachgespräch
wird nur in Grenzfällen durchgeführt.

**Hochschule Wismar - Fachhochschule für
Technik, Wirtschaft und Gestaltung**
Postfach 1210
23952 Wismar
Fon 03841 - 75 30
www.hs-wismar.de
Vorauswahl: Mappe (15-20)
Prüfung: praktische (5 Aufgaben),
Gespräch (1 Tag)

Hochschule Zwickau (Westsächsische)
Klinkhardtstr. 10 + 30 (Textil)
08468 Reichenbach
Fon 03765 - 55 21 41 + 55 210 (Textil)
www.fh-zwickau.de
Vorauswahl: keine
Prüfung: Verschiedene praktische Aufgaben-
stellungen, Fachgespräch

Hochschule Zwickau (Westsächsische)
Goethestraße 1
08289 Schneeberg
Fon 03772 - 35 070
www.fh-zwickau.de
Vorauswahl: Mappe (ca. 20 Arbeiten)
Prüfung: 2 Tage, Fachgespräch

Kunstakademie Düsseldorf
Eiskellerstraße 1
40213 Düsseldorf
Fon 0211 - 13 960
www.kunstakademie-duesseldorf.de
Vorauswahl: Mappe (mind. 20, max. 25 Arbeitsproben)
Prüfung: bitte erfragen

**Kunsthochschule Berlin Weißensee -
Hochschule für Gestaltung**
Bühringstraße 20
13086 Berlin
Fon 030 - 47 70 50
www.kh-berlin.de
Vorauswahl: Mappe (20-30 max. Arbeiten)
Prüfung: praktische, Gespräch (2 bis 3 Tage)

Kunsthochschule für Medien Köln
Peter-Welter-Platz 2
50676 Köln
Fon 0221 - 20 18 90
www.khm.de
Vorauswahl: Arbeitsproben (max. 5), Hausaufgabe
Prüfung: Gespräch

Kunsthochschule in der Universität Kassel
Menzelstraße 13-15
34121 Kassel
Fon 0561 - 80 42 209
www.kunsthochschule-kassel.de
Vorauswahl: Mappe
Prüfung: mind. 1 Tag, Gespräch (30 Minuten.)

Private Akademie - Frankfurter Akademie
(staatlich anerkannt)
Ostparkstraße 47-49
60385 Frankfurt am Main
Fon 069 - 43 99 38
www.fakd.de
Vorauswahl: Mappe
Prüfung: keine

**Private Akademie für Kunst - Rhein-Sieg-
Kunst-Akademie** (staatlich anerkannt)
Wehrstr. 12
53773 Hennef / Sieg
Fon 02242 - 96 98 860
www.rska.de
Vorauswahl: Mappe
Prüfung: keine

Private Berufsfachschule - Alsterdam
(staatlich anerkannt)
Lange Reihe 29
20099 Hamburg
Fon 040 - 32 71 80
www.alsterdamm.de
Vorauswahl: Mappe
Prüfung: Gespräch

Private Berufsfachschule - Blocherer Schule
(staatlich anerkannt)
Tassiloplatz 7
81541 München
Fon 089 - 48 84 24
www.blochererschule.de
Vorauswahl: Mappe (15-20 Arbeiten; Zeichnungen, farbige Arbeiten, Thema, Technik, Format
sind beliebig)
Prüfung: Präsentation der Mappe, Gespräch

Private Hochschule - Merz-Akademie
(staatlich anerkannt)
Teckstraße 58
70190 Stuttgart
Fon 0711 - 26 86 60
www.merz-akademie.de
Vorauswahl: Mappe (10-15 Arbeiten, auf Papier
bis DIN A0, nicht gerollt)
Prüfung: Klausur (inhaltlich verschiedene
gestalterische Aufgabenstellungen), Aufnahmegespräch

Private Hochschule Alanus
(staatlich anerkannt)
Johannishof
53347 Alfter bei Bonn
Fon 02222 - 93 210
www.alanus.edu
Vorauswahl: Ja, Informationen bitte erfragen
Prüfung: Ja, Informationen bitte erfragen

**Privates Berufskolleg - Modefachschule
Sigmaringen** (staatlich anerkannt)
Römerstraße 22
72488 Sigmaringen
Fon 07571 - 74 01 12
www.modefachschule.de
Vorauswahl: keine
Prüfung: Gespräch, Aufnahme zur Probe

Universität Bremen
Bibliothekstraße 1
28359 Bremen
Fon 0421 - 21 81
www.uni-bremen.de
Vorauswahl: 10 Arbeiten (Format von DIN A1
darf nicht überschritten), Text (2-3 Seiten)
Prüfung: bitte erfragen

Universität der Künste Berlin
Postfach 12 05 44
10595 Berlin
Fon 030 - 31 85 22 04
www.hdk-berlin.de
Vorauswahl: Mappe oder Hausaufgabe (je nach
Fachrichtung)
Prüfung: mind. 2 Tage, Klausuren, Gespräche
(je nach Fachrichtung)

Universität Duisburg-Essen
Universitätsstraße 2
45141 Essen
Fon 0201 - 18 31
www.uni-essen.de
Vorauswahl: Mappe (mind. 25 Arbeiten)
Prüfung: praktische, Gespräch (3 Tage)

Universität Weimar - Bauhaus-Universität
Geschwister-Scholl-Str. 8
99421 Weimar
Fon 03643 - 58 0
www.uni-weimar.de
Vorauswahl: Mappe
Prüfung: praktische, ggf. Gespräch

Universität Wuppertal (Bergische)
Gaußstraße 20
42119 Wuppertal
Fon 0202 - 43 90
www.uni-wuppertal.de
Vorauswahl: Mappe (10-15 Arbeiten) und
Hausaufgabe
Prüfung: Prüfungskolloquium (1 Tag)

Österreich

Universität für angewandte Kunst Wien
Oskar Kokoschka-Platz 2
A - 1010 Wien
Fon 00 43 - 1 71 13 30
www.uni-ak.ac.at

Belgien

Academy for Media and Design
Weg naar As. 50
B - 3600 Genk
Fon 00 32 - 89 30 08 50
www.uiah.fia

Dänemark

Aarhus School of Architecture
Noerreport 20
DK - 8000 Aarhus C
Fon 00 45 - 89 36 00 00
www.a-aarhus.dk

Danmarks Designskole
Strandboulevarden 47
DK - 2100 Copenhagen Ø
Fon 00 45 - 35 27 75 00
www.danmarksdesignskole.dk

Designskolen Kolding
Aagade 10
DK - 6000 Kolding
Fon 00 45 - 76 30 11 00
www.designskolenkolding.dk

Estland

Estonian Academy of Arts
Tartu mnt 1
EST - Talli NN 10145
Fon 00 372 - 62 67 301
www.artun.ee

Finnland

University of Art and Design Helsinki
Hämeentie 135 C
FIN - 00560 Helsinki
Fon 00 358 - 9 75 631
www.uiah.fia

Lahti Polytechnic Institute of Design
Kannaksenkatu 22
FIN - 15140 Lahti
Fon 00 358 - 3 82 82 800
www.lpt.fi/mi

University of Lapland
Box 122
FIN - 96101 Rovaniemi
Fon 00 358 - 16 34 12 359
www.urova.fi

Frankreich

**L'École de Design Nantes Atlantique
Atlanpole**
BP - 30607
F - 44306 Nantes Cedex 03
Fon 00 33 - 02 51 13 50 70
www.uiah.fia

**Ecole Supérieure d'Arts Graphiques
et d'Architecture Interieure-Design**
31 rue du Dragon
F - 75006 Paris
Fon 00 33 - 1 42 22 55 07
www.esag.tm.fr

Griechenland

Technological Educational Institution of Athens
Ag. Spyridonos Street
GR - 122 10 Egaleo
Fon 00 30 - 1 53 85 560
www.teiath.gr

Großbritannien

**Ravensbourne College of Design and
Communication**
Walden Road, Chislehurst, Kent
UK - BR7 5SN. Great Britain
Fon 00 44 - 20 82 89 49 00
www.rave.ac.uk

Royal College of Art
Kensington Gore
UK - London, SW7 2EU
Fon 00 44 - 17 15 90 44 44
www.rca.ac.uk

Irland

National College of Art and Design
100 Thomas Street
IRL - Dublin 8
Fon 00 353 - 1 63 64 270
www.ncad.ie

Island

Iceland Academy of the Arts
Skipholt 1
IS - 105 Reykjavík
Fon 00 354 - 55 24 000
www.lhi.is

Italien

Istituto Europeo di Design Group
Via Giardino, 1
I - 20123 Milan
Fon 00 39 - 02 875130
www.ied.it

Politecnico di Milano
Piazza Leonardo da Vinci, 32
I - 20133 Milan
Fon 00 39 - 02 23 99 5719
www.polimi.it

Litauen

Vilnius Academy of Arts
Maironio str. 6
LIT - 2600 Vilnius
Fon 00 370 - 2 61 30 04,
www.vda.lt

Niederlande

Gerrit Rietveld Academie
School for Art and Design
Fred Roeskestraat 96
NL - 1076 ED Amsterdam
Fon 00 31 - 20 57 11 650
www.gerritrietveldacademie.nl

Hogeschool voor de Kunsten Arnhem
Onderlangs 9
NL - 6812 CE Arnhem
Fon 00 31 - 26 35 35 657
www.uiah.fia

Design Academy Eindhoven
Emmasingel 14
PO Box 2125
NL - 5600 CC Eindhoven
Fon 00 31 - 40 23 93 939
www.designacademy.nl

Willem de Kooning Academy
Blaak 10
NL - 3011 TA Rotterdam
Fon 00 31 - 10 241 47 50
wdka.hro.nl

Utrecht School of the Arts
Faculty of Visual Arts and Design
Ina Boudier-Bakkerlaan 50
NL - 3582 VA Utrecht
Fon 00 31 - 30 25 20 334
www.hku.nl

Norwegen

The National College of Art and Design
Ullevålsveien 5
N - 0165 Oslo
Fon 00 47 - 22 99 55 80
www.uiah.fia

The Oslo School of Architecture
P.B. 6768 - St. Olavs plass
N - 0130 Oslo
Fon 00 47 - 22 99 70 00
www.aho.no

Polen

Academy of Fine Arts in Cracow
Plac Matejki 13
PL - 31-157 Kraków
Fon 00 48 - 12 42 22 450
www.asp.krakow.pl

Rumänien

University of Arts
General Budisteanu Str. 19
RO - Sector 1 Bucharest
Fon 00 40 - 1 31 25 429
www.uiah.fia

Schweden

School of Design and Crafts
Gothenburg University
Box 131
S - 405 30 Göteborg
Fon 00 46 - 31 77 34 872
www.hdk.gu.se

School of Photography and Film HFF
Gothenburg University
Box 540
S - 405 30 Göteborg
Fon 00 46 - 31 77 31 837
www.hff.gu.se

Konstfack
Box 2411 5
S - 104 51 Stockholm
Fon 00 46 - 8 45 04 100
www.konstfack.se

Institute of Design
Umeå University
S - 901 87 Umeå
Fon 00 46 - 90 78 66 996
www.dh.umu.se

Schweiz

Hochschule für Gestaltung und Kunst Zürich
Ausstellungstrasse 60, P.O. Box
CH - 8031 Zürich
Fon 00 41 - 1 44 62 111
www.hgkz.ch

Slowakei

Academy of Fine Arts and Design
Hviezdoslavovo nám. 18
SK - 814 37 Bratislava
Fon 00 421 - 7 54 43 11 32
www.uiah.fia

Slowenien

University of Ljubljana Academy of Fine Arts
Dolenjska 83
SLO - 1000 Ljubljana
Fon 00 38 - 61 42 72 126
www.uni-lj.si/Members

Spanien

Escola Superior de Disseny Elisava
Carrer Ample 11-13
E - 08002 Barcelona
Fon 00 34 - 93 31 74 715
www.iccic.edu/elisava

Tschechien

Academy of Arts, Architecture and Design
Nám. Jana Palacha 80
CZ - 116 93 Prague 1
Fon 00 420 - 2 51 09 82 81
www.vsup.cz

Ungarn

Hungarian University of Craft and Design
H - 1121 Budapest
Zugligeti út 11-25
Fon 00 36 - 1 39 21 180
www.mif.hu